JN430816

기려수필

송상도 宋相燾 1871~1946

본관은 야성(冶城), 자는 성소(聖韶), 호는 기려자(騎驢子)·미헌(眉軒)·연파(蓮坡)이다. 경상북도 영주 출생으로 송학영(宋學永)의 장남이다. 어려서부터 한학을 배웠으며 탄당(坦堂) 김영주(金永胄)와 동정(東亭) 이정호(李正鎬)에게 수학하였다.

그는 김영주 선생에게 명나라가 망한 뒤 성명을 숨긴 채 나귀를 타고 돌아다니며 순절지사의 사적을 모아 세상에 전한 기려도사(騎驢道士) 이야기를 듣고 1910년부터 30여 년 동안 애국지사들의 행적을 모아 《기려수필》을 편찬하였다. 광복 후 간행 계획을 세웠으나 그 완성을 보지 못하고 1946년 76세로 세상을 떠났다.

1986년 건국표창, 1990년 12월 26일 건국훈장 애국장이 추서되었으며, 그가 심혈을 기울여 편찬한 《기려수필》은 1955년 국사편찬위원회에서 한국사료총서 제2권으로 간행되었다. 1987년 영주에 '기려자 송상도 지사 추모 기념비'를 세워 그의 숭고한 정신을 기렸다.

이 책은 2010년도 정부재원(교육과학기술부 인문사회연구역량강화사업비)으로 한국연구재단의 지원을 받아 연구되었음(NRF-2010-322-A00022).

This work was supported by the National Research Foundation of Korea Grant funded by the Korean Government(NRF-2010-322-A00022).

기려수필 1

망국의 한 기록을 꽃피우다

騎驢隨筆

송상도 지음
강원모 김도훈 이관성 이재숙 정만호 옮김

문진

| 발간에 즈음하여 |

구한말과 일제강점기는 우리 역사상 유례가 드문 불행한 시기였다. 서양 열강들이 침탈할 때 조선의 무력한 대응과 일제에 의한 망국은 우리 민족에게 더할 수 없는 패배감과 굴욕감을 안겼다. 주권을 상실한 백성의 설움은 하소연할 곳조차 없었고 인륜도덕과 예의염치에 기반을 둔 전통문화가 참혹하게 유린되었다. 일제는 계획적인 식민정책을 통해 분열과 갈등을 조장하는 동시에 민족의 정기를 말살하려고 했다. 이런 시대에 의리를 실천하며 올바르게 살아간다는 것은 결코 쉬운 일이 아니다. 불의에 맞서 적극적으로 투쟁하지 못한 뜻있는 선비들은 은둔 생활을 통한 소극적 저항을 선택할 수밖에 없었다. 망국의 한을 기록정신으로 꽃피운 경북 영주의 선비 기려자 송상도가 그런 인물 가운데 한 분이다.

《기려수필》은 기려자의 대표 저술이다. 1910년에 나라가 망하자 선비로서 사명의식이 투철한 기려자는 고민 끝에 나라와 임금을 위해 충의를 바치고 일제의 식민통치에 적극적으로 저항하여 독립운동을 벌이다가 죽어간 충신열사와 독립투사들의 자료를 수집하여 기록하기로 결심했다. 민족투혼을 기록하는 것은 민족정기를 보존하는 길로 자신이 할 수 있는 일제에 대한 최선의 저항이며 독립투쟁의 방식이었다. 기려자는 괴나리봇짐을 메고 일제의 감시망을 피해 충신열사의 행적을 찾아 전국 방방곡곡을 돌아다녔다. 그가 수집한 자료는 면암 최익현이나 지산 김복한 등과 같은 명공들의 행적도 포함되어 있지만 열렬하게 일제에 저항하고 투쟁하다 죽음을 불사른 필부(匹夫)들에 관한 기록들이다. 그래서 《기려수필》에서만 유일하게 찾아볼 수 있는 자료도 적지 않다. 자칫 흔적도 없이 묻혀버릴 충신열사들의 충혼과 의열이 기려자로 인해 세상에 빛을 보게 된 것이다.

기려자가 평생 동안 심혈을 기울인 이 책은 본래 정서한 5책의 필사본과 미정고(未定稿)로 되어 있다. 필사본은 수필이라는 명칭 그대로 저자가 입전(立傳) 대상자의 자료를 입수하는 대로 수록했으므로 연대순으로 기록되지 않았다. 1955년 국사편찬위원회에서는 필사본의 기록을 연대순으로 재편집하여 중복된 기록을 산삭하고 오류를 교정한 다음 《한국사료총서》 제2권으로 간행하였다. 필사본에 비해 활자본은 체계적인 정리가 잘 되어 있다. 그만큼 학계에서는 《기려수필》의 사료적 가치를 중요하게 인식하였다.

당시에 정보매체나 교통수단이 발달하지 않았고 일제의 강압적인 통치가 극심해지는 상황에서 이런 저술 작업을 한다는 것은 사명의식과 집념이 남다르지 않고서는 불가능하다. 아무도 알아주지 않는데 시골 선비가 가산을 탕진해가며 이런 큰 사업을 지속적으로 실행하는 일이 어디 쉽겠는가! 《기려수필》에서 보여준 기려자의 기록정신은 명리추구를 일삼는 현대인에게 어떤 가치관을 가지고 어떻게 세상을 살아가야 하는지 시사하는 바가 크다.

필자가 이 책을 알게 된 것은 십수 년전 일이다. 어느날 한학자 아당(峨堂) 이성우(李性雨) 선생을 뵙고 '번역 공부를 하고 싶은데 어떤 책이 가장 좋습니까?' 하고 여쭈었다. 아당 선생은 주저 없이 《기려수필》을 추천하고 매우 가치 있는 책이라는 말씀을 덧붙였다. 그러나 그 말씀을 듣고는 바쁜 일상에 책을 찾아보지 못한 채 세월만 보냈다. 우연한 기회에 박우훈 교수의 제언으로 김상기 교수를 비롯하여 몇몇 박사들과 만나 학교 지원을 받아 《기려수필》을 대상으로 번역 모임을 결성하였다. 《기려수필》을 대상으로 1년 정도 번역모임을 진행해 왔는데 마침 한국연구재단의 연구과제에 선정되어 2년간에 걸친 연구원들의 노력으로 번역을 마칠 수 있었다.

이 책이 세상에 나온 지 60년이 되었지만 이제야 완역되었다는 것은 만시지탄(晩時之歎)이 없지 않다. 그러나 《기려수필》에 수록된 인물 한 분 한 분의 삶에 대해 오늘날 한반도에서 살아가는 우리들이 관심을 가질 필요가 있다. 그들이 무엇을 위해 치열하게 불의에 저항하고 일제에 저항하여 독립 운동을 벌이며 목숨까지 바치는 삶을 선택했는지 알아야 한다. 다시는 이런 불행한 역사를 되풀이하지 않기 위해서라도 그렇다. 치열한 글로벌 경쟁에 내몰린 현실 속에서 우리 민족이 나가야 할 길, 우리가 걸어야 할 길을 《기려수필》에서 찾을 수 있으니 지금이라도 번역본이 출간된 것이 그나마 다행한 일이 아니겠는가!

본 연구진은 기려자의 기록정신을 훼손시키지 않으려고 최대한 노력하며 번역을 시도했다. 충(忠)·의(義)·열(烈)의 정신을 오늘날에 되살리기 위해 많은 대중들이 읽을 수 있도록 쉽게 번역하는 데 중점을 두었다. 그럼에도 불구하고 번역과정에서 오류가 있을 수 있다. 이는 전적으로 연구책임자인 필자에게 책임이 있음을 밝히며 강호제현들의 질정을 구한다.

2014. 8. 26.

연구책임자 이향배는 무명재에서 삼가 쓰다

차례

기려수필 1

기려수필 2

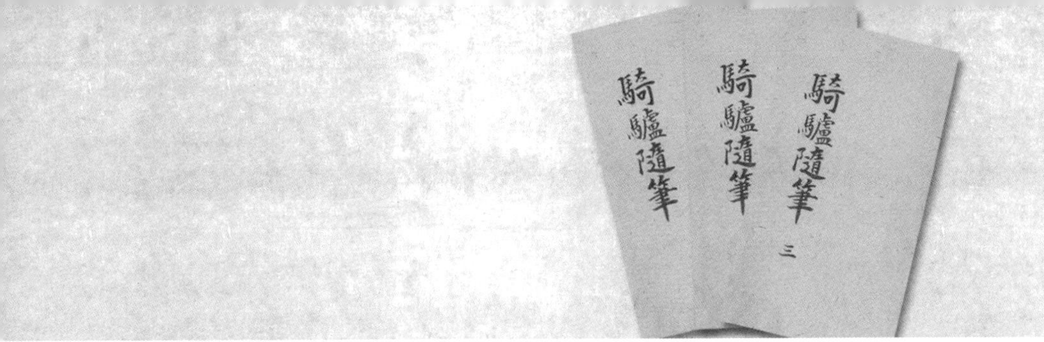

기려수필 3

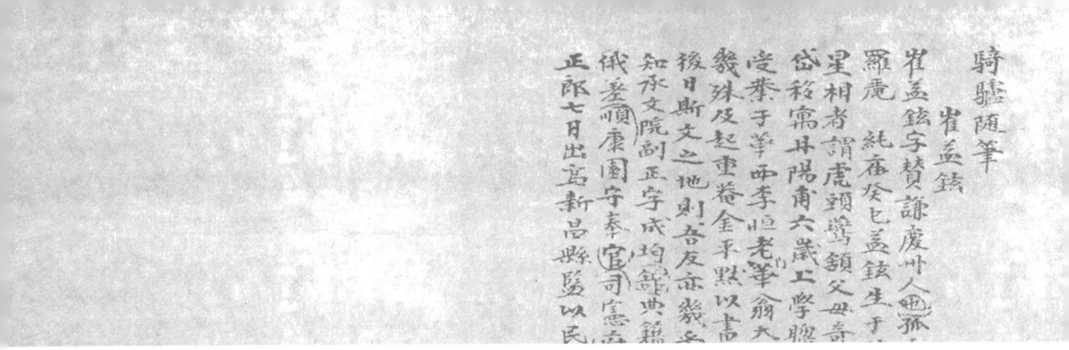

일러두기

1. 이 책의 번역 대본은 1955년 국사편찬위원회에서 간행한 한국사료총서 제2권 《기려수필》이며, 독립기념관에서 소장하고 있는 《기려수필》과 대조하여 오자와 탈자를 바로잡았다.
2. 수록 순서는 국사편찬위원회의 간행본을 따랐다.
3. 운문(韻文)은 원문을 병기하였다.
4. 맞춤법과 띄어쓰기는 한글 맞춤법과 표준어 규정을 따랐다.
5. 짧은 역주는 간주(間註)로, 긴 것은 각 기사 뒤에 미주(尾註)로 처리하였다.
6. 인명과 지명은 일본어의 경우 일본발음으로, 나머지는 한자음대로 표기하였다.
7. 동일한 단어라도 원문의 어세(語勢)에 따라 표현을 달리하였다. '日人'을 일본인, 일본사람, 왜놈 등으로 표현한 것이 그 예이다.
8. 이 책에서 사용한 부호는 다음과 같다.

( ) : 번역문과 음이 같은 한자를 묶는다.
〔 〕: 번역문과 음이 다른 한자 및 인용한 원문을 묶는다.
" " : 대화 및 인용문을 묶는다.
' ' : " " 안의 재인용 또는 강조 문구를 묶는다.
《 》: 책명 및 각주의 전거(典據)를 묶는다.
〈 〉: 책의 편명 및 운·산문의 제목을 묶는다.

기려수필서 騎驢隨筆序

예로부터 충신과 절개 있는 선비는 국가가 망할 지경에 이르면 목숨을 바쳐 인(仁)을 완성하거나[1] 자정(自靖)[2]하여 의리를 지켰다. 이렇게 한 것은 자신이 평소 옳다고 생각하여 편안하게 여기는 것을 추구하거나 하늘로부터 부여받은 이치를 저버리지 않으려고 한 까닭이니, 어찌 자신의 이름을 후대에 남기고 남이 알아주기를 바라는 마음이 있어서였겠는가. 그러나 후대의 군자가 반드시 그것을 동관(銅管)[3]으로 기록하여 야사(野史)에 수록하여, 오직 그것이 세상에 드러나지 않을까 걱정한 것은 그 사람을 기리고 그의 절개를 숭상하기 위해서일 뿐 아니라 이미 도가 어두워진 세상에 인륜을 밝히고 후세에 충성과 의리를 권면하기 위해서였다.

그런데 국가의 흥망의 형세가 이미 판가름 나고 사람들의 향배(向背)가 분명해지면, 그 시대 사람들은 이전 왕조를 위해 절개를 바친 사람을 꺼리고 싫어하게 된다. 이런 까닭에 오롯한 충성과 훌륭한 절개를 지닌 사람들의 행적이 대부분 사라져 전해지지 않게 되었으니, 오랜 세월이 지난 뒤에 어찌 매우 슬퍼하고 깊이 탄식하지 않겠는가.

우리 조선의 을사년(1905)과 경술년(1910)의 변고(變故)[4]는 만고에 없던 치욕이었다. 협박에 의하여 조약이 체결될 때 높은 벼슬아치로부터 시골의 일반 백성들까지 절치부심하고 통곡하였다. 어떤 이는 상소를 올려 절대로 조약을 체결해서는 안 된다는 주장을 고집하다 형벌을 받아 죽고, 어떤 이는 의병을 일으켜 힘써 싸우다 순국하였다. 어떤 이는 국제회의 석상에서 칼로 배를 갈라 피를 철철 흘리면서 세계만방에 원통함을 하소연하였다.[5]

합방에 대한 순종(純宗)의 고유문(告諭文)이 발표되자 단식하여 죽은 사람도 있고 바다에 뛰어들어 죽은 사람도 있다. 칼로 자결한 사람도 있고 독약을 먹고 죽은 사람도 있다. 어떤 이는 해외로 망명하여 광복을 맹세하였으며 어떤 이는 포로로 잡혀가 형벌[6]을 받아도 죽기로 맹세하고 왜적에게 굽히지 않았으니 이런 사람들을 이루 다 헤아릴 수 없다.[7]

어떤 사람은 죽고 어떤 사람은 살아남았으며, 세상에 알려진 사람도 있고 알려지지 않은 사람도 있지만, 그 의리와 지절(志節)은 모두 천지에 우뚝 서고 해와 달과 밝음을 다투어 천하의 온 나라에 드러날 만큼 뛰어나다. 그러나 저 교활한 왜놈은 천하의 눈을 속이고 귀를 가려 그들의 뛰어난 명성을 감추고 그들에 대한 글을 보지 못하게 하거나 훼손하였으며, 그들의 행적에 대해 말을 하거나 글로 표현하면 온갖 나쁜 일로 보복하였으니, 아, 통탄을 참을 수 있으랴.

나의 벗 야성(冶城)[8] 성소(聖韶) 송상도가 이런 사실들에 매우 탄식해 마지않으면서 죽음을 무릅쓰고 남들이 놀랄 만한 위험을 감내하고 여러 해 동안 전라도, 충청도, 강원도, 경기도, 경상도 등 수 천 리를 돌아다니며 이곳저곳에서 이런 사실들을 빠짐없이 수집하였는데, 어떤 경우는 전장류(傳狀類)를 모으고 어떤 경우는 실제의 행적을 손수 기록하였다. 생사여부, 세상에 드러난 경우와 그렇지 않은 경우를 따지지 않고 다만 분명한 사실만을 모아 몇 권의 책으로 엮었으니, 바로 《기려수필》이다. 이런 이름을 지은 것은 아마도 자신을 명(明)나라의 기려도사(騎驢道士)에 비교해서일 것이다. 책이 이윽고 완성되자 나에게 교정을 부탁하면서 서문을 써 달라고 요청하였다. 내가 비록 재주는 없지만 나 또한 망해 버린 조선의 백성이다. 의리상 사양할 수 있겠는가.

아, 세상의 인륜이 이미 무너져 임금을 버리고 부모를 저버리는[9] 무리들이 계속해서 생겨나게 되었다. 이들은 원수 갚는 것을 잊어버리고 이익을 추구하는 것을 당연히 해야 할 일이라고 여겨서 인(仁)과 의(義)를 성취한다는 것이 무엇인지 그 의미를 다시는 생각조차 하지 않는다. 이런 상황에서 몸소 위험을 감내하며 멀고 험한 길을 돌아다녀 위대한 업적을 세상에 드러내려 하며 무궁한 후세에 전달하려 하는 사람이 있겠는가. 의(義)와 이(利)를 구분하고 인륜을 중요하게 여기며 자신의 재앙은 두렵게 여기지 않고 충현(忠賢)의 이름이 사라질 것을 두려워하는 사람만이 이런 일을 할 수 있다. 이것이 바로 송상도가 추구했던 것이다.

옛날 명나라 말기에 한 선비가 있었는데, 자신의 이름을 감추고 나귀를 타고서 천하를 두루 돌아다니며 의로운 사람들의 행적을 수집하였다. 사람들이 그를 기려도사라고 불렀으니 다른 사람들보다 훨씬 뛰어났기 때문이다. 비록 그렇다고 하지만 그 당시는 자결한 인물[10]로 범경문(范景文)[11]과 왕위(汪偉)[12] 같은 사람들을 모두 칭송하여 드러내서 말할 수 있었다. 또한 청(淸)나라의 임금과 신하가 그들을 인정하고 널리 찬양하였다. 그러므로 명나라의 기려자가 한 행위는 쉬운 것이며 현재 송상도가 한 것은 어려운 일이니 송상도는 참으로 훌륭한 인물이라고 할 수 있다.

다만 마음 아픈 것은 우리 조선이 비록 국력이 쇠약하여 떨쳐 일어나지 못했지만, 그래도 사방 3천 리의 토지를 가지고 있고 수천만의 백성을 보유하고 있다. 어찌 작은 칼이 없겠으며 또한 나라를 위해 외적을 물리칠[13] 한 명의 대장부도 없겠는가. 그러나 황제의 가까운 신하가 권력을 훔쳐 국시(國是)가 거꾸러지고, 벌과 전갈이 소매에 들어왔는데 충신이 손을 묶고 있는 상황이다. 우리의 밝고 성스러운 황제가 항상 마음속에 간직하고 있는 복수할 뜻을 펼치지 못하며, 의열(義烈)을 지닌 여러 공들이 나라를 위해 큰 공을 세우려는 충심[14]을 조금도 펼치지 못하고 있다. 어떤 이는 순국하고 어떤 이는 망명하였으며 어떤 이는 감옥에 갇히고 어떤 이는 세상에서 숨어 버렸다. 백성들은 도탄에 빠지고 국가의 큰 운수는 기울어 쓰러졌으니 어찌 천고의 한으로 남지 않겠는가.

나라가 망했을 때 죽지 못한 사람[15]과 전 왕조를 그리워하는 마음[16]이 더욱 간절한 사람들이 동양과 서양에서 분주하게 외쳐 대어 만국의 공론이 일어나게 되었다. 그러므로 만약 이전부터 나라를 좀먹던 간사한 놈들이 이런 상황을 보고 자신의 잘못을 뉘우쳐 돌이킨다면, 여러 공(公)들이 노력했던 일들이 이에 더욱 위대한 결과를 가져올 것이며, 조선왕조 500년 동안 배양한 은택이 이에 분명하게 확인될 것이다. 그 누가 인륜의 큰 의리가 나라를 다스리는 방도와 아무런 관계가 없다고 하겠는가.

비록 그렇지만 이 책이 없다면 위업을 남긴 모든 사람들의 행적이 초야(草野)에서나 간혹 볼 수 있을 뿐이며, 드러나지 않은 절조(節操)가 시간이 흐를수록 사라져 마침내 한 곳에 모아 정리, 기록하여 세상에 드러낼 수 없을 것이다. 이 책을 지은 것이 어찌 우연이겠는가. 장차 국토가 광복되는 날을 만나면 이 책에 기록된 내용이 역사책에 실려 천하에 두루 전해져 사람마다 외우고 다닐 것이 아닌가. 나는 매우 늙었으니 얼마 후에 죽을 것이다. 그렇지만 그렇게 될 날이 오기를 눈을 씻고 기다린다.[17]

안동[18] 권상익(權相翊)[19]이 서문을 쓰다.

1 목숨을……완성하거나 : 《논어》 〈위령공〉에 "뜻있는 선비와 어진 사람은 살기를 구하여 인을 해치는 경우가 없고 자신의 몸을 바쳐 인을 이루는 경우도 있다.〔志士仁人, 無求生以害仁, 有殺身以成仁.〕"라고 하였다.

2 자정(自靖) : 《서경》 〈미자(微子)〉에 "스스로 뜻을 정해서 각자 선왕에게 고하라. 나는 여기를 떠나 숨지 않겠다.〔自靖, 人自獻于先王, 我不顧行遯.〕"라고 하였는데, 이 말은 각자 의리에 입각하여 자신의 뜻을 정해 결행하는 것을 말한다.

3 동관(銅管) : 동(銅)과 관(管)으로 된 악기를 의미한다. 같은 음의 동관(彤管)은 보통 후비(后妃)의 행동을 기록할 때 사용하던 빨간색의 붓을 말한다. 붓대를 붉게 칠한 것은 변하지 않는 붉은 마음을 의미하는데 여사(女史)들이 주로 사용하였다. 본문의 맥락상 역사와 관련된 의미를 지녀야 하는 단어를 사용해야 한다면, 아마도 동관(彤管)이 맞을 것 같다.

4 을사년과 경술년의 변고(變故) : 1905년 을사늑약과 1910년 경술국치를 말한다.

5 어떤……하소연하였다 : 헤이그밀사 중 한 사람인 이준을 지칭하는 것인데, 이준이 배를 가르고 자결했다는 것은 사실과 다르다. 본서 이준 조 참조.

6 형벌 : 천의(天劓)는 《주역》 〈규괘(睽卦)〉에서 "수레가 뒤로 끌리고 소가 앞이 가로막히며, 그 사람이 머리가 깎이고 코가 베임을 보니 처음은 없고 끝은 있으리라.〔見輿曳, 其牛掣, 其人天且劓 無初有終.〕"라고 한 데서 나온 것으로 천은 죄인의 이마에 먹물로 글자를 새기는 형벌이며 의는 코를 베는 형벌이다.

7 이루 다 헤아릴 수 없다 : 경복이수계(更僕而數計)를 해석한 말이다. 경복은 《예기》 〈유행(儒行)〉에서 공자가 애공(哀公)의 질문에 답하면서 "갑작스레 헤아려

말해서는 다 얘기할 수 없고 자세히 다 얘기하려면 오래 머물러야 하니, 보좌하는 사람을 번갈아 세우더라도 다 말할 수 없습니다.〔遽數之, 不能終其物, 悉數之乃留, 更僕未可終也.〕"라고 한 말에서 나왔다.

8 야성(冶城) : 지금의 경상남도 합천군 야성면 일대를 말한다. 야성 송씨 시조는 고려 초기 송맹영(宋孟英)이다.

9 임금을……저버리는 : 《맹자》 〈양혜왕〉의 "인하면서 자신의 어버이를 버리는 자가 없으며 의롭고서 자신의 임금을 뒤로 여기는 자가 없다.〔未有仁而遺其親者也, 未有義而後其君者也.〕"라는 말을 변용한 것이다.

10 자결한 인물 : 1644년 3월 이자성이 명나라 수도를 함락했을 때 순절한 사람 20명을 청나라 조정에서 추증하고 시호를 내렸다. 이들에 대해서는 이덕무의 《청장관전서》 〈앙엽기(盎葉記)〉에 자세히 기록되어 있다. 사수(死綏)는 전쟁에서 군대가 패하면 장수는 마땅히 자결해야 함을 뜻하는 말로 《좌전(左傳)》 문공(文公) 12년에 "사마법(司馬法)에 장군은 수레에 오르는 끈을 잡고 죽는다."라고 하였다.

11 범경문(范景文) : 1587~1644. 자는 몽권(夢權) 또는 몽장(夢章), 호는 사인(思仁)이다. 1613년에 진사가 되어 벼슬길에 나가 공부시랑(工部侍郎)을 역임하였다. 수도가 함락될 때 황제에게 피할 것을 권하고 황제의 유조(遺詔)를 작성한 다음 우물로 달려가 빠져 죽었다.

12 왕위(汪偉) : 《청장관전서》 〈앙엽기(盎葉記)〉에는 왕위에 대해 "자는 숙도(叔度)로 휴령(休寧) 사람이다. 숭정 원년 진사로서 벼슬길에 올랐는데 스스로 목매어 죽었다. 홍광 때는 시호가 문열(文烈)이었는데 순치 때는 문의(文毅)이다."라고 서술하고 있다.

13 외적을 물리칠 : 어모(禦侮)는 《시경》 〈대아(大雅) 면(緜)〉의 "나는 말하노니, 동분서주할 이 있으며 외적의 침입을 막을 이 있다 하노라.〔予曰有奔奏, 予曰有禦侮.〕"라는 말에서 나온 것이다. 여기서는 일본을 물리친다는 의미로 사용되었다.

14 나라를……충심 : 경천세일(擎天洗日)은 보천욕일(補天浴日)이라고도 한다. 경천 즉 보천은 중국 전설상의 여와씨(女媧氏)가 하늘의 구멍 난 곳을 기웠다는 고사이며 욕일(浴日)은 희화(羲和)가 해를 목욕시킨 고사로 국가에 큰 공이 있음을 비유한 것이다.

15 나라가……사람 : 정호지룡어막반(鼎湖之龍御莫攀)을 해석한 말이다. 중국 고

대 전설상의 황제(皇帝)가 형산 아래에서 솥〔鼎〕을 만들다가 솥이 이루어지니 용을 타고 하늘로 올라갔는데 그때 용의 수염을 잡고 따라간 신하와 그렇지 못한 신하가 있었다. 후대에 이 뜻이 전변(轉變)하여 제왕의 죽음이란 의미로 사용되었는데, 여기서는 나라가 망할 때 죽지 못한 사람을 의미한다.

16 전 왕조를 그리워하는 마음 : 윤휴의 《백호전서》에 "'한(漢)나라를 생각하는 마음'이란 왕망(王莽)이 한나라를 찬탈하자 사람들이 모두 회복시킬 것을 생각하였는데 이리하여 사책(史策)에 '한나라를 생각한다.〔思漢〕'라는 말이 있는 것입니다."라고 하였다. 여기서는 전 왕조를 그리워한다는 의미로 사용되었다.

17 눈을 씻고 기다린다 : 괄목상대(刮目相對)에서 온 말로 그렇게 될 날이 오기를 기다린다는 의미이다.

18 안동 : 영가(永嘉)는 안동의 옛 이름이다.

19 권상익(權相翊) : 1863~1935. 본관은 안동, 자는 찬수(贊粹), 호는 성재(省齋)이다. 1905년 강제로 을사조약이 체결되자 외국의 공관(公館)에 보낼 호소문을 작성했으나 뜻을 이루지 못하였다. 1910년 국권이 상실되자 향리에서 후학 양성에 전념했는데 일찍부터 학문의 깊이가 남달라 퇴계(退溪) 이황(李滉)의 성리설(性理說)에 정통했다고 전한다. 1919년 3·1운동이 일어나자 그는 김창숙(金昌淑), 곽종석(郭鍾錫) 등 전국의 유림(儒林)과 협의하여 동지를 규합한 뒤 파리강화회의에 보낼 독립청원서에 서명하고 이를 보내려 한 파리장서사건으로 체포되어 대구형무소에 투옥되었다. 1925년 8월에는 김창숙이 중국으로부터 비밀리에 입국하여 내몽고(內蒙古) 지방에 독립군 기지를 건설할 자금 20만 원을 목표로 군자금을 모금할 때 이에 동참하여 동지들을 규합하는 것은 물론이고 자진해서 군자금을 제공하다 일본 경찰에 붙잡혔다. 이것이 이른바 제2유림단사건이다. 이로 인해 그는 1929년 3월 대구지방법원에서 징역 1년, 집행유예 2년을 받았다. 말년에는 향리의 덕곡서당(德谷書堂)에서 제자들과 더불어 경의(經義)와 예설(禮說)을 토론하며 교육에 전념하였다.

범례 凡例

송 상 도(宋相燾)

一. 옛날부터 충신열사는 언제나 위급한 난리가 일어나거나 세상이 혼란한 시기에 배출되었다. 조선조 500년 동안 임진왜란과 병자호란이 일어났을 때나 단종이 선양할 때는 진실로 나라의 운명이 매우 위급하였다. 이런 시대에 절개를 세워 의리를 지켜 죽은 사람들도 일찍이 헤아릴 수 없이 많았다. 그러나 이 책에서 고종황제 병인년(1866)부터 기록한 이유는 나라가 망하기 시작한 재앙이 병인양요(丙寅洋擾)부터 시작되었기 때문이다.

一. 절의를 세워 죽은 사람이 전국 각지에 흩어져 있다. 이런 인물의 자료를 수집하여 한 권의 책으로 만들어 전하지 않는다면 북쪽의 충신열사를 남쪽 사람이 모르고, 남쪽의 충신열사를 북쪽사람이 알 수 없다. 동쪽 서쪽에 사는 사람도 마찬가지이다. 진실로 모두 모아 천하에 널리 알려서 드날려 주지 않는다면 세상 사람들에게 교화를 장려하여 충의를 권면할 방법이 없다. 내가 이 책의 저술에 골몰하는 이유는 곧 명(明)나라 말기에 기려도사(騎驢道士)가 했던 일과 같은 것이다.

一. 세신(世臣)이나 옛 벌열(閥閱) 중에 절절한 충성과 남다른 절의가 있는 사람, 그 밖에 의열이 늠름하고 우뚝한 사람들의 경우는 틀림없이 나라의 역사에 기록되고 야사(野史)에 수록되어 없어지지 않을 것이다. 초야에서 지낸 미천한 사람들의 경우는 전해 줄 집안도 없고 채록할 사람도 없어서 틀림없이 궁벽진 시골에서 사라져 기러기 발자국처럼 아무 흔적조차 없을 테니 안타깝고 탄식할 만하지 않겠는가. 이러므로 이런 사람들의 기록을 더욱 수집하여 숨겨진 사실을 밝혀주는 《춘추(春秋)》의 뜻을 붙인다.

一. 행장(行狀), 전문(傳文) 및 일록(日錄)은 물론 구해지는 자료는 모두 수집했다. 단지 다른 사람이 전하는 말만 듣고 근거할 만한 기록이 없는 사람의 경우는 그 사실을 자세히 채집하여 스스로 글을 지어 기록했다. 그러나 길거리에서 들은 사실을 정리해 기록하면서 실상을 잃지 않는다는 것은 매우 어렵다. 기록한 글이 있는 경우 더러 사실에 완전히 부합하기는 어렵더라도 이는 다른 사람이 한 일이고 내가 한 일이 아니다. 스스로 문을 짓는 일은 삼가고 조심하지 않을 수 없다. 그래서 말해주는 사람이 진실하지 못하여 채록할 때 사실인지 알 수가 없으면 결코 기록하지 않아 근거 없이 썼다는 기롱을 범하지 않았다.

一. 의리를 실천하여 굶어 죽은 사람도 있으며 은사금을 거절하고 세금납부를 거절한 사람도 있다. 음식을 끊고 독약을 마신 사람도 있고 상소하여 적을 토벌하라고 요청한 사람도 있으며, 글을 써서 나라를 강탈했다고 욕한 사람도 있다. 이들 중에 죽은 사람도 있고 죽지 않은 사람도 있지만 나라를 위한 그 마음은 같다. 지금 생사(生死)를 기준으로 인물의 기록을 넣고 빼서는 안 되기 때문에 아울러 모두 취하여 기록하였다. 또한 이 책에서 죽은 사람과 살아 있는 사람을 나누어 각각 한 권씩 편찬한 이유는 우열을 나눈 것이 아니라 단지 죽은 사람과 살아 있는 사람을 구별했을 뿐이다.

一. 반드시 의리가 판가름 되는 상황을 만나 한 절의를 지킨 일만을 취하지는 않았다. 평소의 언행 중에 다른 사람의 모범이 될 만하고 세상에서 칭송될 만한 것은 모두 기록하여 하나의 사실로 전한다.

一. 각 전(傳)의 아래에는 모두 작자의 이름을 기록하여 보는 사람들에게 출처를 알도록 하였다. 더러는 내가 쓴 글도 있지만, 나는 글을 쓸 만한 적임자가 아니므로 감히 이름을 써서 제가(諸家)의 반열에 끼어들지 않았다. 각 전기의 끝부분에 간혹 내 생각을 쓴 경우에는 매번 안(按)이란 글자를 써서 구별하였다.

一. 거리에 상관없이 전국 각지에 있는 모든 충신열사들의 자료를 수집하였다. 그동안 순절한 사람들 중에 틀림없이 대부분 귀천(貴賤)의 신분이 다르고 남녀(男女)의 구별이 있다. 그러나 그 의리라는 것은 하늘이 부여한 성품이니 어찌 신분의 귀천이나 남녀의 차별이 있겠는가. 그래서 아무리 미천한 사람이라도 차별하지 않고 모두 기록하였다.

一. 초록하여 나열한 여러 사람들은 단지 시기의 선후로만 순서를 삼았다. 대를 이어 절의로 이름난 사람도 있으며 의거에 동참하여 일을 한 사람도 있는데 행적이 많지 않거나 혹은 시사(時事)로 인해 이름난 사람은 모두 맨 앞에 쓴 사람의 이름 아래에 붙였다. 예를 들면 정용기(鄭鏞基)는 정환직(鄭煥直)의 기록 아래에 붙여 기록했으며, 최세한(崔

世翰)은 이한구(李韓久)의 기록 아래에 붙여 기록했으며, 공임(恭任)은 송병선(宋秉璿)의 기록 아래에 붙여 기록한 사례 같은 경우이다.

一. 제가들의 문집 중에 더러 절의를 지키다가 죽은 사람을 위해 탄식하면서 지은 시문이 있으면 절취하여 기록하였다. 예를 들면 〈송병선전(宋秉璿傳)〉 끝부분에 우산(愚山) 한유(韓愉)가 지은 〈애공임시(哀恭任詩)〉를 기록한 사례와 같은 것이다.

一. 각 전(傳)의 끝부분에는 사가(史家)의 평론이 있는 경우 모두 취하여 기록했다. 야록(野錄)이니, 태사씨(太史氏)니, 논(論)이니, 후산자(厚山子)니, 김택영(金澤榮)이니 하는 말들은 단지 출전 원문의 규례를 그대로 취한 것이고 감히 내 마음대로 고쳐서 일률적으로 정리하지 않았다. 〈권계술전(權繼述傳)〉의 끝부분에는 여안(余按)이란 대목이 있고, 〈안중근전(安重根傳)〉 끝부분에는 우전중(右傳中)이라는 조목이 있다. 원본에서 모두 한 글자씩 내려서 기록했기 때문에 이 책에서도 그 규례를 그대로 취하여 기록하였다.

一. 세상에 독립운동한 사람들이 이루 헤아릴 수 없이 많지만 그들의 목적은 단지 국권 회복에 있을 뿐이었다. 조선왕조를 위해 일어선 사람은 없었다. 그래서 기미년(1919) 이후 여러 의사들의 경우 편 머리에 기미(己未) 두 글자를 써서 별록(別錄)으로 만들었다. 그러나 유신영(柳臣榮), 김도수(金道洙) 제공들의 경우는 오로지 고종황제를 위해 순국했기 때문에 상편의 끝부분에 기록하고 기미년 이후에는 기록하지 않았다.

이시원 李是遠

이시원의 자는 자직(子直)이고, 별호(別號)는 사기(沙磯)이다. 정종(定宗)의 서자인 덕천군(德泉君) 이후생(李厚生)[1]의 후예(後裔)이다. 덕천군은 예학에 조예가 깊었고 착한 일 하기를 좋아하여 세상 사람들이 하간왕(河間王)[2]과 동평왕(東平王)[3]에 견주었다. 시호는 적덕(積德)이다. 후손들 가운데 명성 있는 인물들이 많았지만 효민공(孝敏公) 이경직(李景稷)[4]과 문충공(文忠公) 이경석(李景奭)[5] 형제가 가장 드러났다. 효민공이 효간공(孝簡公) 이정영(李正英)[6]을 낳았고 효간공이 호조 참판(戶曹參判)을 역임한 이대성(李大成)[7]을 낳았다. 여러 세대의 인물들이 고관이 되어 공훈(功勳)이 왕실에 드러나고 명예와 절의가 당시에 빛났다.

호조 참판을 역임한 이대성이 진사(進士) 이진위(李眞偉)를 낳고, 진사 이진위가 이광명(李匡明)을 낳았는데 백부(伯父)의 일에 연루되어 변방으로 귀양 가서 생을 마쳤다. 그 뒤에 공(公)이 높은 지위에 올랐기 때문에 이조 참의(吏曹參議)에 증직되었으니 이분이 이시원의 증조(曾祖)이다. 조부(祖父) 충익공(忠翊公)은 이조 참판(吏曹參判)에 증직되었다. 처음에 이조 참의를 역임한 공의 증조부가 서울에서 강화도로 이사하였다.

얼마 뒤에 집안 형편이 어려워 여러 형제들과 함께 변방을 떠도는 신세가 되니 집안을 거의 부지할 수 없는 지경이었다. 이조 참판을 역임한 공의 조부는 높은 식견과 지극히 착한 행실이 있어서 세상 사람들로부터 대단히 존중받았다. 그러나 이리저리 이사 다니다가 만년에 다시 강화도로 돌아왔다. 선고(先考) 이면백(李勉伯)은 진사(進士)였는데 이조 판서(吏曹判書)에 증직되었다. 정부인(貞夫人)에 증직된 선비(先妣) 청송 심씨(靑松沈氏)는 영의정(領議政) 심수현(沈壽賢)[8]의 고손(高孫)이다.

정조(正祖)[9] 14년(1790)에 이시원이 태어났다. 그는 나면서부터 자질이 뛰어나 갓 15세 정도에 학문이 이미 성숙한 단계에 이르렀다. 순조(純祖) 을해년(순조15, 1815) 실시된 정시(庭試)에 갑과(甲科) 1등으로 합격하여 곧바로 성균관 전적(成均館典籍)에 임명되었다.

이에 앞서 이조 참판에 증직된 공의 조부는 집안의 운수가 좋지 못한 때를 만나 두려워하고 조심하는 마음이 끝이 없었다. 그러나 격앙(激昂)된 의기(意氣)는 조금도 꺾이지 않아 삼교(三敎)를 두루 공부하여 통하였고 도덕과 문장이 모두 옛 사람보다 뛰어났다. 더욱이 지극히 선한 행실이 있어서 일찍이 수천 리 길을 걸어가 유배지에 있는 참의공 이광명과 생부(生父)를 찾아뵈었다. 봄에는 북쪽으로 가고 가을에는 남쪽으로 돌아와서 바람이 불고 눈이 내리며 풍토병이 돌아도 수십 년 동안 이 일을 그만두지 않았다. 세상 사람들이 이러한 참판공의 모습을 보고

"큰 열매를 먹지 않는 것[10]과 같은 상황에 처해 있으니 그의 후손이 반드시 떨쳐 일어날 것이다."

라고 하였다. 선고(先考)인 판서공 이면백이 가학(家學)을 계승하여 여러 번 과장에 드나들었으나 겨우 진사에 그치니 떠도는 곤궁한 생활이 날로 심해졌다. 그러다가 이때에 이르러 이시원 공이 과거에 급제하였다. 이시원이 위태롭게 기울어 가는 집안을 일으켜 세우고, 젊은

나이에 명성이 자자해지자 옛날 그의 집안을 달갑게 여기지 않던 사람들이 여전히 좋아하지 않았다. 게다가 이시원 공이 곧은 도리를 지켜서 아부하지 않았으므로 장원한 지 10년 만에야 비로소 관직(館職)[11]에 임명되었다.

병자년(순조16, 1816)에 사간원 정언(司諫院正言)에 임명되었고 호남에 독학사(督學使)로 나갔다. 갑신년(1824)에 외직으로 나가 태천[12] 현감(泰川縣監)이 되었다. 백성들 가운데 소송하는 자가 있으면 이시원이 문서를 들고 앞으로 나오게 해서 마치 집안사람인 양 부드럽게 그의 사정을 들어주었다. 이러한 방법으로 송사를 해결하니 얼마 되지 않아 빈둥대는 아전이 없어지고 사실을 숨기는 백성이 없어서 고을이 매우 잘 다스려졌다.

병술년(1826)에 홍문관 교리(弘文館校理)에 임명되고, 정해년(1827)에 지제교(知製敎)에 선임(選任)되었으며 성균관 사성(成均館司成)과 사헌부 장령(司憲府掌令)에 임명되었다. 영남(嶺南)에 독학사로 나갔다가 돌아와 통례원 상례(通禮院相禮)에 임명되었다. 무자년(순조28, 1828)에 다시 경상우도(右道)에 독학사로 나갔다. 공이 지방에 독학사로 나가 선비들의 시험을 주관한 것이 모두 세 번이었는데 지극히 공평하고 사사로움이 없었으므로 감히 몰래 뇌물을 주어 청탁하는 사람이 없었다.

기축년(1829)에 국청이 열리자 공이 문사랑(問事郎)이 되어 붓을 잡고 죄수들의 진술을 기록하였다. 어떤 사람이 진술 내용을 고치려고 위협적인 말로 겁을 주었으나 공은 꿈쩍도 하지 않았다. 그러자 죄수가 섬돌 아래 엎드려 공의 기색을 우러러 보고 곧바로 말을 바꿔 스스로 풀려나기를 기대하였다. 공이 그의 진술하는 말을 옆에 기록하고는 묽은 먹물로 앞서 기록했던 내용에 덧칠하고 곧 병을 핑계로 빠져나왔다. 강직한 성품을 지닌 공의 일처리는 대부분 이와 같았다.

경인년(1830)에 소장을 올려 현(縣)을 맡아 부모를 봉양할 수 있도록 허락해 달라고 요청하였다. 임금의 허락을 받아 강령현(康翎縣)[13]으로 나가게 되었다. 이때에 선친인 판서공이 병을 앓다가 조금 차도가 있었으므로 조정에 나가 부임 인사를 하게 되었다. 공이 겨우 서울에 도착하였는데 판서공이 향리에서 운명하므로 서둘러 집으로 돌아왔다. 공은 아버지의 임종을 지키지 못한 이때의 일을 평생 애통하게 여겼다. 삼년상을 마치자 홍문관 수찬(弘文館修撰)에 임명되고 시강원 필선(侍講院弼善)을 겸하게 되었다. 이때 소장을 올렸는데 대략의 내용은 다음과 같다.

"저는 집이 가난하고 부모님께서 연로하십니다. 그러므로 저는 부모님을 봉양할 마음으로 소장을 올려 현으로 나가기를 요청하였다가 뜻밖에도 전하께서 허락해 주시는 은택을 입었습니다. 저는 하늘이 넋을 빼앗아 가 천지신명에게 죄를 얻어 큰 화가 장차 이를 것도 알지 못하고 경솔하게 병든 아버지 곁을 떠났다가 돌아가 뵙지도 못하고 마침내 분상[14]하는 처지가 되었습니다. 그런데도 뻔뻔하게 먹고 자며 오늘에 이르고 있으니 스스로 보기에도 역겨운데 남들은 뭐라 하겠습니까.

저는 듣건대, 사람들이 늘 말하기를 '아버지 섬기는 태도를 바탕으로 임금을 섬긴다.'라고 하였습니다. 또 말하기를 '충을 효에서 구한다.'라고 하였습니다. 그런데 지금 저의 잘못이 이와 같으니 장차 무슨 일을 할 수 있으며 맑은 조정에 얼굴을 들 수 있겠습니까. 전하께서는 또한 어찌 돼지나 물고기처럼 어둡고 완고한 저 같은 사람을 취하셔서 해와 달처럼 밝은 전하의 총명(聰明)을 더럽히려 하십니까.

바라건대, 이조(吏曹)에 지시하여 관리의 이름을 적어 놓은 문서에서 저의 이름을 삭제하여 주십시오. 그리하여 제가 홀로 남은 어머니를 봉양할 수 있도록 해 주십시오."

이보다 앞서 석천(石泉) 신작(申綽)[15] 선생은 공의 척숙(戚叔)[16]으로 일찍이 별시(別試)에 응시하였다. 시험관이 합격자를 발표하자마자 아버지께서 돌아가시므로 상사(喪事)에 달려가야만 했다. 삼년상을 마친 선생은 마침내 아버지의 임종을 지키지 못한 죄인이라는 이유로 관직에 나가지 않겠다고 맹세하였다. 조정에서 여러 번 관직에 임명하는 명령을 내려 하대부(下大夫)에 이르기도 했지만 선생은 끝내 출사하지 않았다. 이러한 석천 선생의 모습을 공이 진심으로 아름답게 여겨 왔으므로 상사를 만나자 곧바로 석천 선생을 본받아 스스로 따르고자 하였다. 일찍이 어머니이신 심씨 부인 곁에서 은근히 그러한 의사를 비치니 부인께서 말씀하기를

"내가 오래도록 가난하게 살아왔기 때문에 네가 벼슬하는 것을 크게 바라지 않는다. 나 때문에 난처해하지 말거라."

라고 하셨다. 그제야 공이 위의 소장을 썼다.

당시에 크게 가뭄이 들었는데 재상(宰相)이 유신(儒臣)들 가운데 강직하고 명민한 사람을 파견하여 여러 고을을 돌아보고 백성들의 고통을 살피게 해야 한다고 요청하였다. 계사년(순조33, 1833)에 임금이 교지를 내려 공을 경기 어사에 임명하였다. 공이 힘주어 말하기를

"역사(役事)로 가서 응하는 것은 의리에 맞으니[17] 사양할 수 없다. 내가 국가를 위해 직분을 다 하는 것은 이 일 뿐이다."

라고 하고, 그 날로 길을 나섰다. 역말을 타지 않고 열 달 동안 걸어서 깊은 산골짜기 마을과 외딴 섬까지도 모두 돌아보았다. 해진 옷을 입은 채 뭇사람들 사이에 섞여 지방의 실정에 대해 물었다. 주와 현에서 진휼을 실시하면 문득 굶주린 일반 백성의 식구로 가장하여 바가지를 들고 죽을 구걸하였다. 이를 통해 죽이 묽은지 진한지와 넉넉

하게 주는지 적게 주는지를 조사하여 관리들이 잘 처리하고 있는가를 살폈다. 탐욕스럽거나 횡포를 일삼는 관리를 만나면 곧바로 신분을 드러내고 나타나 불시에 그들의 창고를 봉인하고 내쫓으니 위엄과 명성이 크게 떨쳐졌다. 여러 곳에서 탄핵하여 물리친 자들이 모두 중요한 위치에 있는 벼슬아치와 장수들, 그리고 남에게 빌붙어 아부하며 위세를 떠는 사람들이었다. 공은

"이러한 자들은 빨리 내쫓아야 한다."

라고 하였고, 당시의 사람들은

"여덟 대의 초헌(軺軒)[18]과 열 마리의 준마이다."

라고 하였다. 이 말은 탄핵을 받은 자들이 대부분 귀한 신분임을 가리키는 것이었다.

기타 간사하고 교활한 사람들을 잡아들이고 납부하지 않은 세금을 거두어들이고 나쁜 병폐를 적발하는 일에 대해서도 대단히 명확하고 매우 적절하여 눈금만큼도 어긋남이 없었다. 적정(糴政)과 군제(軍制)에 대해서는 더욱 유의하여 편리하고 마땅한 방법을 지적해 조정에 건의하고 이로운 점과 해로운 점을 밝혀 말하니 많은 건의사항들이 채택되었다.

장차 조정에 돌아가 보고하려 할 때 절에서 시를 지었는데 그 내용은 다음과 같다.

내가 진심으로 부처님께 맹세하였으니	我欲將心誓佛前
이 마음이 나의 것이 아니로다	是心非屬自家邊
이번에 어사로 나와 양심을 속인 일 있었다면	按廉若有欺心事
부처께서는 저를 서둘러 죽여주십시오	願佛早加誅殛焉

대관(臺官) 윤석영(尹錫永)이 앙심을 품은 자의 사주를 받고 공을 헐뜯어 죄에 빠뜨리고자 하였다. 그러나 임금이 공의 정직함을 알아주었으므로 사태가 진정될 수 있었다.

헌종(憲宗)이 처음에 공이 오랫동안 같은 벼슬자리에 머물러 있었다고 해서 특명으로 승진시켜 동부승지에 임명하였으나 부임하지 않았다. 춘천 부사(春川府使)가 결원되었는데 그곳은 다스리기 어려운 고을로 정평이 나 있었다. 그러므로 조정 신하들의 논의가 공에게 그 자리를 맡겨야 한다고 귀결되었다. 당시에 순원왕후(純元王后)[19]께서 조정에 나와 이조에 재촉하여 공에게 관직을 주도록 하였으나 공은 장계(狀啓)를 올려 사양하였다. 명이 내려짐에 복명하고 전례(前例)대로 임명되었다.

공이 춘천에 부임하여 업무를 수행하게 되었는데 크게 흉년이 들어 쌀이 없었다. 공이 말을 소유하고 있는 사람들을 모집하고 관전(官錢)을 내서 쌀을 장사하게 하였다. 다섯 마리 말을 한 무리로 조직하고 길이 멀고 가까운 정도를 계산하여 돌아올 기한만을 정해 주었을 뿐 남는 이익에 대해서는 묻지 않았다. 이로 인해 백성들이 굶주리지 않았다. 또 옛날에 부족했던 36,000곡(斛)을 거두어 들여 채웠다. 공상(公上)에 있어 잘못되고 연체되었던 일들을 해결하기 위해 온갖 노력을 다 하였다.

이보다 앞서 개성(開城) 사람으로 춘천에 삼을 팔았던 사람이 계약을 맺고 돈을 거두어 고을 재정의 사정을 도와주기로 하였다. 공이 이에 감사(監司) 이휘정(李輝正)[20]과 논의하여 그 돈을 받고 또 조정에 배상을 건의하였다. 이렇게 해서 10일도 되지 않아 적정(糴政)이 완수되어 공상(公上)을 마칠 수 있었다. 그러나 감사 이휘정은 본래 배상을 건의할 뜻이 없었다. 그러므로 공이 재촉하였지만 뜻대로 되지 않았다. 개성 사람이 이를 원망하여 다른 인삼장수의 이름을 빌어 상국(相國) 조인영(趙寅永)[21]에게 공을 일러바쳐 이르기를

"부사(府使)가 억압하여 나의 돈을 횡령했다."

라고 하였다. 상국 조인영이 그 말을 받아들여 처리 문제를 감사에게 위임하니 감사가 겉으로는 공을 공경하면서도 속으로는 상국을 두려워하여 마침내 공을 파직하고 서신을 보내 사죄하였다. 공은 마침내 이 일로 인해 연풍(延豐)[22]에 유배되었다. 상국 조인영이 자신의 행위에 대해 곧바로 부끄러워하고 뉘우쳐 공에게는 아무런 실수가 없었음을 임금에게 고하였다. 그러자 공은 풀려나고 공을 상대로 소송을 제기했던 사람은 처벌되었다. 그러나 공은 이로부터 십 수 년간 다시는 관직에 나가지 않은 채 어머니 심부인이 돌아가실 때까지 봉양하였다.

기유년(헌종15, 1849) 순원왕후의 장수로 인해 공을 가선대부에 승진시키고 한성부 우윤에 임명하였다. 이 해에 순원왕후가 다시 조정에 나와 철종(哲宗)을 강화도에서 맞아들였다. 철종이 즉위한 다음해에 공을 개성부 유수(開城府留守)에 임명하였다. 공이 두 번 소장을 올려 사직하였으나 왕이 허락하지 않았다. 이러한 명이 있었던 것은 아마도 철종이 강화도에 있을 때 공의 명성을 듣고 가장 먼저 등용하고자 하였고, 원후(元后)도 평소 공을 어진 인물로 생각하다가 임금의 말씀을 듣게 되자 더욱 신뢰하게 되었기 때문인 듯하다. 공이 조정에 나가 알현하니 순원왕후가 공의 집안 살림에 대해 매우 자세히 물었다. 또 공이 나라를 위해 임금께 아뢰었던 것에 대해 크게 칭찬하였다. 그러자 사대부들이 얼굴색을 바꾸고 서로 칭송하며 최근에 없었던 일이라고 하였다. 공도 또한 조금 자신의 능력을 펼쳐 임금의 은혜에 보답하고자 정성껏 일해 타성에 젖지 않았다.

개성에서 생산되는 삼을 역관들이 매입하여 쪄서 홍삼을 제조해 중국에 판매하였다. 그러한 일을 하는 곳을 포소(包所)라고 하였는데 조정에서 세금을 거두어들였다. 해마다 거래하는 물량이 일정하게 정해져 있어 그 수량보다 많이 거래하는 자는 법을 어긴 것으로 간주해 처벌하였다. 그러나 이러한 법이 시행된 지 오래되어 당시에는 이미 느슨해진 상태였다. 공이 개성에 부임해서 서둘러 명령을 내려 바로잡으니 역관(譯官)들이 떼를 지어 일어나 불만을 표출하고 장차 삼포를 서울로 옮기려 하였다. 개성 사람들도 자신들의 수익 사업이 사라질까 매우 두려워하였다. 공이 소장을 올려 그 일의 전말을 조정에 보고하였다. 그때 마침 상국 조인영이 역관의 일을 담당하고 있었으므로 공이 자신의 일을 방해한다고 의심하였다. 이에 상국 조인영이 차자(箚子)를 올려 공이 인심을 진정시키지 못하는 문제점에 대해 논박하였다. 그러자 임금께서 공을 파직시켰다. 며칠 뒤에 다시 공을 예전과 같은 자리에 임명하고 상국 조인영의 마음도 조금 풀렸으나 공은 마침내 사직하고 떠났다. 그러므로 삼포도 옮겨가지 않았다.

공이 개성 유수로 재직할 당시에 10년 동안 해결되지 않은 무옥(誣獄)이 있었다. 공이 그 실상을 살피고 곧바로 죄인에게 씌워진 형틀을 벗겨 풀어주니 고을 사람들이 공의 신명(神明)함에 감탄하였다. 풀려난 사람은 집으로 돌아가 단을 만들고 아침저녁으로 공을 위해 기도하였다. 삼상(蔘商)으로 예전에 춘천에서 공을 고소하였던 자가 자신의 부당한 행위가 밝혀질까 근심하고 두려워하여 죽으려 하였다. 공이 그 소식을 듣고 말하기를

"가엾도록 어리석기 짝이 없구나. 내가 이미 오래 전에 잊었다."

라고 하며 잘 대우해 주었다.

임자년(철종3, 1852)에 승정원 좌승지 동지경연의금부춘추관사에 임

명되었다. 갑인년(1854)에 임금이 명령하여 말씀하기를

"고인이 된 유수 남이형(南履炯)은 관직에 있을 때 청백하였는데 전 참판 이시원이 늘 그의 선(善)을 기리니 내가 매우 아름답게 여긴다. 이시원에게 도총부 도총관을 맡기고 남이형의 아들을 녹훈(錄勳)하라."

라고 하였다. 그리하여 마침내 공이 자헌대부에 올랐다. 뒤에 형조 판서, 지경연춘추관사 등의 관직에 여러 번 임명되었다. 을묘년[23](1855)에 함경도 관찰사에 임명되니 공이 세 번 상소하여 사직하였으나 임금이 허락하지 않았다. 병진년(1856)에 궁궐에서 인사드리고 떠날 때에 임금께서 말씀하기를

"경은 크게 쓰일 인재이다. 어찌 다만 한 변방의 관찰사[24] 수준에서 그치겠는가."

라고 하였다. 공이 더욱 감격하여 스스로 직무에 힘썼다. 일을 감찰하여 전 남병사(南兵使)[25] 이근영의 탐욕스럽고 포학한 정상을 탄핵하여 아뢰었다. 이근영은 귀척(貴戚)의 집안과 사돈관계였으므로 가는 곳마다 횡포가 심하였으나 문책하는 사람이 없었다. 그러나 이때에 이르러 처벌되니 사람마다 통쾌하게 여겼다. 공도 또한 이 일 때문에 곧바로 관직에서 교체되었다.

무오년(1858)에 어사(御史)이면서 그의 손자인 홍승유(洪承裕)가 서운한 감정이 있어서 공을 무고(誣告)하였다. 임금께서 말씀하기를

"이 사람이 이르는 곳마다 다 좋은 정치를 베풀어 성과를 거두었는데 어찌하여 지금 그의 잘못을 나열한 내용이 이와 같은 지경에 이르렀는가."

라고 하였다. 그러자 홍승유가 두려워 감히 대답하지 못하였다. 사람들이 공에게 일러

"어찌 변론하지 않는가?"

라고 하였다. 공이 말씀하기를

“성상께서 하나도 빠짐없이 진상을 다 알고 계시니 어찌 어린애들과 다투겠는가.”

라고 하였다. 판결에 미쳐 공은

“나라의 은혜를 저버린 죄가 대단히 크다.”

라고만 말하였다. 의금부에서 처벌 수위를 논의함에 공의 나이가 많은 것을 감안하여 보석[26]을 허락하였다. 얼마 지나지 않아 임금이 공의 죄를 용서하여 형조 판서에 임명하고 여러 번 명을 내려 조정에 나올 것을 권유하였으나 명에 응하지 않았다. 이에 안산현으로 쫓겨났다가 며칠 뒤에 용서받았다. 다시 한성부 판윤에 임명하여 부임을 재촉하는 임금의 명령이 더욱 엄중하였으나 공이 더욱 강력히 사직하였다. 임금이 공을 꾸짖고 파직하였다. 이때 공의 나이가 70이었다. 고사(故事)에 정경(正卿)의 나이 70이 되면 영수루에 들어가 그 모습을 그리고 선왕의 어용(御容)과 함께 진열되었는데 공만 그런 영예를 누리지 못하였다. 호군의 녹봉과 기사(耆社)[27]의 월름(月廩)도 아울러 사양하였다. 태상 원년인 갑자년(고종1, 1864)에 지종정경부사(知宗正卿府事)에 임명되고 이후로 여러 차례에 걸쳐 사헌부 대사헌, 의정부 좌참찬, 예조 판서 등에 임명되었다.

을축년(1865)에 임금의 특명으로 공을 이조 판서, 홍문 제학, 예문 제학, 동지성균관사에 임명하고 서둘러 조정에 나오도록 공을 재촉하였다. 공이 말씀하기를

“내가 평생 관직에 연연하지 않았다. 어찌 서둘러 조정에 나감을 공손한 태도라고 여겨 예의와 염치[28]를 생각하지 않겠는가.”

라고 하였다. 이에 병을 이유로 사직하니 임금이 강요할 수 없음을 알고 허락하였다.

병인년(1866)에 왕의 특명으로 공이 정헌대부에 올랐다. 이 해 가을에 서양인들이 강화도에 들어왔는데 배도(陪都)를 지키지 못했다.[29] 강화도에는 장녕전과 만녕전이 있어서 숙종과 영조의 어용(御容)을 봉안했었는데 이때에 이르러 옮겨 나왔고, 서울에 경계가 엄격해졌다. 이때 공은 설사병을 앓아 몇 달 동안 병상에 있었다. 자제들이 울면서 잠시 피할 것을 청하자 공이 벌떡 일어나 말씀하기를

"이 무슨 말이냐. 내가 몇 대 동안 이 땅에 살아왔다는 것은 임금께서 환히 아시고 백성들도 다 아는 사실이다. 내가 비록 변변찮은 사람이지만 상경(上卿)의 자리에 있다. 옛날의 이른바 경대부는 관직이 없다고 해서 자기 마음대로 처신하지 못하였다. 또 나라가 오랫동안 태평을 누리다가 하루아침에 불행한 일이 생겼다. 이러한 때에 모든 사람이 조수(鳥獸)들처럼 흩어지고 현관(縣官)[30]으로 죽는 사람이 하나도 없다면 뒷날 사관들이 기록하여 말하기를 '어느 해에 강화도가 함락됨에 어떤 관리들이 도망하였고 경대부인 아무개도 도망갔다.'라고 할 것이다. 이런 기록을 보고 천하 후세의 사람들이 나를 어떻게 평가하겠느냐."

라고 하였다. 어떤 사람이 임금의 곁으로 가 왕을 지켜야 한다고 요청하였다. 공이 말씀하기를

"그대가 말하는 이른바 근(勤)이란 지금 침략해 온 오랑캐를 내버려 두고 병든 몸을 구하는 데 급급해서 핑계를 대는 것에 불과하다. 아직까지는 도성에 걱정이 없는데 내가 집을 버리고 도성으로 간다면 이것은 어려운 국면을 피하려는 것이니 어찌 근왕의 명분이 있을 수 있겠는가."

라고 하였다. 이에 공은 조상의 묘소를 찾아가 곡을 하면서 인사를 올리고 직접 유소(遺疏)를 지었다. 아우인 군수공이 청하여 말하기를

"형님께서 귀신이 되어 적을 섬멸하시고자 하니 저도 마땅히 채찍을 잡고 따르겠습니다."

라고 하였다. 공이 말씀하기를

"너무 지나치지 않은가."

라고 하였다. 군수공이 말하기를

"제가 형님을 따라 죽는 것은 형님이 나라를 위해 죽는 것과 같습니다."

라고 하였다. 공이 허락하니 마침내 함께 약을 마셨다. 두 분이 담소하는 모습이 편안하였는데 집안사람들과 집안일에 대해서는 전혀 언급하지 않았다. 다만

"저 보잘 것 없는 오랑캐들은 마땅히 자멸할 것이니 서둘러 피하려 하지 마라."

라고 하였다. 곧바로 자리를 바르게 하고 눕더니 마침내 운명하였다. 공은 정조 기유년(정조13, 1789)에 태어났으니 향년 78세였다.

유소의 내용은 다음과 같다.

"동치(同治) 5년(1866) 9월 18일, 장차 죽으려는 신하 지종정경 이시원은 백 번 절하고 주상 전하께 말씀드립니다.

삼가 생각건대, 천연의 요지인 이곳 강화도가 함락되어 우리 선왕 두 분의 어용이 먼지를 뒤집어쓰고 피란하셨습니다. 이 모습을 보고 백성들이 애통해하여 하늘에 호소하는 소리가 끊이질 않습니다. 저는 대대로 이곳에 살면서 나라의 은혜를 많이 받았습니다. 지금 요망한 기운이 시커멓게 드리우고 다른 종자들이 덤벼드는 때를 당하여 마땅히 간과 뇌를 땅에 바르고 피와 살갗이 적들의 칼과 화살이 난무하는 전장에서 문드러져야 합니다. 그러나 사는 곳이 궁벽지고 병마저 질질 끌어 자리에서 뒹굴며 움직일 수가 없습니다. 지금 둘째 아우인

전 군수 지원(止遠)과 함께 약을 마시고 자결하여 이것으로 나라의 은혜에 보답하려 합니다. 이것이 어찌 분수와 의리에 맞는 일이겠습니까. 다만 바라건대 이 몸이 사나운 귀신이 되어서 오랑캐들이 저절로 사라지게 하고자 합니다.

제가 듣건대, 옛 사람들이 말하기를 '많은 어려움은 나라를 일으키고 깊은 근심은 밝은 판단력을 열어 준다.'라고 하였습니다. 또 말하기를 '적국과 외환이 없는 경우에는 나라가 항상 망한다.'라고 하였습니다. 그러니 오늘 직면한 어려움이 장차 우리나라가 흥성하는 기회가 될는지 어찌 알겠습니까. 재상들은 독서를 많이 하고 조정에는 무신들도 많으니 그들은 적을 막아내고 꺾어 버릴 방도를 반드시 가지고 있을 것입니다. 전하의 밝고 뛰어난 자질로 마땅한 사람을 가려 맡기신다면 혼란을 다스려 바른 데로 되돌리고 더러운 기운을 맑힘에 무슨 근심이 있겠습니까.

저는 듣건대, 단서(丹書)에 또 말하기를 '공경하는 마음이 태만함을 이기는 경우에는 길하고, 태만한 마음이 공경함을 이기는 경우에는 멸망한다.'라고 하였습니다. 《논어》에 말하기를 '재용(財用)을 아껴서 백성을 사랑하라.'[31]라고 하였습니다. 이러한 말을 참고해 볼 때 나라를 다스리는 도리는 많은 말에 있는 것이 아니라 얼마나 노력하느냐에 달려 있습니다. 제가 비록 감히 저 스스로를 시간(尸諫)[32]에 견주지는 못하지만 어찌 하찮은 것도 임금께 바치려는[33] 어리석은 충정(衷情)이 없겠습니까. 삼가 바라건대, 전하께서는 하나의 생각과 하나의 우려, 하나의 정사와 하나의 명령을 반드시 경(敬)과 태(怠)의 나뉨에서 참고하여 의거하십시오. 재용을 아껴 백성을 사랑한다는 정신으로 나라를 다스리는 근본을 삼으십시오. 그리고 선왕들께서 이루신 법을 본보기로 삼으셔서 성학(聖學)을 밝히고 어진 정치를 행하신다면 우리나라의 모든 백성들이 마음속으로부터 기뻐하여 진실로 복종하고 사람마다 적개(敵愾)의 충심을 품어서 곧은 절의와 바른 기운이 우주에 가득할 것입니다. 그렇게 되면 밖에서 이르는 사악하고 더러운 것들이 어찌 감히 하늘에 무지개를 드리울 수 있겠습니까.

오직 바라건대 전하께서는 깊이 밝게 살피소서. 저는 근심스러움과 분통함이 무너져 내리는 듯한 지극한 마음을 견디지 못합니다."

상소를 받아 읽은 임금이 크게 놀라고 슬퍼하여 조회를 그치고 다음과 같이 명령하였다.

"이것은 돌아간 지종정경 이시원의 유소이다. 큰 충정과 빼어난 절개가 늠름하여 마치 살아 있는 것 같다. 형제가 목숨을 바쳐 나라가 처한 곤경을 위해 죽어서 인의(仁義)를 성취하였다. 평소 마음속에 강마한 것이 있는 사람이 아니라면 어찌 이러한 일을 할 수 있겠는가. 한 글자마다 눈물이 흘러 한없이 애통하다. 그 형은 대광보국숭록대부의정부영의정겸영경연홍문관예문관춘추관관상감종정경부사에 특별히 증직하고, 그 아우는 가선대부이조참판겸동지의금부종정경부사오위도총부부총관에 특별히 증직한다. 아울러 작설(綽楔)[34]의 은전을 시행하라. 장례에 필요한 물품을 종친부에서 마련해주도록 하라. 그의 맏아들은 삼년상이 끝나기를 기다려 알맞게 등용하여 백세의 모범이 되게 하라."

또 말씀하기를

"이시원 형제가 세운 탁월한 행실은 천하 후세에 기리는 말이 있을 것이다."

라고 하였다. 조정에서 관리를 보내 제사를 올리게 하고 시호를 충정공이라 하였다.

공이 운명하고 10여 일 뒤에 우리 군대가 강화도로 들어가 정족성 전투[35]에서 크게 승리하니 적들이 모두 도망쳤다. 이때 여러 도의 군사들로 전투에 참여한 자들이 공의 부음을 듣고 와서 조문하니 곡소리가 땅을 뒤흔들었다. 그들이 모두 말하기를

"공께서도 이와 같이 하셨는데 우리들이 어찌 목숨을 아끼랴."

라고 하였다.

중국에서 파견된 사신이 의주에 이르러 우리나라가 어려운 처지에 처했다는 소식을 듣고 매우 걱정하다가 공에 관한 소식을 전해 듣고 칭찬하여 말하기를

"동국(東國)에 이러한 사람에 있으니 걱정할 것이 없다."

라고 하였다.

공은 훤칠한 키에 마른 체형이었고 수염은 성글고 눈동자가 맑았다. 멀리서 바라보면 위엄이 있고 가까이 다가서면 온화하였다. 학문하는 자세는 진실로 아는 것과 독실하게 실천하는 것으로 근본을 삼았다.

충과 효에 관해서는 천성적으로 타고났다. 공이 집에 머물 때는 손수 부들자리를 짜서 돈과 물품으로 바꾸어 맛있는 음식을 이바지하는데 부족함이 없게 하였다. 일찍이 선친인 판서공의 병수발을 들 때는 녹인 차가운 물에 목욕하고 하늘에 빌고는 돌아와서 손가락을 물어뜯어 피를 내서 마시게 해 드렸다. 그러자 판서공이 깨어났다. 뒤에 어머니 심부인이 병들었을 때는 연이어 다섯 손가락을 깨물었지만 피가 나지 않았다. 상을 치르는 동안 눈물을 흘리며 3년간 거친 음식만 먹었다.

공은 평생 동안 말을 입 밖으로 내지 않을 듯이 하였다. 오직 글을 읽다가 충의를 지킨 인물에 대한 일을 전하는 역사 사실을 보면 금석과 같이 아름다운 소리를 냈고 혹은 두 줄기 눈물을 흘리기도 하였

다. 옛 사람들을 논할 때는 반드시 정자(程子)와 주자(朱子)를 기려서 진실로 법도에 맞는다고 하였다. 간간이 유독 절의를 지킨 호협의 일을 좋아하여 격앙되고 강개하여 감동해 마지않았다. 옛 글에 '뜻 있는 선비는 주검이 구학(丘壑)에 버려지는 것을 잊지 않고', '전란 속에서 충성스러운 신하를 안다.'라고 하였는데 공은 항상 이 말을 외워 잊지 않았다. 이러므로 사람마다 '이공(李公)은 절의를 위해 죽는 신하가 될 것이다.'라고 하였는데 이제 과연 그렇게 되었다.

공이 살던 집은 띠를 엮고 진흙을 발라 겨우 바람과 비를 막을 수 있는 정도였다. 간혹 도랑과 밭두둑 사이에 나갈 때는 도롱이를 입고 삿갓을 썼으므로 지나가는 사람들이 재상을 지낸 사람인 줄을 알지 못하였다. 문장을 지을 때는 화려한 수사를 지양하고 실제적인 내용에 충실하였다. 우리나라의 문헌에 특히 더 관심을 가져서 빠짐없이 수집하여 다방면의 책을 많이 구비하였다.

공이 지은 저서로는 시문을 기록한 원고 10권과 고금서초 100여 권, 야사초 약간 권 등이 있는데 이 자료들은 모두 공의 집에 보관되어 있다. 공의 아우 감역공(監役公)이 유사(遺事)를 짓고 세자의 이사(貳師)[36]인 신계(莘憩) 이돈우(李敦宇)[37] 공이 시장(諡狀)을 지었다. 뒤에 이건창이 중국에 사신 갔을 때 여러 군자들과 교유하게 되었는데 이건창이 공의 손자라는 말을 듣고 모두들 감탄하며 갑자기 공의 행장을 보고 싶어 하였다. 객지에서 글이 없었으므로 이건창이 간략히 기록해서 그들의 요구에 응하니 이로부터 공의 이름이 천하에 퍼지게 되었다.

영가 권연하(權璉夏)[38]의 호는 이재(頤齋)이니 봉화면 유곡에 거주한다

1 이후생(李厚生) : 1398~1465. 본관은 전주(全州)이다. 조선 제2대 정종의 열째 아들이며 어머니는 성빈(誠嬪) 지씨(池氏)이다. 장천부원군(長川府院君) 장종무(張從茂)의 딸과 혼인하여 신종군(新宗君) 이효백(李孝伯), 부윤 부수(富閏副守) 이효숙(李孝叔), 운수군(雲水君) 이효성(李孝誠), 송림 부수(松林副守) 이효창(李孝昌) 등의 아들을 두었다. 중종 때 영의정을 지낸 성희안(成希顔)은 그의 외손자이다. 1460년 덕천군에 봉해졌으며 1465년 사망한 뒤 광록대부 영종정경에 증직되었다. 경기도 성남시 분당구 대장동에 묘소가 있으며, 이광찬(李匡贊)이 찬한 비문과 신도비가 세워져 있다.

2 하간왕(河間王) : 한(漢)나라 경제(景帝)의 아들 유덕(劉德)을 가리킨다.

3 동평왕(東平王) : 유창(劉蒼)을 가리킨다. 그는 깊은 지혜로 경사(經史)에 박통하였고 착한 일을 하는 것이 인생의 가장 큰 낙이라는 인생관을 가졌으며 공경(公卿)들과 더불어 관면(冠冕), 거복(車服)의 제도를 의정(議定)하였다.

4 이경직(李景稷) : 1577~1640. 본관은 전주(全州), 자는 상고(尙古), 호는 석문(石門), 시호는 효민(孝敏)이다. 정종의 후예로 중추부동지사 이유간(李惟侃)의 아들이며 영의정을 지낸 이경석(李景奭)의 형이다. 이항복(李恒福)과 김장생(金長生)에게 배웠다. 좌의정이 추증되었다.

5 이경석(李景奭) : 1595~1671. 본관은 전주(全州), 자는 상보(尙輔), 호는 백헌(白軒), 시호는 문충(文忠)이다. 정종의 후예이며 김장생(金長生)에게 배웠다. 문집으로는 《백헌집》이 있으며 글씨에 능하였다. 남원의 방산서원(方山書院) 등에 제향되었다.

6 이정영(李正英) : 1616~1686. 본관은 전주(全州), 자는 자수(子修), 호는 서곡(西谷), 시호는 효간(孝簡)이다. 글씨를 잘 썼는데 특히 전서(篆書)와 주서(籒書)에 뛰어났다.

7 이대성(李大成) : 1651~1718. 본관은 전주(全州), 자는 시숙(時叔), 호는 삼취헌(三翠軒)이다. 삼사와 이조의 청요직(淸要職)을 두루 역임하고 관직이 강화 유수와 호조 참판에 이르렀다.

8 심수현(沈壽賢) : 1663~1736. 본관은 청송, 자는 기숙(耆叔), 호는 지산(止山)이다. 1704년 춘당대문과에 급제하여 설서와 지평을 지냈다. 1727년 우의정이 되어 사은겸진주사(謝恩兼陳奏使)로 청나라에 다녀왔다.

9 정조(正祖) : 정종(正宗)은 정조(正祖)를 가리킨다. 본래 묘호는 정종이었으나

대한제국 선포 후 선황제(宣皇帝)로 추존되면서 묘호 역시 정조로 바뀌었다.

10 큰……것 : 《주역》 〈박괘(剝卦)〉에 "상구는 큰 과일은 먹지 않는 것이니 군자는 수레를 얻고 소인은 집을 헐릴 것이다.〔上九, 碩果不食, 君子得輿, 小人剝廬.〕"라는 말이 있다. 모든 양효(陽爻)가 다 없어지고 오직 상구(上九) 한 효만이 겨우 남아 있는 박괘(剝卦)의 상(象)이 마치 과일나무 끝에 있는 한 개의 큰 과일을 사람들이 따 가지 못하여 겨우 달려 있는 것과 같다는 말인데 명맥만 간신히 보존한다는 뜻으로 쓰인다.

11 관직(館職) : 홍문관 부제학(弘文館副提學) 이하의 관직, 또는 성균관 대사성(成均館大司成) 이하의 관직을 가리킨다.

12 태천 : 평안북도 남서쪽 내륙 지역에 있는 군이다.

13 강령현(康翎縣) : 경기 옹진군(현 황남 강령군) 지역의 조선 초기 행정구역이다. 영강현(永康縣)과 백령현(白翎縣)이 통합되어 생긴 행정구역이다. 1895년에는 강령군으로 승격하여 해주부(海州府) 관할이 되고 1909년 옹진군에 합쳐졌다.

14 분상 : 대성(戴星)은 대성지행(戴星之行)의 준말이다. 즉, 부모의 부음을 듣고 밤새워 가는 것을 의미한다. 다른 의미로는 샛별이 지기 전에 공무(公務) 보러감을 가리키기도 한다.

15 신작(申綽) : 1760~1828. 본관은 평산(平山), 초명은 경(絅), 자는 재중(在中), 호는 석천(石泉)이다. 1813년 증광문과에 병과로 급제하였다. 이때 부친상에 임종 못한 것을 한탄하여 벼슬을 단념, 학문에 전념하고 고금의 경서(經書)를 고증학적 방법으로 주해(註解)하였다.

16 척숙(戚叔) : 성이 다른 일가 가운데 아저씨뻘 되는 사람을 말한다.

17 역사(役事)에……맞으니 : 왕역의야(往役義也)는 《맹자》 〈만장 하(萬章下)〉에 "역사에 달려가는 것은 의리에 맞고 가서 만나는 것은 의리에 맞지 않는다.〔往役, 義也, 往見, 不義也.〕"라는 말을 인용한 것이다. 이는 서인(庶人)의 신분으로 임금의 역사에 응하는 것은 의리이고 임금의 부름에 응하는 것은 의리가 아니라는 의미이다.

18 초헌(軺軒) : 종2품 이상의 관원이 타던 수레이다. 외바퀴가 달렸고 앉는 자리는 의자처럼 꾸며져 있다.

19 순원왕후(純元王后) : 순원후(純元后)는 순원왕후(純元王后, 1789~1857) 김씨

를 가리킨다. 순조(純祖)의 정비(正妃)이자 익종(翼宗, 효명세자)의 어머니이며 헌종(憲宗)의 할머니이다. 1827년, 순조는 효명세자로 하여금 대리청정을 하게 하였는데 1830년 효명세자가 급서(急逝)하였고 1834년에는 순조마저 승하하자 당시 8세였던 왕세손이 헌종(憲宗)으로 즉위하였다. 헌종이 즉위하자 효명세자를 익종으로 추존하고 순원왕후는 대왕대비가 되어 수렴청정을 하게 되었다.

20 이휘정(李輝正) : 1760~? 본관은 우봉(牛峰), 초명은 이광정(李光正), 자는 경복(景服)이다. 호조 참판 이채(李采)의 아들로서, 중부(仲父)인 목사(牧師) 이화(李禾)에게 입양되었다. 시호는 문정(文貞)이다.

21 조인영(趙寅永) : 1782~1850. 본관은 풍양(豊壤), 자는 희경(羲卿), 호는 운석(雲石)이다. 헌종의 묘정에 배향되었으며 시호는 문충(文忠)이다. 풍양 조씨 세도정치의 중심인물이었다.

22 연풍(延豊) : 현재의 충청북도 괴산군 연풍면을 가리킨다.

23 을묘년 : 국편본은 을묘(乙卯)이고, 기념관본은 을축(乙丑)이다. 《조선왕조실록》을 참고하면 이시원이 함경도 관찰사에 임명된 것은 1855년 12월 21일의 일이므로 국편본을 따랐다.

24 변방의 관찰사 : 번임(藩任)은 번신(藩臣)의 임무나 책임을 가리키는 말로, 이시원이 함경도 관찰사로 부임하기에 이렇게 풀이하였다.

25 남병사(南兵使) : 함경남도 병마절도사를 말한다.

26 보석 : 허환(許鍰)은 돈을 바치고 죄를 용서받는 것인데 황철(黃鐵) 6냥을 환(鍰)이라 한다.

27 기사(耆社) : 기로소(耆老所)의 준말로 나이가 높은 임금이나 70세가 넘은 문관(文官)으로 정2품 이상이 들어가 대우를 받던 곳이다. 이곳 영수각(靈壽閣)에는 그들의 초상을 걸어 두었다.

28 예의와 염치 : 염방(廉防)의 염(廉)은 염치(廉恥), 방(防)은 예방(禮防)을 가리킨다. 즉 예법으로써 중정(中正)을 잃지 않도록 예방(豫防)함을 의미한다.

29 이 해……못했다 : 병인양요를 말한다. 1866년 대원군이 천주교를 탄압한 사건[병인박해]이 발생한다. 이때 박해를 피해 중국으로 탈출한 리델 신부가 당시 천진(天津)에 와 있던 로즈 제독에게 이 사실을 보고하자 프랑스 함대가 강화도를 침범한 사건이다. 프랑스 함대는 40여 일 만에 물러났다. 배도(陪都)는 정식 수도

(首都) 이외에 별도로 설치한 수도라는 뜻으로 여기서는 강도(江都), 즉 강화도(江華島)를 가리킨다.

30 현관(縣官) : 옛날 현(縣)의 우두머리인 현령이나 현감을 일컫는 말이다.

31 재용(財用)을……사랑하라 : 《논어》 〈학이(學而)〉에 "천승의 나라를 다스림에 일을 공경히 하여 미덥게 하고 재용을 아껴 백성을 사랑하며 백성을 때에 맞게 부려야 한다.〔道千乘之國, 敬事而信, 節用而愛人, 使民以時.〕"라는 말이 있다.

32 시간(尸諫) : 시체로서 임금에게 간한다는 뜻으로, 죽으면서 간한다는 의미이다. 《한시외전(韓詩外傳)》에 "사어(史魚)가 병들어 죽을 때 그의 아들에게 이르기를 '나는 남의 신하로서 살아서 어진 사람을 등용하지 못하고 불초한 자를 물리치지 못하였으니 죽어도 정실(正室)에서 치상(治喪)할 수 없으므로 실(室)에다 빈소를 차리면 족하다.'라고 하였다. 위군(衛君)이 그 말을 듣고 거백옥(蘧伯玉)을 등용하고 미자하(彌子瑕)를 물리쳤다. 사어는 살아서는 몸소 간하고 죽어서는 시체로 간하였으니 곧은 사람이라 할 만하다."라고 하였다.

33 하찮은……바치려는 : 근폭(芹曝)은 헌근(獻芹)과 폭헌(曝獻)을 합한 말이다. 헌근은 옛날 어떤 사람이 미나리가 맛있다고 여겨 부자에게 주었는데, 부자가 먹어 보더니 쓰고 배가 아프다고 해서 그 사람을 원망하므로 그 사람이 몹시 무안해 했다는 고사이다. 폭헌은 옛날 송(宋)나라 사람이 햇볕을 쬐고는 그 아내에게 이르기를 "햇볕을 쬐면 따뜻한 것을 사람들이 모른다. 내가 임금에게 알리면 큰 상을 내리리라."라고 하였다는 고사이다. 하찮은 것이라도 임금을 생각하는 갸륵한 정성을 가리키는 뜻이다.

34 작설(綽楔) : 효자(孝子)나 의사(義士) 등을 정표하기 위하여 문 옆에 세운 대(臺)를 가리킨다.

35 정족성 전투 : 1866년 프랑스 함대가 강화도를 점령하자 양헌수 등은 전등사가 있는 정족산성에서 프랑스 함대와 맞서 싸웠다. 이 전투로 프랑스군은 물러갔다. 이때 프랑스군이 외규장각에 보관되어 있던 의궤 등 주요 문화재를 약탈해 갔다.

36 이사(貳師) : 조선 시대 왕세자의 교육을 담당하던 기관인 시강원에 속한 종1품 벼슬이다.

37 이돈우(李敦宇) : 1801~1884. 본관은 전주(全州), 자는 윤공(允恭), 호는 신계(莘憩)이다. 초명은 돈영(敦榮), 시호는 문정(文貞)이다. 문집에 《신계집(莘憩集)》이

있다.

38 권연하(權璉夏) : 1813~1896. 조선 말기 문신 학자. 본관은 안동, 자는 가기(可器), 호는 이재(頤齋)이다. 저서로 《이재선생문집》 17권이 있다.

홍재학 洪在鶴

홍재학의 자는 문숙(聞叔), 본관은 당성(唐城)[1]이다. 고려 태사(太師) 홍은열(洪殷悅)[2]의 후손이다. 6세조 홍하성(洪夏成)은 춘천(春川)에 은거했는데 사복시 주부(司僕寺主簿)에 임명되었으나 나아가지 않았다. 이인좌(李麟佐)의 난[3]에 향병(鄕兵)을 거느리고 임금을 보호하러 갔는데 가평(嘉平)에 이르러 관군이 적을 격파했다는 소식을 듣고 그쳤다. 홍하성이 한 일은 비록 작은 것이었지만 그 집안에 충의의 전통이 있음을 알 수 있다.

홍재학은 헌종(憲宗) 무신년(헌종14, 1848)에 태어났다. 어려서부터 효제(孝悌)가 남달리 뛰어났다. 11세 때 부친 용당공(龍塘公) 홍창섭(洪昌燮)이 돌아가시자 어른처럼 의젓하게 상례(喪禮)를 행하였고 양부(養父) 홍운섭(洪雲燮)을 섬김에도 은의(恩義)가 한결같았다.

홍재학은 용당공 홍창섭에게서 직접 가르침을 받아 《소학》으로 근본 바탕을 삼았고 형인 사백(思伯) 홍재구(洪在龜)를 따라 화서(華西) 이항로(李恒老)[4] 선생을 섬기면서 학문의 요체를 들었다. 또한 나 김평묵(金平默)과 성재(省齋) 유중교(柳重敎)[5]로부터 인심도심설(人心道心說)[6]과 대체(大體)와 소체(小體)[7]의 분별을 익혀 마침내 부귀공명을 사모하는 마음을 물리치고 오로지 학문에 힘썼다. 비록 그의 재주와 학문의 경지가 형 홍사백에게는 미치지 못하였으나 내면에 전심하는 것은 우열을 가리기 어려울 정도였다.

고종 병자년(고종13, 1876)에 서양 놈들이 왜인(倭人)을 대했던 방식으로 우리나라 조정을 시험했는데[8] 당시에 재상 이하 대소 신료(臣僚)들이 부화뇌동하여 장차 그 말을 들으려 하였다. 이에 홍재학은 형 홍사백을 따라 동료 50인과 함께 상소문을 안고서 궐문 앞을 지키고 있다가 소를 올렸으나 받아들여지지 않았다. 참판(參判) 최익현(崔益鉉)이 같은 시기에 간언(諫言)을 올렸다. 의정부에서 연속하여 차자(箚子)를 올려 그를 외딴 섬에 유배하고 합종을 약속[9]했으므로 결국 함께 통곡하며 돌아왔다.

얼마 후에 일본은 우리나라에 공사관을 설치하여 통상을 하였고 사신 김홍집(金弘集)은 황준헌(黃遵憲)의 책[10]을 올렸다. 그 책의 내용은 대략 다음과 같다.

"조선을 보호하고 편안하게 하려면 일본과 마땅히 조약을 체결해야 하고 서양 여러 나라와 연합해야 하며 서양 종교도 마땅히 받아들여야 한다. 서양 학문은 바로 재물을 생산할 수 있는 방법이므로 지혜와 능력과 기예가 모두 서양학문에서 나오니 부강해지는 방법은 이것에서 벗어나지 않는다. 러시아는 북방의 강국이기 때문에 만일 조선이 그 조약을 따르지 않는다면 반드시 러시아에 병합될 것이다."

당시 영의정 흥인군(興寅君) 이최응(李最應)[11]이 여러 민씨들과 더불어 뜻을 같이하였으므로 통신사(通信使)가 끊임없이 왕래하였고 서양의 책들이 수레 째 들어오게 되었다.

신사년(고종18, 1881)에 통리기무아문(統理機務衙門)[12]에서 교관을 맞이하여 군사를 훈련시킬 것을 청하였는데 임금께서 이를 허락하셨다. 영남 유생 이만손(李晩孫)[13] 등이 만여 명을 거느리고 지속적으로 정성을 다하여 간하였으나 모두 엄히 추궁 당하였다. 홍재학도 또한 형 홍사백과 함께 관동유생 만 명 및 기내(畿內), 양호(兩湖)[14]의 선비들과 함께 일어나서 소를 올리고 항거하며 떠나지 않았는데 소(疏)가 무릇 만언(萬言)이나 되었다. 소의 첫머리에서 다음과 같이 말하였다.

"사람이 짐승과 다른 까닭은 오륜(五倫)과 오상(五常)이 있기 때문입니다. 옛날의 성현들이 하늘의 뜻을 받들어 표준을 세우고 강명하여 전수하신 것도 바로 이것입니다. 혹 하나라도 어김이 있으면 인류가 금수로 변하여 천지가 뒤집힙니다. 그래서 서양 종교가 한 번 들어오자 우리 정조, 순조, 헌종 세 임금께서는 그때마다 모두 멸하여 용서하지 않으셨던 것입니다.

지금 영남 유생들이 올린 상소문에 대하여 임금께서 내린 비답(批答)에 '위정척사에 어찌 너의 말을 기다릴 필요가 있는가?'라고 하셨는데, 신들은 전하께서 무엇이 사(邪)이고 무엇이 정(正)이라고 생각하시는지 모르겠습니다. 맹자는 '요(堯)의 옷을 입고 요의 말을 하고 요의 행동을 하면 이는 요일 따름이요, 걸(桀)의 옷을 입고 걸의 말을 하고 걸의 행동을 하면 이는 걸일 따름이다.'[15]라고 말했습니다. 그렇다면 이승훈(李承薰)[16]과 이가환(李家煥)[17]은 우리나라의 서양인이요, 예수와 삼발(三拔)[18]은 유럽의 서양인이요, 하나부사 요시모토〔花房義質〕[19] 등은 일본의 서양인인 것입니다. 선왕께서는 이승훈과 이가환 등을 죽이셨는데, 전하께서는 일본의 하나부사 요시모토 등을 너그럽게 대접하셨습니다. 단지 너그럽게 대하셨을 뿐만 아니라, 한 마디 말이라도 침범하여 핍박하는 자가 있으면 아주 먼 곳으로 귀양을 보내시고 힘을 다하여 아첨하는 자에게는 크게 관직과 상을 내리셨으니, 세 왕과 비교하면 남과 북처럼 상반되지 않겠습니까? 우리나라의 형세가 위험천만한데도 그럭저럭 지내올 수 있었던 것은 진실로 열성조들께서 교화를 바르게 하고 기강을 세워서 예의염치로써 좌우에서 지탱하고 효제충신으로써 앞뒤에서 버텼기 때문입니다. 어찌하여 울타리를 치워 버리며 스스로 장성을 무너뜨리고도 근심하지 않는단 말입니까?

무릇 갈아도 닳지 않고 검은 물을 들여도 검어지지 않을 수 있는 것[20]은 오직 성인이라야 가능합니다. 그렇지 못한 사람은 반드시 외물로 인하여 변하게 됩니다. 지금 온 나라 사람들이 입는 것이 서양에서 짠 것이고 쓰는 것이 서양의 물건이며 부러워하고 침 흘리는 것도 서양의 기예이니, 어찌 더불어 모두 함께 변하지 않겠습니까?"

또한 다음과 같이 말하였다.

"지금 《중서견문록(中西見聞錄)》[21] 등의 여러 사악한 서적들이 온 나라에 가득한데 이름난 선비나 훌륭한 학자들이 여기에 빠져 서로 훌륭하다고 칭찬합니다. 그들은 '이것은 저 나라의 일을 기록한 책이지 인륜을 멸하고 상도(常道)를 해치는 것은 아니다.'라고 하는데 이 한 마디 말만 보더라도 이미 그 속에 푹 빠져든 것을 알 수 있습니다. 그들은 또한 '이것을 읽는 까닭은 견문을 넓히고 깨달음을 얻기 위해서이다.'라고 하는데, 아, 그것은 육예(六藝)[22]의 과목이나 공자의 학술이 아닙니다. 바로 순조(純祖)께서 교서를 반포하여 말씀하셨던 것처럼 이상한 것을 부러워하고 기이한 것에 해박하며 은벽한 것을 찾고 괴기한 것을 행하는 것입니다. 예로부터 이교(異敎)는 처음에는 사이비로 시작하여 결국 짐승을 거느려 사람을 먹게 하는 지경에 이릅니다. 더욱이 오늘날 서양 오랑캐들이 속내를 토로하여 책에 기록한 것은 이치에 합당함은 적고 그 피해는 산처럼 큽니다. 이것을 가지고 견문을 넓히고 깨달음을 얻는 바탕으로 삼는다면 어찌 짐독을 마셔 갈증을 풀려는 것과 다르겠습니까?

황준헌의 《조선책략》은 반드시 황준헌이 짓지 않았더라도 아마도 전하의 신료 중에 빠져든 자가 지었을 것입니다. 가령 황준헌이 지은

《조선책략》을 임금께 올리고 조정에서 큰 소리로 '저 책의 내용은 내가 마음속으로 생각했던 것과 딱 부합한다.'라고 한다면 이는 그가 지은 것과 무엇이 다르겠습니까?

만일 사신에게 사학을 엄히 배척하게 했다면 황준헌이 어찌 감히 방자하게도 김홍집에게 《조선책략》을 팔 수 있었겠습니까? 만일 조정 대신들로 하여금 의연히 정도를 지키게 했다면 사신 김홍집이 어찌 감히 방자하게 《조선책략》을 임금에게 바칠 수 있었겠습니까? 이런 사신과 대신들은 전하의 사신과 대신이 아니라 곧 저 오랑캐의 심복으로 내통하는 자들입니다. 그런데도 오히려 '주자(朱子)의 학설과 육상산(陸象山)의 학설이 큰 차이가 없는 것과 같으니 전하여 가르쳐도 해가 없다.'라고 하면서 '교관을 맞이하여 무예를 익혀야 한다.'라고 아뢰었습니다. 사신이 이 책을 전하께 올리고 조정 대신들이 이렇게 하시도록 권면했는데도 전하께서는 상방검(尙方劍)[23]으로 그들의 머리를 베지 않으시고 멀리 있는 한두 신하 중 힘써 정의를 지키는 자들을 그때마다 모두 처벌하고 죽이셨습니다.

신들이 염려하는 것은 이가환과 이승훈의 귀신이 세상의 큰 스승이 되고 공맹(孔孟)과 정주(程朱)의 가르침이 세상에서 크게 금지당하여 옷을 찢고 면류관을 훼손하는 재앙이 순식간에 닥쳐와 저들이 시키는 대로 모두 변한다면 후회한들 무슨 소용이 있겠습니까? 때문에 전하께 권하오니 분발하고 결단하여 싸워 지킬 계책을 결정하십시오. 뜻을 굳건히 세워 기(氣)를 통솔하고 사심(私心)을 극복하여 아랫사람을 거느려 일가(一家)에서 모범을 보여 나라에 미치게 하십시오. 서양 물건과 책들은 거두어 거리 한복판에서 불태워야 합니다. 모든 창귀(倀鬼)[24]들로 멋대로 의견을 내세우며 유언비어를 날조하여 상하를 협박하고 멀고 가까운 사람들을 현혹시키는 자들 중에 우두머리는 그 목을 베어 거리에 매달게 하고 그 다음 가는 자도 또한 죽여서 우리 영토 안에 쉽게 뿌리내리지 못하도록 완전히 없애야 합니다. 모든 도성 안팎과 각처에 머물거나 출몰하는 서양인들은 모조리 몰아내어 예의의 풍속을 더럽히지 못하게 해야 합니다.

정도를 붙잡아 세우고 사악한 것을 배척하다가 죄를 얻은 사람은 그 사람의 재주와 덕에 따라 조정에 등용하고, 기무아문(機務衙門)[25]을 혁파하여 오위(五衛)[26]의 옛 제도를 되살리며, 내영(內營)의 경비를 옮겨 군졸들의 급료를 후하게 주십시오. 무당과 중들의 기도를 금지시키고 광대의 놀이를 끊으며 노닐며 즐기던 구습을 혁파하고 나라를 걱정하고 부지런히 힘쓰는 덕을 다 하십시오.

재상을 선별하여 임명하고 사우(師友)를 친히 하고 가까이 하며 어질고 준수한 인재를 불러 모으고 간사하고 요행히 벼슬하는 자들을 쫓아내십시오. 쓸데없는 소비를 줄이고 사치를 금하며 언로를 널리 열어 좋은 말들을 받아들이십시오. 정학(正學)을 숭상하여 장려하고 음란하고 간교한 것들을 물리쳐 끊으셔야 합니다. 기강을 떨쳐 엄숙히 하고 풍속을 변화시키며 백성들의 힘을 아껴서 기르고 군정을 밝게 닦으셔야 합니다. 모든 사람들이 순수하고 한결같은 마음으로 금석처럼 오래도록 굳게 지키며 사계절이 바뀌는 것처럼 신실(信實)하게 한다면 삼군의 군사들은 기운이 배가 되고 팔도의 백성들은 마음이 저절로 견고해질 것입니다. 그러한 풍속과 교화가 세상에 떨치게 되면 왜와 서양을 제어할 수 있으며 러시아가 감히 우리에게 무례하게 할 수 없을 것입니다."[27]

상소문이 완성되자 또 전교(傳敎)로 인해서 말미에 1,000여 자를 덧붙여 조목에 따라 그 말을 분변하여 진술하고 애통하고 박절한 마음을 보태었다. 맺음말에서는 다음과 같이 강력히 말하였다.

"어리석고 우둔하며 이익을 좋아하는 염치없는 무리들이 전하의 몸을 잘못 인도하여 학문에 전념하지 못하게 하니 아는 것은 이치를 밝히지 못하고 마음은 사사로움을 이기지 못하여 이 지경에 이르게 되었습니다. 전하의 마음이 열려 깨닫기를 바랄 뿐입니다."

그 충성스럽고 의로운 마음은 참으로 무지개를 꿰뚫고 북두성에 도달할 만하다.

소(疏)를 바친 후 60여 일 동안 목욕재계하고 향을 피우며 새벽에 궐문에 나아가 엎드리고 저녁에 물러났는데, 공경하고 조심하며 공손하고 삼가기를 마치 눈앞에 임금이 계신 듯이 행하였다. 한여름의 무더위에도 조금도 어기지 않았으며 밤에 여관에 나아가도 반드시 단정히 무릎을 꿇고 경서의 훈고를 외웠다. 각 도의 선비들이 처음에는 나이가 어리다고 업신여겼는데 홍재학의 이런 모습을 보고 공경하고 믿지 않는 이가 없었다.

오랑캐의 사신이 오자 임금께서 남궁(南宮)[28]에 행차하여 환궁하실 때 홍재학과 여러 유생들이 길을 막고 소를 올렸으나 임금께서 받지 않고 길을 피하여 환궁하셨다. 홍인군 이최응이 크게 노하여 잡아다가 형조 판서에게 보내려 하였으나 같은 당의 무리 중에도 간혹 비난하는 자가 있었으므로 마침내 그만두었다.

여러 유생들이

"오래도록 대궐문 앞을 지키다가 재물이 고갈되고 힘이 다했으니 어떻게 해야 합니까?"

라고 하자, 홍재학이

"나는 곧 여기서 죽을 것이니 말하지 말라."

라고 하고, 이제까지 먼 곳으로 귀양 간 사람들에게 편지를 보내 지난날 그들이 한 일을 칭찬하고 앞으로의 일을 권면하였다. 또한

"과거(科擧)를 다투고 욕심에 빠져 있다가 서양의 화를 초래했다."
라고 하고, 각각 상도로 돌아올 것을 도모하여 전철을 밟아서는 안 된다고 간곡히 권면하였다. 또한 당시의 귀척인 민태호(閔台鎬)[29]에게 장문의 편지를 보내 나라에 재앙을 불러들인 죄를 심히 책망하고 사후 처리를 잘할 방도를 권면하였다. 민태호는 편지를 받고 이를 갈며 홍인군 이최응에게 보여주었다.

이에 여러 소들이 비로소 그치자 의정부, 승정원, 삼사가 번갈아가며 글을 올려 홍재학을 죽이라고 청했다. 마침내 추국청(推鞫廳)을 설치하라 명하고 홍인군 이최응이 위관(委官)이 되었다. 공초(供招)한 사실을 기록한 추국청의 기록은 대부분 사실이 아니었으나 홍재학의 말은 살피지 않고 오직 부졸(府卒)이 사사로이 아뢴 것을 신뢰할 만하다 여겼다. 이최응이 홍재학에게

"어째서 저 일본 사람을 서양 사람이라 하는가?"
라고 묻자, 홍재학이

"안에 그 실제가 있으면 밖으로 그 형상이 드러나기 마련이니, 저들이 서양의 옷을 입고 서양의 물건을 쓰며 서양의 일을 행하니 어떻게 숨길 수가 있겠습니까?"
라고 대답하였다. 또 이최응이

"임금을 능멸하고 핍박하는 것이 신하의 도리인가?"
하고 묻자, 홍재학이

"임금의 노여움을 사면서 직간하는 것이 진정한 신하의 도리입니다. 만약 공의 말처럼 문호를 개방하여 적을 받아들이는 것은 예의를 더럽히고 욕되게 하며 임금으로 하여금 끝내 재앙을 당하게 하는 것이니 이것이 과연 신하의 도리입니까?"
라고 대답했다. 이에 위관 이최응이

"이는 일본 사람이지 서양 사람이 아니니 조선과 일본은 예전 우호를 지속적으로 유지해야 한다."
라고 말하자, 홍재학이
"가령 공의 말과 같다면 어찌 유독 덕산(德山)의 일[30]은 생각하지 않는단 말입니까?"
라고 하였다. 이최응이
"이것은 우리 집안의 일인데 너하고 무슨 상관이냐?"
라고 하자, 홍재학이 성난 목소리로
"이처럼 사리에 어두운 분이 영의정의 자리에 있으니 나라를 보전하려 하나 가능하겠습니까?"
라고 하였다. 위관 이최응이 사악한 무리들의 소재를 지목하게 하자 홍재학이
"사학이 나라에 두루 퍼졌으니 어떻게 지목할 수 있겠습니까? 지금 상공의 몸을 보니 머리부터 발끝까지 모두 서양의 물건이고 상공의 집에 쌓인 크고 작은 것 모두가 서양의 것입니다. 앞에서는 서양의 것을 받아들이고 뒤에서는 서양을 비호하느라 진실로 수고로움이 많습니다. 정녕 서양을 배우지 않았다면 어떻게 이렇게까지 될 수 있었겠습니까?"
라고 대답하였다. 이최응이 다시
"소장에서 '머리를 베어야 한다.'라고 한 것은 누구를 지목하여 한 말이냐?"
라고 묻자, 홍재학이
"임금의 좌우에서 개화를 주장하는 사람들이 모두 그들이니 곧 공과 같은 무리입니다."
라고 대답하였다. 이최응이 기가 막혀 말을 하지 못하고 땅을 치며

크게 꾸짖고는

"사정없이 매질하라."

라고 명하자, 부졸이 곁눈질하며 은근하게

"낯가죽도 두꺼워."

라고 하였다. 홍재학이 옥에 갇히자 부졸들이 은밀히 보호해 주었다.

세 번째 심문을 하게 되자, 민태호가 판당(判堂)[31]을 부추기며

"마땅히 매가 참새를 공격하듯이 매섭게 해야지 결코 너그럽게 해서는 안 됩니다."

라고 하였다. 이때 사백 홍재구가 서울에 머물러 있었는데 다음과 같은 내용의 자백하는 편지를 썼다.

"오늘의 일은 형이 뿌리이고 동생은 가지이며 형이 근원이고 동생은 말단에 불과하니 그 죄를 나눠 받기를 바랍니다."

홍재구는 이 편지를 호남 유생 배정로(裵鼎魯)에게 부탁하여 전하게 하였는데, 배정로는

"위관 이최응이 심히 노하였으니 잠시 기다리는 것이 좋겠다."

라고 하였다. 홍재구가 거듭 부탁했으나 편지는 다시 되돌아왔다. 그러나 홍재구도 돌연 시질(時疾)[32]에 걸려 그 일을 끝내 완수하지 못하였다. 홍인군 이최응이

"내가 칠십 평생을 살아오며 남에게 질책을 당한 일이 없었는데 오늘 촌놈에게 모욕을 당했구나."

라고 하며 위관 자리를 그만두고 물러났으며 재상 홍순목(洪淳穆)[33]이 그 자리를 대신하였다.

홍재학은 형장으로 가는 수레를 타면서도 평소처럼 얼굴빛을 편안히 하고

"나를 바로 세워 기울어지지 않게 하라. 군자는 서 있는 모습에서

도 덕이 드러나는 법이다."[34]
라고 말하였다. 소를 함께 올렸던 선비들이 곁을 따르며 소리 내어 울었고 시민들 역시 소리 내어 울었다. 이에 홍재학이

"나는 바른 도리를 행하다가 죽는데 어찌하여 이리 곡을 하느냐?"
라고 하면서 알고 지내던 두 군졸을 돌아보며

"곡하지 말라. 내가 너희들을 위해 하느님에게 왜놈의 자취를 모조리 제거해 달라고 호소하겠다."
라고 말하였다.

이보다 며칠 전에 부(府)의 연못이 붉게 끓어올라 물고기가 문드러져 죽었다. 홍재학이 옥문을 나오려 하는데 자물쇠가 굳게 닫혀 열리지 않자 돌로 자물쇠를 부쉈다. 홍재학을 태운 수레가 출발하자 천둥이 쳐 수레의 굴대가 부러졌다. 수레를 갈아타고 소의문(昭義門)[35]에 이르렀는데 이번에는 홍재학이 탄 수레를 끌던 소가 잠시 머뭇거리며 앞으로 나아가지 않았다. 이는 소의문에 울퉁불퉁한 돌이 있어 혹시나 홍재학이 정신을 잃을까 두려워 한 군졸이 일부러 소를 천천히 몰았기 때문이었다.

홍재학은 혹형을 받아 손가락이 부러지고 정강이도 으깨졌다. 쇠사슬에 묶여 옥에 갇혀 있을 때 매일 밤 성현의 책을 읽었는데 이때에도 《소학》, 《대학》, 《중용》의 몇 구절을 외웠다. 수레에서 내리자 배정로가 홍재학 앞으로 가

"공은 웃음을 머금고 땅에 들어가는군요."
라고 하자, 홍재학이 웃으며

"내 평소 배운 것을 죽을 때까지도 어그러뜨리지 않았습니다."
라고 하고는 부자유친(父子有親), 군신유의(君臣有義)의 오륜(五倫)의 절목을 외웠다. 홍재학이 형틀에 엎드려서 배정로에게

"제 머리를 바르게 해주십시오. 군자는 머리를 곧게 한다 하였습니다."

라고 하였다. 마침내 칼날 아래 죽으니, 이때 나이 서른넷이었다. 홍재학의 목을 벤 사람도 칼을 내동댕이치고 슬피 울었으며, 주위에 모여든 많은 사람들도 마치 자신의 친척이 죽은 것처럼 곡하였다.

여러 사람과 홍재학의 집안 동생인 홍재문(洪在文), 문인(門人) 정우선(鄭友善) 등이 상사(喪事)를 주관하였다. 배정로가 2만전을 부조하였으며 어떤 사람은 늦은 밤에 5천전을 익명으로 부조하고 갔다. 홍재학의 관이 춘천으로 돌아오자 많은 벗들이 가마(加麻)[36]를 하고 곡하였으며 장사 지낼 때 만사를 짓고 부조하며 애도하는 사람이 수없이 많았다.

이때에 홍재학의 집 재산을 모두 몰수당하였다. 몇 사람의 조정 선비가 사적인 자리에서 홍재학의 일에 대해 탄식하며 애석해하자 이들 모두 귀양을 가게 되었고, 나 김평묵 또한 얼마 뒤에 탄핵을 당하여 외딴 섬에 위리안치(圍籬安置)되었다. 그동안 화를 당한 사람이 줄줄이 이어졌다. 인심(人心)의 향배(嚮背)가 이와 같은데 아, 나라의 선비와 무신(武臣)[37]들은 과연 뭐하는 사람들이란 말인가!

부인은 창녕(昌寧) 성씨(成氏)인데 자식을 낳지 못하고 죽었다. 다시 안동 권씨(安東權氏)를 아내로 맞이하여 종만(鍾萬)이란 아들 하나와 딸 둘을 낳았는데 모두 어리다.

처음에 홍재학이 원주(原州)에서 여러 유생을 모았는데 여러 유생들이 모두 홍재학을 소수(疏首)로 추대하기에 홍재학은 사양할 수 없었다. 임금에게 올릴 소를 쓰는데 말이 곧았기에 여러 유생들이 고치고자 하였으나 홍재학이 듣지 않았다. 친한 이들이 이를 걱정하여 급히 사람을 보내 어머니 황씨(黃氏)에게 알렸다. 어머니 황씨는

"나는 아녀자이다. 설령 내 아들이 망발을 했더라도 공이 마땅히 이치로써 알려 깨닫게 해야 하지 않겠는가. 지금 도리어 화복(禍福)으로 날 위협하여 내 아들을 그릇되게 할 셈인가?"
라고 하였다. 어떤 사람이 홍재학이 소수를 면했다고 알리자, 어머니가 놀라
"이는 생사(生死)가 달린 일인데 어찌 다른 사람에게 소수를 떠넘기려 하는가?"
라고 말하면서 사람을 보내 홍재학을 꾸짖으려 하였는데 거짓말임을 알고 그만두었다. 홍재학이 처형당했다는 소식을 들은 어머니는 하늘을 보며 단 한 번 통곡할 뿐이었으니, 아, 어쩌면 범방(范滂) 어머니[38]의 기풍을 들은 것인가! 두 아들을 낳아 두 아들이 천하의 떳떳한 도리와 대의(大義)를 맡았으니 마땅하구나! 순서(舜瑞)[39] 또한 슬픔을 짓누르며 아들을 잃은 자하(子夏)가 서하(西河)에서 통곡했던[40] 잘못을 범하지 않았으니 아, 또한 어질구나!

이때 아들 홍종만은 네 살이었다. 하루는 친구들과 놀다가 갑자기 엎드려 오래도록 통곡하다 그쳤는데 바로 홍재학이 죽은 날이었다. 어쩌면 부자가 한 기운으로 이어져서 자연스레 감통(感通)한 것이 아니겠는가?

홍재학이 예전에
"하늘이 사람을 낳았으니, 세상을 구제할 책임도 있는 것이다. 지금 오랑캐[41]가 오래도록 신주(神州)[42]에 있는데도 능히 나가 물리쳐 제거할 자가 아직은 없으나 하늘이 여기에서 끝나지는 않을 것이다."
라고 말하였다, 또한 홍재학이 형 홍사백에게
"우리나라는 풍기(風氣)가 유약하여 큰일을 도모하기 어렵지만 오직 우리나라 서북지역은 그나마 군사를 쓸 만합니다. 폐지된 네 고을[43]은

평안도와 함경도 사이에 있는데 땅이 넓고 비옥하니 개간하면 인재를 모을 수 있습니다. 그러니 마땅히 온 가족이 이곳으로 이사하여 도(道)를 강론하고 풍속을 바로잡으며 농사에 힘쓰고 군사를 훈련시켜야 합니다. 세월이 쌓이다 보면 아주 조금이라도 화하(華夏)[44]에 있는 오랑캐들을 깨끗이 쓸어 낼 수 있을 것입니다."

라고 하였다. 이에 홍사백이 그 뜻을 장하게 여기면서도 허락하지는 않았다. 비록 용맹을 좋아하여 조절할 줄 몰랐지만 그 기상과 생각은 고을의 수재라도 도저히 따를 수 없을 정도였다.

아, 홍재학은 충성스럽고 신실하며 매우 후덕한 자질을 지녔다. 의지가 굳세며 정직하고 바른 성품으로 형제와 마음을 같이 하고 스승과 벗을 섬겼다. 멀게는 주희(朱熹)를 종주로 삼고 가깝게는 송시열(宋時烈)을 본받아 경(敬)과 의(義)를 마음속에 품었기에 학문의 길이 바르고 마음은 밝아 자신에게 사사롭게 하거나 자신의 이익만을 도모하지 않았다. 뜻을 세움에 작은 성취에 안주하지 않고 공부할 때는 허황한 것에 힘쓰지 않았다.

소청(疏廳)에 있을 때는 성현의 가르침을 직접 써서 항상 자신을 반성했으니 자신에게 절실하고 자신의 결점을 구제하지 않는 것이 없었다. 그러므로 가슴에 품은 뜻과 행동으로 옮긴 것이 우뚝하고 뛰어나 마치 푸른 하늘의 밝은 태양과 같았다. 홍재학으로 하여금 더 오래 살게 하여 경의(敬義) 공부를 날마다 진일보하게 했다면 하늘로부터 타고난 홍재학의 덕이 진보할 바를 어찌 헤아릴 수 있겠는가?

다만 좋지 못한 시대를 만나 진동(陳東)[45]과 같은 부류의 사람이 된 것은 운명이다. 그러나 그 공을 논하자면, 당시 상황은 새나 짐승의 발자취가 천하에 가득하고[46] 오래도록 좌임(左衽)[47]하면서도 조금도 이상하게 여기지 않았다. 예의지국(禮義之國)인 우리나라도 또한 그 속에 빠져들었다. 당당하게 조정에 있거나 높은 지위에 있는 사람도 젖어 들어 모두 그렇게 변해가면서 형제니 사돈이니 하면서 부끄러움을 알지 못하였다. 그러한 상황에서 만약 초야의 선비가 떨쳐 일어나 들판에서 싸우는 용[48]이 되지 않았다면 우리나라는 어떻게 천하와 후세에 억울함을 드러내고 알릴 수 있었겠는가. 그렇다면 홍재학이 인의(仁義)를 성취한 것은 바로 요(堯), 순(舜), 우(禹), 탕(湯), 문왕(文王)을 위해 죽은 것이요, 공자(孔子), 맹자(孟子), 정호(程顥), 정이(程頤), 주희(朱熹)를 위해 죽은 것이며 삼강오상(三綱五常)과 시서예악(詩書禮樂)을 위해 죽은 것이다. 안으로는 천리의 원수에게 복종하는 것[49]을 부끄러워했으며 밖으로는 중국의 법식을 이은 후손으로 오랑캐에 복종하는 것을 부끄러워했다. 또한 위로 조정의 길러 주신 뜻에 보답하고 아래로 7일 만에 양이 회복되는[50] 기반이 되었다. 홍재학을 하나의 사건이나 하나의 의로움으로 항거하다 죽은 사람과 어찌 같다고 말할 수 있겠는가. 아, 하늘은 높고 땅은 낮으며 해와 달이 밝게 비치는 것은 만고를 통틀어 어긋남이 없을 것이다. 이것이 여지(勵志) 선생의 무덤이 된 까닭인가. 홍재학의 선배나 친구들이 제문이나 만사에서 여지 선생을 나이 많고 덕이 높은 선배라고 칭하는데[51] 어느 누구도 이견(異見)이 없었으니 이는 도를 위해 죽었기 때문이다.

아버지 용당공 홍창섭은 평해 황씨(平海黃氏)를 아내로 맞이하여 두 아들을 낳았다. 큰 아들 홍재구(洪在龜)의 자는 사백(思伯)이며 올곧은 행실과 뛰어난 절의로 사림(士林)에서 우뚝하다. 홍재학은 둘째 아들이다.

군자는 말한다.

"포의(布衣)의 선비가 자신의 직분에서 벗어나지 말라는 경계를 어기고 궁궐 문에 엎드려 일에 대한 부당함을 말하며 죽으면서도 후회하지 않았다. 이는 변란이 너무도 크고 지켜야 할 의리가 너무 막중하여 상법(常法)에 얽매일 수 없었기 때문이다. 그러므로 고금을 낱낱이 살펴보면 송(宋)나라에는 진동이 있었고 지금에는 홍재학이 있다. 그러나 진동은 다만 오랑캐와 중화(中華)가 뒤바뀌고 나라가 존망하는 때를 만난 것이지만, 홍재학은 사람과 짐승이 서로 싸우고 사도(斯道)의 존망이 판가름나는 때를 만난 것이다. 또한 진동은 태학으로 수선(首善)[52]에 있으면서 천하의 공론(公論)을 잡고 있었지만, 홍재학은 지방의 미천한 사람으로 이미 이루어진 천하의 형세에 항거한 것이다. 그러하니 홍재학이 진동에 비해 관계된 바가 더욱 커서 공 또한 더욱 높으며 처한 상황이 더욱 어려웠으니 그 절개가 더욱 뛰어난 사람이다."

청풍(清風) 김평묵(金平默)[53]

1 당성(唐城) : 오늘날의 경기도 남양시(南陽市)이다.

2 홍은열(洪殷悅) : ?~936. 일명 홍유(洪儒)이다. 홍유는 고려 개국공신 가운데 한 명이다. 회인 홍씨의 시조이며 태조의 제26비 의성부원부인(義城府院夫人) 홍씨(洪氏)의 아버지이다. 무장 출신임에도 불구하고 언변과 논리가 매우 뛰어났다고 하며 폭군 궁예를 몰아내기 위한 거사를 일으킬 당시 왕건을 설득하여 혁명을 완수하고 그를 임금으로 옹립한 장본인이다.

3 이인좌(李麟佐)의 난 : 1728년 소론과 남인의 일부 세력이 영조와 노론을 축출

하고 밀풍군(密豊君) 탄(坦)을 추대하고자 했던 난이다. 1720년 숙종의 뒤를 이을 왕위 계승 문제를 놓고 소론은 당시 왕세자〔후일의 경종〕를, 노론은 연잉군〔후일의 영조〕을 지지하였으나 경종의 즉위로 소론이 집권하였다. 1724년 경종이 승하하고 영조가 등극함에 따라 영조의 지지세력인 노론이 집권하자 소론 강경파와 남인 일부가 경종의 죽음에 영조와 노론이 관계되었다고 주장하면서 영조와 노론을 축출하고자 한 사건이다. 이 난으로 소론은 크게 타격을 받았으며 이후 정권은 거의 노론이 독차지하게 되었다.

4 이항로(李恒老) : 1792～1868. 본관은 벽진(碧珍), 초명은 광로(光老)였으나 철종 사친(私親)의 이름을 피하여 개명하였다. 자는 이술(而述), 호는 화서(華西)이다. 병인양요 때 주전론을 주장하였다. 경복궁 중건 중지와 취렴의 시정을 촉구하는 등 최초로 대원군의 정책에 반대하여 배척을 받았다. 그의 제자들은 화서학파를 이루며 개항 전후 위정척사운동을 가장 강력하게 전개하였다.

5 유중교(柳重敎) : 1832～1893. 본관은 고흥(高興), 자는 치정(致政, 穉程), 호는 성재(省齋)이다. 5세 때 이항로의 문하에서 수학하였고 다시 중암(重庵) 김평묵에게 사사(師事)하였다. 후일 가릉(嘉陵)의 자이대(紫泥臺)로 옮겼는데 김평묵의 집과 가까웠다. 1881년 김평묵이 간신들을 제거하여야 한다고 상소한 사건으로 절도(絕島)에 안치되자 글을 올려 그를 따라 벌 받기를 청원하였으나 판당(判堂) 신헌(申櫶)이 전례가 없는 일이라 하여 용납하지 않았다. 그 뒤 설악산에 들어가 나오지 않았다.

6 인심도심설(人心道心說) : 유학의 심성론(心性論)에서 심(心)의 양면성에 관한 학설이다. 주자에 의하면, 인심이란 대체로 인간의 신체적 기운에서 나타나는 것이요, 도심이란 선천적인 본성에서 우러나오는 것이다. 사람의 마음이 원래는 한마음이지만 그것이 작용할 때 의리를 따라서 나타나면 도심이요, 신체상의 어떤 욕구를 따라서 나타나면 인심인 것이다. 따라서 도심에 대해서는 선하다고 말할 수 있고, 인심에 대해서는 선한 경우와 악한 경우가 같이 있을 수 있는 것이다. 도심이란 곧 도덕적인 마음이다. 이것이 순수하게 착한 마음이라는 것은 인간의 본성이 타고날 때부터 착하다고 보는 것〔性善說〕에 근거를 둔다.

7 대체(大體)와 소체(小體) : 소체(小體)는 사람의 이목구비와 감각기관을 말하며 대체(大體)는 인간의 마음을 말한다.

8 고종……시험했는데 : 1854년 일본은 미국 페리 제독의 개항 요구에 의해 200년 간 견지하였던 쇄국정책을 포기하고 개항하였다. 1876년 일본이 조선과 개항

을 추진하려 할 당시 주일미국공사 빙햄(John A. Bingham)은 조선을 향해 출발하는 일본 전권대사에게 미국의 일본 개항과정을 담은 《페리일본원정기》를 주면서 참고하라고 하였다. 이후 일본은 미국의 일본개항과정을 그대로 본떠 조선에 개항을 요구하였다.

9 합종을 약속 : 일본과 개항을 하기로 한 것을 말한다. 1876년 조선은 일본과 조일수호조규(朝日修好條規), 일명 강화도조약을 체결하면서 쇄국정책을 포기하고 개항하였다.

10 황준헌(黃遵憲)의 책 : 《사의조선책략(私擬朝鮮策略)》을 말한다. 황준헌(1848~1905)은 1880년 주일청국공사 참찬관으로서 김홍집 등이 도쿄에 머무르는 동안 여러 차례에 걸쳐 회담을 하는 한편, 김홍집이 귀국할 때 자신이 작성한 《조선책략》을 선물하였다. 그 책의 주요 내용은 러시아의 남하를 막기 위해서는 친중국(親中國), 결일본(結日本), 연미국(聯美國)해야 한다는 것이었다. 귀국 후 김홍집이 고종에게 《조선책략》을 바치자 전국 각지의 유림들의 반대상소가 빗발쳤다. 황준헌은 1882년 한미조약을 체결할 때도 이홍장의 명령으로 조약문을 기초하기도 하였다.

11 이최응(李最應) : 1815~1882. 본관은 전주(全州), 자는 양백(良伯), 호는 산향(山響)이며, 흥선대원군 이하응(李昰應)의 형이다. 1865년 경복궁 중건 때 영건도감 제조(營建都監提調)를 지냈으나 쇄국정책에 반대하여 대원군과 반목하였다. 1873년 대원군이 실각하자 호위대장, 좌의정 등을 거쳐 1878년 영의정이 되었다. 1880년 통리기무아문(統理機務衙門)이 신설되자 총리대신이 되어 개화정책을 추진했으나 유림(儒林)의 반대로 사직하였다. 1882년 임오군란이 일어나자 난을 일으킨 군인들에게 피살되었다.

12 통리기무아문(統理機務衙門) : 1880년 개항 이후 대외 통상에 필요한 국가 외교 및 군사제도의 근대적 개혁을 위해 청나라의 제도를 모방하여 만든 관청이다.

13 이만손(李晩孫) : 1811~1891. 경상북도 예안(禮安) 출신으로 본관은 진성(眞城), 자는 가술(家述), 호는 돈와(遯窩)이며, 이황(李滉)의 후손이다. 1880년 수신사 김홍집이 황준헌의 《조선책략》을 고종에게 바치며 외국과의 통상정책을 본격적으로 추진하자 그는 《조선책략》의 불합리성과 황준헌을 비난하는 상소를 올리며 극력 반대하였다. 이러한 그의 상소에 동조하여 1881년 2월 영남유생들이 연서하여 이른바 영남만인소(嶺南萬人疏)라고 불리는 상소를 고종에게 올렸다. 그 내용은 주로 김홍집의 죄를 탄핵하는 것이었지만, 실질적으로는 당시의 정부정책을

규탄하고 공격하는 것이었다. 영남만인소는 이후에 전개된 전국적인 유생들의 위정척사운동의 선구가 되었다.

14 양호(兩湖) : 호남과 호서, 곧 전라도와 충청도를 말한다.

15 요(堯)의……따름이다 : 《맹자》 〈고자 하(告子下)〉의 내용이다. "子服堯之服, 誦堯之言, 行堯之行, 是堯而已矣. 子服桀之服, 誦桀之言, 行桀之行, 是桀而已矣."

16 이승훈(李承薰) : 1756~1801. 조선 후기의 학자이자 천주교 신자로 교명은 베드로이다. 1783년에 베이징 남천주당에서 영세를 받고 교리를 익히고 돌아와 교회를 건립하여 미사와 영세를 행하며 전도하다가 1801년 신유박해 때 처형되었다.

17 이가환(李家煥) : 1742~1801. 조선 후기의 학자이자 천주교 신자이다. 자는 정조(廷藻), 호는 금대(錦帶), 정헌(貞軒)이다. 안정복, 정약용 등과 교유하며 학문 연구에 힘썼으며 천주교에 흥미를 갖고 교리를 연구하였으나 1791년 신해박해 때는 광주 부윤으로서 천주교를 탄압하였다. 그 후 벼슬에서 물러나 천주교 신자가 되어 1801년 신유박해 때 순교하였다. 문장과 글씨에 뛰어났으며 저서로는 《기전고》가 있다.

18 삼발(三拔) : 웅삼발(熊三拔)로 이탈리아 사람이다. 본명은 Sabbathin de Ursis이다. 천문(天文), 역산(曆算)에 밝았는데, 명나라 만력(萬曆) 연간에 중국에 들어가 전교(傳敎)하였다. 저서에는 《간평의설(簡平儀說)》, 《태서수법(泰西水法)》, 《표도설(表度說)》 등이 있다.

19 하나부사 요시모토〔花房義質〕 : 1872년 내한하여 교역 교섭에 종사하고 임시 대리공사를 거쳐 1876년 주한일본대리공사에 임명되어 강화도조약 직후 모든 문제를 처리, 담당하였다. 1882년 임오군란 당시 일본으로 탈출한 후 다시 돌아와 제물포조약을 체결한 인물이다.

20 갈아도……것 : 신념을 고수하며 출처를 분명히 한다는 말이다. 《논어》 〈양화(陽貨)〉에 "견고하다고 하지 않겠는가, 아무리 갈아도 얇아지지 않는다. 희다고 하지 않겠는가, 물을 들여도 검어지지 않는다.〔不日堅乎, 磨而不磷. 不日白乎, 涅而不緇.〕"라고 하였다.

21 《중서견문록(中西見聞錄)》 : 미국 선교사들이 1872년 중국 베이징에서 월간으로 간행한 서적이다.

22 육예(六藝) : 《주례(周禮)》에서 이르는 여섯 가지 기예를 가리키는 말로서, 예

(禮), 악(樂), 사(射), 어(御), 서(書), 수(數)를 뜻한다. 예는 예의범절, 악은 음악, 사는 활쏘기, 어는 말 타기, 서는 붓글씨, 수는 수학을 뜻한다.

23 상방검(尙方劍) : 임금이 간악한 신하를 제거할 때 쓰는 날카로운 칼을 말한다. 상방(尙方)은 원래 중국 한(漢)나라 때 천자(天子)가 쓰는 기물(器物)을 담당하였던 벼슬이나 기구를 가리키는 말이다.

24 창귀(倀鬼) : 호랑이에게 물려 죽은 사람의 혼으로, 다른 곳으로 가지 못하고 호랑이에게 예속되어 호랑이가 먹을 것을 구하러 다닐 때 앞장서서 먹이를 찾아준다고 한다. 못된 짓을 하는 데 앞장서는 사람을 비유한다.

25 기무아문(機務衙門) : 통리기무아문을 가리킨다.

26 오위(五衛) : 조선후기 군사제도는 임진왜란 이후 수도 및 그 외곽을 방어하기 위하여 설치한 5군영이 기본틀이었다. 5군영은 훈련도감, 어영청, 총융청, 금위영, 수어청으로서, 훈련도감,어영청,금위영은 수도를 방어하는 중앙 군영이었고 총융청,수어청은 수도 외곽을 방어하는 군영이었다. 그 후 5군영은 여러 차례 변천되었다가 1882년 무위영과 장어영 등 2영 체제로 개편되었다. 그러나 2영의 군사들이 1881년 창설된 별기군과 차별 대우를 받게 되자 1882년 임오군란을 일으켰고 대원군이 재집권하면서 통리기무아문과 2영을 폐지시키고 5위 체제를 복구하였다.

27 사람이……것입니다 : 이 내용은 《조선왕조실록》 고종18년 윤7월 6일 기사에 실려 있다.

28 남궁(南宮) : 예조(禮曹)를 뜻한다.

29 민태호(閔台鎬) : 1834~1884. 본관은 여흥(驪興), 자는 경평(景平), 호는 표정(杓庭)이며, 민영익(閔泳翊)의 아버지이다. 왕실의 외척으로 세도를 부리다가 1884년 갑신정변 때 민영목(閔泳穆), 조영하(趙寧夏) 등과 함께 살해되었다. 글씨에 능하여 전서(篆書), 예서(隸書), 행서(行書), 초서(草書)를 모두 잘 썼다고 한다.

30 덕산(德山)의 일 : 1868년 독일 상인 에른스트 오페르트가 충청남도 예산군 덕산면에 있는 흥선대원군의 아버지 남연군(南延君)의 묘를 도굴하려다 실패한 사건이다. 1866년 오페르트는 두 번에 걸친 통상 요구를 거절당하자 2년 뒤인 1868년 덕산에 상륙하여 덕산군 관아를 습격하여 군기를 빼앗고 건물을 파괴하는 한편 남연군의 묘소를 도굴하려 하였다.

31 판당(判堂) : 판서 혹은 당상관, 형조 판서 혹은 한성부 판윤을 지칭하나 여기

서는 임시로 임명된 재판관인 이최응을 가리킨 듯하다.

32 시질(時疾) : 계절성이 강한 감염성 질병이라는 뜻의 시병(時病)과 같은 의미이다.

33 홍순목(洪淳穆) : 1816~1884. 본관은 남양(南陽), 자는 희세(熙世), 호는 분계(汾溪), 시호는 문익(文翼)이다. 대원군의 쇄국정책을 강력히 지지하였던 그는 1871년 중국 주재 미국공사 로우와 로저스 제독이 광성진(廣城津)에 들어와 통상 교섭을 요구하자 강경하게 척화를 주장하였다. 이듬해 영의정에 올랐다가 대원군의 실각으로 사임하였다. 1882년 임오군란으로 대원군이 재집권하자 영의정에 복귀하여 관제를 개혁하는 한편, 김병국(金炳國)과 함께 통리군국사무가 되어 당오전(當五錢)을 주조케 하였다. 1884년 대원군 실각 후 사임하고 있을 당시 아들 홍영식(洪英植)이 개화파 김옥균 등과 갑신정변을 일으키다 피살되자 자결하였다.

34 군자는……법이다 : 군자(君子)의 훌륭한 아홉 가지 행동〔九容〕 중의 하나이다. 구용은 발은 진중하고〔足容重〕, 손은 공손하고〔手容恭〕, 눈은 단정하고〔目容端〕, 입은 무겁고〔口容止〕, 목소리는 고요하고〔聲容靜〕, 머리는 곧고〔頭容直〕, 숨소리는 엄숙하고〔氣容肅〕, 서 있는 모습은 덕이 있고〔立容德〕, 얼굴빛은 장엄함〔色容莊〕을 말한다.

35 소의문(昭義門) : 1396년 9월 성문을 지을 당시, 소덕문(昭德門)이라 하였다가 1744년 문루(門樓)를 세우면서 소의문으로 고쳤다. 1472년 예종(睿宗)의 비(妃) 한씨(韓氏)의 시호를 소덕왕후(昭德王后)라고 하면서 이 이름을 피해 소의문이라 했다는 설도 있다. 서소문동 큰길에 있던 서남간문(西南間門)으로 일반적인 통행로이면서 광희문(光熙門)과 함께 시체를 성 밖으로 옮기는 통로 구실을 하였다. 서소문(西小門)이라도 한다.

36 가마(加麻) : 제자가 스승의 상에 심상(心喪)의 표시로 관(冠) 위에 삼베를 두르는 일이다. 여기서는 친구들이 애도의 표시로 관 위에 삼베를 두른 것이다.

37 무신(武臣) : 남중(南仲)은 주(周)나라 문왕(文王) 때의 무신(武臣)을 말하는데, 여기에서는 조선의 무신들을 가리킨다.

38 범방(范滂) 어머니 : 범방이 죽음의 길로 떠나면서 모친에게 마지막 인사를 드리자, 모친이 "네가 이제 이응(李膺)과 두밀(杜密)과 더불어 이름을 나란히 할 수 있게 되었으니 죽는다 한들 또 무슨 유감이 있겠느냐.〔汝今得與李杜齊名, 死亦何恨.〕"라고 위로하며 격려한 내용이 《후한서(後漢書)》 권67 〈당고열전(黨錮列

傳)〉 범방(范滂)에 보인다. 이응과 두밀 모두 옥중에서 고문을 받고 죽거나 자결하였다.

39 순서(舜瑞) : 양부였던 홍운섭(洪雲燮)을 말하는 것으로 보인다.

40 아들을……통곡했던 : 《예기(禮記)》 〈단궁 상(檀弓上)〉에 "자하(子夏)가 물러나 서하에서 늙어 갔다.〔退而老於西河之上〕"라는 말이 있다. 자하는 아들이 죽자 그 슬픔에 눈물을 흘리다 눈이 멀게 되었고 늙어서 서하에 물러나 살았다.

41 오랑캐 : 견양(犬羊)은 오랑캐 등 외적(外敵)을 멸시하여 부르는 말인데, 여기서는 일본을 지칭한다.

42 신주(神州) : 전국 시대 제(齊)나라 추연(鄒衍)이 중원(中原) 지방을 신주적현(神州赤縣)이라 표현한 데서 유래한 말로, 여기서는 도성(都城)을 뜻하는 것으로 보인다.

43 폐지된 네 고을 : 폐사군(廢四郡)은 조선 시대 세종 때 개척하여 여진족을 막기 위해 설치된 여연(閭延), 우예(虞芮), 무창(茂昌), 자성(慈城) 네 고을을 말한다. 단종 3년(1455)에 여연, 우예, 무창의 3군을 폐하였고 세조 5년(1459)에 자성마저 폐하여 이후 폐사군으로 불렸다.

44 화하(華夏) : 중국을 일컫는 말이다.

45 진동(陳東) : 송(宋)나라 사람으로, 자(字)는 소양(少陽)이다. 송나라가 여진족에게 침략당하여 국가가 위급할 때에 이강(李綱)이 정승이 되어 국운을 만회했는데 황잠선(黃潛善) 등 간신들의 참소로 쫓겨나게 되었다. 그때에 태학생 진동 등 몇 사람이 황제에게 상소하여 이강을 쫓아내지 말 것을 청했으나 실행되지 못했다. 결국 이강을 옹호하다가 연좌되어 참형을 당했다.

46 새나……가득하고 : 수제조적(獸蹄鳥迹)은 짐승의 굽과 새의 발자취라는 뜻으로, 세상이 매우 어지럽고 혼란함을 말한다. 《맹자》 〈등문공(滕文公)〉에 "금수가 사람을 핍박하여 짐승의 굽과 새의 발자국이 중국에 어지럽거늘 요께서 홀로 근심하여 순을 등용해 다스리게 하셨다.〔禽獸偪人, 獸蹄鳥跡之道, 交於中國, 堯獨憂之, 擧舜而敷治焉.〕"라고 하였다.

47 좌임(左衽) : 북쪽 미개한 인종의 옷 제도가 오른쪽 섶을 왼쪽섶 위로 여민다는 데에서 유래하며 오랑캐를 의미한다. 《논어 헌문(憲問)》

48 들판에서 싸우는 용 : 《주역》 〈곤괘(坤卦)〉 육오(六五)에 "용이 들판에서 싸우

니 피가 흘러 사방에 넘쳐흐른다.〔龍戰于野, 其血玄黃.〕”라는 말이 나온다.

49 원수에게 복종하는 것 : 수인지역(讎人之役)은 원수의 땅으로 가 복역하는 것을 말한다. 순자(荀子)가 말한 ‘六千里讐人役之歎’에서 인용된 말이다.

50 7일 만에 양이 회복되는 : 칠일래복(七日來復)은 양의 기운이 다시 회복되는 것을 말한다. 5월에 양기(陽氣)가 처음 소멸되기 시작하는 구괘(姤卦)가 되었다가, 순음(純陰)인 10월을 지나 11월이 되어서야 비로소 양기가 처음 회복되는 지뢰복(地雷復)의 괘(卦)가 이루어진다. 이렇게 보면 구괘로부터 복괘까지 걸리는 기간이 7개월이 되는 셈인데, 이것을 《주역》 〈복괘(復卦)〉에서는 “그 도를 반복해서 이레 만에 되돌아오니, 이것이 하늘의 운행이다.〔反復其道, 七日來復, 天行也.〕”라고 표현하였다.

51 여지 선생을……칭하는데 : 선배나 친구들이 전배장덕(前輩長德)이라 하는 것은 모순인 듯하나 여기서는 선생을 칭송하는 뜻에서 그렇게 칭한 것으로 보아도 무방할 것이다.

52 수선(首善) : 선(善)을 처음 시작하여 일반에게 모범을 보인다는 뜻인데, 태학(太學)을 칭하기도 하고 서울을 칭하기도 한다.

53 이 글은 김평묵(金平默)의 《중암집(重菴集)》 권17에 〈여지당홍군묘지명(勵志堂洪君墓誌銘)〉이라는 제목으로 수록되어 있다.

백낙관 白樂寬

백낙관의 자는 경교(景敎), 호(號)는 추강(秋江), 본관은 남포(藍浦)이다. 시조는 고려의 삼중대광(三重大匡) 문헌공(文憲公) 휘(諱) 이정(頤正)이다. 백낙관은 문과(文科)에 합격하여 병조 참판을 지낸 홍수(弘洙)의 아들이다. 그는 헌종(憲宗) 병오년(헌종12, 1846)에 남포의 오상리(五常里)에서 태어났다. 어려서부터 지기(志氣)가 남달랐으며 성품이 강직하였다. 항상 다른 사람에게 말하기를

"사람이 어려움을 겪어보지 않으면 밝은 지혜를 가지지 못하며, 이름난 산과 큰물을 보지 못하면 마치 담장을 마주하고 서 있는 것과 같다."

라고 하였다. 그리하여 그는 20세에 금강산에 놀러 가 해가 뜨는 곳을 보았으며, 또 남쪽으로 적벽(赤壁)과 동래(東萊) 등의 지역을 유람하여 선열(先烈)들의 자취를 살펴보았다.

백낙관은 본디 청빈하여 아침에는 들에 나가 농사짓고 저녁에는 집으로 돌아와 옛 사람들의 글을 읽었다. 장성해서는 학문에 돈독하여 충효(忠孝)를 그 본령으로 삼았다. 매번 〈백이전〉과 〈출사표〉를 읽을 때에는 글 읽는 소리가 강개하여 밤새도록 그치지 않았다.

정축년(고종14, 1877)에 일본이 우리나라와 강화[1]를 맺자, 백낙관은 그의 형 백낙윤(白樂允)과 함께 대궐문으로 가 강화의 부당함을 임금에

게 호소하기로 의논하였다. 그러나 얼마 지나지 않아 백낙윤이 병에 걸려 죽었다. 경진년(1880)에 강화의 의론이 더욱 굳어져 우리와 다른 말소리를 사용하고 다른 옷을 입은 외국인들이 날마다 줄지어 오는데도 조정에서는 우물쭈물하면서 임시방편으로 처리할 뿐 좋은 대책이 없었다. 백낙관이 벌떡 일어나 말하기를

"지금이 내가 나라를 위해 목숨을 바쳐 죽을 때이다."

라고 하고는 여장을 꾸려 서울로 올라가려고 하였다. 어떤 사람이 만류하자 백낙관이 말하기를

"맹자가 가르쳐준 말이 있으니 '우리 임금더러 능력이 없다고 하는 것을 적(賊)이라 한다.'[2]라고 하였다. 내가 비록 필부에 불과한 시골 촌뜨기이지만 어찌 한 마디 말도 하지 않고 단지 우리 임금에게 능력이 없다고만 하겠는가."

라고 하였다. 그리고는 마침내 대궐로 나가 상소하여 일본과의 강화는 잘못된 일이라고 강력히 주장하였다. 그리고 조정의 신하들이 원수를 잊고 나라를 팔아먹은 행위를 이임보(李林甫)[3]와 진회(秦檜)[4]의 행위와 같다고 하였는데 그 말이 매우 곧고 간절하였다.

이 일로 백낙관은 포도청에 체포되어 어떤 화를 당할 지 예측할 수가 없었는데 마침 국가에 경사가 있었다. 이로 인해 임금이 전교(傳敎)를 내려 말씀하기를

"별 일도 아닌데 상소하니 진실로 매우 놀랍고 한탄스럽다."

라고 하고 특별히 석방하였다. 그러자 백낙관은 통곡하면서 고향으로 돌아왔다.

신사년(고종18, 1881)에 백낙관은 도내에 있는 사림(士林)들에게 편지를 보내 연명(聯名)으로 임금에게 호소할 계획을 세웠으나 사림들이 모두 겁먹고 두려워하여 호응하지 않았다. 마침내 백낙관 홀로 길을

떠나 청주에 도착했는데 선비 한홍렬(韓洪烈)도 이런 의도로 편지를 보낸 적이 있었다. 백낙관이 그와 함께 대화해 보고는 매우 기뻐하였다. 이에 도내의 모든 동지들을 모아 여러 명의 이름으로 소장을 올리고 대궐로 나가 엎드려 임금의 답변을 기다렸으나 오랜 시간이 지나도록 비답(批答)을 받지 못하였다. 백낙관이 분연히 말하기를

"용렬한 신하를 배척하지 않고 먼저 외적을 물리치는 것은 안 된다."

라고 하고 개인적으로 한 건의 상소문을 작성하였다. 그 상소문은 오로지 간신들이 임금의 눈과 귀를 막는 문제점을 지적하는 내용이었다. 여러 사람들이 백낙관의 상소를 강력히 저지하자 백낙관이 성내며 말하기를

"그대들은 별 볼일 없는 인물들이라 큰일을 함께 의논할 수 없다."

라고 하고는 끝내 소장을 버리고 돌아왔다.

임오년(고종19, 1882) 5월에 소장을 가지고 남산에 올라가 봉화를 올렸다. 상소문의 내용은 대략 다음과 같았다.

"저의 이런 행동은 저 자신의 지위를 벗어난 짓이라는 혐의가 없지 않습니다. 그러나 《논어》에 말하기를 '난신적자(亂臣賊子)는 누구든지 나서서 벨 수가 있다.'라고 하였습니다. 지금 조정의 신하 중에 난신적자가 아닌 사람은 매우 드뭅니다. 그들은 공자와 맹자, 정자와 주자의 글을 배우고서 예수와 마테오리치의 가르침을 좋아하고 부모 나라의 곡식을 먹으면서 왜놈이나 서양, 프랑스와 미국의 옷을 입습니다. 이것은 바른 학문에서 벗어나 간사한 학문으로 들어간 것이며 조선에서 벼슬살이하면서 저들을 위해 일하는 행위입니다. 동시에 중화를 오랑캐로 변화시키고 사적인 이익을 꾀하기 위해 공도(公道)를 해치는 짓입니다. 성스럽고 명철하신 전하를 망치는 저들의 행위가 이처럼

극도에 도달하였습니다."

또 다음과 같이 말하였다.

"왜놈들이 임진왜란 때 우리에게 패하여 돌아간 뒤로 우리나라에 원한을 품고 분노를 쌓았습니다. 이제 여러 서양 세력들과 결탁하고 중국을 거짓말로 꾀어내면서 우리나라에 허점이 있는 때를 엿본 지가 지금까지 몇 년이나 되었습니다. 우리를 보고 턱을 오물거리지만[5] 그 뜻을 이룰 수 없었습니다. 그러자 참소(讒訴)하는 말을 나라 안에 퍼뜨리며 말하기를 '조선을 망치는 것은 서원이다.'라고 하였습니다. 대개 서원이나 사당은 선현(先賢)들의 덕을 숭상하고 그들의 공로에 보답하는 곳이며 학문을 익히고 도를 밝히는 곳입니다. 이것은 곧 선대의 여러 임금들께서 나라를 경영하고 도를 지키기 위해 깊이 도모하고 멀리 생각하여 설치한 것입니다. 진실로 국가를 이롭게 하고 성인의 도리를 지키는 데 이바지하는 점이 있으니 곳곳마다 정표해야 합니다. 그런데 전하께서 어린 나이로 보위에 오른 초기에 권력을 가진 신하가 권력을 독단하였습니다. 전하께서 그들의 불경한 말에 속아 황제의 사당과 성인의 사당, 충신과 의사를 모신 서원을 모조리 훼철하셨습니다. 이러한 행위를 주나라가 염호(檿弧)를 금지하였다가 빨리 망하고 진나라가 호로(胡奴)를 방어하다가 자멸[6]한 것과 비교해 볼 때 무엇이 다르겠습니까. 그런데 지금 아주 가까운 종친들과 대신들이 때를 틈타 일어나서 임금의 눈과 귀를 가려 버리고 조정 안팎을 선동하여 말하기를 '서원은 장차 국가에 이롭지 못할 것이다.'라고 하고 있습니다. 여러 사람의 입에서 나온 말은 단단한 쇠도 녹이고 참소가 쌓이면 뼈도 태우는 것입니다.[7] 그렇기 때문에 친한 이를 친하게 하는 의리가 빗자루로 쓸어버린 듯이 사라지고 후한 덕을 베풀어야 할 곳에 두터운 은덕을 베풀어 주는 도리가 완전히 없어졌습니다. 이 때문에 무위영(武衛營)[8]의 수하 친병(親兵)을 두게 되고 미리 태자를 세우는 의논은 소홀해졌습니다. 마침내는 병자년(고종13, 1876) 강화의 필요성을 아뢰기도 하였습니다. 조정 신하들 가운데 그들의 모략을 사전에 알고 있었던 자들은 감히 입을 열지 않아 끝내 나라를 망쳤습니다. 당당한 천승(千乘)의 우리나라가 세자를 책봉하는 데 어찌 하나부사 요시모토〔花房義質〕에게 의지하여 이처럼 구차스럽게 합니까. 한 하늘 아래 같이 살 수 없는 원수를 그냥 두고 보고, 끝이 없는 그들의 탐욕을 충족시켜 주면서 그들의 요구대로 따라 주고, 그들의 명령대로 행하여 마치 그들을 만족시키지 못할까 두려워합니다. 만약 전하께서 천만 년의 천수를 누리시고 돌아가신 뒤에 동궁저하께서 보위에 올라 전하를 대신해 나라를 다스린다면 하나부사 요시모토는 말마다 반드시 '지금 저 왕은 우리가 세운 사람이다.'라고 할 것입니다. 이 말을 어떻게 막을 수 있겠습니까. 《시경》에 말하기를 '그 거동이 어긋나지 않은지라 사방 나라를 바르게 하네.〔其儀不忒, 正是四國.〕'[9]라고 하였습니다. 이는 부모와 자식과 형제들이 본받은 뒤에 백성들이 본받는다는 사실을 말한 것입니다. 나라가 혼란해지고 망하는 기틀은 언제나 임금의 행동이 잘못된 데서 시작되었습니다. 그러므로 처음에는 최익현(崔益鉉)이 논쟁을 벌여 말하기를 '강화의 논의가 결정되면 전하의 일은 끝납니다.'라고 하였습니다. 또 끝에는 홍재학이 말하기를 '예수교의 글이 돌아다닌다면 사람마다 상도(常道)를 어기고 집집마다 윤리를 어지럽힐 것입니다.'라고 하였습니다. 그들의 한 마디 말이 전하의 뜻에 맞지 않았다고 해서 큰 형벌에 빠졌으니 아아, 참혹한 일입니다. 올바른 신하가 조정에 나가는 것은 나라가 잘 다스려지고 있다는 징표이고, 올바른 신하가 죽음에 빠지는 것은 난리의 징조입니다. 저는 일찍이 '성조의 여러 신하들 가운데 한나라 때 신경기(辛慶忌)[10]처럼 바른 사람을 구원해 주는 사람이 하나도 없다.'라고 생각하였습니다. 그러므로 전하께서 선비를 죽였다는 오명을 천하 후세에 남기게 되었으니 이러한 탄식을 어찌 견딜 수 있겠습니까."

또 다음과 같이 말하였다.

"우리나라는 태조께서 세운 나라입니다. 지금 전하의 한 몸으로 태조께서 세운 나라를 망쳐 버리시니 이는 왕업을 받들어 계승하는 도리가 절대 아닙니다. 지금 전하께서 위로는 선대의 왕들께서 부탁하신 말씀을 생각하고, 아래로는 수많은 백성들이 우러러 바라는 마음을 살피셔서 조심하고 두려워하여 아침 일찍 일어나고 밤늦게 자며 게으름도 없고 방탕함도 없다면 나라가 매우 발전할 것입니다. 이러한 노력을 하지 않으시고 단지 스스로 한 몸만 지키려고 선왕의 법도를 없애고 백성들의 피를 고갈시키니 두터운 은덕을 베풀어야 할 데에는 박하게 하고 박하게 할 데에는 후덕하게 하는 것입니다.

외적을 불러들여 내란을 방비하시니 잘못된 계책이 아니겠습니까. 오제(五帝)도 신하로 삼지 못하고 삼왕(三王)도 제어하지 못한 것이 바로 이적(夷狄)입니다. 그러므로 구경(九經) 가운데 공자께서도 그들을 회유하여 감싸줄 수 있는 방법에 대해 말씀하지 않았습니다. 그런데 지금 전하의 덕은 안으로는 친한 이를 친하게 하지도 못하면서 밖으로는 천하의 많은 나라들과 외교를 하고 계십니다. 저는 작년의 변고[11]가 다시 양평(陽平)과 대성(臺城)[12]에서 발생할 뿐만 아니라 파촉 막북(漠北)[13]의 환란을 3년 내에 목격하게 될까 두렵습니다. 이런 까닭으로 최익현, 홍재학, 허원식(許元栻), 유문식(劉文植), 홍시중(洪時中), 황재현(黃載顯), 이만손(李晩孫), 김조영(金祖永), 김석규(金錫奎), 한홍렬(韓洪烈), 신변(申欆) 등은 모두 자신의 분수에 맞는 일이 아니지만 형벌을 피하지 않고 올곧은 말로 강력히 간하였습니다. 이들은 모두 나라를 걱정하고 공도(公道)에 충심을 다하는 신하이며 성인을 존중하고 도를 지키는 선비입니다. 그런데 전하께서는 그들의 말을 들어주지 않았을 뿐만 아니라 귀양 보내 죽을 때까지 벼슬하지 못하게 하셨습니다. 그리고는 유독 서양 옷을 입고 서양 복장을 차리며 서양 기술을 익히고 서양 학문을 배운 자에게는 마음과 눈이 현혹되고, 위와 지라가 전도되어 이적의 법을 취하여 선왕의 가르침 위에 더하기도 하며 하나부사 요시모토에게는 관직을 제수하여 많은 신하의 위에 두셨습니다. 신은 이에 전하의 마음이 우리나라에 있지 않고 저 서양과 왜놈들에게 있으며 사학(邪學)을 물리치지 않고 정학(正學)을 배척하신다는 사실을 알았습니다. 요순이 인(仁)으로 천하를 통솔하셨는데 백성이 따랐으며, 걸주(桀紂)가 폭력으로 천하를 통솔했는데 백성이 따랐습니다. 그러니 시간이 조금만 지나면 태학생들은 하나부사 요시모토를 위해 덕을 기릴 것이며 조정 대신들은 틀림없이 하나부사 요시모토가 섭정해야 한다고 요청할 것입니다. 이러한 시점에 놓이게 되면 전하께서 비록 스스로 한 몸을 지키려는 마음이 있더라도 어찌 전하의 뜻을 따라 주겠습니까. 전후좌우에 모두 하나부사 요시모토의 사람이니 그를 허락하면 나라가 망하게 되고 물리치려면 전하의 몸이 위태로울 것입니다. 그렇다면 강화를 맺는 것은 전하에게 복이 아닙니다. 전자방이 말하기를 '나라의 임금이 나라를 잃으면 임금으로 대우한다는 소리를 듣지 못했다.'[14]라고 하였습니다. 전하께서 한 번 천승(千乘)의 나라를 잃으면 누가 다시 전하를 천승의 나라 임금으로 대우하겠습니까."

또 다음과 같이 말하였다.

"지금 조정의 신하들이 말하기를 '저들의 기계는 정밀하고 날카로우며 배들은 가볍고 빠르니 천하의 많은 나라가 누구나 복종하려 생각한다. 지금 좁고 작은 우리나라가 어떻게 그들을 당해 낼 수 있겠는가.'라고 합니다. 이런 말로 전하를 두렵게 하는데 이는 한갓 저들의 장점만 알지 우리의 장점을 알지 못하는 것입니다. 이것은 병법에서도 금기하는 것이므로 법으로 따진다면 이런 말을 하는 사람들은 마땅히 죽여야 합니다. 또한 물에서 잘 싸우는 사람은 산에서 잘 싸우지 못합니다. 우리나라는 산천이 험준하고 백성들의 기질이 강하며 드셉니다. 거기다가 기자(箕子)가 인현(仁賢)의 도리로 가르쳐서 절의를 숭상하는 풍속을 지니고 있습니다. 과거 고구려[15] 때 수양제의 강한 군대와 당태종의 많은 군사로도 모두 고구려를 정복하지 못하고 낭패만 맛본 채 돌아갔습니다.

조선조에 이르러서도 일본이 여러 차례 들어와 도적질했으나 곧 실패하여 도망갔습니다. 선조 중년에 이르러 또한 크게 왜적이 쳐들어올 징조가 있었습니다. 이이(李珥), 조헌(趙憲)은 모두 미리 방비할 대책을 아뢰었으나 조정에서 그들의 건의를 받아들이지 않았습니다. 그러므로 임진년(선조25, 1592)에 이르러 도요토미 히데요시[豊臣秀吉]가 바다를 새까맣게 덮을 만한 100만의 군사를 거느리고 와서 우리나라의 궁실과 왕릉을 불태웠습니다. 아아, 애통한 일입니다. 그 참상을 차마 말할 수 있겠습니까. 임금은 수레를 타고 관서지방으로 옮겨가 장차 명나라로 넘어가려고 하였는데 다행히도 명나라의 도움을 받았습니다. 또한 이항복(李恒福), 이덕형(李德馨), 이순신(李舜臣), 곽재우(郭再佑) 등과 같은 이들이 모두 당시 중흥하는 데 보좌했던 신하 중 가장 드러난 사람이며, 논개(論介), 월선(月仙)은 멀리 떨어진 지역의 천한 기생인데 오히려 나라를 향한 정성을 가지고 용맹한 적장의 머리를 베어 선봉을 꺾었습니다. 유정(惟政),[16] 영혜(靈惠)는 산속에 사는 승려이지만 역시 임금을 보호하는 마음을 가져 한 번 바다를 건너가 적을 성토하여 해마다 여자가죽 300개를 바치게 하여 씨를 말리려 하였고,

다시 300명의 여자를 동래 객관에 머물게 하면서 교대로 번(番)을 서게 했습니다.

인조 연간에 청나라 오랑캐 우두머리[17]가 황제라고 일컬으니 김상용(金尙容), 김상헌(金尙憲), 홍익한(洪翼漢), 윤집(尹集), 오달제(吳達濟), 유계(兪棨) 등은 의리를 들어 배척하는 한편 책략으로 방어하게 하였습니다. 그러나 조정은 그들의 말을 듣지 않았기 때문에 청나라 병사들이 갑자기 들이닥쳤습니다. 형세상 어쩔 수가 없어 원통함을 머금고 아픔을 참으며 남한산성에서 내려와 항복하는 일이 있었습니다.[18] 아아, 누가 이런 계책을 세웠습니까. 세상에서 말하는 최명길(崔鳴吉)이란 사람의 짓입니다. 이때에 임경업(林慶業)이 마침 의주를 지키고 있었습니다. 그가 난리에 임금을 지키기 위해 미처 달려가지 못하고, 청나라 군사들이 돌아가는 중도에서 적을 맞이해 치니 일당백의 전투력을 지니고 있었습니다. 오랑캐 우두머리가 크게 놀라 이에 국서(國書)를 보여주니 임경업은 통곡하면서 병사를 철수시켰습니다.

이러한 예를 통해서 볼 때 우리나라에 장래를 위해 뛰어난 계획을 세우는 신하와 용맹한 장수, 열사와 용사가 없었던 시대는 없었으니 우리는 천하의 강국입니다. 저들의 기계가 정밀하고 날카로우며 배들이 가볍고 빠르더라도 적절하게 우리의 장점을 이용한다면 그들을 물리치는 데 무슨 어려움이 있겠습니까.

지금 하나부사 요시모토의 지모와 용략은 수양제와 당태종, 도요토미 히데요시, 청나라 태조 등과 비교해 볼 때 매우 부족합니다. 조정 신하들 가운데 강화를 주장하는 사람들은 임진년에 공로를 세운 신하들의 후예이며 병자년(인조14, 1636)에 척화를 주장했던 신하들의 자손입니다. 그들 조상이 갑옷을 입고 무기를 들고서 적들의 칼날을 무릅쓰고 가시밭을 밟으면서 나라의 중흥을 보좌했던 일을 생각하지 않고 이에 뇌물에 빠져 근거 없는 말과 자문해 보지 않은 계책으로[19] 골육의 부모형제를 이간질하고 나라를 혼란스럽게 합니다. 이런 무리들은 다만 전하의 죄인일 뿐 아니라 곧 그들 조상들의 죄인입니다. 단지 그들 조상들의 죄인일 뿐 아니라 곧 최명길의 죄인입니다.

최명길은 병자호란을 당해 오랑캐 병사를 대적하기 어려운 줄을 알고 스스로 많은 원망을 받으면서 눈물을 흘리며 산성을 내려가 항복하자는 의론을 세웠습니다. 하늘을 두려워하는 마음[20] 자세로 나라를 보호하여 지금까지 300년 동안 나라를 유지할 수 있었습니다. 하지만 당시의 청류들은 말하기를 '불의에 빠졌다.'라고 하여 성토하는 말이 끊이지 않았고 역사책에 서술하여 후세의 공론(公論)이 되게 하였습니다. 그러므로 제가 일찍이 서울에서 지낼 때 이런 말을 명신과 대가에게서 들을 수 있었으니 아직도 귓가에 생생합니다. 사람들의 성난 마음이 아직도 가시지 않았는데 이런 무리들은 홀로 그들 조상과 부친의 간곡한 경계를 기억하지 못한단 말입니까.

애당초 황준헌(黃遵憲)[21]도 하나부사 요시모토의 패거리였습니다. 처음 함께 우리나라를 꾀이면서 말하기를 '일본과 강화를 맺고 미국과 통상하며, 중국과 친하게 지내고 러시아를 방어해야 한다.'라고 했습니다. 일본은 우리와 백세의 원수 사이이니 애당초 강화를 맺을 의리가 없습니다. 미국은 머나먼 지역에 있으니 국교를 맺은들 무엇을 할 수 있겠습니까. 중국은 우리가 이미 300년 동안 복종하여 섬겼으니 특별히 더 친해질 도리가 없습니다. 러시아와는 틈이 벌어진 게 없으니 서로 부딪칠 염려가 있겠습니까. 지금 듣자니 어윤중(魚允中)이 중국에 사신 갔는데[22] 5년에 한 번씩 조공을 바치라고 요청했다고 합니다. 이것이 과연 정말로 한층 더 친하게 되는 도리입니까. 300년 동안 복종하여 섬기던 관례를 하루아침에 배반하니 중국과 틈이 벌어지지 않겠습니까. 오래전부터 원수의 관계로 미워하다가 이제 거공(蚷蛩)처럼 서로 의지[23]하려고 합니다. 대개 하나부사 요시모토가 군사를 일으켜 우리나라에 들어와 도적질한 것은 오래된 일입니다. 하지만 명(明)나라가 조선을 도왔던 것처럼 중국이 우리를 도울까 봐 두려워하고 있습니다. 그러므로 지금 이러한 꾀로 중국과 우리나라 사이에 틈이 생기게 하는 것입니다. 두 나라 군대가 싸워서 지치게 되면 그는 이때에 가만히 앉아서 어부지리(漁父之利)를 취하려는 수작입니다. 만약 하나부사 요시모토의 꾀를 그대로 다 따른다면 반드시 나라가 망한 뒤에야 그치게 될 것입니다. 오랑캐의 손에 죽기보다는 나라를 위해 죽어야 합니다. 그러므로 제가 조정의 신하들 가운데 미친놈마냥 화의를 주장하는 자들을 죽여야 된다고 청하는 것은 그 나머지 사람들을 독려하려는 것입니다.

엎드려 바라건대 전하께서는 크게 결단을 내리셔서 사악한 무리를 제거하는 데 망설이지 마소서.[24] 옛날 순 임금께서 사흉(四凶)[25]을 죽이니 천하가 다 복종하였고, 성왕(成王)이 삼숙(三叔)[26]을 죽이자 왕실이 오래도록 평안하였고 제나라 위왕(威王)이 아(阿)의 대부를 삶아 죽여서 제후국들 가운데 막강한 힘을 가지게 되었습니다.[27] 지금 조정의 신하들 가운데 사흉, 삼숙, 아대부와 같은 자들이 있습니다. 이런 죄인들을 쫓아내 처형한 뒤에야 왕실이 평안해지고 백성들의 마음이 복종할 것이며, 적국이 물러날 것입니다."

상소가 들어감에 백낙관은 장어영(壯禦營)[28]에 갇혔다가 형조로 이감되었다. 그리고 곧바로 명을 받아 수갑과 차꼬[着錮][29]를 차고 목에 칼을 씌운 채 의금부 남간(南間)에 수감되었다.

1882년 6월 임오군란(壬午軍亂)이 일어나자 난을 일으킨 군사들이 옥문을 부수고 소리쳐 말하기를

"바른 사람을 가두어 죽이고자 하는가."

라고 하고 백낙관에게 나오라고 요청하였다. 백낙관이 말하기를

"내가 왕명에 의해서 옥에 갇혔는데 여기서 나오라는 것이 왕명인가? 아니라면 죽어도 나갈 수 없다."

라고 하였다. 그러자 난을 일으킨 군사들이 공을 들춰 메고 동별영(東別營)[30]으로 달아나 빙 둘러서서는 명령을 내려달라고 요청하였다. 백낙관이 비로소 군사들이 변란을 일으킨 줄을 알고 크게 꾸짖는 한편 의리(義理)에 의거하여 그들을 설득하였다. 얼마 있다가 난을 일으킨 군사들은 흩어졌고 백낙관은 의금부로 돌아가 자수하였다. 군란이 평정되자 임금의 명령으로 석방되었는데 곧바로 아버지인 참판공의 병세가 위급하다는 소식을 듣고 서둘러 집으로 돌아왔다.

8월에 의금부 도사(義禁府都事)가 명령을 받고 와서 백낙관을 체포하여 쇠사슬로 묶었다. 그러나 백낙관의 안색은 태연자약하였다. 아버지인 참판공께서 마루 아래로 내려와 전송하며 말씀하기를

"네가 죽을 자리를 얻었으니 무엇을 한하겠느냐. 늙은 아비를 염려하지 말거라."

라고 하였다. 의금부 도사도 백낙관의 손을 잡고 눈물을 흘리면서 시를 지어 주었다. 감옥에 갇힌 지 한 달여 동안에 세 번 추국(推鞫)[31]하고, 두 달이 지나고 제주에 안치(安置)하였다가 여섯 달 뒤에 다시 의금부에 가두어 국문하였다. 진술하는 내용이 분명하고 정대하였으며 대의(大義)를 이끌어 대서 굽히지 않으므로 마침내 처형되니 8월 30일의 일이었다.

이날 하늘이 시커멓게 변하였으나 형장으로 가는 수레에 올라서도 백낙관은 평상시처럼 의기가 양양하였다. 부녀자들과 아이들, 천민들까지 구경나온 사람들이 길을 메웠는데 모두 눈물을 흘리면서 부르짖

어 말하기를

"충신이 죽는구나."

라고 하였다. 이때까지도 집안 식구들은 미처 사형 사실을 알지 못하였다. 백낙관의 조카 남철(南徹)이 9월에야 비로소 서울에 들어왔다. 의로운 선비들이 돈과 베를 출연(出捐)하여 백낙관의 시신을 수습하여 고향으로 돌아가 장사하였다.

처음 체포될 때에 백낙관이 집안 식구들에게 말하기를

"내가 죽은 뒤에 바라건대 나를 한양에 묻어서 후대의 사람들로 하여금 한양에 나의 무덤이 있다는 사실을 알게 하라."

라고 하였다.

이보다 앞서 편지와 〈추설(錐說)〉을 지어 대원군에게 보냈는데 그 대략의 내용은 다음과 같다.

"장현(張玄)은 진(晉)나라 남전(藍田) 사람이다. 밭을 갈다가 송곳 하나를 주웠는데 어떤 사람이 말하기를 '이것은 모수(毛遂) 선생의 주머니에 있던 물건이다.'라고 하였다. 장현이 그 말을 듣고 기뻐서 보관하게 되었다. 이때 호씨(胡氏)가 중국의 심장부를 차지하고 있었고 진(晉)은 중국의 한 구석에 자리하고 있었다. 장현이 이에 스스로를 사태부(謝太傅)에게 천거하여 네 번 관직에 나갔다가 네 번 쫓겨났다. 그러자 한숨 쉬며 탄식하여 말하기를 '송곳이여, 송곳이여. 옛날 모수 선생의 수중에 있을 때에는 열아홉 사람이 눈빛으로 비웃더니[32] 지금 내 수중에 들어오자 한 시대의 사람들이 대놓고 비웃는구나. 나의 말을 들어주지 않고 나의 꾀를 써주지 않으니 떠나야지, 떠나야지.'라고 하였다.

송곳이 대답하여 말하기를 '그렇지 않다. 모선생이 처음에는 눈빛으로 비웃음을 당했지만 결국에는 세 치 혀를 놀려 진(秦)나라를 물리치고 조(趙)나라를 강성하게 하였다. 지금 천하의 일을 도모하려 한다면 태부(太傅)가 아니면 할 수 없으니 다시 나를 천거하여 큰 업적을 세워보지 않겠는가.'라고 하였다.

장현이 그의 말을 따라 다시 태부를 뵈었는데 태부가 장현, 송곳과 함께 이야기를 나누고 크게 기뻐하였다. 얼마 뒤에 부견(符堅)이 국력을 다 기울여 쳐들어왔다. 그러자 송곳이 기막힌 꾀를 내서 태부의 질자(侄子)인 장현을 장수로 삼아 부견의 군대를 크게 격파하였다. 개선하여 상을 논하게 되었는데 태부가 송곳의 공이 가장 크다고 해서 벼슬을 주려고 하니 여러 장수들이 다들 송곳을 헐뜯어 말하기를 '송곳의 길이는 세 치에 미치지 못하고, 장막 안에서 작전을 계획하기만 하였는데 갑자기 큰 상을 내린다면 천하의 사람들이 우리나라에 인물이 없다고 비웃을까 두렵습니다.'라고 하였다. 송곳이 옆에 있다가 웃으면서 말하기를 '내가 부귀하게 살면서 다른 사람에게 굽히기보다는 차라리 빈천한 몸으로 세상을 얕보며 마음 가는대로 살겠습니다. 또 나는 떠돌이 신하로 장현이 아니었다면 조정에 나올 수 없었습니다. 청컨대 저에게 봉하려던 관작을 장현에게 주십시오. 공명을 논하는 자리에 저는 감히 끼지 못합니다.'라고 하였다. 태부가 말하기를 '송곳은 근본을 저버리지 않는다고 말할 만하다.'라고 하고, 장현을 상대부(上大夫)로 삼아 3만호의 고을에 봉하였다.

이때 추강자(秋江子)가 바야흐로 밤에 〈출사표〉를 읽다가 후주(後主)가 함부로 스스로 못나게 굴어서 어떤 일도 하지 못하였음을 비난하며, 두자미가 지은 다음의 시[33]를 외웠다.

군대를 출정시켜 이기지 못하고 몸이 먼저 죽으니	出師未捷身先死
길이 영웅으로 하여금 옷깃에 눈물 가득하게 하네	長使英雄淚滿襟

벽 위에 있던 한 송곳이 가만히 그 소리를 듣고 훌쩍 뛰어 내려와 말하기를 '어찌 다만 촉(蜀)의 후주뿐이겠는가. 지금 남경(南京)에도 후주가 있는데 내가 북방과 화친해서는 안된다는 의론으로 관직에 나가기를 구하여 다섯 번 나갔다가 다섯 번 쫓겨나 나의 도가 중주(中州)에 펼쳐지지 못하였다. 그러므로 주머니 입구를 묶어 매고서 뗏목을 타고 동해를 건너와서 그대를 통해 동국의 사태부를 만나 추강자 그대로 하여금 장현의 발자취를 따라 공명을 이루도록 하고자 하니 그렇게 할 수 있겠는가.'라고 하였다. 추강자가 놀라고 기이하게 여겨서 〈영촉(詠燭)〉이라는 시를 지었는데 내용은 다음과 같다.

깊은 밤 옥녀가 버들꽃 같은 눈물 흘리니	夜深玉女柳花淚
세밑 금경[34]이 승로반일세	歲晏金莖承露盤
비록 눈 같은 피부가 다 타 없어져도	縱使雪膚焦爛盡
붉은 마음은 갑자기 사라져 식지 않으리	赤心未遽死灰寒

그리고는 드디어 송곳과 함께 한성(漢城)에 들어갔다. 손에 계란 두 개와 무 세 개를 들고서 당시 재상에게 선물로 드리고 그 뜻을 풀이하여 말하기를 '송곳〔錐〕은 추〔推, 유추, 미루어 나감〕와 같으니 이것을 미루어 나가 저것을 아는 것입니다. 세상에 꽉 막혀서 통하지 않는 것을 송곳은 길고 짧은 정도를 헤아려 뚫어서 통하게 합니다. 난〔卵, 계란〕의 토속음은 난(難)과 같습니다. 또 글자가 묘(卯)와 가까운데 묘(卯)는 동쪽 해입니다. 계(鷄)는 유(酉)니 유(酉)는 서양입니다. 이 두 가지〔일본과 서양〕 어려움으로 인해서 누란(累卵)의 위태로움이 있는 것입니다. 청(菁)은 무우래〔無憂萊, 근심 없는 풀〕입니다. 지금의 당면한 문제를 해결하기 위해 계획해보면, 황묘(皇廟)를 화동(華洞)에 세우고,[35] 여러

고을에 서원을 복원할 것이며, 사방에 군비(軍費)를 증액해야 합니다. 이러한 일을 통해 의리를 연구하여 밝히고 학문을 닦고 군사력을 갖추어야 합니다. 이 세 가지가 구비되면 걱정할 것이 없습니다.'"

이 글을 살펴보면, 공은 아마도 온갖 방법으로 대의를 펼치고 뛰어난 공을 세워서 이름을 드러내고자 하였던 분이지 고작 도랑에서 목매어 죽는 것으로 작은 신의[36]를 삼는 분이 아니었다. 공의 지기(志氣)와 재주로 세상에 쓰이지도 못하고 다만 밭두둑 사이에서 시들었다면 사람들이 또 애석해 마지않았을 것이다. 그러나 어찌 밝은 세상에 바른 말을 하다가 죽어서 큰 한을 품고 여러 세대에 걸쳐 웃음거리가 되는 것이 이 지경에 이르게 될 줄을 생각이나 했겠는가. 비록 그러하나 국가의 뜻이 아니었으니 두 번에 걸친 전교의 말씀을 차분히 읽어보면 우러러 헤아릴 수가 있다.

슬프구나, 세도의 험난함과 권귀(權貴)한 사람들의 매얼(媒蘖)[37]은 여기서 논할 것도 없다. 가만히 또 민심(民心)의 맑지 못함을 슬퍼하노라. 내가 해남(海南)에 유배 갔을 때 그곳은 제주(濟州)와 서로 마주보았는데 지역 사람들이 다음과 같이 말하였다.

"공께서 제주에 있을 때 몇 해 동안 비가 내리지 않아 벼가 붉게 타 죽었다. 사람들이 혹 동해에 3년 동안 비가 내리지 않았던 일[38]에 비유하니 한 고을의 사람들이 크게 두려워하며 모두 공을 탓해서 어찌할 수가 없었다. 제주도에서 배가 출발할 때는 반드시 순풍을 기다려야 하므로 열흘이나 한 달을 지체할 때도 있었다. 그렇지 않으면 표류하거나 물에 빠져 죽는 경우가 많았다. 바야흐로 공이 체포되어 장차 육지로 올 때에 바람이 잔잔하지 않았다. 백낙관이 의금부의 이례(吏隷)에게 일러 말하기를 '임금의 엄명은 잠시도 지체할 수 없으니 생사를 따질 수 없다.'라고 하였다. 의금부의 이례와 뱃사공의 눈이다 휘둥그레져 대답하지 못하였다. 그런데 제주도 사람들이 무리지어 함께 나아가 말하기를 '공의 말씀이 옳으니 서둘러 배를 띄워라.'라고 하였다. 그들이 생각하기에 공이 떠나면 비가 내릴 것이라고 여겼던 것이다. 배가 항해하면서 거의 전복될 정도의 위기를 여러 번 겪고서야 겨우 육지에 배를 댈 수 있었다. 사람들이 이 일을 가지고 제주도 사람들을 꾸짖었다. 제주도 사람들이 대답하여 말하기를 '왕(尫)을 불태워 죽이는 것[39]도 급한데 굴원[40]이 물에 빠지는 것을 어느 겨를에 생각하겠는가.'라고 하니 꾸짖는 사람이 제주도 사람을 구박하며 욕하였다."

윗사람의 당당함이 저와 같은데 아랫사람의 어리석음이 또 이와 같으니 남들이 우리나라를 모욕하고 정벌하는 것은 기수(氣數)에 관계된 것이기 때문에 사람의 힘으로 되돌릴 수가 없어서 오늘날과 같은 지경에 이른 것이 아니겠는가.

가만히 살피건대 공의 선군자께서 평소 의리를 드러내 어려운 일에 임해서도 태도를 바꾸지 않으셨고, 범방의 어머니와 같은 현명함[41]이 있으셨다. 여러 아들들이 효성스럽고 우애가 있었으니 모두 초산(椒山)에 보정(補亭)이 있는 것에 부끄럽지 않다. 무덤에 봄이 돌아오면 후대 사람들에게 바람이 있을 것이다.

백낙관이 장차 귀양지로 갈 때에 길이 본가를 지나게 되었으므로 금오랑(金吾郎)이 말하기를

"공의 노친께서 당에 계시고 돌아올 기약은 까마득하니 아버지와 영결(永訣)하여 다시는 보지 못할 애통함을 씻게 해드리십시오."

라고 하였다. 백낙관이 이에 집에 들어가 하룻밤을 묵었다. 출발에 임하여 백낙관이 말하기를

"막막하구나, 이 발길이여. 어느 날이나 다시 뵐 수 있을까."

라고 하고 서로 마주보며 통곡하였다. 금오랑이 울면서 말하기를

"지난 번 갈 적에는 죽을 이치만 있고 살 이치가 없었는데도 온 집안 식구들이 태연자약하더니 오늘 가는 길은 오히려 만분의 일이나마 살 도리가 있는데도 곡하는 것은 어째서입니까."

라고 하였다. 백낙관이 말하기를

"지난 번 태연자약했던 것은 공적인 입장이었기 때문이고, 지금 곡하는 것은 사적인 감정 때문이다."

라고 하였다.

백낙관은 6남 1녀를 두었으니 아들은 남철(南徹), 남원(南遠), 남채(南埰), 남주(南周), 남순(南循), 남술(南述)이고, 사위는 채규영(蔡奎榮)이다.

말에 이르기를

"임금이 어질면 신하가 곧다."[42]

라고 하였다. 임금이 어진데도 신하가 곧지 못하면 그 해악이 족히 임금의 나라를 망칠 수 있거니와 만약 조정에 곧은 신하가 없는데 재야에 곧은 백성이 있다면 또한 망하는 것을 돌려 보존되게 할 수 있어서 임금이 그 이로움을 받게 된다. 그러나 곧지 못한 자가 위에 있고, 곧은 자가 아래에 있으면 그 형세가 반드시 온전할 수 없다. 그러므로 이로움은 나라에 돌아가지만 자신은 그 해를 입게 된다. 당나라가 쇠할 때에 향곡(鄕谷)의 한 남자가 열 글자로 쓴 글을 함에 던지고 죽었고, 송나라가 남쪽으로 천도할 때에 진동(陳東)과 구양철(歐陽徹)이 대의(大義)를 밝혀 대신(大臣)을 등용하는 문제를 논하다가 죽었다.[43] 예나 지금이나 똑같은 일이 반복되고 있으니 진실로 애석한 일이다. 우리나라가 인의(仁義)로 나라를 세워서 거듭 빛나고 여러 번 흡족한 은

택을 입힌 것[44]이 500년 동안 드리워졌다. 성스럽고 명철한 임금이 위에 있으면서 백성을 교화시킴에 백성들이 교화되어 충청도의 일개 서생이었던 백낙관이 곧은 말을 하다가 형장에서 처벌되었다. 아아, 이것이 어찌 다만 공의 불행일 뿐이겠는가. 진실로 국가의 불행이다.

1 강화 : 조일수호조규(朝日修好條規), 일명 강화도조약 또는 병자수호조약인데, 1876년 2월에 체결되었다.

2 우리……한다 : 《맹자》 〈이루 상(離婁上)〉에 나오는 내용이다

3 이임보(李林甫) : 중국 당(唐)나라 현종(玄宗) 때의 간신이다. 자는 가노(哥奴), 호는 월당(月堂)이다. 천성이 교활하고 권모술수에 능하여 환관과 궁녀들과 결탁, 현종의 비위만 맞추고 정치를 방자하게 행하다가 마침내 안사(安史)의 반란을 빚어낸 인물이다.

4 진회(秦檜) : 송(宋)나라 강녕(江寧) 사람으로, 자는 회지(會之)이다. 남송(南宋) 고종(高宗) 때에 명장 악비(岳飛)를 죽이고 명상 장준(張浚), 조정(趙鼎) 등을 귀양 보내는 등 정권을 마음대로 하였다. 죽은 뒤에 영종(寧宗)이 그의 벼슬을 빼앗고 처음 시호 충헌(忠獻)을 무추(繆醜)로 고쳤다.

5 우리를……오물거리지만 : 《주역》 〈이괘(頤卦)〉 초구(初九)에 "그대의 신령스러운 거북을 버리고 나를 보고서 턱을 움찍거리니 흉하다.〔舍爾靈龜, 觀我朶頤, 凶.〕"라는 말이 있다. 이는 욕심에 어두워 자신의 지조를 잃고 남을 따른다는 뜻이다.

6 진나라가……자멸 : 진시황이 천하를 통일하고 나서 술사(術士)에게 미래를 점쳤는데 진나라를 망치는 것은 호(胡)라고 하였다. 호(胡)는 북쪽 오랑캐이므로 진시황은 이를 방어하기 위해 만리장성을 완공하였다. 그러나 실상 진나라가 2세 호해(胡亥)에 와서 망하였으므로 후대 사람들은 술사가 말한 호(胡)는 오랑캐가 아닌 호해를 가리킨 것이었다고 생각하게 되었다.

7 여러……것입니다 : 전국 시대 장의(張儀)가 연횡설(連橫說)로써 위왕(魏王)을 설득하는 말 가운데 "뭇사람의 입은 무쇠를 녹일 수 있고, 참소가 쌓이면 뼈를 녹일 수 있다.〔衆口鑠金, 積毁銷骨.〕"라고 했던 데서 온 말이다. 《사기(史記) 권70 장의열전(張儀列傳)》

8 무위영(武衛營) : 1880년 12월 조선은 통리기무아문(統理機務衙門)을 설치하고 그 아래 12사를 두는 한편 군제(軍制)도 개혁했다. 종래의 훈련도감, 어영청, 수어청, 금위영, 총융청 등 5군영제를 무위영, 장용영(壯勇營)의 2영으로 개편했다. 또한 별도로 무위영 소속하에 별기군을 창설하여 신식군대로 편성하여 훈련하기도 했다. 무위영은 1874년 4월에 설치되었던 무위소(武衛所)의 후신이라고 할 수 있으며 왕궁을 지키는 임무를 담당하는 친위군이었다. 1882년 6월 임오군란으로 대원군이 정권을 잡은 후, 군인들의 요청에 따라 군제를 개혁하여 무위영, 장용영, 별기군을 폐지하고 5군영을 다시 설치함으로써 폐지되었다.

9 그 거동……하네 : 《시경》 〈조풍(曹風) 시구(鳲鳩)〉에 보인다.

10 신경기(申慶忌) : 자는 자진(子眞)이다. 한 성제 때 좌장군(左將軍)으로 있었는데 당시 주운이 장우라는 자가 왕씨(王氏)에게 아첨한다 하여 베어 죽이기를 청했다가 오히려 임금의 노여움을 사서 죽게 되자, 옳은 사람을 죽여서는 안 된다고 왕에게 극간하여 그를 구원하였다.

11 작년의 변고 : 조일수호조규, 즉 강화도조약의 체결을 가리킨다.

12 대성(臺城) : 금성(禁城)으로 곧 왕성을 가리킨다.

13 막북(漠北) : 고비사막 북쪽의 땅, 즉 외몽고(外蒙古) 지역을 가리킨다.

14 나라의……못했다 : 《통감절요(通鑑切要)》 권1에 보인다.

15 고구려 : 원문의 고려는 고구려를 일컫는다.

16 유정(惟政) : 일명 사명당이다. 임진왜란 당시 승병을 이끌고 왜군과 싸워 공을 세웠으며, 1604년 일본으로 건너가 조선인 포로 3,000여 명을 구해 돌아왔다.

17 오랑캐 우두머리 : 청나라를 건국하여 태조가 된 여진족 출신 누르하치를 일컫는다.

18 청나라……있었습니다 : 병자호란 때 인조가 남한산성에서 내려와 항복한 일을 말한다.

19 근거……계책으로 : 우 임금이 순 임금에게 "상고하지 않은 말을 듣지 말고,

자문하지 않은 계책을 쓰지 말라.〔無稽之言, 弗聽, 弗詢之謀, 勿庸.〕"라고 하였다. 《서경 대우모(大禹謨)》

20 하늘을 두려워하는 마음 : 《맹자》에 "작은 나라로 큰 나라를 섬기는 것은 하늘을 두려워하는 것이다.〔以小事大, 畏天者也.〕"라는 말이 있다.

21 황준헌(黃遵憲) : 1848~1905. 청나라 외교관이다. 1880년 주일 청국공사관 참찬관으로 있을 때, 수신사로 일본에 간 김홍집에게 《조선책략》을 주었다. 김홍집은 귀국 후 고종에게 황준헌의 《조선책략》을 바치자 전국 각지의 유림들의 반대상소가 빗발쳤다.

22 중국에 사신 갔는데 : 1881년 개화정책의 일환으로 서구의 과학기술 학습과 미국과의 통상에 대한 사전 교섭을 목적으로 청나라에 파견한 영선사(領選使)를 말한다.

23 거공(蚷蛩)처럼 서로 의지 : 북방(北方)에 있는 공공거허(蛩蛩巨虛)라는 짐승은 하루에 천 리를 달릴 수 있고, 궐(蹷)이라는 짐승은 앞발은 짧고 뒷발은 길어서 잘 달리지 못하므로, 궤가 항상 공공거허에게 감초(甘草)를 뜯어다 먹이고 위급한 때를 당하면 공공거허의 등에 업혀 달아난다는 고사에서 온 말로, 전하여 서로 도와 의존하는 것을 비유한다.

24 사악한……마소서 : 《서경》 〈대우모(大禹謨)〉에 "유능한 인물을 임용하는 데 두 마음을 갖지 말고, 간사한 사람을 제거하는 데 의심하지 말아야 한다.〔任賢勿貳, 去邪勿疑.〕"라는 말이 나온다.

25 사흉(四凶) : 순 임금 때의 네 악인(惡人)인 공공(共工), 삼묘(三苗), 환도(驩兜), 곤(鯀)을 말한다. 《서경》 〈순전(舜典)〉에 "공공을 유주에 유배하고, 환도를 숭산으로 내쫓고, 삼묘를 삼위로 내쫓고, 곤을 우산에서 죽였다.〔流共工于幽洲, 放驩兜于崇山, 竄三苗于三危, 殛鯀于羽山.〕"라는 말이 있다. 본문에서는 '주(誅)'라고 하였기 때문에 죽였다라고 풀이하였으나 실제로 죽인 것은 아니다.

26 삼숙(三叔) : 주나라 무왕(武王)의 아우인 관숙(管叔), 채숙(蔡叔), 곽숙(霍叔)을 말한다. 주나라 성왕(成王)이 나이가 어리므로 주공이 섭정할 때에 그의 형인 관숙, 채숙, 곽숙이 "공이 장차 성왕에게 이롭지 못하리라.〔公將不利於孺子〕"라는 유언비어를 퍼뜨리고 반역하였으므로 주공이 황공하여 동도(東都)로 피하였다. 성왕이 주공을 다시 맞아들이고 관숙 등을 잡아서 죽였다.

27 제나라……되었습니다 : 《통감절요》에 "위왕이 즉묵 대부를 불러 말하기를

'그대가 즉묵을 맡은 뒤로 그대를 헐뜯는 말이 날마다 들려왔다. 내가 사람을 시켜 즉묵의 상황을 살펴보게 하니 농토가 잘 개간되어 있고 백성들의 살림이 넉넉하였으며 관에는 일이 없어서 동쪽 지역이 이로 인해 평안하였다. 그런데도 그대를 헐뜯는 말이 들려온 것은 그대가 나의 측근들에게 아부하여 도움을 요구하지 않았기 때문이다.'라고 하고 만가의 고을에 봉해 주었다. 아의 대부를 불러 말하기를 '그대가 아를 맡은 뒤로 그대를 칭찬하는 말이 날마다 들려왔다. 내가 사람을 시켜 아 지역의 상황을 살펴보게 하였더니 농토가 개간되지 않고 백성들이 굶주림에 시달리고 있었다. 지난 번 조나라가 견을 공격했을 때 그대가 도와주지 않았고 위나라가 설릉을 취하였는데 그대는 그 사실을 알지 못하였다. 그런데도 그대를 칭찬하는 말이 날마다 들려온 것은 그대가 나의 측근들에게 많은 뇌물을 주어서 칭찬하는 말을 해 달라고 요청한 것이다.'라고 하고 그날로 아대부와 일찍이 그를 칭찬했던 좌우의 측근들을 삶아 죽였다. 이에 여러 신하들이 두려운 마음을 가져서 감히 거짓을 사실로 꾸미지 못하고 사실대로 말하기를 힘쓰니 제나라가 잘 다스려져 천하에 강한 나라가 되었다.〔威王召卽墨大夫, 語之曰, 自子之居卽墨也, 毁言日至. 吾使人視卽墨, 田野闢, 人民給, 官無事, 東方以寧, 是子不事吾左右以求助也. 封之萬家, 召阿大夫, 語之曰, 自子守阿, 譽言日至, 吾使人視阿, 田野不闢, 人民貧餒. 昔日, 趙功鄄, 子不救, 衛取薛陵, 子不知, 是子厚幣事吾左右, 以求譽也. 是日, 烹阿大夫及左右嘗譽者, 於是群臣悚懼, 莫敢飾非, 務盡其情, 齊國大治, 彊於天下.〕"라는 내용이 있다.

28 장어영(壯禦營) : 1881년 12월 중앙의 5군영 체제를 2군영 체제로 개편하면서 총융청(摠戎廳), 금위영(禁衛營), 어영청(御營廳)을 통합하여 설치한 기구이다. 1882년 5군영 체제가 회복되면서 폐지되었다.

29 차꼬〔着錮〕 : 조선 시대 죄인을 가둘 때 썼던 형구(刑具)의 하나이다. 긴 두 개의 나무토막 틈에 구멍을 파서 죄인의 발목을 그 구멍에 넣은 뒤 자물쇠로 채우는 기구로, 족가(足枷) 또는 질(桎)이라고도 했다. 〈형법대전〉에 보면 부녀자, 70세 이상의 노인, 15세 미만의 어린아이에게는 채우지 못하게 되어 있다.

30 동별영(東別營) : 훈련도감의 본영(本營)이다. 훈련도감은 조선 시대 초기에 설치된 훈련원과 비슷한 것으로서, 수도(首都)의 경비와 군사훈련을 담당한 관청이었다. 훈련도감이 설치된 시기는 선조(宣祖) 임진왜란 중이었으며, 훈련도감에서는 특히 삼수(三手), 즉 포수(砲手), 사수(射手), 살수(殺手) 등의 양성을 주로 하였다. 이 제도는 1882년까지 계속되었는데, 동별영은 서울 인의동(仁義洞)에 있었다고 한다.

31 추국(推鞫) : 조선 시대 의금부에서 중죄인을 신문하는 일을 말한다.

32 옛날……비웃더니 : 전국 시대 조(趙)나라 평원군(平原君)이 초(楚)나라에 원병을 청하러 갈 때 자신의 문객(門客)들 가운데 문무를 겸한 인물 20명을 데리고 가고자 하였으나 19명만 적임자를 구하고 한 사람을 채우지 못했다. 이때 모수가 자천(自薦)하여 함께 가게 되었는데 평원군이 선발한 19명이 그를 비웃었던 사실을 가리킨다.

33 시 : 두보(杜甫)가 지은 〈촉상(蜀相)〉이라는 작품의 일부이다. 전문은 "丞相祠堂何處尋, 錦官城外柏森森. 映堦碧草自春色, 隔葉黃鸝空好音. 三顧頻煩天下計, 兩朝開濟老臣心. 出師未捷身先死, 長使英雄淚滿襟."와 같다.

34 금경 : 무제는 방사(方士)의 말을 듣고 하늘에서 내리는 이슬을 받아먹으면 오래 산다는 말을 믿고 이슬을 받는 반〔承露盤〕을 높이 27길이나 되게 만들어 이슬을 받아 옥가루를 타서 마셨다. 금경(金莖)은 곧 그것을 말한 것이다.

35 황묘(皇廟)를 화동(華洞)에 세우고 : 여기서 황묘는 만동묘(萬東廟)를, 화동은 화양동을 말한다. 만동묘는 조선조에 지어진 사당으로, 임진왜란 때 조선을 돕기 위하여 조선에 원군을 파병한 명나라 신종과 의종을 기리기 위하여 1704년 오늘날의 충청북도 괴산군 청천면(青川面) 화양동(華陽洞)에 세워졌다.

36 도랑에서……신의 : 《논어》 〈헌문(憲問)〉에 "자공이 말하기를 '관중은 인자가 아닐 것입니다. 환공이 공자 규를 죽였거늘 죽지 못하고 또 그를 도왔습니다.' 라고 하였다. 공자께서 말씀하시기를 '관중이 환공을 도와 제후들 가운데 패자가 되어 한 번 천하를 바로잡은지라 백성들이 지금에 이르기까지 그 혜택을 받고 있으니 관중이 없었다면 우리는 그 머리를 풀고 옷깃을 왼편으로 여미었을 것이다. 어찌 필부필부가 조그마한 신의를 위하여 스스로 도랑에서 목매어 죽어 남들이 알지 못하는 것과 같이 하겠는가.'라고 하셨다.〔子貢曰, 管仲非仁者與. 桓公殺公子糾, 不能死, 又相之. 子曰, 管仲, 相桓公霸諸侯, 一匡天下, 民到于今, 受其賜, 微管仲, 吾其被髮左衽矣. 豈若匹夫匹婦之爲諒也自經於溝瀆而莫之知也.〕"라는 말이 보인다.

37 매얼(媒蘖) : 매(媒)는 술밑이요, 얼(蘖)은 누룩이니 술밑과 누룩이 어울려서 술이 된다는 뜻으로, 모든 사물(事物)이 어울려서 이루어짐을 비유(比喻)하는데 여기서는 없는 죄를 만들어 내는 것을 가리킨다.

38 동해에……일 : 동해의 효부가 억울한 죄명으로 죽자 그 군에 3년 동안 비가 오지 않은 고사를 가리킨다. 우공(于公)은 한(漢)나라 무제(武帝)와 소제(昭帝) 때

동해(東海)의 군결조(郡決曹)로 옥사 판결이 공평하기로 유명하였다. 동해의 효부가 시어머니를 죽였다는 누명을 쓰고 옥리의 심문에 못 이겨 거짓 자복하여 그의 옥안(獄案)이 이루어졌다. 우공이 태수에게 "효부가 시어머니를 죽이지 않았을 것이다."라고 굳이 말하였으나 태수가 듣지 않으니 그 옥안을 안고 관부에서 울었다. 태수가 마침내 효부를 논죄하여 죽였는데, 그 뒤 동해군이 3년 동안 가물었다.

39 왕(尫)을 불태워 죽이는 것 : 무(巫)는 여자 무당이고, 왕(尫)은 곱사등이이다. 춘추 시대 큰 가뭄이 들자 노(魯)나라 희공(僖公)이 무당과 곱사등이를 불태워 죽임으로써 하늘이 비를 내리도록 하려 하였는데, 장문중(藏文仲)이 "그것은 가뭄에 대한 대비가 못 됩니다. 성곽을 수리하고, 임금의 성찬(盛饌)을 줄이고 재용(財用)을 절감하며, 농사에 힘쓰고 양식을 나눠 주어 구휼하도록 부자들에게 권하는 것이 가뭄에 대한 대비책입니다. 무당과 곱사등이가 무엇을 할 수 있겠습니까. 하늘이 그들을 죽이고 싶었다면 그들을 태어나게 하지 않았을 것입니다. 만약 그들이 가뭄의 재해를 일으킬 수 있다고 하여 죽인다면 하늘의 뜻을 거슬러 가뭄이 더욱 심해질 것입니다."라고 하였다. 무당은 기우제(祈雨祭) 지내는 일을 맡은 사람이므로 가뭄에 대한 책임이 당연히 있고, 곱사등이는 등은 굽고 얼굴은 하늘로 향한 모습이라 하늘이 그 코에 빗물이 들어갈까 걱정이 되어 비를 내리지 않는다는 말이 있었기 때문이다. 《춘추좌전(春秋左傳) 희공(僖公) 21년》

40 굴원 : 굴원은 초나라의 충신이다. 여기서는 백낙관을 비유하는 말이다.

41 범방의 어머니와 같은 현명함 : 후한(後漢)의 범방(范滂)이 모함을 입고 사지(死地)로 나아갈 때 어머니를 뵙고 작별하자 그 어머니가 "네가 이응(李膺), 두밀(杜密)과 병칭되니 죽은들 무슨 여한이 있겠느냐. 이미 영명(令名)을 얻고서 또다시 오래 살길 구한다면 될 법이나 하겠느냐."라고 하고, 또 "내가 너로 하여금 악한 일을 하게 하려 해도 너는 해서는 안 될 것이거니와 너로 하여금 선한 일을 하게 하였으니 나는 악한 사람이 되지는 않을 것이다."라고 하면서 오히려 격려했다고 한다.

42 임금이 어질면 신하가 곧다 : 위 문후(魏文侯)가 신하들에게 묻기를 "과인은 어떤 군주인가?"라고 하니, 신하들이 모두 "임금께서는 어진 군주입니다."라고 하였다. 다음으로 책황(翟黃)이 "임금께서는 어진 군주가 아닙니다."라고 하였다. 문후가 "그대는 무슨 근거로 그렇게 말하는가?"라고 하니, 책황이 "임금께서 중산(中山)을 정벌하고서 아우를 봉하지 않고 장자를 봉하였으니, 신은 이로써 임금께서 어진 군주가 아니라는 사실을 압니다."라고 하자, 문후가 크게 노하였다.

다음으로 임좌(任座)에게 묻기를 "과인은 어떤 군주인가?"라고 하니, 임좌가 "임금께서는 어진 군주입니다."라고 하였다. 문후가 "그대는 무슨 근거로 그렇게 말하는가?"라고 하니, 임좌가 "신은 들으니 그 군주가 어질면 그 신하가 곧다고 하였습니다. 앞서 책황의 말이 곧았으니, 신은 이 때문에 임금께서 어진 군주인 줄 알았습니다."라고 하였다. 《신서(新書) 잡사(雜事) 1》

43 송나라가……죽었다 : 진동(陳東)이 흠종(欽宗) 즉위 후 상소하여 채경(蔡京), 동관(童貫) 등 6인의 복주(伏誅)를 청하였고, 고종(高宗)이 남도(南渡)한 뒤에 또 이강(李綱)의 유임을 청하는 상소를 올렸는데, 이 일로 인하여 구양철(歐陽澈)과 함께 기시(棄市)되었다.

44 흡족한 은택을 입힌 것 : 중희누흡(重熙累洽)은 대대로 현명한 임금이 나와 은택이 계속 이어져 내려오는 것을 말한다.

이경직 李耕稙

이경직의 자는 위양(威穰), 호는 신부(莘夫)이다. 가정(稼亭) 이곡(李穀)[1]의 후손이며, 창곡(蒼谷) 이현영(李顯英)[2]의 9세손으로, 명성황후(明成皇后)의 내제(內弟)이다. 창곡 선생은 이조 판서를 역임하였는데, 인조14년 병자년(1636)에 의병을 일으켜 지평(砥平) 전투에서 승리하였다. 남한산성에서 청에 항복하게 되자, 통곡하면서 스스로 목을 찌르려 하였으나 실행하지는 못하였다. 인조18년 경진년(1640)에 청음 김상헌, 만사(晩沙) 서모(徐某)[3]와 함께 중국 심양으로 잡혀갔으나, 그 후로도 뜻을 굽히지 않았다. 시호는 충정공(忠貞公)이다.

이경직은 찬성(贊成) 이정부(李鼎溥)의 막내아들로 태어나 참판 희부(喜溥)의 양자가 되었다. 그는 헌종 신축년(헌종7, 1841)에 청주 수신면 해촌리에서 태어났다. 용모는 중간 키에 둥근 얼굴, 하관(下觀)이 풍성하고,[4] 두 눈썹 사이가 시원하였으며 멋진 구레나룻을 가졌다. 그래서 어떤 사람은 그의 기상이 가을날 허공에 뜬 달과 같다고 하였다. 약관(弱冠) 시절부터 견실한 뜻을 지녀 종일토록 단정히 앉았으며 경솔하게 말하거나 웃지 않았다.

태황(太皇)[5] 병자(고종13, 1876)에 동몽교관(童蒙敎官)으로 벼슬을 시작하였다. 그 후 청산(靑山)을 시작으로 세 고을을 맡아 다스렸는데, 모두 칭송될 만한 업적을 남겼다. 을유년(1885) 과거시험에서 병과(丙科)

로 합격하였고, 다음해에 특별히 홍문관 부수찬(弘文館副修撰) 겸 문선관(文宣官)에 임명되었다. 이로부터 청화요직(清華要職)을 두루 역임하였다. 뒤에 또 황해, 충청, 전라, 경기 등 4도의 관찰사가 되었다.

황해도는 바다와 육지가 만나는 부분이 많아 그곳에서 생기는 이익과 폐단이 많았다. 당시에 또한 백성의 소요가 발생하였다.[6] 그러므로 특별히 그를 황해도 관찰사에 임명한 것이다. 공이 그 곳에 도착하여 목격한 것은 칙고(勅庫)[7]가 비게 되면 매번 여러 고을에 그 물건 품목을 할당시켜 거둬들이는 것이었다. 이경직은

"이러한 폐단을 제거하지 못한다면 한 군영이 조세 포탈의 온상이 될 것이며 한 성(省)이 백성들을 수탈하는 소굴이 될 것이다."

라고 하면서 이를 혁파하였다. 또한 증광시(增廣試)를 주관할 때 매우 공정하게 처리하여 노련한 선비들을 빠짐없이 등용시켰는데 지금까지도 선비들 사이에서 칭송되고 있다. 10월에 충청도 관찰사로 임명되어 떠나게 되자 지역 내의 백성과 선비들이 길을 막고 더 머물기를 청하였다. 당시 영의정이었던 정범조가 상소하자 임금이 특별히 그에게 명령을 내려 황해도 관찰사의 임무를 그대로 수행하도록 하였다.

전라도는 본래 아전들이 교활하고 간사하여 군전(軍田), 적저(糴邸),[8] 어염(魚鹽), 저죽(楮竹) 등의 폐단이 백성들에게 커다란 고통이 되었다. 공이 전라도 관찰사가 되어[9] 황해도 관찰사 때와 마찬가지로 청렴하고 조심하며 위엄과 은혜를 적절히 실행하는 정사를 펼쳐 민심을 얻었다.

계사년(고종30, 1893)에 이르자 동학교도 수천 명이 삼례역(參禮驛)에서 소란을 피웠는데 그 형세가 매우 어지러웠다. 전라도 전 지역이 소란스럽자 모든 사람들이 두려워하였다. 이에 공이 영장(營將)인 김시풍(金始豊)[10]을 보내 회유하였다. 이윽고 그들이 해산하게 되었는데,

공은 그들이 다시 소란을 피울 것을 염려하고 발본색원(拔本塞源)의 계책을 조정에 올렸으나 조정에서는 그것을 시행하지 않았다. 이에 이경직은 탄식하며

"아마도 이것 때문에 국가에 장차 큰 일이 발생할 것이다."

라고 하였다.

다음해 갑오년(고종31, 1894)에 동학교도들이 다시 소요를 일으키자 온 나라가 혼란하였다. 연말에 관리들의 고과를 매길 때, 가장 낮은 점수인 전(殿)이 없고 가장 좋은 점수인 최(最)를 받더라도 관례대로 고을 군수들은 면직될 상황이 되었다.[11] 이에 공은 관용을 베풀어 최고점인 최(最)를 주어 조정에 계(啓)를 올렸는데, 조정에서 계를 돌려보내면서 제대로 고쳐 올리라고 하였다. 이경직은 내가 조정에서 내려온 명령의 잘못을 고치지 못하고 이전의 예를 따른다면 단순히 지금의 군수를 보내고 새로운 군수를 맞이하는 폐단만 증가시킬 뿐으로 아무런 이익이 없을 것이라 생각하여 끝내 고치지 않고 계를 올렸다. 그러자 조정에서 그를 해임시켰다.

그 후 그가 경기도 관찰사가 되었는데, 경기도는 서울과 가까워 본래 다스리기 어려운 곳으로 알려졌다. 이경직은 한결같이 올곧음으로 다스리고 요구와 청탁을 모두 들어주지 않았다. 그러므로 그를 싫어하는 사람이 많아지게 되었다. 얼마 뒤 홍문관 제학으로 옮기게 되었는데 그때 개성에서 백성의 소요가 일어났다. 한 달이 지나도 진정되지 않고 큰 난리가 될 지경이었다. 이에 조정에서는 특별히 공을 송경 유수(松京留守) 겸 관리사(管理使)로 삼았는데, 그것은 공이 이전에 지방관을 지낼 때 여러 번 커다란 업적을 남겼으므로 이런 명령을 내린 것이다.

갑오년에 돈녕부사로 옮겼다가 협판내무부사(協辦內務府使) 겸 규장

각 직제학을 역임하였다. 6월 20일 왜구(倭寇)가 병사를 거느리고 대궐에 침범하자[12] 모든 관리들이 감히 출입하지 못하는 상황이었다. 당시에 이경직은 집에 있다가 변고를 듣고 통곡하며 대궐로 달려갔다. 왜병이 그를 막아섰으나 그는 손으로 칼날을 밀치며 조금도 두려워하지 않고 대궐로 들어가 문안을 드렸다.

이 당시에 중앙에는 궁궐을 범한 왜놈의 변란이 있었고 지방에는 동학교도들이 여러 고을에서 일으킨 난이 심해지고 있었다. 상황이 흉흉하여 왕실의 매우 가까운 친척이라도 모두 두려운 생각을 품고 있었다. 이런 상황이므로 어떤 사람이 공에게 몸을 온전히 지켜야 한다고 말하자, 공은 웃으면서 다음과 같이 말하였다.

"나는 들으니 위태로운 나라에 벼슬한 사람은 떠나서는 안 되는 의리가 있다고 한다. 신하가 만약 별 일이 없는 화평한 때에 벼슬에서 물러나 몸을 온전히 한다면 아름다운 이름을 잃지 않을 것이며 또한 세상을 교화함에 보탬이 있을 것이다. 그러나 지금 나라는 위태롭고 임금은 외로운 상황인데 내가 장차 물러난다면 어찌 충성으로 임금을 섬기는 신하이겠는가."

이 말을 듣고 있던 여러 사람들이 옳다고 하였다.

이로부터 나라의 형세가 크게 변하고 관제(官制)가 바뀌었다.[13] 이경직은 왕후궁대부(王后宮大夫)에 임명되었는데, 험난함을 무릅쓰며 은밀하게 계책을 꾀하여 위태로운 상황을 넘긴 것이 많았다. 그러나 드러난 공은 작았기 때문에 사람들이 알지 못하였다. 을미년(고종32, 1895) 윤5월 궁내부 협판(宮內府協辦) 겸 서리대신(署理大臣)이 되었다가 곧 그만두었다. 7월에 자헌대부로 승급되었으며 곧이어 궁내부대신이 되었다.

1895년 8월 21일 밤, 그는 궁궐 안에서 임금을 모시고 있었다. 그날 밤이 깊어 궁전은 고요하고 달빛이 대낮 같았는데 문득 일본 병사가 궁궐 담을 넘어 난입한다는 보고가 있었다. 궁녀와 내시, 그리고 척신들은 슬금슬금 모두 도망쳤는데 오직 이경직만은 조금도 움직이지 않았다. 잠시 뒤에 흉악한 놈들이 궁전을 둘러싸고 일본 병사들이 그 뒤를 따랐다. 이경직은 몸을 일으켜 대궐문을 막아서며 크게 꾸짖어

"너희들이 비록 무도하나 깊은 밤에 감히 이런 무례한 행동을 하느냐"

라고 하자 일본 병사들이 칼로 쳐서 목을 베었다. 그리고 북쪽의 협문으로 들어가 마침내 변괴[14]를 일으키고 말았다. 조조가 동귀비(董貴妃)[15]를 죽일 때도 어찌 이것보다 심하였겠는가. 왜놈이 나와 이경직을 보았는데, 아직도 목도 없이 문에 서 있는 것을 보고 끌어 내왔다. 이에 월대(月臺) 위에 쓰러져 있었는데 피가 물을 퍼붓는 것처럼 쏟아져 나왔다.

이윽고 난이 진정되자 집안사람들이 시체를 수습하여 청주 율봉산 아래 장사지냈다. 정유년(광무1, 1897) 대광보국숭록(大匡輔國崇祿)에 추증(追贈)되었으며 시호는 충숙(忠肅)이다. 기해년(1899) 의정부 의정에 추증되었다. 임금은 매우 슬퍼하기를 그치지 않았으며 여러 차례에 걸쳐 그 공을 갚으려 하였다.

이경직은 평생 기쁨과 성냄을 드러내지 않았으며, 비록 급한 상황을 당하여도 당황하여 급하게 움직이지 않았다. 겨우 열 살 때 아버지가 돌아가셨기에 매번 제사 때마다 통곡하였는데 그 애통한 모습은 초상 때와 같았다. 매번 국가에 일이 있을 때마다 그 일에 대하여 자신이 아는 것을 다 담아내어 몰래 차자(箚子)를 올렸다. 임금이 그것을 보고 나서 돌려보내면 곧바로 지워 없애버리니 집안사람들이 그렇게 하지 말라고 하였다. 이에 공은

"내가 임금을 가까이 모시는 신하로서 감히 이것을 남겨두어 임금의 실수를 드러내야 한단 말인가"
라고 하였다. 매번 상소를 올리면 임금이 비록 그의 말을 다 따르지는 않았지만 그 충직함은 가상하다고 하면서
"아무개는 충성스럽고 거짓이 없으며 점잖고 우아하며 마음이 맑고 매사에 조심하는 사람이다."
라고 하였다. 일찍이 어떤 사람이 벼슬에서 물러나 독서하고 지낸다는 소식을 듣고 홍겨워하며 말하기를
"나 같은 사람은 이런 즐거운 일을 일찍 알지 못한 것이 한스럽다."
라고 하였다.

1남 3녀를 두었는데 아들 승규(升珪)는 시종(侍從)을 역임하였다. 승규가 백부인 판서공의 양자(養子)가 되자 군수를 지낸 효직(孝稙)의 아들 우규(禹珪)를 양자로 삼았다.

이경직은 평상시에 옷을 껴입지 않았으며 두 가지 반찬을 먹지 않았다. 본래 타고난 체질이 약하여 병이 많았으며 만년에 자주 병에 걸렸다. 어머니를 효성스럽게 섬겨 공무에서 퇴근하면 어머니 곁을 떠나지 않으면서 음식과 약, 일반 생활 전반에 걸쳐 몸소 보살펴 드렸다. 형인 이헌직(李憲稙)[16]과 더불어 나란히 대감의 반열에 올랐는데 형이 '앉아라' 또는 '물러가라' 명령하지 않으면 이경직은 그렇게 하지 않았다. 이경직은 형을 마치 엄한 아버지를 섬기는 것처럼 하였다. 비록 아주 작은 일도 감히 자기 마음대로 하지 않았으며 반드시 여쭤보고 허락을 받은 뒤에 행하였다.

임금이 제문을 다음과 같이 지었다.

급한 상황을 당하여 목숨을 바쳤으니 臨危授命
자신을 희생하여 인을 이뤘구나 殺身成仁
뜻은 천지에 우뚝하고 志軒兩儀
의리는 해와 달처럼 빛나네 義炳雙耀
날이 차가워진 뒤에도 시들지 않는 외로운 소나무이며 歲寒孤松
거센 바람에도 쓰러지지 않는 군센 풀과 같도다 疾風勁草

살피건대, 신하 가운데 절개를 바쳐 죽은 사람은 한 번 죽는 것은 어렵지 않고 그 죽어야 할 때 죽는 자리를 얻는 것이 어렵다. 비록 그 죽을 자리가 있으나 충의가 없으면 또한 죽을 수 없다. 그러므로 위태로운 상황을 보면 목숨을 바치는 것이다. 몸에 커다란 무기를 가지고 있어도 만약 위태로운 상황이 오면 항복하거나 도망치는데 대부분 항복하지 않아 죽임을 당하거나 도망치다 붙잡혀 죽임을 당할까 두려워 있는 힘을 다한다.

공이 궁중에서 임금을 모실 때 손에는 작은 무기도 없었는데 갑자기 변란이 일어나서 칼끝이 몸을 겨누더라도 몸을 일으켜 대궐문을 지켰다. 홀로 서서 적에 대항하여 죽음도 피하지 않아 의연하게 순절하였으니 공은 그 죽을 자리를 얻었다고 말할 수 있다. 그의 충의는 또한 천지를 감동시키고 해와 달과 함께 나란히 빛날 것이다. 옛날에 진(晉)의 혜소(嵇紹)[17]가 해를 당하여 피가 어의(御衣)에 젖었다. 좌우에서 씻기를 청하자, 황제가

"이것은 시중인 혜소의 피이니 씻지 말라"

라고 하였다. 황제의 이 말은 다만 혜소를 잊지 않을 뿐 아니라 실제로 만세토록 임금이 신하에게 충성을 권하는 법이 된다. 지금의 이경

직은 곧 옛날의 혜소이다. 우리 태황〔고종〕이 월대의 피를 진나라 혜제(惠帝)처럼 씻어버리지 않을 것이다.

그러나 상과 벌을 주는 것은 국가의 큰 권한이다. 공이 관찰사가 되어 부하들을 죽이고 살리며 직급을 올리고 내리는 권력을 잡고서도 고과를 매길 때는 힘주어 너그럽게 시행하여 가장 낮은 점수는 하나도 없고 높은 점수만 주었으니, 지역 안의 목민관이 과연 모두 소부(召父)나 두모(杜母)[18]와 같은 사람이란 말인가. 진실로 그렇게 해서는 안 되는데 그렇게 하였으니 탐관오리들이 이를 믿고 거리낌 없이 방자하게 행동한 것이다. 어찌 선을 권하고 악을 징계하겠는가. 그러므로 이경직은 정치에 큰 실수를 저질렀으며 백성에게 많은 해를 끼쳤다고 할 수 있다. 국가 상벌의 큰 권한을 공이 무너뜨린 것이 아니겠는가. 공의 절개로 이런 실수가 있음을 면치 못하였으니 옛날 사람들의 '사람이 요순(堯舜)이 아니면 선을 완벽하게 할 수 없다'라는 말은 공을 두고 한 말이다.

1 이곡(李穀) : 1298~1351. 본관은 한산(韓山), 자는 중부(仲父), 호는 가정(稼亭)이다. 1317년 거자과(擧子科)에 합격, 예문관 검열로 벼슬길에 나아갔다. 원나라의 과거에 합격하여 원의 문사들과 사귀었고 귀국한 뒤에는 한산군(韓山君)에 봉해졌다.

2 이현영(李顯英) : 1573~1642. 본관은 한산(韓山), 자는 중경(重卿), 호는 창곡(蒼谷) 또는 쌍산(雙山)이다. 1595년에 별시 문과에 급제하여 벼슬길에 나아간 뒤 청화요직을 두루 거쳐 대사헌과 이조 판서를 지냈다. 1642년에 청나라 용골대(龍骨大)가 소현세자(昭顯世子)를 볼모로 삼아 심양(瀋陽)에 잡아놓고 조선 사신의 입

국을 요구하자, 김상헌(金尙憲)과 함께 심양으로 가 한 달 동안 감금되었다가 돌아오던 중 평양에서 사망하였다.

3 만사(晩沙) 서모(徐某) : 서경우(徐景雨, 1573~1645)로 본관은 달성(達城), 자는 시백(施伯), 호는 만사이다. 1612년 정주 목사(定州牧使)가 되었으나 다음해 선조의 유교(遺敎)를 받은 신하들이 배척될 때 아버지가 유배당하자 벼슬을 버리고 10년간 은거하였다. 1623년 인조반정으로 다시 기용되어 1625년 예조 참의와 승지 등을 지냈다. 이듬해 대사간이 되고 1627년의 정묘호란 때는 강화도로 왕을 호종하였고, 1630년 좌승지를 거쳐 다시 대사간, 대사헌, 우의정을 역임하였다.

4 하관(下觀)이 풍성하고 : 하관은 뺨과 광대뼈를 가리킨다. 옛날에 하관이 풍성하면 부유한 상(相)이라고 하였다.

5 태황(太皇) : 1907년 6월 고종은 헤이그에서 제2회 만국평화회의가 개최된다는 소식을 듣자, 이상설 등 3인과 헐버트를 밀사로 임명하여 파견하였다. 밀사 3인과 헐버트의 목적은 을사조약의 무효화와 대한제국의 독립을 각국으로부터 인정받기 위함이었다. 그런데 이 일로 곤욕을 치른 일제는 헤이그밀사사건을 주도한 고종을 강제로 퇴위시키고, 순종에게 왕위를 잇게 하였다. 이후 고종은 태황제로 불리게 되었다.

6 백성의 소요가 발생하였다 : 고종조 황해도 지역의 민란은 1864년 풍천부에서 관리들의 탐학과 세금 수탈 등으로 인해 일어난 풍천민란을 시작으로 1880년 장연, 1884년 안악, 1885년 토산, 1893년 재령, 1893년 황주 등지에서 일어났다. 이경직이 황해도 관찰사에 임명되는 시기가 1891년이므로 여기서는 토산민란을 가리키는 것으로 보인다.

7 칙고(勅庫) : 조선 시대 중국의 칙사를 대접하기 위한 물품을 보관, 저장하던 창고를 말한다.

8 적저(糴邸) : 저채(邸債)를 가리키는 것으로 보인다. 저채는 경저리나 영저리가 백성의 공납을 방납함으로써 백성이 이들에게 진 빚인데, 이를 구실로 그 배로 거둬들이는 작폐가 심하였다.

9 공이……되어 : 전라도 관찰사에 임명된 것은 1892년 윤6월 23일이다.

10 김시풍(金始豊) : ?~1894. 동학농민전쟁이 일어난 1894년 60세가량의 기골이 장대한 노인이었던 그는 전주감영의 영장(營將)으로 근무하고 있었다. 이때 동학농민군 진압 임무를 띤 양호 초토사(兩湖招討使) 홍계훈(洪啓薰)이 5월 11일 전주성

에 입성하여 전라 감사 김문현(金文鉉)과 의논한 후 동학농민군과 내통한 혐의가 있는 사람 60여 명을 체포하였는데, 이때 김시풍도 전주감영 수교(首校) 정석희(鄭錫禧) 등과 함께 내통혐의로 체포되어 전주 남문 밖 장터에 효수되었다.

11 연말에……되었다 : 관찰사의 임무는 크게 지방관에 대한 규찰과 지방장관의 업무 수행이었다. 지방관에 대한 규찰은 수령 등에 대한 근무성적을 고과에 반영하는데, 여기서는 이경직이 관찰사로서 고을 수령의 성적을 매기면서 조정에 고을 수령을 관용으로 처리해 달라고 한 것을 의미한다.

12 왜구가……침범하자 : 동학농민군 진압을 이유로 출병한 일본은 이를 기회로 조선을 식민지화하기 위한 수순으로 내정개혁안을 강요하였으나 고종으로부터 거절당하였다. 이에 일본은 음력 6월 21일 아산만 입구의 풍도 해상에 있던 청국 군함을 기습하여 격침시킨 것을 시작으로 청일전쟁을 일으켰다. 또한 일본은 바로 그날 새벽 일본 혼성여단 2개 대대를 동원하여 경복궁을 점령하고 조선군의 무장을 해제하였다. 그리고 대원군을 앞세워 새로운 친일정권을 수립하면서 일본이 주장한 내정개혁방안 5개조를 실시하였다. 이것이 이른바 갑오왜란, 혹은 경복궁 쿠데타사건이다. 갑오왜란 이후 일본은 친일정권을 세워 갑오개혁을 주도하였다.

13 이로부터……바뀌었다 : 갑오개혁을 뜻한다.

14 변괴 : 이른바 을미사변 또는 명성황후 시해사건을 말한다. 일본은 1894년 청일전쟁의 승리에도 이른바 삼국간섭과 명성황후의 친러 · 친미정책으로 조선의 지배권을 확립하지 못하게 되자, 1895년 음력 8월 20일 일본공사 미우라 고로[三浦梧樓]는 일본군 수비대와 낭인들을 시켜 명성황후를 시해하게 하였다. 이 사건에는 흥선대원군을 비롯하여 훈련대 간부 우범선, 그리고 이두황, 이진호 등이 관여하였다.

15 동귀비(董貴妃) : 한 헌제(漢獻帝)의 둘째 부인으로 동승의 난 때 임신 5개월의 몸으로 조조에게 끌려가 참수 당하였다.

16 이헌직(李憲稙) : ?~1907. 전라도와 충청도 관찰사를 거쳐 이조 판서를 지냈다. 시호는 충간(忠簡)이다.

17 혜소(嵇紹) : 위진남북조 시기 서진(西晉)의 충신으로, 그의 아버지는 죽림칠현의 한 사람인 혜강(嵇康)이다. 서진의 두 번째 황제 혜제(惠帝)가 적들에게 포위되어 죽을 때, 혜소는 황제를 지키려다 칼에 맞아 죽었다.

18 소부(召父)나 두모(杜母) : 전한(前漢) 때 어진 정사를 폈던 사람의 별칭으로

일반적으로 어진 수령을 뜻한다. 후한 때 소신신(召信臣)이 남양 태수(南陽太守)가 되어 정사를 잘하였는데, 그 뒤를 이은 두시(杜詩) 역시 정사를 잘하여 교화가 크게 행해졌다. 그러자 백성들이 이들 두 사람을 친애하여 "앞에는 소부(召父)가 있었고 뒤에는 두모(杜母)가 있다.〔前有召父, 後有杜母.〕"라고 하였다.

이홍재李興宰

이홍재의 자는 윤기(允起), 본관은 연안(延安)이다. 당나라의 종실로 신라의 중랑장(中郎將)을 지낸 이무(李茂)가 그의 시조이다. 조선에 들어와 문강공 저헌(樗軒) 이석형(李石亨)[1]이 국운이 홍성하던 세종 때에 크게 활동하였다. 문충공 월사(月沙) 이정구(李廷龜)[2]는 선조에서 인조 때의 명신으로 문장이 천하에 알려졌다. 이 분이 문정공 백주(白洲) 이명한(李明漢)[3]을 낳았다. 그 자손에 문숙공 청호(青湖) 이일상(李一相)[4]이 있고, 이일상의 증손이 판중추를 지낸 문간공 이정보(李鼎輔)[5]이다. 문충으로부터 문간공에 이르기까지 4대에 걸쳐 문형(文衡)을 맡았으니 조선 500년 동안에 이런 경우는 겨우 한두 번이다.

이홍재는 철종 신유년(철종12, 1861)에 음죽(陰竹)[6] 조제리(釣堤里)에서 태어났는데 어릴 때부터 영특하였다. 잇달아 부모님을 여의고 고생하며 자란 탓에 학문을 하지 못한 것을 매번 한으로 여겼다. 효성과 우애가 돈독하였으며 계모를 섬김에 뜻을 받들어 어기지 않았다. 하나뿐인 동생을 매우 사랑하였는데 동생이 일찍 죽자 대단히 비통해 하였다. 동생의 부인이 친정으로 돌아가자 거리가 제법 멀었는데도 자주 찾아가 돈과 재물을 주어 세상을 저버리지 않게 하였다. 자기 집도 또한 넉넉하지 않아 돈이 떨어지는 것을 면치 못하였는데도 한 마디 말없이 주곤 하였다.

이홍재는 자주 이사를 다녔는데 만년에는 괴산의 교촌에 살았다. 근검으로 집을 다스려 제법 가산을 모았다. 노인을 모시고 선조를 봉양할 때 매우 조리가 있었다.

을미년(고종32, 1895)에 중전 민비가 시해된 소식을 듣고 3개월 동안을 집에서 나오지 않았다. 간혹 들에 나갈 때는 반드시 대로 만든 삿갓을 쓰고

"국모가 해를 당하고 적신(賊臣)이 뒤에 다시 국모를 폐비(廢妃)시켰으니,[7] 내가 비록 상복을 입지는 못하지만 어찌 차마 검은 관을 쓰겠는가."

라고 하였다.

임금이 머리를 깎이는 욕을 당하고 모든 백성들의 머리를 깎으라는 명령이 내려졌다.[8] 나라가 흉흉하였는데 이홍재가 그 소식을 듣고 이틀 동안 아무 것도 먹지 않고 산에 들어가 통곡하다가 기운이 소진하여 죽었으니 11월 26일이었다. 아들이 없어 조카 이완승을 양자로 삼았다.

이홍재는 비록 체구는 작고 용모가 뛰어나지는 않았지만 성품이 온자하고 차분하며 절개가 있고 강직하였다. 많은 사람과 사귀지 않고 구차하게 취하거나 주지 않았다. 견고한 뜻은 굽히지 않았다. 나는 이홍재보다 한 살이 많지만 그가 누나의 남편이라 형님이라 불렀다. 그는 또한 나보고 의리에 밝다고 하여 분에 넘치게 나를 대우하였다. 그러나 혹 일을 논하다가 뜻이 일치되지 않으면 반드시 끝까지 우겨 승복하지 않았으니, 이런 면에서 또한 그가 기질이 있으며 세상과 화합하기 어려웠음을 알 수 있다.

기억해 보니 예전 을미년(고종32, 1895) 이른 여름에 내가 음성의 산속으로 그를 방문한 적이 있다. 그때 검은 옷을 입으라는 나라의 명

령이 있었는데[9] 이홍재는 비분강개하여 음식을 물리치고 하루를 넘기고 있었다. 내가 그를 위로하여 술을 권하고 밥을 먹게 하였다. 그러나 단발령이 내릴 때는 내가 비록 같은 자리에 있더라도 무슨 말로 그 견고한 바른 의지를 돌릴 수 있었겠는가.

나는 다음과 같이 말한다.

"세상에 다른 사람의 훌륭한 것을 이루어주기를 좋아하지 않는 사람들은 대부분 이홍재가 홀어머니가 살아 계심에도 불구하고 자기 마음대로 먼저 죽은 것을 가지고 헐뜯는다. 이것은 큰 법을 알지 못한 것이다. 만약에 머리가 깎여 용모가 훼손되어 짐승이 된 것을 편안하게 여기고 스스로 변명하기를 나에게 어머니가 계시니 죽을 수 없다고 한다면 과연 어떤 사람이 되겠는가. 이홍재는 벼슬하지 않은 미천한 사람인데도 일찍 깨닫고 분명하게 결단하여 하늘이 내려준 본성과 선왕의 은혜를 저버리지 않아 선조들보다 훌륭한 점이 있다. 비록 온 세상이 짐승이 되어도 이홍재는 사람이 될 것이며 온 세상이 오랑캐가 되어도 그는 문명인이 될 것이다. 어찌 천하와 후세에게 말할 것이 있지 않겠는가?"

안동(安東) 김복한(金福漢)

1 이석형(李石亨) : 1415～1477. 본관 연안(延安), 자는 백옥(伯玉), 호는 저헌(樗軒)이다. 1441년 식년시 문과에 장원으로 합격하여 정언(正言)이 되었다. 글씨에도 능했으며 저서에 《저헌집(樗軒集)》, 편서에 《역대병요(歷代兵要)》, 《치평요람(治平要覽)》, 《대학연의집략(大學衍義輯略)》 등이 있다.

2 이정구(李廷龜) : 1564～1635. 자는 성징(聖徵), 호는 월사(月沙) 또는 보만당(保

晩堂), 치암(癡菴), 추애(秋崖), 습정(習靜)이다. 1590년에 증광시 문과에 병과로 급제하였다. 그의 문장은 장유(張維), 이식(李植), 신흠(申欽)과 더불어 이른바 조선 중기 한문사대가(漢文四大家)로 일컬어진다. 시문집으로는 《월사집》 68권 22책이 전한다.

3 이명한(李明漢) : 1595~1645. 자는 천장(天章), 호는 백주(白洲)이다. 1610년 사마시에 합격하고 1616년 증광시 문과에 을과로 급제하였다. 이괄(李适)의 난 때 왕을 공주로 호종하여 이식(李植)과 함께 팔도에 보내는 교서를 지었다. 아버지 이정구, 아들 이일상(李一相)과 더불어 3대가 대제학을 지낸 것으로 유명하다. 저서로 《백주집》 20권이 있다. 시호는 문정(文靖)이다.

4 이일상(李一相) : 1612~1666. 자는 함경(咸卿), 호는 청호(靑湖)이다.

5 이정보(李鼎輔) : 1693~1766. 자는 사수(士受), 호는 삼주(三洲) 또는 보객정(報客亭)이다. 글은 주의(奏議)에 능하였으며 사륙문(四六文)에도 뛰어났다. 시호는 문간(文簡)이다.

6 음죽(陰竹) : 지금의 충청북도 음성과 경기도 이천 일부에 해당한다.

7 국모가……폐비(廢妃)시켰으니 : 1895년 음력 8월 20일 일본공사 미우라 고로〔三浦梧樓〕가 일본군 수비대와 낭인들로 하여금 명성황후를 시해하게 한 사건을 말한다.

8 임금이……내려졌다 : 단발령을 말한다. 단발령은 1895년 12월 30일(음력 11월 15일) 김홍집 내각이 공포한 것으로, 성년 남자의 상투를 자르고 서양식으로 단발하라는 내용의 칙령이다. 그런데 이 단발령은 고종의 의지가 아닌 김홍집 내각의 강요에 의한 것이었다. 고종은 농상공부대신 정병하에게, 태자는 유길준에게 상투를 자르도록 하였다. 단발령을 시행한 이유는 위생에 이롭고 활동에 편리하기 때문이라는 명분에서였다. 그러나 상투를 자르는 것은 전통 유교윤리를 부정하는 것이었으므로 전국적으로 강한 반발에 부딪쳤고, 의병까지 일어나는 계기가 되었다.

9 검은……있었는데 : 1894년 12월과 1895년 3월, 조정에서는 관복을 간소화하는 등의 복제개혁을 실시하였다. 이른바 을미변복령이라 불리는 복제개혁의 주된 내용은 넓은 소매의 옷은 좁은 소매의 옷으로, 입궐시 통상예복은 검은색 두루마기를 착용하도록 하고 관민이 모두 검은색 두루마기를 입도록 한 것이었다. 즉 사복으로 입던 두루마기가 입궐시 예복으로 바뀌었으며 넓은 소매의 옷을 간소화

하여 좁은 소매의 옷으로 바꾼 것이다. 그러나 이 복제개혁은 엄청난 반발에 부딪쳐 전국적으로 의병이 일어나는 원인이 되기도 하였다. 유림들이 복제개혁에 반대한 것은 전통적으로 검은색은 오랑캐 또는 죽음으로 인식하고 있었던 것이 그 중 한 원인이기도 하였다. 그러나 다른 한편으로 도포와 넓은 소매의 옷은 공자의 도를 배운 사람만이 입을 수 있는 특권으로서 양반 남성만이 착용할 수 있었다. 그런데 복제개혁을 통해 도포를 없애고 넓은 소매를 좁게 만들려고 하자 이에 대해 양반만의 특권의식이 작용하여 반발한 측면도 있다.

이봉환 李鳳煥

이봉환의 자는 여강(汝岡), 호는 회곡(晦谷)으로 전주 이씨이다. 성종(成宗)의 13남인 영산군(寧山君) 이전(李恮)의 9대손이다. 영산군이 이상경(李祥鏡), 이신장(李信璋)을 낳았는데 3대가 모두 군(君)에 봉해졌다.

이봉환은 양주에 살았는데 일찍이 화서(華西) 이항로(李恒老)를 스승으로 섬겼고 화서 이항로가 돌아가자 또 중암(重庵) 김평묵(金平默), 성재(省齋) 유중교(柳重教)에게서 수학하였다. 중년에 선공랑(繕工郎)이라는 벼슬에 발탁되었으나 나아가지 않았다.

일찍이 영남에 유람갈 적에 단양의 내산(來山)을 지나다가 그 곳이 물이 좋고 토지가 비옥한 것을 보고 감탄하며

"이곳은 은둔하는 자가 살기에 적당하다."

라고 하고, 마침내 동생 동환과 함께 가서 살았다.

양주에 살 때에 큰 흉년이 들어서 온 나라가 근심하여 시끄러웠는데, 이봉환은

"내 수입이 이전에 비해 많이 줄어들기는 하였으나 온 마을이 모두 굶어 죽게 생겼으니 차마 의리상 나만 먹을 수는 없다."

라고 하면서 그 수입의 반을 나누어 마을 사람들을 구휼하였다.

평소에 거친 음식을 먹어도 싫어함이 없었고 화려하거나 아름다운 옷을 입지 않았으며 비록 겨울이라도 이부자리를 깔지 않았다. 사람

들 중에 혹

"자신을 봉양하는 데 너무 박하다."

라고 하는 이가 있으면

"내가 만약 스스로 따뜻하게 입고 배불리 먹으려고 한다면 어떻게 여력이 있어 인척들과 오랜 친구들의 혼사나 상사가 있을 때에 골고루 도와줄 수 있겠는가?"

라고 하였다. 항상

"우리나라에도 베와 비단이 있는데 어찌 우리 것을 버리고 남의 것을 취하겠는가?"

라고 하고 종신토록 왜나 서양의 것을 입지 않았다.

을미년(고종32, 1895)에 역신 박영효가 일본에서 돌아와 나라에 단발령을 시행하도록 하니 일시에 수령과 목사들이 명령을 듣고 곧바로 머리를 깎았다.[1] 또 평민들에게 강제로 머리를 깎게 하자 머리를 깎아야만 하는 재앙의 조짐이 다급하였다.

회곡 이봉환은

"이 무슨 변고인가. 동방예의지국인 우리나라가 갑자기 이렇게 오랑캐로 변할 수 있단 말인가? 내가 장차 죽지 않고는 머리털을 지킬 수가 없겠구나."

라고 하였다. 마침내 글을 지어 선조의 사당과 중암 김평묵, 성재 유중교 두 스승의 영전에 고하고 그대로 음식을 끊은 지 7일 만에 생을 마쳤으니 병신년(1896) 정월 8일이었다.

그는 체격이 매우 크고 성품이 강직하며 과단성이 있었다. 이재호, 이재영, 이재억 세 아들을 두었다.

《송사(松史)》[2]에는 다음과 같은 기록이 있다.

"회곡이 죽은 뒤 며칠 안 되어 의암 유인석이 제천에서 의병을 일으켰는데, 이에 주·군에 내려졌던 단발령이 철회되었다. 회곡에 대해 논하는 사람 중에 혹 '만약 회곡이 죽지 않고 잠시만 기다렸다면 나라사람들과 함께 그 치욕을 면하고 삶을 보전할 수 있었을 텐데 단발령 소식을 듣고 몸을 던졌으니 이는 너무 경솔하여 무의미하게 죽은 것이다.'라고 하니 남의 흠을 찾는 것이 심하다고 하겠다.

당초 단발령이 이 고을에 내려졌을 때에는 재앙의 기색이 임박했었으니, 어찌 의암 유인석이 의병을 일으켜 단발령이 철회될 것을 생각할 수 있었겠는가? 군자가 의를 따라 실천함에 의리상 참으로 마땅히 죽어야 한다면 그 죽음을 터럭처럼 가벼이 여기거늘, 어찌 진실로 살기를 구하는 자가 머뭇거리며 형세를 지켜보는 것과 같이 하겠는가? 머뭇거리고 관망하는 뜻이 있는 사람은 비록 마땅히 죽어야 할 자리에서도 끝내 과감하게 죽지는 못할 것이다.

또 지금 나라의 운세가 크게 막혀 위로는 조정대신으로부터 아래로는 일반 백성에 이르기까지 현인과 군자들이 모두 차례로 죽어나가 하늘이 한 노인도 남겨두지 않는다. 인후하고 강직하여 바름을 지키며 동요하지 않는 회곡 같은 이가 비록 살고자 한들 살 수 있었겠는가? 회곡은 가히 천명을 아는 자라 할 수 있겠다."

함평(咸平) 이재열(李載烈)[3]

1 을미년……깎았다 : 1895년 12월 30일(음력 11월 15일) 김홍집 내각은 성년 남자의 상투를 자르는 단발령을 공포하였다.

2 《송사(松史)》 : 미상.

3 이재열(李載烈) : 1840~? 본관 함평(咸平)이다. 영월(寧越)에 살았으며 부친은 이서범(李敍範)이다.

유인석 柳麟錫

유인석의 자는 여성(汝聖), 호는 의암(毅庵), 본관은 고흥이다. 어우(於于) 유몽인(柳夢寅)의 10세손으로 9대조인 나월당(蘿月堂) 유우한(柳于垾)이 한양으로부터 춘천(春川) 관호(冠湖)로 옮겨와 살았는데, 갑신년(고종21, 1884)에 유인석이 다시 제천(堤川)의 장담(長潭)으로 이사하였다.

유인석은 헌종 신축년(헌종7, 1842)에 태어났다. 체격은 보통사람을 넘지 않았으나 뜻이 크고 기개가 있었으며 과감하였다. 성재(省齋) 유중교(柳重敎)의 종질로서 처음 배우기 시작했을 때 성재를 따라 화서 이항로 문하에서 수학하였는데, 화서 이항로가 한 번 보고는 '인(仁)을 다 쓸 수 없을 정도'라고 칭찬하였다. 얼마 후 또 성재 유중교와 중암(重庵) 김평묵(金平默)을 스승으로 섬겼는데, 두 선생 역시 큰 인물이 되기를 기대하였고 유인석 또한 세 선생처럼 되기를 스스로 기약하였다.

운암(雲庵) 박문일(朴文一)이 일찍이 성재에게 편지를 보내 말하기를

"도통을 전함이 가문 내에서 이루어짐을 매우 축하드립니다."

라고 하였다.

성재 유중교가 돌아가자 성재 문하에 나아간 자들이 모두 성재를 섬기듯 유인석을 스승으로 섬겼다. 동문 제현들도 역시 유인석의 문생을 자처하는 이가 많았다. 모든 사람들이 유학의 종장으로서 유인

석을 우러르고 받들었다.

병자년(고종13, 1876)에 강화도조약이 체결된 처음에 중암, 성재 두 선생님께 고하기를

"주자께서 말씀하시기를 '국가의 존망이 달려있는 경우에는 비록 천한 사람이라도 말할 수 있다.'라고 하셨는데, 오늘의 일은 단지 나라가 망하는 정도에 그치지 않습니다. 제가 비록 부족한 사람이지만 여러 사람들과 함께 의리에 따라 행동하고자 합니다."

라고 하였다. 두 선생은

"좋다."

라고 하였다. 이에 문생 40명과 함께 소장을 올렸다. 처음에는 유인석을 소두(疏頭)로 삼으려 했다가 다시 홍재구(洪在龜)로 바꾸었다. 이후로 온 나라의 이만손(李晩孫), 김조영(金祖永), 백낙관(白樂寬) 같은 선비들이 연이어 간절히 부르짖으며 소를 올렸으니 이것은 유인석이 창도한 일이다.

갑오년(고종31, 1894), 박영효 등의 적들이 왜병을 믿고 임금을 협박하여 옛 법을 바꾸는 데까지 이르렀다.[1] 을미년(1895) 여름에는 제도를 고쳐 법복을 훼손하였다.[2] 당시에 제천 군수 김익진은 일찍이 일본군 우두머리의 통역관을 지냈는데 변복령을 감독하며 협박함이 매우 심하여 명령을 듣지 않으면 벌을 주겠다고 하니 제천 군민들이 두려워하였다.

유인석이 동지들과 모의하여 말하기를

"이로부터 우리 전통 의관을 갖추어 입고 지내는 모임들이 영원히 끊어지게 생겼으니, 마땅히 서둘러 사우들을 모아놓고 한번 강습례(講習禮)[3]를 행해야겠습니다."

라고 하였다. 주용규(朱庸奎), 서상렬(徐相烈)[4]이 매우 기뻐하고 네 고을

의 사우들을 불러 《춘추》를 강론하는 한편 향음주례를 행하였다.

이보다 앞서 국모 민씨가 여러 적들이 하는 짓들을 보고 앞서 속임을 당한 것을 애통해하며 임금께 그들을 제거할 것을 권하였다. 8월에 김홍집, 유길준 등이 왜적 미우라 고로〔三浦梧樓〕와 함께 국모를 시해하고 법제를 고쳐 폐출하자 판서 이경직(李景稙)은 대궐 뜰에서 선채로 적들을 꾸짖다가 죽임을 당했고, 병마절도사 홍재희(洪在羲)는 병사들을 이끌고 적을 공격하다가 죽었다.

겨울 11월 15일에 또 강제로 임금의 머리를 깎고 거짓 조서를 내려 전국에 두루 단발령을 내리니 온 국민이 두려워서 어찌할 바를 몰랐다. 판서(判書) 이인응(李寅應), 감역(監役) 이봉환(李鳳煥), 사인(士人) 이홍재(李興宰)도 또한 분통한 마음을 금치 못하여 죽었다. 이에 유인석이 충북지역에서 의병을 일으키니 기남(畿南), 호서(湖西), 영남(嶺南) 및 관동(關東)에서 연이어 의병이 일어났다.

이보다 앞서 유인석은 여러 적들이 국모를 시해하고 폐한 후 신하와 백성들에게 상복을 입지 말라고 명했다는 이야기를 듣고

"우리가 어찌 상복을 입지 않아서 원수 도적의 말대로 하겠느냐."

라고 하고 마침내 상복을 입었다. 또 사우들을 모아 놓고 변란에 대처하는 세 가지 일〔處變三事〕에 대해 의논하였다. 그 내용은 다음과 같다.

"첫째, 의병을 일으켜 적을 소탕하는 일〔擧義掃淸〕, 둘째, 국외로 나가 화맥(華脈)의 대의를 지키는 일〔浮海去守〕, 셋째 스스로 깨끗이 하기 위해 순국하는 일〔自靖致命〕이다. 이 세 가지 일은 모두 하지 못할 것이 없으니 각자 그 뜻에 따라 행하라. 나 또한 하고 싶은 바를 좇아 행할 것이다."

그리고는 마침내 해외로 건너가기로 결정하였다.

당시 지평(砥平)의 선비 이춘영, 안승우가 의병을 일으켜 제천에 이르니 유인석은 문생 서상렬, 이필희, 신지수, 이범직에게 먼저 합류하게 하였다. 후에 안승우 등이 영월에 모여 다시 유인석에게 대장이 되어달라고 청하였으나 유인석은 당시에 모친상 중이었고 또 문생을 거느리고 해외로 건너가는 일을 계획 중이라 사양하였다. 무리의 군사들이 울며 말하기를

"공자께서도 백금(伯禽)이 상중(喪中)임에도 오랑캐를 정벌한 것을 큰일을 했다고 인정하셨습니다.[5] 하물며 이같이 대도(大道)가 멸망하려는 때에야 어떠하겠습니까. 지금은 거상(居喪)도 할 수 없는 상황이니 마땅히 경중을 따져봐야 할 것입니다."

라고 하였다. 마침내 유인석은 인심과 여론을 따르지 않을 수 없어 부득이 허락하였다.

영월에서는 방어는 할 수 있으나 무력은 쓸 수 없다고 생각한 유인석은 충주로 진격하여 점령하고 제천으로 물러나 근거지로 삼고 일본군을 토벌하였다. 난적들과 한 편인 당류들을 먼저 제거해야 한다고 여겨 충주 관찰사 김규식과 청풍 군수 권숙 등 네 명을 주살하였다. 병신년(고종33, 1896) 4월, 적당 장기렴(張基濂)에게 패하여 중군(中軍) 안승우(安承禹)와 종사관 홍사구(洪思九)가 전사하였다. 유인석은 슬퍼하고 분개하며 단양으로 퇴각하였다. 전패(殿牌)[6]와 성현의 묘당에 고하고 죽고자 하였으나 무리들이 간절히 간하였다. 유인석은 또 스스로

"이미 대의에 맡겼으니, 다만 이 때문에 자결한다면 진실로 내 몸을 깨끗이 하는 데에는 유감이 없겠으나 길이 복수하지 못할 것이다."

라고 말하며 그만두었다.

무리의 병사들이 의논하기를

"관서 사람들은 기질이 강하고 용맹하며 무예가 뛰어나니 마땅히 가서 병사를 모집하여 다시 의기를 떨쳐야 한다."
라고 하였다. 관서 땅에 이르니, 이른바 관찰사와 군수들이 모두 병사를 출동시켜 압박하므로 그 땅에 들어갈 수가 없었다. 이에 국경을 벗어나 요동 땅에 들어가 마침내 회인현(懷仁縣)에 이르렀다.[7] 회인현의 수령 서본우가 말하기를
"무기를 가지고 경내에 들어오는 것은 법을 어기게 되는 것이니, 만약 병장기를 두고 들어온다면 우호적으로 대하겠다."
라고 하였다. 상관에게 아뢰어 그들을 받아들일 때 다만 은자 60냥과 돈 300조를 주어 군사들로 하여금 본국으로 돌아가기를 요청하였다. 유인석이 어쩔 수 없이 파저강[8] 가에 이르러 의병 219명을 해산하여 돌려보내니 의병들이 종일토록 통곡하며 차마 이별하지 못하였다.

정유년(광무1, 1897) 가을에 참봉에 임명되었으나 벼슬을 받지 않았다.[9] 임금께서 서상무, 김연식 두 사람을 보내어 불러서 유인석의 충의를 특별히 장려하였는데 임금의 유지가 간절하고 정성스러웠다. 사신으로 온 자가 또 말하기를
"나라의 정세가 새로 바뀌었고 적당이 점차 물러가고 있으니 임금께서 또한 감격하고 계십니다. 비록 당신이 오더라도 반드시 벼슬을 주겠다고는 못하겠지만 자산(子産)이 속임을 당했어도 지혜로움이라는 것에는 해가 되지 않는 이치[10]입니다. 그러므로 국경 밖에 있는 신하로서 임금의 뜻을 삼가 받아들여서 이천(伊川)이 서경 국자감에 부임했을 때의 마음[11]을 깊이 이해한다면, 전혀 꿈쩍하지 않고 있을 수 있겠습니까."
라고 하였다.

이에 유인석은 국경으로 들어가 초산(楚山)[12] 경내에 이르러 임금께

상소를 올리며[13]

"명을 듣고서 잠시도 지체할 수 없어 국경 안으로 들어오기는 했으나 감히 다시 한 발짝도 나아갈 수가 없습니다."

라고 하였다. 또 거듭 원수를 갚고 중화를 보존해야 한다는 말을 진술한 다음 제천의 담상(潭上)으로 돌아가 삼년상을 마쳤다.

무술년(광무2, 1898) 봄에 다시 요동으로 들어가 밭을 갈고 독서하는데 힘을 기울이며 중화의 일맥을 보존하려고 하였다. 중화의 도를 보존하는 방법은 다만 독서와 강례(講禮)에 달려있다고 여겼다. 이필희를 보내어 노나라의 궐리(闕里)에서 공자의 상을 구하게 하였는데 공자 72세손 연성공(衍聖公) 공이(孔貽)가 풍덕자를 시켜 화첩 하나를 보내왔다. 집 한 채를 지어 공자의 상을 봉안하고 봄, 가을로 제사를 받들었다. 또 주자의 영정과 우리나라 정암 조광조, 퇴계 이황, 율곡 이이, 사계 김장생, 우암 송시열 다섯 선생과 화서 이항로, 중암 김평묵, 성재 유중교 세 선생을 차례대로 배향하고 대략 주자(朱子)[14]의 석채의(釋菜儀)[15]와 같이 했다. 마침내 동지들과 함께 강회를 하기도 하고 향음주례를 하기도 하였다.

병오년(광무10, 1906)에 다시 춘천으로 갔다. 《화동속강목(華東續綱目)》을 간행하여 세상에 전한다. 다시 요동에 들어가 을묘년(1915) 정월 24일 병으로 요동에서 생을 마쳤다.

〈소의신편(昭義新篇)〉

1 박영효……이르렀다 : 갑오개혁을 말한다.

2 을미년……훼손하였다 : 1894년 12월과 1895년 3월, 조정에서는 관복을 간소화하는 복제개혁을 실시하였다. 이른바 을미변복령이다.

3 강습례(講習禮) : 향음주례(鄕飮酒禮)나 향사례(鄕射禮)를 뜻한다.

4 서상렬(徐相烈) : 원문은 서상열(徐相說)로 되어 있으나 서상렬(徐相烈)로 더 많이 알려져 있으므로, 이를 따랐다.

5 공자께서도……인정하셨습니다 : 주공(周公)의 아들 백금이 주공 대신 노(魯)나라를 다스릴 적에 회북(淮北) 땅의 오랑캐가 반란을 일으키자 정벌하였는데, 이때 군사들을 비(費) 땅에 모아 놓고 전쟁에 관해 훈시한 내용이 《서경》 〈주서(周書) 비서(費誓)〉에 수록되어 있다. 공자가 허여했다는 본문의 내용은 《예기》 〈증자문(曾子問)〉에 보인다.

6 전패(殿牌) : 조선 시대 각 고을의 객사(客舍)에 봉안한 '전(殿)'자를 새긴 나무패이다. 임금을 상징하는 나무패로서, 중국 임금을 상징하여 봉안하였던 궐패(闕牌)를 모방한 것이다. 동지와 설 및 국왕의 탄신 축하와 기타 축하 의식이 있을 때, 공무로 지방에 나간 관리나 수령 이하의 관원들이 전패에 절을 하며 임금에게 정성을 표시하였다. 전패는 국왕의 상징물이었으므로 이를 훔치거나 훼손하는 자는 대역죄에 해당되어 본인은 물론 일가족까지 처형되었고, 그 고을은 10년간 혁파되며 수령은 파면되었다.

7 이에……이르렀다 : 제천성 상실 후 유인석은 서북지방 사람들의 기질이 강하고 용맹하다고 여겨 황해도와 평안도 지역으로 이동, 그 곳에서 병사를 모집하여 재차 봉기하고자 하였다. 그러나 강원도를 거쳐 서북지역에 도착한 유인석 의병진은 평안북도 관찰사와 군수 등의 탄압으로 군사모집은 커녕 재기마저 불가능하게 되었다. 이에 중국으로 망명하여 원세개(袁世凱)에게 군사 원조를 요청하고자 하였다. 그리하여 초산전투 후 1896년 8월 28일 압록강을 건너 중국 회인현으로 망명하였다.

8 파저강 : 혼강을 말한다.

9 정유년……않았다 : 유인석은 회인현에서 의병 해산 후 중국 통화현(通化縣)에 정착하였다가 1897년 3월 고종의 명으로 일시 귀국하였으나 다시 되돌아갔다.

10 자산이……이치 : 이 말은 《맹자》 〈만장(萬章)〉에서 인용한 것으로서 어떤 사람이 정자산(鄭子産)에게 산 물고기를 선물하였는데, 정자산은 하인을 시켜 못에

넣도록 하였다. 그러나 하인은 그 고기를 삶아 먹어버리고는 고하기를 "처음 물에 넣으니 어리둥절하더니 조금 후에는 술렁술렁하면서 갔습니다."라고 하였다. 자산이 "제 살 곳을 만났구나."라고 하니 하인은 나와서 "누가 자산을 어질다 하는가? 내가 벌써 삶아 먹었는데 제 살 곳을 만났다는 것은 무엇인가."라고 했다는 말이다.〔昔者, 有饋生魚於鄭子産, 子産, 使校人畜之池, 校人烹之, 反命曰, 始舍之圉圉焉, 少則洋洋焉, 悠然而逝. 子産曰, 得其所哉, 得其所哉. 校人出曰, 孰謂子産智, 予旣烹而食矣, 曰得其所哉, 得其所哉.〕

11 이천이……마음 : 서감(西監)은 서경(西京) 국자감 교수(國子監敎授)의 약칭이다. 1085년 송 신종(宋神宗)이 죽고 철종(哲宗)이 즉위한 다음, 정이천(程伊川)을 서경 국자감 교수에 발탁하였으나 이천은 사양하고 취임하지 않았는데, 다음해인 원우(元祐) 원년 수렴청정하던 태황태후(太皇太后)가 이천을 불러 보고 요직인 숭정전 설서(崇政殿說書)에 임명하려 하자 이천은 더 이상 사양할 수 없다 하여 전년에 내린 서경 국자감 교수에 취임하였다.《이정전서(二程全書) 이천선생연보(伊川先生年譜)》

12 초산(楚山) : 평안도 강변 7읍 중 하나이다.

13 임금께 상소를 올리며 : 〈인소명입강지초산진정대죄소(因召命入疆至楚山陳情待罪疏)〉를 말한다. 1897년 소명을 받고 중국 회인현에 머물던 유인석이 국내로 들어와 평안도 초산에서 올린 상소로, 의병을 일으킨 동기와 목적, 요동으로 들어간 목적 등을 밝힌 글이다.

14 주자(朱子) : 창주(滄州)는 남송(南宋)의 유학자(儒學者) 주희(朱熹)의 서실(書室)을 말한다.

15 석채의(釋菜儀) : 소나 양(羊) 따위의 희생(犧牲)을 생략하고 다만 약식(略式)으로 소채(蔬菜) 따위로 간소하게 공자(孔子)의 제사를 지내는 일을 말한다.

이춘영李春永

이춘영의 자는 우삼(友三), 호는 괴은(槐隱), 본관은 덕수이다. 지평(砥平)에 살았고 택당 이식(李植)의 9세손이다. 성품이 강개하며 큰 절의가 있었다. 일찍 아버지를 여의고 학문에 힘썼으며 살림살이에는 신경을 쓰지 않았다. 담력과 용기가 남들보다 뛰어났다.

갑오년(고종31, 1894) 왜놈이 넓은 소매의 옷을 입지 못하도록 하였는데[1] 백성들이 거친 바람에 휩쓸리듯 그것을 따랐다. 유독 이춘영만 도포를 입고 평상시처럼 왜구의 진영 앞을 지나가며 하사(下沙) 안승우(安承禹)를 돌아보고 말하기를

"나는 오랑캐 놈을 개미처럼 본다."

라고 하였다. 그러나 몸은 선비처럼 삼가고 고아하여 한 점의 속된 기운이 없었다. 어머니를 섬김에 효성과 부지런함이 지극하였고 집이 비록 넉넉하지 않더라도 남을 많이 도왔으니 사람들이 그것을 칭찬하였다.

을미년(1895) 변란[2]에 친구 안승우와 함께 원주의 안창(安倉)[3]에서 의병을 일으켰다. 이에 앞서 감역(監役) 맹영재(孟英在)가 토비(土匪)[4]를 방어하는 데 포병[5]을 양성하는 일을 기획하였다. 이 때문에 지평에는 훌륭한 사수들이 많아 동학농민군이 일어났을 때에 맹영재가 포병들을 보내 그들을 토벌하였다. 이러한 공을 인정받아 맹영재는 지평

현감에 임명되었는데 을미사변이 일어났을 때에는 뜻을 같이하여 의병을 일으킬 마음이 조금도 없었다. 이춘영은 맹영재 휘하의 김백선(金伯善) 등에게 권하여 대의를 들어 설득하여 맹영재의 병사 400여 명을 얻었다.

그는 원주로 들어가 며칠을 머물다가 제천을 향해 출발하여 제천 군수 김익진(金益珍)과 단양 군수 권숙(權璛), 청풍 군수 서상기(徐相夔), 충주 관찰사 김규식(金奎軾) 등을 잡아 가두었다. 그러자 권숙의 아들이 왜병 수백 명을 요청하여 단양(丹陽)의 장회(長滙)에 이르렀다. 이춘영이 이끄는 의병이 드디어 공격하여 싸워 대승을 거두니 의병의 명성이 크게 떨쳐졌다.

이때 맹영재는 자신의 포병을 꾀어낸 것에 유감을 품고 관찰사와 경사에게 곧바로 보고하였다. '이춘영 안승우 대역부도'라는 열 글자를 써서 사람들이 많이 다니는 큰 거리에 내걸었다. 그리고는 부하 이민옥을 몰래 보내 겉으로는 의병에 참여하는 것처럼 가장하고 속으로는 흉악한 계책을 품어 그 군사를 꾀어 의병을 패퇴시키고자 하였다.

이민옥은 곧 이춘영의 친척이며 안승우의 외척이라서 모든 이들이 그를 믿고 군중에 받아들였다. 이춘영과 서상렬이 의병을 모집하러 남쪽으로 갈 때에 이민옥 또한 따라갔다. 그러나 이민옥이 남모르게 군사들을 꼬드겨 흩어지게 할 줄을 짐작이나 했겠는가. 풍기에 도착하자 온 군대가 흩어져 마침내 일이 잘못되어 돌아왔다.

이때 당시 도군무 안승우가 제천에 있었다. 토병(土兵) 수천 명을 거두어 군대를 이끌고 영월에 머물러 있었는데, 이민옥이 듣고 영월에 도착하여 또다시 간사한 계략을 꾸미려 했으나 일이 발각되었다. 마침내 안승우가 그 죄를 밝혀 참수하였다.

처음 장회에서의 전투는 비록 크게 승리하였으나 병사들이 모두 지평 사람이라서 자기들만 희생하게 되는 것을 원망하였고, 저녁 끼니를 제대로 먹지 못하여 불평불만으로 혼란하였다. 이 때문에 이민옥은 밤에 죽령(竹嶺)을 넘어가기를 청하면서 병사를 나누어 보강한 연후에야 일을 도모할 수 있고, 그렇지 않으면 군의 기세가 약해져 끝내는 반드시 패배할 것이니 일찍 흩어지는 것만 못하다고 하였다. 대장 이필희, 중군장 이춘영도 그렇게 여기고 밤에 남쪽으로 향했다. 군대가 풍기에 주둔하자 이민옥의 꾀에 넘어가 도망가는 병사가 많았다. 이필희는 이춘영이 지평의 큰 집안 인물이고 또한 평소 자기가 돌봐주었다고 여겼기에 마침내 자신의 병사를 이춘영에게 맡기고 함께 영월로 돌아왔다. 당시 도군무 안승우가 무리들과 의논하여 유인석을 추대하여 대장으로 삼고 이춘영 또한 중군장이 되었다.

이춘영은 군사들을 충주로 옮겨 주둔시켰다. 이춘영은 일찍이 조령(鳥嶺)은 호서와 영남의 요충지이니 그곳을 차지하고서 지켜야만 전세를 유리하게 할 수 있다고 여겼다. 조령의 아래 수안보에는 왜적의 거점지가 있었는데, 여러 번 사람을 시켜 정탐하게 하였다.

이 일이 있기 전에 파수장 홍대석(洪大錫)이 주막의 왜적을 격파했는데 왜적들이 가흥(可興)으로 달아났다. 이 소식을 들은 이춘영은 길목을 지키고 있다가 왜적을 공격하기 위하여 수백 명을 이끌고 달천에 이르렀다. 그러나 왜적이 이미 달아나버려 추격해도 미칠 수 없었다.

밤에 관군이 모든 부대를 동원해 마침내 수안보로 달려왔다. 대장은 작전이 잘못된 것을 걱정하여 명령하여 불러들였으나 이춘영은 이미 수안보로 가 있었다. 전투가 한바탕 크게 벌어지자 이춘영은 큰 나무에 숨어서 육혈포를 적에게 쐈으나 포가 고장 나 발사되지 않았

다. 이춘영이 포를 붙들고 종사관 홍선표(洪選杓)에게 말하기를

"이것이 왜 이런가?"

라고 하고 잠깐 몸을 돌렸다. 순간 나무 바깥으로 몸이 드러나는 바람에 갑자기 날아오는 탄환에 얼굴을 맞고 죽었다.

길가의 사녀(士女)들은 모두 이춘영 공이 단발령(斷髮令)[6]을 폐지시켜 자신들의 머리를 깎이지 않게 해주려다가 끝내 자신의 목숨을 바쳤다고 여기고 통곡하여 눈물을 흘리지 않는 이가 없었다. 당시 이춘영의 나이 28세였다.

박정수(朴貞洙) 《창의록(倡義錄)》

1 왜놈이……하였는데 : 1894년 12월과 1895년 3월, 조정에서 실시한 을미변복령이라 불리는 복제개혁을 말한다.

2 을미년 변란 : 일제가 명성황후를 시해한 을미사변을 뜻하는 것으로 보인다.

3 안창(安倉) : 지금의 원주시 지정면 안창리 일대를 말한다.

4 토비(土匪) : 지방에서 일어나는 도둑의 무리를 일컫는다.

5 포병 : 총포를 다루는 사수를 뜻한다.

6 단발령 : 1895년 12월 30일(음력 11월 15일) 김홍집 내각이 공포한 성년 남자의 상투를 자르고 서양식으로 단발하라는 내용의 칙령이다.

안승우 安承禹

안승우의 자는 계현(啓賢), 호는 하사(下沙), 본관은 순흥이다. 문성공(文成公) 안유(安裕)[1]의 후예이며 병자호란(1636) 때의 청류(淸流)[2] 익찬공(翊贊公) 안광욱(安光郁)[3]의 9세손이다. 대대로 지평(砥平)의 상석리(上石里)에 살았다.

안승우는 은거하며 학문을 좋아하였다. 어려서 성재 유중교의 문하에서 학문을 닦았는데 선생에게 많은 칭찬과 인정을 받았다. 일찍이 영월로 가서 단종의 묘인 노릉에 참배하고 목 놓아 통곡하며 며칠 동안 마음을 진정시키지 못하였다.

갑오년(고종31, 1894) 여름, 왜병이 크게 이르러 장차 서울로 향하고 있다는 소식을 듣고 은밀히 동지들과 의병을 일으킬 것을 모의했다. 그러나 마침 동학농민군의 기세가 성하여 온 나라가 위태로웠으니, 거병의 일이 빨리 누설되어 그르칠까 염려하여 결국 중지하였다.

얼마 후, 감악산(紺岳山) 백련암(白蓮庵)에서 왜놈이 궁궐을 침범하여 개화를 강제로 행했다는 소식[4]을 듣고 또 목 놓아 통곡하였으니 뛰어난 절개가 대체로 이와 같았다.

을미사변[5] 때에는 같은 고을에 사는 이춘영과 함께 의병을 모으고 맹영재의 병사 400여 명을 얻었다고 한다. 이춘영과 서상렬이 의병을 모집하기 위해 남쪽으로 향했는데 이민옥이 또한 따라갔다고 한다.

안승우는 제천에서 남쪽의 패배 소식[6]을 들었는데 그 까닭을 알지 못하였다. 그때에 왜병이 갑자기 이르러 대항해 싸우려 하자 병사들이 남쪽의 패배 소식을 듣고 또한 모두 뿔뿔이 흩어져 달아났다. 안승우는 분개하고 탄식하며 모산(毛山) 판서(判書) 심상훈(沈相勳)을 찾아가 의병을 함께 일으킬 것을 청하였으나 그는 달가워하지 않았다. 안승우는 그를 의리 없는 사람이라고 크게 질타하며 돌아갔다.

주천(酒泉)에 이르러 100여 명의 의병을 모집하였다. 이때 유인석이 막 망명길에 오르던 중이었는데, 평창(平昌)에 이르러 마침 안승우를 만났다. 이에 유인석은

"이춘영의 군대가 패하고 그대의 군대가 해산한 것은 무슨 까닭인지 모르겠지만, 지금 그대가 이 정도의 병사를 모았으니 밑거름은 되겠습니다. 이후로 다시 남에게 미루고 양보하지 말고 그대가 마땅히 주관하여 이끄시오."

라고 하였다. 안승우가 유인석을 모시고 함께 영월에 당도하자 그 사이에 무리가 수천에 이르렀다. 이에 이춘영 등 여러 사람들도 와서 회합했다. 안승우가 말하기를

"우리들이 만일 스스로 대장이 된다면 남에게 양보하는 도가 아니니 어진 사람을 추대하는 것이 낫겠습니다."

라고 하고 유인석을 추대하여 대장으로 삼았다.

수안보(水安堡) 전투에서 이춘영이 죽자, 안승우가 중군장이 되어 사졸들과 함께 고락을 함께 하였다. 아침저녁으로 상이나 그릇을 차리지 않았으며, 비록 심하게 굶주리고 곤궁하더라도 두 끼 외에는 한 홉도 더 먹지 않았다. 이때 술, 면, 고기, 생선을 보내온 자가 있었는데 안승우는 모두 사양하고 받지 않으며 말하기를

"이것을 모든 군사와 함께 먹을 수 있다면 받겠지만 나 혼자 먹는

것이라면 차마 목에 넘길 수 없다."
라고 하였다. 또 말하기를
"우리가 쓰는 군수품은 모두 백성들에게서 나온 것이니 참으로 형세상 어쩔 수 없어서 백성들에게 거둔 것이다. 공적인 쓰임 외에 한 올 한 톨도 낭비할 수 없으니 엄하게 기강을 세워 터럭만큼도 어김이 없게 하라."
라고 하였다.

병신년(고종33, 1896) 2월 이후, 여러 진의 장수들이 종종 승리하여 베거나 사로잡은 적이 매우 많았다. 이로부터 의병의 위엄이 날로 커지게 되니 상소하여 의병을 일으키는 것을 밝히자는 중론이 일었다. 안승우가 말하기를
"만일 상소를 올렸는데 간악한 적신들이 임금의 명을 빌려서 군병을 해산시키고자 하면 어찌하겠소? 오늘의 의리는 오직 적을 토벌하고 원수를 갚는 것을 위주로 하는 것이니, 일이 성공한 후에 마땅히 스스로 자수하여 먼저 아뢰지 않은 죄를 청하는 것이 옳습니다."
라고 하여 결국 중지하였다. 당시에 임금이 두세 차례 유지를 내려 병사를 해산시킬 것을 권하였으나 곧 대의로써 명령을 받아들이지 않았다.

병신년(1896) 4월 적신 장기렴(張基濂)이 도성의 군사 수천 명을 거느리고 충주(忠州)의 황강(黃岡)에 내려와 진을 쳤다. 13일에 적병이 성 아래에 이르러 안승우가 용감하게 앞장서서 싸우러 나가고자 하였는데 좌우에서 말렸다. 안승우가 말하기를
"나는 이춘영과 함께 대의를 부르짖었는데 불행히도 내 벗이 먼저 죽었으니 어찌 구차히 이것저것을 따지겠는가? 성을 등지고 한 번 싸워 비록 전쟁터에서 죽을지라도 내 원망하지 않을 것이다."

라고 하였다. 마침내 무리의 병사들에게 맹세하여 말하기를

"오늘의 일은 배를 침몰시키고 솥을 깨뜨려 살아 돌아오지 않을 각오로 싸움에 임할 때[7]라고 할 만하다. 죽음을 각오하고 싸워야 할 것이니 먼저 후퇴하는 자가 있으면 베리라."

라고 하였다. 이에 동북의 산성 병사들을 내어 남성에서 진을 치고 오랫동안 크게 싸웠다. 다시 서쪽 보루에 복병을 두고 스스로 칼을 들고 전쟁을 독려하니 적병들이 퇴각하여 고장림(古場林) 남당리(南塘里)로 달아났다. 바람을 따라 불을 놓으니 연기가 하늘을 가리고 나는 탄환이 우박 같았다.

이에 서보의 병사들이 모두 일어나 협공하였는데 마침 광풍이 서남쪽에서 불어와 나무를 부러뜨리고 지붕을 날려버렸다. 날씨 또한 음산하고 흑비가 내려 뿌리는 빗발이 화살과 같아 화승총 심지의 불이 다 꺼지고 탄약이 모두 젖자 모든 병사들이 어찌할 바를 몰랐다.

서보의 병사들이 먼저 저절로 무너져 흩어지고, 각각의 파수병들도 모두 곡을 하며 흩어졌으며 남쪽 성의 병사들 역시 후퇴하였다. 안승우가 칼로 땅을 치며 탄식하기를

"하늘 또한 개화를 원하는가? 어찌 이리도 잔인하단 말인가."

라고 하였다.

이때 청나라 병사 여국안(呂國安) 등이 잘 싸워 적병 30여 명을 죽이니 적병이 또 후퇴하여 달아났다. 여국안 등이 추격하다가 탄환이 떨어지자 탄환을 가져오라고 크게 소리치니 적이 듣고서 알아채고는 다시 군사를 돌려 추격하자 여국안 등도 후퇴하여 달아났다.

안승우는 스스로 분을 이기지 못하여 돌을 던지며 적에게 대항하였다. 크게 소리쳐 말하기를

"창의중군 안모가 여기 있다. 너희가 나를 죽이고자 한다면 속히

오너라."
라고 하고 성 위에 꿋꿋하게 서니, 심의(深衣)[8]의 넓은 소매가 바람결에 휘날렸다. 안승우는 오른쪽 정강이에 탄환을 맞고 적에게 잡혔다.

장기렴이 개화할 뜻으로 회유하자 안승우가 크게 꾸짖어 말하기를

"창귀(倀鬼)[9]같은 도적놈 기렴아. 너 또한 충숙공의 후예로서 어찌 원수 오랑캐 되기를 달게 여겨 임금과 나라를 파멸시키고 또 우리 충성스럽고 선량한 이들을 도륙하는가? 죄명을 정해서 처벌한다면 만 번 죽여도 오히려 가볍거늘 이제 내가 너에게 죽임을 당하니 이것이 하늘의 뜻이 아니겠는가!"
라고 하며 깃발을 굳게 잡았다. 관군이 팔을 잘라도 깃발을 놓지 않았고 적을 꾸짖는 말을 계속하다가 몽둥이에 마구 맞아 죽었다. 당시 나이 32세였으니 이 소식을 듣고 눈물을 흘리지 않는 자가 없었다.

문생 홍사구 역시 안승우와 같이 죽었다. 참모 박정수(朴貞洙), 이영규(李榮奎)가 칼날의 위험을 무릅쓰고 안승우의 시신을 거두어 돌아왔다. 박정수는 호가 회당(晦堂)으로 평소에 명망이 있었다.

이 일이 있기 전 청나라 사람 여국안 등 수십 명이 왔을 때, 안승우는 중화와 오랑캐의 경계 및 우리나라가 명나라를 존중하는 대의로써 깨우쳐주며 말하기를

"공들이 비록 청나라 의복을 입었으나 청은 본래 중화인이니 곧 마땅히 중화인으로 자처해야 할 것입니다. 함께 의병을 일으켜 적을 토벌해서 대의를 밝힙시다."
라고 하였다. 여국안 등이 기뻐하며 고개를 끄덕였다. 여국안은 출전할 때마다 전공이 많았는데 이 전투에서 또 도적을 죽이는 공이 있었다고 한다.

《창의록(倡義錄)》

1 안유(安裕) : 1243～1306. 안향(安珦)을 말한다. 본관은 순흥(順興), 자는 상돈(士蘊), 호는 매헌(晦軒)이며, 시호는 문성(文成)이다. 초명을 유(裕)라고 부르다가 향(珦)으로 개명하였는데, 조선 시대에 들어와 문종(文宗)의 이름과 같아 이를 피하여 초명인 유로 다시 고쳐 부르게 되었다. 회헌이라는 호는 만년에 송나라의 주자(朱子)를 추모하여 그의 호인 회암(晦庵)을 본떠 지은 것이다. 우리나라에 주자성리학을 처음 전하였다.

2 청류(淸流) : 명분과 절의를 지키는 깨끗한 사람들을 비유하는 말인데, 병자호란 당시에는 척화파와 주화파로 정치적인 지론이 갈린 후, 전쟁이 끝난 후에는 주화파가 청류(淸流)로 인식되기도 하였다.

3 안광욱(安光郁) : 1610～1663. 자는 희문(希文), 호는 동오(東塢)이다. 1630년 식년시에 합격, 진사가 되었다. 벼슬은 영릉 참봉, 상서직장, 의금부 도사, 공조좌랑, 익위사 위솔과 익찬을 역임하고, 청양 현감과 지례 현감을 지냈다. 택당 이식의 사위이다.

4 왜놈이……소식 : 동학농민군 진압을 이유로 출병한 일본은 이를 기회로 조선을 식민지화하기 위한 수순으로 내정개혁안을 강요하였으나 고종으로부터 거절당하였다. 이에 일본은 음력 6월 21일 새벽, 오래 전부터 계획한 군사행동을 개시하였다. 일본군은 서대문으로부터 침입하여 경복궁을 점령하고 조선군의 무장을 해제하였다. 그리고 대원군을 앞세워 신정권을 수립하면서 내정개혁을 실시하였다. 이것이 이른바 경복궁 쿠데타사건이다.

5 을미사변 : 일제가 명성황후를 시해한 사건이다.

6 남쪽의 패배 소식 : 이민옥이 이춘영과 서상렬의 남행에 동행하여 병사들을 유인, 군대를 해산시킨 일을 말한다. 앞의 이춘영조 기사 참조.

7 배를……때 : 돌아올 배를 침몰시키고, 밥 먹을 솥을 부순다는 뜻으로 죽을 각오로 싸움에 임하는 것을 이른다.

8 심의(深衣) : 조선 시대 선비들이 입던 웃옷이다. 흰 베를 써서 두루마기 모양으로 만들었으며 소매를 넓게 하고 검은 비단으로 가를 둘렀다.

9 창귀(倀鬼) : 먹을 것이 있는 곳으로 범을 인도한다는 나쁜 귀신을 뜻하는 말로, 남에게 못된 짓을 하도록 인도하는 사람을 이른다.

홍사구 洪思九

홍사구의 자는 우용(又容), 본관은 남양(南陽)이다. 경상도 관찰사 홍훈(洪薰)의 종손이며 홍성유(洪聖裕)의 아들이다. 아버지 홍성유가 어릴 적에 집안사람이 성씨(成氏)와 혼인을 약속하였는데, 뒤에 혼인을 약속한 처자가 애꾸눈이라는 소식을 듣고 혼약을 깨려 하였다. 이때 홍성유가

"이미 정한 것을 깨는 것은 의리가 아닙니다."

라고 하고 성씨를 아내로 맞이하였다. 두 아들을 낳았는데 홍사구가 둘째이다. 태황(太皇)[1] 무인년(고종15, 1878)에 경북(慶北) 순흥(順興)[2] 원구리(院邱里)에서 홍사구를 낳았다. 홍사구는 성장하여 상주 성씨(尙州成氏)를 아내로 맞이하였다.

처음에는 집안이 매우 번창하였으나 하루아침에 몰락하였다. 이에 홍사구는 이리저리 떠돌다가 경기도 지평(砥平) 상석리(上石里)에 정착하였다. 그곳에서 하사(下沙) 안승우(安承禹)에게 나아가 배웠다.

홍사구는 총명하고 용모가 수려할 뿐만 아니라 성품이 정직하여 어릴 때부터 농담이나 남을 무시하는 행동이 없었다. 가난한 살림살이를 편안히 여기며 부모님을 잘 봉양하였고 사랑으로 동생들을 보살폈으며 효성과 우애가 모두 지극하였다. 경사(經史)를 널리 섭렵하였고 글씨도 잘 썼으며 일처리를 잘하여 믿고 맡길 만하였으니 진실로

뛰어난 인재였다.

홍사구는 다른 사람의 집에 홍익한(洪翼漢)[3]의 《화포집(花浦集)》이 있는 것을 보고

"내가 비록 홍익한의 방계 자손이지만 우리 집에 이 분의 책이 없는 것이 대단히 부끄럽다."

라고 말하고 날마다 《화포집》을 보고 돌아와 외워 썼는데 의병에 참여하는 바람에 끝마치지 못한 채 중지하였다. 쓰던 것이 지금도 상자 속에 남아 있는데 한 글자도 잘못 쓴 것이 없으며 글씨도 뛰어나 볼 만하다.

처음에 스승 안승우가 제천에서 의병을 일으켰을 때 홍사구는 종사(從事)였으나 충주 싸움에는 병 때문에 나가지 못하였다. 다시 의병을 일으키자 홍사구는 제천에 이르러 밤낮으로 안승우와 함께 일하며 주선하고 보필하였다. 남성(南城)에서 관군에게 패할 때[4] 안승우가 탄환에 맞아 쓰러지자 의병이 모두 흩어졌는데 홍사구와 몇 사람만이 곁에서 호위하였다. 안승우는 홍사구에게 떠나라고 재촉하면서

"나는 장령(將領)으로 마땅히 죽어야 할 때 죽어서 구차하게 죽음을 모면하지 않겠다. 그대는 나와 사정이 다르니 함께 죽는 것은 이로울 것이 없다. 속히 떠나 후일을 도모하기 바란다."

라고 하였다. 홍사구는

"살아서는 함께 의를 지키고 죽더라도 함께 의를 위해 죽겠다는 것이 평소의 결심입니다. 하물며 스승이 죽음에 이르렀는데 제자가 어찌 홀로 살 수 있으며 장군이 위급한 상황에 처하였는데, 종사가 또한 어찌 홀로 이를 면할 수 있겠습니까."

라고 하였다. 안승우가 재삼 떠나기를 권하였으나 홍사구는 단호하게 서서 조금도 움직이지 않았다.

잠시 후 적이 안승우를 사로잡자 홍사구가 검을 왼손에 몰래 쥐고서는 몸을 돌려 오른쪽을 공격하여 적군 한 명을 베어 죽였다. 그러자 수많은 적군이 총 쏠 겨를이 없어 검으로 공격하여 홍사구의 한쪽 팔을 베었다. 그러나 홍사구는 끊임없이 적을 꾸짖었다. 적이 다시 다른 팔마저 베었으나 홍사구는 꾸짖기를 그치지 않았다. 그러자 적이 총을 쏴 죽였다. 사람들이 모두

"홍씨 집안에 화포 홍익한이 다시 살아난 듯하다."

라고 하였다. 이때 그의 나이 열아홉이었다.

이 당시 가족은 난을 피하여 다른 곳에 있었다. 홍사구가 죽은 다음날 숙부 홍성칠(洪星七)이 집으로 돌아와 의병이 패하였다는 소식을 듣고 크게 놀라 가보니 시신 일곱 구가 있었는데, 세 번째 시신이 바로 홍사구였다. 두 팔이 모두 절단되어 있었고 이마 옆으로 총탄 구멍이 있었으니 참혹하여 차마 볼 수 없었다. 홍성칠이 시신을 수습하여 돌아왔다. 홍사구의 아내인 성씨를 찾아가

"지금 적이 물러나 무사하니 질부(姪婦)는 집으로 돌아가는 것이 좋겠네."

라고 거짓으로 말하였다. 성씨가 집으로 돌아와

"숙부께서는 어찌 이처럼 사람을 속일 수 있습니까?"

라고 하였다. 그리고 지아비의 시신을 보고 지아비를 원망하며

"장부가 나라를 위해 죽는 것은 충이라 할 수 있겠으나 어머니를 버리고 죽었으니 또한 효라 할 수 있겠습니까?"

라고 하고는 곡도 하지 않았다. 빨리 미음을 끓이라 하니 집안사람이 이에 황급히 죽을 쑤어 드리자 성씨가 시어머니에게

"죽은 사람은 어쩔 수 없으니 곡을 한들 무슨 소용이겠습니까? 바라건대 미음을 드시고 마음을 진정하십시오."

라고 하면서 시어머니와 함께 평소처럼 편안하게 죽을 먹었다. 이때부터 시어머니는 며느리 때문에 감히 다시 소리내어 울지 못하였다. 상을 마치자 시어머니는 잠자리에 들었다. 한밤중에 며느리가 보이지 않기에 마음이 불안하여 며느리를 찾았다. 며느리는 작은 방에 들어가 스스로 목을 매었는데 혀와 눈이 모두 튀어 나와 있었다. 이에 시어머니가 크게 놀라 목에 맨 줄을 급히 풀어주고 미음을 절반쯤 먹이자 다시 살아났다. 살아난 며느리는 목이 터져라 울었다. 이에 시어머니가

"네가 죽으면 나는 어찌하란 말이냐?"

라고 하자, 성씨가 사죄하며

"제가 못나 이처럼 망령된 짓을 하였습니다. 어머니께서 저의 죄를 용서해 주신다면 다시는 이런 망령된 짓을 하지 않겠습니다."

라고 하였다. 이때부터 시어머니에게 더욱 효성을 다하여 섬겼으며, 한 번도 슬픈 얼굴빛을 드러내지 않았다. 이때 홍사구의 아내 성씨는 18세였다.

홍사구를 장사지낼 때 도사(都事) 이도철(李道轍)이 자신의 선산을 빌려주었고, 제천의 사림(士林)들이 통문(通文)을 지어 보내자 충북에서 강원도 양양과 간성에 이르기까지 들어온 부조금이 1,700여 냥이었다. 이 돈으로 다른 마을로 가 집을 사서 시어머니와 며느리를 살게 하니, 이에 성씨가

"내가 이미 남편을 따라 죽지 못하였으니, 마땅히 집안 살림을 꾸리고 양자를 얻어 죽은 지아비를 잇게 해야 합니다."

라고 하고서는 마침내 살아갈 방도를 힘써 구하였다.

상주(尙州)의 오대(五臺)는 성씨의 친정이다. 어느 날 성씨가 상주에 갔는데, 제천에서 상주까지 200여 리의 먼 거리이기에 성씨는 반년

간 상주에 머물렀다. 하루는 밤에 시어머니가 죽는 꿈을 꾸었다. 성씨가 크게 놀라 급히 제천 집에 와 보니 시어머니가 며칠 동안 병을 앓고 있었는데, 이때에 조금 차도가 있었다. 성씨가 꿈 이야기를 하며 오게 된 이유를 말하자, 모두 효성 때문에 꿈에 나타난 것이라고 칭송하였다. 다음날 시어머니가 죽었는데 원근의 사림들이 모두 모여 상기(喪期) 내내 애도의 마음과 예를 다하였다. 비록 부유한 집안의 사람이라도 이보다 성대하지는 못하였을 것이다. 장사지낼 때 성씨는 시동생과 함께 상을 치르며 한 번도 곡하지 않았으며 하관할 때에도 전혀 곡하지 않았다. 이에 조문 온 사람들이 이를 이상하게 여기며

"부인이 비록 시어머니의 묘에서는 곡하지 않았어도 돌아오는 길에 반드시 지아비의 묘에서는 곡을 하겠지."

라고 하였다. 그러나 돌아오면서 지아비의 묘를 지날 때도 곡하지 않더니 시숙(媤叔)의 묘에 이르러 죽을 정도로 한바탕 곡을 하였다.

그 후 성씨는 친정을 따라 황간(黃澗)으로 이사하였다. 하루는 성씨가 시동생에게

"나는 양자를 두려 합니다. 시동생께서는 각처의 친척집으로 가서 항렬과 사람됨을 살펴보십시오."

라고 하였다. 시동생 홍이 평택(平澤)에 이르러 화포 홍익한 종가의 어떤 승지에게 세 아들이 있는데 그 막내가 가장 뛰어나다고 하였다. 성씨가 크게 기뻐하며 마침내 시동생과 함께 평택의 화포 종가로 갔다. 그곳에서 며칠 지내면서도 양자에 대한 말은 전혀 하지 않았다. 다만 자신이 살아온 내력을 말하였는데, 그 말이 매우 상세하여 주인이 듣고 장하게 여겨 더욱 곡진한 예로 대하였다. 하루는 주인에게

"제가 여기에 그냥 온 것이 아니라 양자를 구하러 왔습니다. 아들 하나를 제게 양자로 주십시오."

라고 하였다. 주인 내외가 크게 놀라

"그게 무슨 말이요?"

라며 거절하였다. 이에 성씨는 거적을 깔고 앉아 밥도 먹지 않은 채 밤낮으로 그곳에서 전혀 움직이지 않았다. 승지도 이를 걱정하여 역시 며칠 동안 아무것도 먹지 않았다. 승지 부인 김씨가 크게 두려워 여러 가지 방법으로 성씨에게 권유하였지만 성씨는 전혀 듣지 않았다.

하루는 갑자기 비가 내려 낙숫물이 마치 폭포처럼 쏟아지는데도 성씨는 전혀 움직이지 않았다. 이에 승지 부인 김씨가 승지의 처소로 가서

"성씨가 엿새 동안 아무것도 먹지 않았고 또 폭우를 다 맞고 있으니, 양자를 얻지 못하면 틀림없이 죽을 듯합니다. 이를 어찌해야 합니까?"

라고 하였다. 승지는 한동안 잠자코 있더니

"내 자식을 양자로 줄 것이니 성씨를 방으로 데리고 들어오시오."

라고 하였다. 이에 김씨가 성씨에게

"영감이 허락하셨으니 들어가 보십시오."

라고 하였다. 성씨가

"그렇다면 몇 째 아들을 양자로 주시겠습니까?"

라고 물었다. 김씨가

"영감과 내가 모두 허락하였으니 당신 뜻대로 하십시오."

라고 하였다. 성씨는

"큰아들과 둘째아들은 이미 관례를 마쳤으니 막내아들을 양자로 주십시오."

라고 하면서 마침내 일어나 방으로 들어갔다.

성씨가 음식을 먹지 않은 지 6, 7일이나 되었지만 정신과 행동거지

는 평소와 같았다. 이후로 양자로 들일 자식이 날마다 성씨를 가까이 모셨는데 그 정이 마치 직접 낳은 자식과 같아 모두들 기이하게 여겼다. 성씨는 다시 한 달을 더 머물다 집으로 돌아왔다.

어느 날 승지가 성씨에게 자식을 보내와

"내게 급한 일이 있으니 5,000냥만 빌려 주시오."

라고 하였다. 성씨가 놀라

"내가 가진 것이라곤 조금 밖에 없으니, 지금 이것을 주면 자식을 기를 수 없고, 주지 않으면 자식을 보내지 않을 것이니, 이를 어쩌누."

라고 하더니, 한 가지 계책을 내어 승지에게 편지를 올렸다. 그 내용은 대략 다음과 같았다.

"이번에 말씀하신 것은 돈을 빌려는 것이 아니라, 아이가 굶을까 염려하여 제게 능력이 있는지를 시험하신 것이지요? 제가 비록 가난하나 자식을 데려다가 굶기기야 하겠습니까? 승지께서는 걱정하지 마십시오."

또한 승지 내외의 의복을 각각 한 벌씩 마련하여 자식에게 보내 승지 내외에게 드리게 하였다.

며칠 후 성씨는 평택에 올라가 승지의 집에 들어가지 않고 시동생을 보내 동정을 살피게 하였는데 과연 승지는 양자를 줄 생각이 전혀 없었다. 성씨가 탄식하며

"이번 일은 재판을 하지 않으면 양자를 끝내 들일 수 없겠구나. 그러나 재판을 하려 해도 증거로 삼을 만한 것이 없으니 한스럽다."

라고 하였는데, 마침 그 아이가 편지 한 장을 성씨에게 갖다 주었다. 아이의 생모 김씨가 친정으로 가 성씨의 일을 자세히 말하였는데, 친정아버지인 판서 김윤식(金允植)이 그 말을 듣고 그 의열(義烈)에 감동

하여 사위인 승지에게 편지를 보내 양자를 주라고 권하였다. 승지는 그것을 보고 서랍에 감춰두었는데, 아들이 몰래 이 편지를 가져다 성씨에게 준 것이다. 이로 보건대 비록 피로 맺은 모자 사이가 아닌 양자였지만 하늘이 맺어 준 인연이라 하지 않겠는가?

성씨가 이 편지를 받고 크게 기뻐하며 마침내 재판을 하기로 결심하였다. 승지는

"내가 재판을 한다 해도 아들을 뺏기게 될 터이니 그냥 주는 것만 못하다."

라고 하고 마침내 이를 허락하였다. 이에 성씨가 비로소 양자를 얻을 수 있었다. 그 아들이 장성하여 어진 아내를 맞이하여 대가 끊긴 집안을 이었다. 지금 충청남도 면천으로 이사해 산다고 한다.

살피건대, 군대가 패한 급박한 상황에서 추격병이 따라온다면 비록 도망치다 죽더라도 인정상 대부분 쉽게 도망칠 것이다. 그러나 홍사구는 홀로 우뚝 서서 산처럼 조금도 움직이지 않았으니, 용맹하다, 홍사구여.

아, 저 장기렴(張基濂)은 충숙(忠肅)의 후손으로 조상의 훌륭한 업적과 미덕을 계승하지 않고, 원수를 섬겨 적에게 아부하며 충성스럽고 어진 이들을 살해하여 이처럼 무도(無道)함에 이르렀구나. 오직 홍사구는 화포 홍익한 선생의 방계 후손으로 뛰어난 풍모와 굳센 절개가 당시에 빛났고 사람들 입에 오르내리며 방계 선조를 빛나게 하였으니, 마치 그 집안의 의열(義烈)을 이은 듯하다. 그러므로 사람들이 모두

"홍씨 집안에 화포 옹이 또 다시 태어났다."

라고 말한 것이다.

아, 하늘이 사람에게 부여한 것에는 선악이 따로 없는데 장기렴은 어찌 그리 사악하며 홍사구는 어찌 그리 장하단 말인가. 대개 남양 홍씨는 나라의 큰 성씨이다. 부인 성씨가 양자를 구함에 양자로 삼을 만한 사람[5]이 한둘이 아니었을 텐데, 오직 화포 옹의 후손으로 홍사구의 뒤를 잇게 하였다. 아, 또한 대단하구나!

자식 있는 집이 가난하고 자식 없는 집이 부유하며, 자식 있는 집이 군색하고 자식 없는 집이 영달(榮達)하였다 해도 먼 친척에게서 양자를 구하기란 쉽지 않다. 하물며 화포 옹의 집안은 부유하였고 홍사구는 가난하였으며, 화포 옹의 집안은 영달하였고 홍사구는 곤궁하였으니, 양자되는 것을 그 누가 축하할 만하다 하겠는가. 성씨가 아니었다면 양자를 얻을 수 없었을 것이다.

처음에 성씨가 남편을 따라 죽고자 밤을 틈타 스스로 목을 매었는데, 집안사람이 구하여 마침내 뜻을 이루지 못하였다. 이것이 어찌 열(烈)이 부족하기 때문이었겠는가. 시어머니가 집에 계시니 성씨가 없었다면 봉양할 사람이 없었을 것이다. 남편이 죽었으니 성씨가 없었다면 양자를 데려올 사람이 없었을 것이다. 그래서 성씨는 다시 지아비를 따라 죽을 생각을 하지 않고, 시어머니를 잘 섬겨 효를 다하였으며 양자를 구하여 대를 이었다. 지아비는 충신이 되었고 지어미는 효부(孝婦)가 되었으니, 그 죽고 사는 일의 경중(輕重)과 득실(得失)을 어찌 한 때에 목숨을 버려 불과 한 가지 선을 한 것에 견주겠는가. 아, 성씨는 진실로 어질고 어질도다.

1 태황(太皇) : 저자인 송상도는 고종을 태황으로 표기하였다. 이는 고종이 대한제국 선포 후 황제가 되었으나 1907년 일제에 의해 강제로 퇴위당하고 순종이 뒤를 잇게 되자, 고종은 자연스레 태황이 된 것이다.

2 순흥(順興) : 경상북도 영주시 순흥면을 말한다.

3 홍익한(洪翼漢) : 1586~1637. 본관은 남양(南陽), 자는 백승(伯升), 호는 화포(花浦), 운옹(雲翁), 시호는 충정(忠正)이다. 병자호란이 일어나자 척화론(斥和論)을 폈으나 남한산성에서 왕이 화의하니 오달제(吳達濟), 윤집(尹集)과 함께 중국 심양(瀋陽)에 잡혀가 끝내 굽히지 않고 죽임을 당해 적들이 감탄하여 삼한삼두(三韓三斗)의 비(碑)를 세웠다. 영의정에 추증되었으며 광주(廣州)의 현절사(顯節祠)에 배향되었다. 저서에 《화포집(花浦集)》, 《북행록(北行錄)》, 《서정록(西征錄)》 등이 있다.

4 관군에게 패할 때 : 1896년 4월 장기렴(張基濂)이 인솔한 관군과 접전을 벌이다 패한 전투를 말한다.

5 양자로 삼을 만한 사람 : 소목(昭穆)은 종묘(宗廟)에 신주(神主)을 모시는 차례인데, 천자(天子)는 태조(太祖)를 중앙에 모시고, 2, 4, 6세는 '소'라 하여 왼편에, 3, 5, 7세는 '목'이라 하여 오른편에 모신다. 보통 아버지가 '소'가 되고 자식이 '목'이 된다. 여기에서는 양자를 들여 '목'으로 삼는다는 의미다.

김백선 金百先

김백선은 지평 출신이다. 사람됨이 뛰어났으며 굳건한 기상과 용기를 지녔다. 힘은 지붕을 뛰어 넘을 정도였다. 집안이 가난하여 비록 배우지 못하였지만 대의(大義)를 알았으며 예절의 자잘한 격식에 얽매이지 않았다.

갑오년(고종31, 1894) 동학농민군이 걷잡을 수 없이 일어나 온 나라가 매우 어지러웠는데 지평은 더 심하였다. 김백선은 같은 고을 사람인 맹영재와 함께 난을 안정시켰다. 맹영재는 그 공으로 지평의 현감이 되었다. 대개 김백선의 공이 더 컸으나 김백선이 그것을 내세우지 않았다.

을미년(1895) 8월 왜적이 명성황후를 시해하자 김백선은 크게 분노하여 군수인 맹영재를 찾아가 의병을 일으켜 왜적을 토벌하자고 말하였다. 맹영재가 이 말에 동의하지 않자 김백선이 매서운 목소리로 꾸짖기를

"오늘의 왜적은 우리나라의 영원한 원수이다. 그러므로 온 나라 백성이 가슴 아파하며 토벌하려고 하는데, 녹을 먹는 너는 원수를 갚을 생각이 없으니 도대체 무슨 마음인가?"

라고 하였다. 이 당시 맹영재는 400명의 포병을 거느리고 있었는데, 이들은 김백선과 맹영재가 동학농민군을 토벌할 때 지휘하던 직속 병

사들이다. 김백선은 이들을 달래면서

"내가 그대들과 함께 모두 벼슬하지 않는 처지로 비록 녹을 받지는 않지만 우리의 옷과 우리의 음식이 임금이 주는 것이 아님이 없다. 지금 생각할 수도 없는 변란을 만났으니, 왜적을 토벌하여 원수를 갚아 조금이라도 그 은혜를 갚을 것을 도모하지 않겠는가?"
라고 하자, 병사들이 모두 감격하여 찬성하였다. 이에 김백선이 드디어 의병을 일으켰다.

이때 김백선은 지평 출신의 선비 이춘영과 안승우 등이 제천에서 의병을 일으켰다는 소식을 듣고 자기의 병사를 거느리고 가서 그에게 귀속하였다. 이에 그 곳에 있던 모든 장수와 병졸들은 뛸 듯이 기뻐하며

"장군이 오셨으니 앞으로의 일은 걱정이 없습니다."
라고 하였다. 의암 유인석이 다시 영월에서 의병을 일으키자 김백선이 선봉장을 맡았다. 충주 전투에서 대군이 성 아래에 도착하였으나 문이 닫혀 들어갈 수 없었다. 밤에 김백선이 동문을 뛰어 넘어 성 안으로 들어가 문지기를 죽이고 성문을 열자 대군이 성에 들어갔다. 왜적이 북문으로 달아나자 의병은 곧바로 왜적이 세운 관찰사를 죽이고 성을 장악하였다. 의기의 함성소리가 성을 진동하니 이것은 모두 김백선의 공이었다.

왜병이 충주로부터 가흥으로 후퇴하여 머물렀는데, 김백선은 300명의 병사를 이끌고 추격하여 싸울 때마다 이겼다. 4, 5일이 지난 뒤 김백선은 적은 아군의 숫자로는 많은 적군을 이길 수 없다고 생각하여 본진에 알리기를

"약간의 원병이 있다면 적을 섬멸할 수 있습니다. 청컨대 어느 정도의 병사를 보내주십시오."

라고 하였다. 그러나 중군장 안승우가 보내주지 않았다. 과연 김백선은 중과부적이므로 패배하여 본진으로 돌아왔다. 안승우를 보고 크게 노하여 칼을 뽑아들고 그를 죽이려고 하였는데, 안승우가 피하여 달아났다. 대장 유인석이

"군중에서는 이런 법이 없으니 하지 말라."

라고 하였다. 이에 김백선이 옳지 못한 것을 알고 스스로 칼을 찬 띠를 풀어 주면서

"원컨대 이것으로 나를 묶고 죄를 다스리십시오."

라고 하였다. 그가 묶이자 유인석이 군법을 시행하려고 하였는데 김백선이 빌면서

"원컨대 한 실낱같은 목숨을 용서하시어 작은 충성을 발휘하게 해주십시오."

라고 하였으나 유인석은 허락하지 않았다. 처형에 닥쳐 김백선이

"나에게 늙은 어머니가 계시니 원컨대 한 번만이라도 보고 죽게 해주십시오."

라고 하였는데도 유인석은 거듭 허락하지 않고 그를 죽였다. 이 소식을 들은 사람들은 그의 죽음을 원통하게 여기지 않는 이가 없었다.

이로부터 돌아가는 분위기가 참담하였고 의병부대의 위용도 떨쳐지지 않았다. 뒤에 안승우가 참령 장기렴과 제천에서 싸우다가 패배하여 죽으니, 마침내 의병의 사기가 완전히 꺾였다. 대장 유인석은 국외로 망명하여 요동에 이르러 병사들을 해산하였다.[1]

을묘년(1915)에 나는 의병의 사적을 차례대로 수습하다가 지평의 삼산동에 이르러 진사 이종만(李鍾萬)을 만나 의암 유인석이 거느린 의병의 역사적인 사실을 논하였다. 김백선의 일을 언급하게 되자 이종만이 다음과 같이 말하였다.

"김백선은 본래 지평의 평민이었다. 평소 만나 이야기를 나눌 때는 존경하지 않았는데, 의병을 일으키게 되자 김백선이 몇 명의 군인을 거느리고 말을 타고 우리 집에 찾아오니 그의 늠름한 풍모에 나 스스로 일어나 맞이하게 되었다. 그리고 나도 모르는 사이에 존경하는 말투가 입에서 나와 '당신을 존경합니다.'라고 하게 되었다. 또한 김백선이 거처한 곳은 삼산동과 멀지 않기에 죽은 그에 관한 소문을 들으니, 매일 어둠이 깔리는 밤이 되면 그 마을길로 김백선이 '이랴! 이랴!' 소리를 지르며 말을 타고 내달린다고 한다."

살피건대, 김백선은 부하로서 자기 윗사람을 범하였으니 그 죄를 논한다면 죽어 마땅하다. 그러나 안승우가 죽지 않았고 김백선 또한 옳지 못한 것을 알고 허리띠를 풀어 죄를 청하였다. 이것은 잘못을 뉘우친 것이니 잘못이 없는 것과 같은 것이 아닌가.

이때에 동학농민군이 세상을 휩쓸어 그것 때문에 온 나라가 소란스러워졌으니, 이른바 '원님 행차한 곳에 소고기와 술로 맞이하기' 때문이다.[2] 내가 김백선을 잘 아는데 그 사람됨이 뛰어나나 작은 고을 지평의 평민에 불과하다. 사대부가 마음대로 좌지우지하는 시골[3]에서 생장하였으니 분명 평소에 불만이 많았을 것이다. 그렇다면 김백선은 동학농민군이 휩쓰는 형세를 보고 마땅히 그들처럼 거리낌 없이 양반들을 범할 수 있었으나 하지 않을 뿐 아니라 도리어 동학농민군을 토벌하여 지평을 평안한 지역으로 만들었다. 또한 을미사변 때 김백선은 맹영재에게 의병을 일으켜 왜적을 토벌하자고 권하였다. 맹영재가 듣지 않자 김백선은 그의 군사를 빼앗아 의병을 일으켜 왜적을 토벌하고 복수할 것을 도모하였으니 이것은 그의 마음에 변함없는 본성이 존재하기 때문이다.

이때 김백선이 비록 칼을 뽑아들고 법에 맞지 않게 행동하였으나 이미 뉘우치고 다시 허리띠를 풀어 죄를 청하였으니, 그의 장수된 자는 마땅히 경외로 대해주고 사랑을 베풀며 충의로 가르치고 군대의 법으로 제지하여야 한다. 약간의 매질로 징계하고 죽이지 않았다면 김백선이 비록 억세고 사납더라도 그 인간의 본성은 같을 것이니 반드시 감격하여 복종했을 것이다. 억센 자를 순하게 만들고 사나운 자를 부드럽게 만들면 간성(干城)[4]이 될 것이다. 또한 적병이 앞에 있을 때 내가 약하고 적이 강하다면 비록 보통의 병졸이라도 그 세력을 계속 늘려 기세를 떨치게 할 것인데, 하물며 김백선처럼 굳세고 용맹한 사람을 한 때의 작은 잘못으로 죄를 논한단 말인가. 더군다나 그가 잘못을 비는 것을 용서하지 않고 어찌 그리 조금도 애석해하지 않고 죽여 이런 상황이 벌어지게 한단 말인가.

이 일에는 반드시 곡절이 있을 것이다. 병권을 빼앗기는 것이 두려웠던 것인가? 부하가 공을 세운 것을 시기하였던 것인가? 그렇지 않다면 평민에게 욕을 당한 것이 화가 났단 말인가?

본래 의병을 일으키는 것은 왜적을 토벌하기 위해서이다. 가흥 전투에서 김백선이 원병을 청하였는데 안승우가 병사를 보내지 않아 김백선은 패배하여 후퇴하였다. 이 일로 의병은 사기가 꺾였으니 그의 분노는 괴이하게 여길 것이 아닐 수도 있다. 그러나 대의를 잡고 복수를 하려는 자가 왜적을 토벌하지 않고 먼저 자기 장수를 죽여 간성의 인재를 버렸으니 제천에서의 패배는 또한 마땅한 일이 아니겠는가? 맹자가

"나라 사람이 모두 '죽여야 합니다.'라고 한 뒤에 죽여야 한다."[5] 라고 하였는데, 유인석이 김백선을 죽인 것을 나라 사람이 모두 원통

한 일이라고 여기니 그 허물이 과연 누구에게 있겠는가? 나는 알 수가 없구나.

또 말하기를 앞의 김백선의 사적은 대개 이와 같다. 옛날 을묘년(1915) 가을에 내가 지평의 상석리로 가서 이정규(李貞奎)가 찬한 《창의록(倡義錄)》[6]을 보았는데 그 안에 유인석, 이춘영, 안승우, 서상렬, 나시운 등 여러 사람의 사적이 소상하게 기록되어 있었다. 그런데 김백선에 대해서는 다만 사실을 기록하지 않았을 뿐 아니라 이름 세 글자도 빠트리고 싣지 않은 상황이었으니, 이것은 탄식하고 애석하게 여길 일이 아니겠는가. 내가 그곳에서 들은 그의 약력을 앞에 보인 것처럼 기록하여 잘 드러나지 않은 사실을 밝히고자 한다.

1 유인석은……해산하였다 : 유인석 의병부대는 제천전투 패배 이후 황해도와 평안도 지역으로 이동하여 그 곳에서 병사를 모집하여 재차 봉기하고자 하였다. 그러나 평안북도에 도착한 유인석 의병진은 그 곳 관찰사와 군수 등의 탄압으로 군사모집은 커녕 재기마저 불가능하게 되자, 중국으로 망명하여 원세개에게 군사원조를 요청하고자 하였다. 그리하여 초산전투 후 1896년 8월 28일 압록강을 건너 중국 회인현으로 망명하였다.

2 이때에……때문이다 : 원님을 맞이하기 위해 백성들이 술과 고기를 장만하듯이, 동학농민군을 진압하기 위해 관군이 동원되면 그들을 대접하기 위해 백성들이 수고롭기 때문에 온 나라가 시끄럽다는 말이다.

3 사대부가……시골 : 무단지향(武斷之鄕)은 달리 무단향곡(武斷鄕曲)이라고도 한다. 시골에서 세도를 잡은 집안의 사람들이 무단으로 백성들을 억압하고 수탈하는 것을 가리킨다.

4 간성(干城) : 무장(武將)은 국가를 보호하는 방패와 같고 성(城)과 같다 하여 《시경》에 "굳센 무부는 나라의 간성이네.〔赳赳武夫, 國之干城.〕"라고 하였다. 즉

나라를 지키는 군인(軍人)이나 인물(人物)을 가리킨다.

5 나라……한다 : 《맹자》 〈양혜왕(梁惠王)〉에 "나라 사람이 모두 '죽여야 한다'라고 한 뒤에 그 사람을 과연 죽일 만한지 살펴서 그 사람의 죄가 과연 죽일 만한 뒤에 죽여야 한다."〔國人皆曰可殺, 然後察之, 見可殺焉, 然後殺之.〕"라고 하였다.

6 이정규가 찬한 《창의록》 : 《종의록》을 가리킨다. 《종의록》은 충청북도 제천 출신의 이정규가 의암 유인석이 초기 의병부터 1908년 러시아로 갈 때까지 의병 투쟁사의 줄거리와 자신의 행장, 그리고 의암 휘하 장수들의 행적 등 전쟁기록을 일기체로 자세히 기록한 것이다. 이정규는 유인석의 수족과 같이 비서 겸 참모 구실을 하였기 때문에 의병사 연구에 중요한 사료이다.

나시운 羅時雲

나시운(羅時雲)의 본관은 안정(安定)이다. 관동(關東)[1]의 평창(平昌)에 거주하였으며 임진왜란(壬辰倭亂) 때의 의사(義士)였던 나수천(羅壽天)의 후손이다. 나수천과 관련된 일은 《응암지(鷹岩志)》에 자세하게 기술되어 있다.

나시운은 본래 호탕하고 쾌활하였으며 정의감이 넘치고 남에게 베풀기를 좋아하였다. 그는 건장한 체구에 담력이 있었고 총을 잘 쏘았다. 그러므로 그에게서 사격술을 배운 사람이 대단히 많았다. 나시운에게 사격을 배우던 사람들이 모여서 사냥할 때마다 나시운이 경작하는 밭에 풀이 우거져 있으면 반드시 호미로 김을 매 스승으로 섬기는 뜻을 나타냈다.

안승우가 병사를 이끌고 평창 서(署)에 들어왔을 때 나시운은 안승우의 도령장(都領將)이 되었다. 그는 안승우의 말을 들을 때마다 공경히 귀를 기울였다. 안승우의 군대가 충주(忠州)에 도착했을 때 나시운은 몸이 아파 집으로 돌아왔다. 얼마 뒤에 병이 나아서 다시 안승우의 군대에 합류하기 위해 가려 하자, 집안사람들과 친구들이 모두 그를 만류하였다. 나시운이 엄정하게 말하기를

"이미 목숨을 바치기로 다른 사람과 약속하였는데 병을 핑계로 집에 머문다면 어찌 의로운 사람이라고 하겠는가."

라고 하였다. 그리고는 소매를 잡는 손길을 뿌리치고 자리에서 일어나 길을 떠났다.

가홍(可興) 전투에서 나시운은 적진 깊숙이 들어가 많은 적병을 죽였다. 잠시 뒤에 갑자기 두 명의 적병이 크게 소리치며 다가오자 나시운이 그들을 사살하였다. 다른 적병이 보리밭에 몸을 숨기고 있다가 몰래 사격하여 나시운의 왼쪽 어깨를 맞혔다. 이때 안승우가 이끄는 군사들이 다 퇴각하여 나시운만 사로잡히게 되었다. 적군이 그를 포박하고 살갗을 찢으며 괴롭히자 나시운이 크게 꾸짖어 말하기를

"네놈들이 일본에 있었다면 우리들이 어찌 바다를 건너가 네놈들을 해쳤겠느냐. 네놈들이 죽음을 면한다면 하늘의 정의가 없다고 할 것이다. 그러나 내가 싸움에 져서 죽으니 어찌 원망하겠느냐."

라고 하였다. 적군이 그를 죽여서 불태웠다. 그의 아들 여실(汝實)이 가홍으로 가 쌓인 시체더미를 뒤졌으나 적군이 시신을 불살랐기 때문에 수습할 수가 없었다.

《창의록(倡義錄)》

1 관동(關東) : 대관령 동쪽의 지방(地方)을 가리키는 말로, 강원도(江原道) 지역이다.

주용규 朱庸奎

주용규(1845~1896)의 자는 여중(汝中), 호는 입암(立庵)이다. 성재(省齋) 유중교(柳重敎)의 문하에서 공부하였다. 관북(關北)[1]의 단천(端川)[2]에 살다가 제천으로 이주하였다. 젊어서 과거에 필요한 문장을 잘 짓는다고 세상에 명성이 자자하였으나 여러 번 과거에 응시해도 유사(有司)에게 인정받지 못하였다.

신사년(고종18, 1881)에 관직에 추천된 의암(毅庵) 유인석(柳麟錫)이 몸을 피해 인제(麟蹄)의 설악산으로 왔는데 마침 주용규와 만났다. 주용규는 그를 스승으로 섬기며 수십 년간 가르침을 받았다. 그리고 당시의 사우(士友)들에게 대단히 추앙받는 인물이 되었다.

상투를 자르게 하는 변고(變故)가 일어나자, 주용규가 사우들을 보고 울며 말하기를

"정절(貞節)을 지키던 여인이 사나운 사내에게 강제로 욕을 당했더라도 또한 정절을 잃은 것이 되기는 마찬가지가 아니겠는가."

라고 하였다. 그의 뜻은 이처럼 고결하였다.

을미년(1895)에 사우들과 함께 변란에 대처해 나가는 방안을 의논하였다. 처음에 주용규는 바다를 건너가 해외로 망명하려 하였다. 그러나 의암 유인석이 의병을 일으키는 것을 보고는 의(義)를 함께 하여 일을 주선하기로 하고 그의 참모(參謀)가 되었다. 충주에서 벌어진 전

투에서 주용규는 칼을 들고 싸움을 돕다가 적의 탄환에 맞아 전사하였다.

이 일이 있기 전에 손수 격문을 지어서 백관(百官)과 8도의 백성들을 독려하였다. 그가 글을 잘 지었기 때문에 의병들이 활동하면서 작성해야 했던 많은 글들이 대부분 그의 손에서 나왔다.

아들 주현구(朱鉉九)가 의(義)에 따라 복수하려고 하였으나 분통한 마음 때문에 병들어 죽고 말았다. 그가 죽을 때 살갗이 썩어서 검게 변하는 증상이 일어났다. 그 형태가 마치 그의 아버지가 탄환에 맞은 자국과 비슷하였으므로 사람들이 기이한 현상에 감탄하였다.

의암 유인석이 제문을 지어 다음과 같이 말하였다.

"관대한 덕용(德容)과 뛰어난 문학적 자질을 지녀 사문(師門)의 훌륭한 인재가 되었고 사우들이 믿고 따랐네. 세상 사람들이 즐겁게 여기는 일을 터럭만큼도 마음에 두지 않았네."

《창의록(倡義錄)》

1 관북(關北) : 마천령의 북쪽 지방으로 함경도 일대를 이르는 말이다.

2 단천(端川) : 함경남도 동북부 단천군(端川郡)의 군청 소재지이다. 원문에는 '단(丹)'으로 되어 있다.

서상렬徐相烈

서상렬의 자는 경은(敬殷), 호는 경암(敬庵), 본관은 달성(達成)으로 장신(將臣)[1]이었던 서문유(徐文裕)의 증손(曾孫)이다. 그는 성품이 강직하고 단정하였으며 재주와 기개가 보통사람보다 뛰어났다. 그는 고종조(高宗朝)에 무과에 급제하였으나 서양(泰西) 사람인 묄렌도르프(Möllendorf)[2]의 이름이 사적(仕籍)에 오른 것을 보고는 관직을 그만두고 통곡하며 도성을 빠져나왔다. 중암(重菴) 김평묵(金平默)과 성재(省齋) 유중교(柳重教)에게 찾아가 몸을 낮추고 그들을 스승으로 섬겼다. 그 뒤에 가족을 이끌고 제천의 담호(潭湖)로 이주하여 여러 해 동안 중암과 성재에게서 공부하니 조예가 정밀하고 심원해졌다.

을미년(고종32, 1895)에 이필희(李弼熙) 등 여러 사람들과 함께 제천의 담호에 머물고 있었는데 지평(砥平) 이춘영(李春永)이 의병을 일으켜 제천에 도착하였다는 소식을 듣고 함께 의병이 있는 곳으로 달려가 군사가 되었다. 대군(大軍)을 이끌고 단양(丹陽)에 도착하였는데 적병이 장회(長滙)에 머물고 있다는 소식을 듣고 공격하여 수십여 명을 죽였다. 이어서 죽령(竹嶺)을 넘어 군사를 모으며 풍기(豊基)에 도착하였는데 많은 사졸(士卒)들이 중도에 달아났다. 대장 이필희와 이춘영은 함께 제천으로 돌아오고, 서상렬은 혼자서 남은 군사를 이끌고 예천(醴

泉)에 도착하였다. 이때 안동, 예안, 풍기, 순흥, 영천, 봉화, 예천 등 일곱 고을의 군사를 모아 맹약을 주도하고 군수 유인형(柳仁馨)을 참수하였다. 원용정(元用正)으로 하여금 5개 조의 맹세하는 말을 짓게 하였다. 그 내용은 다음과 같다.

첫째, 무리를 반역하지 말 것

둘째, 중국의 제도를 바꾸지 말 것

셋째, 생사 때문에 마음을 바꾸는 일이 없을 것

넷째, 다른 마음을 먹어 사사롭게 굴지 말 것

다섯째, 적을 바라보고 머뭇거리지 말 것

이 모임이 끝나고 나서 상주(尙州) 태봉(胎峰)에 머물던 적군을 토벌하였으나 끝내 전세가 불리하게 되었으므로 후퇴하였다. 풍기로 들어가 서상렬이 안승우에게 편지를 써서 보냈는데

"저는 덕이 부족하여 병사들의 믿음을 얻지 못하였으며 위무(威武)가 군사들을 복종시키지 못해 산양[3]에서 패배하고 말았습니다."

라고 하였다. 영춘(永春)[4]으로 돌아오자 대장 유인석이 서상렬을 뽑아 중군(中軍)으로 삼았다. 그러나 서상렬은 소토장(召討將)이 되고자 하여 중군(中軍)을 고사하고 받지 않았다. 그가 말하기를

"황해도와 평안도로 가 다시 강하고 용맹한 사람들을 모집하고자 합니다. 만약 뜻대로 되지 않는다면 마땅히 국경을 넘어 후일을 도모하겠습니다."

라고 하였다. 서상렬이 떠나면서 또 편지를 올려 말하기를

"만일 가다가 적을 만나 전사하더라도 기꺼이 받아들일 것입니다. 또 이춘영과 안승우 등 여러 벗들이 이미 죽었으니 맹세코 구차하게 살고 싶지 않습니다."

라고 하였다.

병신년(고종33, 1896) 여름 6월, 낭천(狼川)에 도착하였는데 관리가 대단히 극진하게 맞이하므로 서상렬이 의심을 품었다. 이에 곧바로 행진하여 군대를 이동하고자 하였으나 관리가 먹을 것을 내면서 간절히 머물기를 바랐다. 서상렬이 더욱 의심되어 수교(首校)를 잡아다가 엄하게 형벌을 가하고 따져 물었다. 그제야 관리가 사실대로 고하여 말하기를

"당신이 의심하는 것처럼 본관의 지휘를 받아 의병을 함정에 빠뜨리려고 하였습니다."

라고 하였다. 서상렬이 크게 분노하여 곧바로 군사를 나누어 배치하고 적의 공격에 대비하였다. 얼마 뒤에 사방에서 총소리가 일어나고 탄환이 비처럼 쏟아졌다. 서상렬이 분통하고 한스러운 마음을 이기지 못해 먼저 부중(府中)에서 적과 내통한 이들을 도륙하고 나가서 적을 맞아 싸웠다. 그러나 적의 기세가 마치 바위로 계란을 누르는 것과 같아서 아군의 군사들이 풀이 쓰러지듯 죽거나 다쳤다. 서상렬이 하늘을 우러러 탄식하며 말하기를

"이것은 하늘이 나를 버리는 것이다."

라고 하였다. 이때 부하 최긍칠(崔兢七)이 물러나 피신할 것을 청하였다. 서상렬이 말하기를

"내가 어찌 졸장부처럼 죽음을 앞두고 두려워하여 적을 보고 달아나겠는가."

라고 하였다. 손에 칼 하나를 들고 홀로 적에게 대항하니 탄환이 집중되었다. 온 몸이 고슴도치 털처럼 난자되어 그 참혹함을 차마 볼 수가 없었다고 한다. 이때 함경남도 영흥군(永興郡)에 있는 선원전(璿源殿)에 마치 눈이 내리듯 서리가 내렸으니 바로 서상렬이 순절한 날이었다.

처음에 조정에서 서상렬의 독실한 학문에 대해 듣고 특별히 선전관(宣傳官)에 임명하였으나 서상렬이 조정에 나가지 않았다. 참판 조동희(趙東熙)가 교리(校理) 이동재(李東宰)에게 말하기를

"나는 이 친구가 조정에 나오지 않을 것이라고 짐작했는데 과연 짐작대로 되었군."

라고 하였다. 장기렴(張基濂) 또한 공을 꺼렸던 인물이었으나 민영기(閔泳綺)에게 일러 말하기를

"서 아무개는 해칠 수 없다."

라고 하였다. 서상렬은 이처럼 사람들에게 존중받는 인물이었다. 의암 유인석이 제문을 지어 다음과 같이 말하였다.

"명무(名武)[5]의 준걸이며 유문(儒門)의 모범일세. 마음은 푸른 하늘의 밝은 해와 같고, 행동은 우레 속에 뿌리는 비처럼 빨랐네. 대장기를 초개처럼 여겨 과감히 물러나 산속으로 들어갔네. 의리에 대해 잘 말하여 찾아오는 벗들을 감화시켰지."

그는 매번 나라의 변고에 통곡하였으며, 기가 막혀서 다리가 부어올랐다고 한다.

《창의록(倡義錄)》

1 장신(將臣) : 조선 후기 도성을 지키던 각 군영의 우두머리이다. 다른 말로 대장(大將)이라 한다.

2 묄렌도르프(Möllendorf) : 1848~1901. 최초의 서양인 고문으로 1882년 임오군란 이후 통리기무아문의 외무협판으로 임명되어 조선의 외교 고문 역할을 하였다.

3 산양 : 경상북도 문경군 일대로 보인다.

4 영춘(永春) : 충청북도 단양군 영춘면을 가리킨다.

5 명무(名武) : 문벌 높은 무반을 가리킨다.

이범직 李範稷

이범직의 자는 보경(輔卿)이며, 성재 유중교(柳重敎)의 문인이다. 키는 작았지만 날래고 용맹스러웠으며 배움에 힘썼고 의를 좋아하였다.

갑오왜란[1] 때에 강원도 관찰사 민형식(閔亨植)을 찾아가

"공은 지방의 관찰사[2]로 마땅히 나라에 보답해야 합니다. 지금 적병이 계속 늘어나고 있어 반드시 머지않아 변란이 일어날 텐데, 어찌하여 적을 물리칠 계획을 세우지 않으십니까?"

라고 하였다. 민형식이

"그대는 선비이기에 그런 말을 하지만 임금의 명을 받은 벼슬아치들은 속박당한 사람들의 처지와 같으니, 어찌 그런 일을 할 수 있겠는가?"

라고 하였다. 이에 이범직이

"공은 비록 강원도 스물여섯 고을을 다스리고 있으나 진실로 불쌍한 사람이구려."

라고 하고 혀를 차며 돌아왔다.

을미년(고종32, 1895)에 변이 일어나자,[3] 동지들과 이 변란에 대한 대처를 논의하며

"국모가 시해되는 이러한 시국에 죽지 않는다면 짐승이나 다름없다. 짐승으로 사는 것은 짐승이 되지 않고 죽는 것만 못하며, 의롭지

않게 사는 것은 의병을 일으켜 싸우다 죽는 것만 못하다."
라고 하였다.

이춘영이 의병을 일으켜 제천에 이르자 이범직은 남들보다 먼저 제천으로 달려가 널리 의병을 모집하고 적들을 죽였다. 제천은 강제 삭발이 매우 심해 사람들은 또 하나의 천안[4]이라고 했다. 이 때문에 의병의 기세가 나라에 널리 떨쳤다.

병신년(고종33, 1896)에 의병이 패하자, 관서지방으로 가서 의병을 모아 다시 도모하자는 논의가 있었다. 관서로 가는 도중에 적에게 사로잡혔는데 적을 꾸짖는 말이 입에서 끊이지 않았고 죽음에 이르러서도 자신의 절개를 굽히지 않았다. 이때 함께 죽은 사람이 수십여 명인데, 원망하거나 후회하는 사람이 있자, 이범직은 태연하게

"이 지경에 이르렀는데 원망하고 후회한들 무슨 보탬이 되겠는가?"
라고 하였다.

의암(毅庵) 유인석이 제문에서 다음과 같이 말했다.

"군자가 '일을 하는데 있어 말을 실천하는 것이 어렵다.'라고 했는데, 죽자고 말하면서 죽으면서까지 실천한 사람은 바로 이 사람이구나."

《창의록(倡義錄)》

1 갑오왜란 : 본문에는 갑오년 일본의 난으로 되어 있는데 이는 갑오왜란을 뜻한다. 1894년 동학농민군 진압을 이유로 출병한 일본은 이를 기회로 조선을 식민지화하기 위한 수순으로 내정개혁안을 강요하였으나 고종으로부터 거절당하였다. 이에 일본은 음력 6월 21일(7월 23일) 새벽 오래전부터 계획한 군사행동을 개시하였다. 일본군은 서대문으로부터 침입하여 경복궁을 점령하고 조선군의 무장을 해제하였다. 그리고 대원군을 앞세워 신정권도 수립하였다. 이것이 이른바 갑오왜란이다. 이어 일본은 23일 신정권 명의로 기왕에 체결한 모든 조약을 폐기하고 주둔군의 철수를 청국에 통고하면서 청일전쟁을 일으켰다.

2 지방의 관찰사 : 우분(憂分)은 임금의 근심거리를 나눈다는 뜻으로, 지방관을 가리킨 말이다.

3 을미년에 변이 일어나자 : 일제가 명성황후를 시해한 사건을 말한다.

4 또 하나의 천안 : 당시 천안 군수 김병숙(金炳肅)이 단발을 심하게 강요하여 백성들의 원성을 크게 샀다.

이진응 李晉應

이진응의 호는 직헌(直軒), 본관은 전주이며 춘천에 살았다. 온화하고 성실하였으며 효성과 우애, 공경과 겸손을 겸비하였다. 해서는 안 될 일은 하지 않았고, 그 행적은 잘 드러나지 않았으며 억지 주장을 하지 않았다. 마음이 광명정대하고 관대함이 있었다.

일찍이 사문(師門)의 언행을 기록하여 항상 외우며 가슴에 새겼다. 특히 '요 임금의 옷을 입으면 요 임금이 되고, 걸의 옷을 입으면 걸이 된다.'[1]라는 교훈을 좌우명으로 삼아 전통 복장을 찢고 부모가 주신 신체를 훼손하는 치욕을 받지 않으리라 맹세하였다.

을미년(고종32, 1895)에 명성황후가 시해되고 임금이 머리를 깎이는 변고를 당하자 이를 분하게 여겨 앞장서 의병에 가담하여 죽음도 편안히 여겼다. 의병이 패하는 급박한 상황에서 사람들이 살 수 있는 방도를 알려주었으나

"대장부가 의병을 일으키고 어찌 구차히 죽음을 면하려 하겠는가."

라고 하면서 뿌리치고 따르지 않았다.

의암이 제문에서 다음과 같이 말했다.

"군자가 '능히 부드러우면서도 굳세다.'라고 하였는데, 바로 이 사람을 두고 한 말이다."

《창의록(倡義錄)》

1 요 임금의……된다. : 《맹자》 〈고자 하(告子下)〉에 보인다.

김경달 金慶達

김경달은 춘천의 포수이다. 평소 효도와 우애가 깊은 것으로 향리에 알려졌다. 아버지, 할아버지, 증조, 고조의 생일에는 반드시 제철 음식을 올리니, 사람들이 그의 지극한 행동에 감복하여 김효자라 칭송하였다.

개화 당시에 외구(外寇)의 변이 일어나는 것을 보고[1] 항상 분개하고 한탄하였다. 그러던 중 이때에[2] 유중락(柳重洛) 공이 춘천에서 의병을 일으키자 김경달은 의병 모집에 응하여 가평(加平) 전투에 참여하였다. 장군 맹영재(孟英在)가 출전하여 전열(戰列)을 갖추기도 전에 적탄에 맞아 전사하자 의병들이 달아나 흩어졌다. 김경달은 홀로 서서 움직이지 않고 적병 4, 5명을 죽였으나 힘이 다하여 적에게 사로잡혔다. 적이 김경달을 회유하여

"우리에게 항복한다면 죽음을 면할 수 있다."

라고 하였다. 김경달이 크게 꾸짖으며

"내가 의병에 참여한 것은 본래 나라에 은혜를 갚고 몸을 보전하기 위함이다. 불행히도 잡혔으니 죽는 것이 진실로 나의 본분이다. 어찌 마음을 바꾸겠는가."

라고 하고 선 채로 탄환에 맞아 죽었다. 이 소식을 듣는 이들이 모두

장하게 여겼다.

《창의록(倡義錄)》

1 개화……보고 : 1876년 일본과 강화도조약을 체결한 것을 시작으로 서양 각국과 통상조약을 체결한 일을 가리키는 듯하다.

2 이때에 : 1895년 명성황후 시해사건 발생 이후를 말한다.

김복한 金福漢

김복한의 자는 원오(元五), 호는 지산(志山), 본관은 안동이다. 문충공(文忠公) 김상용(金尙容)의 후손이며 헌강공(獻簡公) 김시준(金時俊)의 8대손이다. 철종 경신년(철종11, 1860)에 태어났다. 사람됨이 의기가 당당하여 강개한 뜻이 있었다.

경인년(고종27, 1890)에 음침랑(蔭寢郎)으로 시직(侍直)에 들어갔으며, 임진년(1892)에 별시문과(別試文科)에 합격하여 교리(校理)와 양사(兩司)[1]에 임명되었다. 계사년(1893)에 사서(司書)에 임명되었고, 통정대부(通政大夫)에 올라 대사성(大司成)과 형조 참의(刑曹參議)가 되었다. 갑오년(1894)에 승지(承旨)에 임명되었다. 6월에 왜놈들이 대궐을 침범하여 옛 제도를 고치고 복색(服色)을 바꾸자,[2] 마침내 관직을 버리고 고향으로 돌아왔다. 문을 닫고 은둔한 채 도리를 다하며 살기로 결심하였다.

을미년(1895) 8월에 여러 역적들이 왜놈들과 한통속이 되어 국모를 시해하고 또 임금의 명령을 사칭하여 상투를 자르라는 명령을 내렸다. 김복한은 분하게 여기며 동지 이설(李偰), 안병찬(安炳瓚) 등 여러 사람들과 홍주 목사 이승우(李勝宇)에게 함께 의병을 일으켜 적을 토벌하고 국권을 회복하는 계책을 세우자고 요청하였다. 그러나 의병을 규합하기도 전에 도리어 이승우의 함정에 빠졌다.

이듬해(1896) 정월에 서울로 압송되어 재판소 감옥에 구류되었으나

3월에 이르러 임금의 특별 지시로 풀려났다. 얼마 뒤에 성균관장(成均館長), 중추원 의관(中樞院議官)에 임명되었으나 상소를 올려 원수인 오랑캐를 아직 척결하지 못하고 역적을 토벌하지 못했다는 이유로 사양하고 부임하지 않았다.

을사년(광무9, 1905) 겨울에 조약이 강제 체결[3]되었다는 소식을 듣고 집안 사당에 아뢴 다음 내종형인 전 승지(前承旨) 이설과 함께 병든 몸을 이끌고 서울로 올라갔다. 상소문을 올려 이지용(李址鎔), 박제순(朴齊純), 이완용(李完用) 등 여러 역적들을 참형에 처하라고 요청했다. 이 일로 인해 김복한은 한 달 동안 감옥에 갇혀 있다가 비로소 집으로 돌아왔다.

병오년(1906)에 참판(參判) 민종식(閔宗植)이 홍주에서 의병을 일으켰는데 일본 사람은 김복한이 주도했다고 의심해 김복한을 서울로 압송하여 경무청(警務廳)에 가두었다. 보조원(補助員) 단바 겐타로〔丹羽賢太郞〕가

"작년 겨울에 상소를 올린 것은 무슨 일 때문이었나? 또 누구와 함께 왔는가? 공은 명예가 있는 학사이니 숨기지 말고 사실대로 말하라."

라고 하였다. 김복한이

"을사오적[4]을 토벌하여 국권을 회복하자고 청한 것이고, 나의 내종형 승지 이설과 함께 하였다."

라고 대답하였다. 겐타로가 물었다.

"이승지란 이 아무개인가?"

"그렇다."

"이 당시에 민종식과 상소하는 일을 의논했는가?"

"그렇다"

"이미 상소하는 일을 의논했다면 혹시 의병을 일으키자는 논의를 하지는 않았는가?"

"그런 논의는 하지 않았다."

"정말로 숨기는 것이 없는가?"

"나는 을미년(고종32, 1895)에 의병을 일으킨 사람이다. 지금 무엇 때문에 진상을 속이겠는가?"

"을미년에 의병을 일으킨 것은 무엇 때문인가?"

"국모를 위해 복수하려 하였다."

겐타로가

"을미년 변란을 일본의 잘못이라고 하는 것은 지나치지만 대한의 신하로서 의리상 당연하다."

라고 하더니, 또

"을미년 거사는 누구와 함께 모의했는가?"

라고 하였다. 김복한이

"홍주 관찰사 이승우와 함께 모의했는데 금방 배반하여 그의 함정에 빠져 일을 이루지 못했다."

라고 하였다. 겐타로가

"함께 모의하고 바로 배반하다니 이승우는 참으로 형편없는 사람이다."

라고 하였다. 김복한이

"을미년과 병오년 이래 단지 처신을 깨끗이 하며 살다 죽기로 결심하였다. 그래서 올해 봄 공주부 보조원 마사토미 교타로(正富久太郞)가 와서 탐문할 때도 '개화파에 참여하지 않은 것은 뜻을 바꿀 수 없었기 때문이고, 의병을 일으키지 못한 것은 힘이 부족했기 때문이다. 상소를 올려 일을 말했는데 효과가 없었던 것은 성의가 지극하지 못했기 때문이다.'라고 하였다. 이 세 가지에서 내 심정을 알 수 있을 것이다."

라고 하였다. 겐타로가

"이 아무개는 지금 어디에 있는가?"

라고 하였다. 김복한이

"작년 겨울에 차가운 감옥에서 병들어 올해 윤4월에 세상을 떠났다."

라고 하였다. 겐타로가 한동안 탄식하며 안타까워하다가

"이 아무개도 또한 만났었는데 훌륭한 사람이 죽었구나."

라고 하더니, '김복한은 근육이 마비되는 병이 있다.'라고 하면서 온돌방에서 머물게 하라고 지시했다. 김복한은 이처럼 공경과 감복을 받다가 얼마 후 석방되었다.

정미년(1907)에 동학농민군 잔당 가운데 평소 김복한을 싫어하고 미워하던 사람이 일본인을 사주하는 바람에 다시 공주감옥에 수감되었다. 도중에 일본인이 큰 소리로 으르면서 매우 혹독하게 매질까지 하였다. 그리고 총을 쏘아 죽이려 했는데 어떤 사람이 간절히 비는 바람에 살 수 있었다.

경술년(1910) 국치 이후 산 사람의 대열에 들고 싶지 않아 깊이 문을 닫고 나오지 않았으며, 단지 궁벽한 산속에서 굶어 죽어 절의를 지키리라 다짐하였다.

임자년(1912) 메이지〔明治〕[5]의 상에 김복한이 상복을 입지 않는다고 순사가 찾아와 따졌다. 김복한이

"원수의 복을 어찌 입을 수 있겠는가."

라고 하고 끝내 입지 않았다.

을묘년(1915)에 공주 군수 임연상(林淵相)이 와서 왜도장관(倭道長官)의

명함을 전하며 간곡하게 받기를 권했다. 김복한은 엄한 말로 꾸짖어 물리쳤다. 묘소는 홍성군 산수동에 있다.

《홍양일록(洪陽日錄)》

1 양사(兩司) : 조선 시대 사헌부와 사간원을 아울러 이르던 말이다.

2 6월에……바꾸자 : 6월 21일에 경복궁을 점령하고 갑오왜란을 일으킨 후, 일본은 친일정권을 세워 갑오개혁을 주도하는 한편, 1894년 12월에는 의제개혁에 관한 칙령을 반포하여 복식제도를 개혁하였다.

3 을사년……체결 : 1905년 을사조약이 강제 체결된 사실을 말한다. 이 조약은 고종의 뜻에 반해 불법적으로 체결되었다는 의미에서 당시에는 늑약(勒約)이라고 하였다.

4 을사오적 : 을사조약 체결에 가담한 다섯 명의 매국노를 가리키는 말이다. 오적은 박제순, 이지용, 이근택, 이완용, 권중현이다.

5 메이지〔明治〕: 1852~1912. 일본 제122대 천황으로 250여 년을 이어온 도쿠가와 막부〔德川幕府〕를 무너뜨리고 천황 친정(親政) 체제를 구축한 메이지 유신〔明治維新〕을 통하여, 일본을 중앙집권적 통일국가로 변모시켰다. 이후 메이지 천황은 일본의 근대화를 이끌며 일본을 근대 국가로 변모시켰다. 1912년 7월 30일 메이지가 사망하자, 다이쇼〔大正〕가 천황으로 즉위하였다.

이설 李偰

이설의 자는 순명(舜命), 호는 복암(復菴), 본관은 연안(延安)이다. 그의 선조 문강공(文康公) 이석형(李石亨)[1]은 뛰어난 문장 솜씨로 세상에 이름이 알려졌고, 충정공(忠定公) 묵재(默齋) 이귀(李貴)[2]와 충정공(忠靖公) 서봉(西峰) 이시방(李時昉)[3] 부자는 뛰어난 충의(忠義)와 공훈(功勳)으로 인조(仁祖)와 효종(孝宗) 때에 훌륭한 신하가 되었다. 이설은 이들의 후손이다.

그는 철종(哲宗) 경술년(철종1, 1850)에 결성군 화산면[4]에서 태어났다. 성장해서는 출계(出系)하여 빙고 별검(氷庫別檢)을 역임한 이조겸(李祖謙)의 후사(後嗣)가 되었다. 어머니 유인(孺人) 김씨(金氏)가 이설을 임신하였을 때 태교(胎敎)를 잘하였는데 낳아보니 용모가 티 없이 맑고 아름다웠고, 재주와 덕이 뛰어나며 총명하고 민첩하였다. 돌이 되었을 때 말을 할 줄 알았다. 7세에 주흥사(周興嗣)의 《천자문》을 읽고는 벽에다가 '부모에게 효를 행할 때는 자신의 최선을 다하고, 나라에 충성할 때는 목숨을 바쳐야 한다.〔孝當竭力, 忠則盡命.〕'라는 여덟 자를 적어 걸었다. 또, '차가운 집에 어머니께서 앉아 계시니 마음이 편지 못하네.'라는 시를 지었다. 박세무(朴世茂)[5]가 지은 《동몽선습》을 읽다가 제갈량(諸葛亮)이 한(漢)나라를 돕고 문천상(文天祥)이 송(宋)나라에 목숨을 바친 내용에 이르러서는 개연(慨然)하게 말하기를

"나도 이 사람들의 자취를 모범으로 삼을 것이다."
라고 하였다.

정묘년(고종4, 1867)에 어머니인 영인(令人) 어씨(魚氏) 부인의 건강이 좋지 않았다. 이설은 어머니의 대변을 맛보고 넓적다리 살을 베어 드리는 등 지극 정성으로 간호하였으나 끝내 돌아가셨다. 무진년(1868)에 거듭 아버지 별검공(別檢公)의 상사(喪事)를 만났다. 아버지가 위독하실 때 이설은 또 손가락을 깨물어 피를 내서 입에 넣어드렸다. 아버지와 어머니 상사에 이설은 여막에서 지내면서 모든 절차를 예법대로 준수하였다. 1년 동안 채소와 과일을 먹지 않았고 3년 동안 술과 고기를 먹지 않았다. 상기(喪期)가 끝날 때까지 부인의 얼굴을 보지 않았으며 슬픈 마음이 들 때마다 곡을 하며 애통해 하였다. 이로 인해 이설의 건강이 날로 나빠져서 끝내는 눈물이 마르고 눈에 백태가 껴 평생 고질병[6]이 되었다. 족형(族兄)인 양소재(養素齋) 이위(李偉)와 중암(重菴) 김평묵(金平默)이 모두 편지를 보내 '그렇게 무리하다가는 상사를 견뎌내지 못할 것이다.'라고 경계하였으나 이설은 끝내 태도를 바꾸지 않았다.

상사를 마치고 고향으로 돌아온 이설은 문을 닫고 글을 읽었다. 벽에 구멍이 나고 방은 냉골이었지만 그는 종일토록 꼿꼿이 앉아 독서에 매진했으며, 거친 음식도 부족한 때가 많았지만 항상 의연한 자세를 견지하였다. 그러자 사람들이 그를 가장 맛이 뛰어난 후추[胡椒]와 한수석(寒水石) 같은 인물이라고 칭찬하였다.

무인년(1878)에 왜적(倭賊)이 우리나라에 들어와 수호(修好)관계를 맺어야 한다고 공개적인 입장을 밝혔는데 조정에서는 관사(館舍)를 마련하여 그들을 대접하였다. 그리고 척화(斥和)를 주장하는 사람은 도리어 처벌하였다.[7] 이때부터 이설은 주화론자(主和論者)를 나라를 팔아먹는 사람으로 인식하였다. 이에 이설은 소장(疏章)을 지어 올렸으나 그가 관직에 나가지 않은 미천한 사람이라는 이유로 임금에게 전해지지 않았다. 이런 사실에 대해 식자(識者)들은 한스럽게 생각하였다.

임오년(고종19, 1882)에 이설은 생원시(生員試)와 복시(覆試)에 합격하였다. 무자년(1888)에 알성시(謁聖試) 응제(應製)에 뽑혔다. 기축년(1889)에 전시(殿試)에 합격하였는데 합격자를 발표하는 날 특별히 홍문관 부수찬(弘文館副修撰)에 임명되었다. 경인년(1890)에 수찬(修撰)과 부수찬(副修撰)에 임명되었으나 외방(外方)에 있다는 이유로 교체되었다. 4월에 신정왕후(神貞王后)를 애도하는 자리에 달려갔다. 그리고 교리(校理)와 사간원 정언(司諫院正言)에 임명되었다. 8월에 인산옥책차비관(因山玉册差備官)에 뽑혔다. 얼마 뒤에 사헌부 지평(司憲府持平)에 임명되었다. 신묘년(1891)에 또 수찬(修撰)과 부수찬에 임명되고 서·동학당 교수(西東學堂教授), 전시 대독관(殿試對讀官)을 겸하였다. 또 수찬에 임명되었다.

이때 임금이 세자에게 명하여 남쪽을 바라보고 앉아 축하를 받게 하였다.[8] 참판(參判) 이용원(李容元)이 소장(疏章)을 올려 그 일의 불가(不可)함을 말하였는데 이치에 맞지 않는 말이 많았다. 이로 인해 그는 임금의 엄한 말씀을 듣고 외딴 섬에 유배되었다.[9] 그러자 사헌부와 사간원에서 합동으로 계(啓)를 올리고, 옥당(玉堂)의 관원들이 연명(聯名)으로 차자(箚子)를 올려 이용원을 극형(極刑)에 처해야 한다고 요청하였다. 하지만 이설은 병을 핑계로 이러한 논의에 참여하지 않았다. 그러자 사방에서 그를 위협하는 말이 쏟아졌는데 이설은 꿈쩍도 하지 않았다.

계사년(고종30, 1893)에 교리와 수찬, 중학당 교수, 장령에 임명되고 곧바로 다시 교리에 임명되었으나 모두 나가지 않았다. 갑오년(1894)에 부응교(副應教)와 사복 시정(司僕寺正)에 임명되고 또 응교에 임명되었다.

이때 동학농민군이 난을 일으켜 여러 군(郡)과 현(縣)을 연달아 함락시켰다. 각 도의 감사(監司)와 고을의 수령들은 동학농민군이 달려오는 모습만 보고도 달아나 숨어버렸다. 이설은 소장을 올려 그들이 백성의 고혈(膏血)을 착취하고 재앙을 빚어 만들며 지켜야 할 성을 버리고서 구차하게 목숨을 유지하려고 한 죄상에 대해 논박(論駁)하였다.

아울러 당시의 사태를 수습할 수 있는 방도에 대해서도 아뢰었다. 그것은 첫째, 서둘러 애통하다는 조서(詔書)를 내려 임금이 뉘우치고 깨닫는 모습을 백성들에게 보여줄 것, 둘째, 시급히 진휼(賑恤) 정책을 시행하여 사방으로 뿔뿔이 흩어지는 백성들을 안정시킬 것, 셋째, 궁궐의 기강을 더욱 엄격하게 하여 간사하고 옹졸한 사람들을 차단할 것, 넷째, 바른 말을 구하는 언로(言路)를 넓게 열어 많은 사람들의 계책을 수용할 것, 다섯째, 다른 나라의 구원병이 와서 도와줄 것이라 믿어 무비(武備)를 완화하지 말 것 등이었다.

이설은 이러한 내용으로 두 차례에 걸쳐 소장을 올렸으나 승정원에서 저지하여 임금에게 올리지 않았다. 결국 조정의 대신(大臣)이 경연 석상에서 임금께 그러한 사실을 말씀드렸다. 이로 인해 임금의 특명으로 소장이 임금께 전해지니 임금이 가부를 살펴 처리하도록 묘당(廟堂)에 지시하셨다. 그로 인해 조필영(趙弼永) 등을 유배하여 파직하였다.

얼마 뒤에 집의와 사간에 임명되었다. 이때 왜구(倭寇)들이 27개 조의 내정개혁안을 제시하며 조약을 맺자고 요청하였다.[10] 이설이 이 일에 대해 우려와 울분을 느끼고 소장을 올려 부당함을 지적하였다. 그러나 또 승정원에 막혀 올라가지 못했다. 얼마 뒤에 승정원 동부승지에 특별히 임명되고, 곧이어 우부승지에 올랐다.

이때에 이르러 왜적의 세력이 날로 드세졌다. 그러자 여러 흉악한 무리들이 그들의 심복(心腹)이 되어 독립(獨立)[11]이라는 말을 만들어 멋대로 국시(國是)로 삼았다. 이설이 이에 대해 또 소장을 올려 논박하였으나 역시 받아들여지지 않았다. 다음날 왜구들이 궁궐을 침입하여 5조약을 시행하였다.[12] 이설이 이미 여러 차례 소장을 올렸으나 임금에게 전달되지 않고, 왜적들이 또 궁궐을 포위하고 출입(出入)을 제한하였으므로 출입하기 위해서는 반드시 적들에게 출입증[13]을 받아야만 했다. 이설은 이를 치욕스럽게 여겨 마침내 관직을 버리고 통곡하며 도성을 빠져나왔다. 총리대신 김홍집이 남들 몰래 사람을 보내 이설을 회유하는 뜻을 전달했으나 이설은 엄중한 말로 그의 회유를 물리쳤다.

고향으로 돌아와서는 집안 뜰에 작은 단을 만들었다. 그리고는 매달 초하루와 임금의 생신날마다 관대(冠帶)를 갖추어 입고 북쪽 하늘을 바라보며 임금께 절을 올렸다. 을미년(고종32, 1895) 가을에 어윤중(魚允中)과 유길준(兪吉濬) 등이 왜놈 미우라 고로[三浦五樓]를 끌어들여 명성황후를 시해하고,[14] 겨울에는 임금의 두발을 깎아버렸다. 통분(痛憤)을 느낀 이설은 살고 싶은 마음이 없어 소장을 올려 대항하며 적을 토벌하려고 하였다. 그런데 마침 한두 사람의 동지가 홍주 목사 이승우와 함께 의병을 일으켜 적을 토벌하고 국권을 회복하려는 계획을 세우고 있었다. 이설도 이 계획에 동참하였다. 그런데 이승우가 곧바로 적들에게 붙어서 계획에 참여했던 많은 사람들을 모두 경무청에 가두고 온갖 방법을 다 동원하여 위협하며 다그쳐 신문하였다. 그러나 이설은 두려워하지도 않고 의지가 흔들리지도 않았다. 이듬해 봄에 압송되어 한성감옥에 갇혔다가 3월에 임금의 특명으로 풀려났다.

갑진년(1904)에 왜적들이 땅을 조차(租借)해 달라고 요청[15]하므로 이설이 격문(檄文)을 지어 전국에 알리고, 죽음을 무릅쓰고 대궐에 나가 하소연하려고 하였으나 끝내 다른 사람들에게 저지돼 실행하지 못했

다. 내부대신 이용태가 임금에게 아뢰어 말하기를

"이 아무개의 오롯한 충정은 장려할 만합니다."

라고 하니 임금이 이설을 안주 군수에 임명하여 서둘러 부임하도록 재촉하였으나 이설은 나가지 않았다.

을사년(1905)에 왜적들이 조약을 강제로 체결하였다. 이에 민영환, 조병세 등이 자결하였다. 그 소식을 들은 이설은 통곡하고 마침내 병을 무릅쓴 채 상소하였는데 그 대략의 내용은 다음과 같다.

"아, 저 왜놈들은 음험하고 교활하며 간사하고 간교합니다. 갑신년[16]에 한 번 변란을 일으켜 어가를 위협하는 재앙이 있었고, 갑오년에 두 번째 변란을 일으켜 궁궐을 범하는 화가 일어났으며, 을미년에 세 번째로 변란을 일으켜 국모를 시해하고 임금의 머리를 깎게 하는 일이 있었고, 네 번째 변란을 일으켜 갑진년에 땅을 빌린다는 요청이 있었습니다. 이렇게 오늘에 이르러 보호조약이라는 말을 멋대로 하니 이놈들의 변란이 이미 극도에 달하여 나라가 장차 망하게 되었습니다. 그러니 애통한 마음을 견딜 수 있겠습니까. 예나 지금이나 천하에 어찌 망하지 않은 나라가 있으며, 죽지 않은 사람이 있겠습니까. 하지만 오직 우리 임금께서는 진(晉)나라 경당(敬瑭)[17]과 송(宋)나라 건염(建炎)[18]을 깊이 부끄럽게 여기시고, 반드시 명(明)나라의 의황(毅皇)[19]을 본보기로 삼으셔야 합니다. 여러 신하들은 장낙로(長樂老)[20]와 허평중(許平仲)을 깊이 부끄럽게 여기고 반드시 문천상이 연옥(燕獄)에서 절의를 지켰던 것[21]을 본받아야 합니다. 그렇게 한다면 또한 죽어서 하늘에 계신 여러 선대왕들의 영령을 뵐 수 있을 것이고, 길이 천하 만세의 사람들에게 할 말이 있을 것입니다."

또 말미에 별지를 붙여 오적[22]들이 을사조약을 조인(調印)한 죄에 대해 논하였다. 이 소장이 올라가자 이설은 왜놈들에게 붙잡혀 경무청

(警務廳) 감옥에 구금되었다. 보조원 와타나베〔渡邊〕가 묻기를

"여러 대신들을 역적이라 한 까닭은 무엇 때문인가?"

라고 하였다. 이설이 매서운 목소리로 꾸짖어 말하기를

"적을 끌어들여 나라를 팔아먹었으니 역적이 아니면 뭐란 말이냐."

라고 하였다. 이렇게 보조원과 이설이 한참동안 옥신각신하였다. 그러다가 이설이 말하기를

"신하된 사람은 각각 자신의 군주를 위해 일하는 것인데 너희 왜놈들이 우리나라 일에 무슨 상관이냐."

라고 하니 그 말투가 늠름하였다.

섣달그믐에 방면되었다. 한 달 간 차가운 감옥에 갇혀 있으면서 느긋한 자세를 견지하였지만 이로부터 이전에 앓던 병이 더 심해졌다. 이듬해 정월에 통곡하며 고향으로 돌아왔다. 병이 날마다 더 심해지자 스스로 병석에서 일어나지 못할 것이라 짐작하였다. 이에 병을 무릅쓰고 유소(遺疏)를 작성하여 문인(門人)을 시켜 임금께 올리도록 하였다. 그리고는 미음(米飮)과 약물(藥物)을 물리치고 수십 일 동안 먹지 않았지만 정신만은 또렷하였다. 그는 오직 순국하여 임금의 은혜에 보답하지 못하는 것을 한으로 여기다가 마침내 윤4월 29일에 하허당(何許堂)[23] 정침(正寢)에서 운명하였다.

친구들과 문인(門人)들 가운데 10여 명이 상복을 입었다. 염할 때까지도 눈동자가 마치 사물을 보기라도 하듯 감지 않았으므로 보는 사람들이 기이하게 생각하였다. 유소가 임금에게 전해지자 임금께서 감탄하였다.

이설은 타고난 자품이 엄격하고 올곧았으며 마음 씀씀이가 공평하였다. 의리상 마땅히 해야 될 일에 대해서는 다른 사람이 빼앗을 수 없는 용기로 과감하게 실천하였다. 사람들과 담론할 때는 말의 기운

이 힘차게 뻗어 나왔다. 아버지께서 기이한 병에 걸리자 이설이 목욕재계하고 경건하게 기도하니 곧바로 효험이 있었다. 아우가 일찍이 임질(淋疾)을 앓았는데 이설이 아우의 피오줌을 마시며 그와 고통을 나누고자 하였다. 그의 족제(族弟) 가운데 의지할 곳이 없어서 그의 집에서 돌봐주던 사람이 있었는데 이설이 마치 동기(同氣)처럼 대해주었다. 그가 죽자 100여 리나 되는 길을 몸소 찾아가 족인(族人)에게 부탁하여 후사(後嗣)를 만들어 주었다. 자질(子姪)들에게 경계하여 매양 말하기를

"살기를 좋아하고 죽기를 싫어하는 것은 사물이나 나나 마찬가지이다. 막 자라나는 싹을 꺾지 말고 남을 해치지 말아라."

라고 하였다. 또 말하기를

"우리 집안에 전수되는 법은 오직 공(公) 뿐이다. 벗들과 사귈 때 신의(信義)를 위주로 하고, 교제하며 오가기를 형제와 같이 하는 사람에 대해서는 그들의 허물을 바로잡고 선을 책망할 때 체면을 생각하지 말고 직설적으로 해야 한다."

라고 하였다.

이설은 일찍이 자신의 이름 설(偰)자의 아래 부분인 대(大)자에 반드시 점을 찍어서 견(犬)자로 썼다. 이것은 어쩌면 송산(松山) 조공(趙公)이 이름을 고쳤던 의도[24]와 같은 것이 아니었겠는가. 또 주인을 사랑하는 개의 습성을 갸륵하게 여겨서 죽을 때까지 그 고기를 먹지 않았다. 아들 둘을 두었으니 장남 병후(秉厚)는 내부 주사(內部主事)이고, 차남은 병효(秉孝)이다.

안동(安東) 김복한(金福漢)

1 이석형(李石亨) : 1415~1477. 본관은 연안(延安). 자는 백옥(伯玉), 호는 저헌(樗軒)이다. 저서로 《저헌집》이 있으며, 시호는 문강(文康)이다.

2 이귀(李貴) : 1557~1633. 본관은 연안(延安), 자는 옥여(玉汝), 호는 묵재(默齋)이다. 저서로는 《묵재일기(默齋日記)》가 있으며 시호는 충정(忠定)이다.

3 이시방(李時昉) : 1594~1660. 본관은 연안(延安), 자는 계명(季明), 호는 서봉(西峯)이다. 저서로 《서봉일기》가 있으며, 시호는 충정(忠靖)이다.

4 결성군 화산면 : 현재의 충청남도 홍성군 구항면 오봉리이다.

5 박세무(朴世茂) : 1487~1554. 본관은 함양, 자는 경번(景蕃), 호는 소요당(逍遙堂)이다. 《동몽선습(童蒙先習)》의 저자로 알려져 있으며, 화암서원(華巖書院)에 제향 되었다.

6 고질병 : 정질(貞疾)은 난치병(難治病)을 의미한다. 《주역》 〈예괘(豫卦)〉 육오(六五) 효사(爻辭)에 "정한 질이 오래도록 죽지 않는다.〔貞疾, 恒不死.〕"라는 말이 있다.

7 무인년……처벌하였다 : 1876년 조선은 일본과 개항을 둘러싼 협상을 진행하였다. 이때 최익현을 비롯한 유림들이 일본과의 수호조약을 강력히 반대하자 최익현을 흑산도로 유배 보내는 등 일본과 수호조약을 반대하는 사람을 처벌하였다.

8 이때……하였다 : 《승정원일기》 1891년 2월 8일 조에 "신은 동궁(東宮)의 의절(儀節)에 대하여 구구하게 우러러 아뢸 말씀이 있습니다. 왕세자가 하례를 받을 때 자리를 설치하고 전문(箋文)을 올리는 등의 절차는 《대명회전(大明會典)》에 이미 확실한 전거(典據)가 있고, 또한 국조(國朝)가 융성한 때에 여러 번 의정(議定)한 것도 있습니다. 삼가 세종(世宗) 때에 특별히 전교를 내린 것을 상고하니 '세자는 동궁의 정문에서 남쪽을 향하여 앉고 1품 이하 신료들이 뜰 아래에서 재배(再拜)한다.'라고 하였는데, 이것은 실로 우리나라에서 이미 실행한 예절이니, 오늘날에 본받아야 될 절차입니다."라는 내용이 보인다.

9 이용원……유배되었다 : 1891년 2월 13일 행호군(行護軍) 이용원은 왕세자가 축하를 받을 때 남면(南面)해 앉은 문제로 영의정 심순택 등을 탄핵하였다. 이에 영의정 심순택과 우의정 정범조가 성밖으로 나아가 죄를 청하였으나, 고종은 이용원을 흑산도에 안치시켰다.

10 이때……요청하였다 : 일본은 1894년 동학농민전쟁을 계기로 청나라가 조선

에 군대를 파병하자, 천진조약(天津條約)에 의거하여 일본도 조선에 군대를 파병하였다. 조선에 군대를 주둔시킨 일본은 조선에 대해 강력한 지배권을 확립하고자 청나라의 공동 철병(撤兵) 요구를 일축하고는 오히려 청·일 공동 간섭하에 조선의 내정을 개혁하자고 주장하였으나, 청으로부터 거절당하고 말았다. 이에 일본은 단독으로 조선을 지배하고자 주한일본공사 오토리 게이스케〔大鳥圭介〕에게 훈령을 내려 조선의 내정개혁을 명령하였다. 이에 따라 오토리 공사는 1894년 7월 3일 고종에게 내정개혁방안요령(內政改革方案要領) 5개 조 26항을 제출하는 한편, 청나라와 관계를 단절할 것을 강요하였다. 그러나 고종은 이를 거절하였다.

11 독립(獨立) : 독립이란 의미는 일제가 조선을 독점 지배하기 위하여 먼저 청나라의 예속으로부터 독립시킨 후 향후 일본의 지배하에 두려는 의도에서 사용한 것이다.

12 다음날……시행하였다 : 일본은 고종에게 내정개혁안을 제시하였으나 거절당하자, 7월 23일 청일전쟁을 일으키고, 다음날 새벽 일본군을 동원하여 경복궁을 점령하였다. 그리고 대원군을 앞세워 새로운 친일정권을 수립하면서 일본이 주장한 내정개혁방안 5개 조가 실시되었다. 이것이 이른바 갑오왜란, 혹은 경복궁 쿠데타 사건이다.

13 출입증 : 갑오왜란이 일어나던 7월 23일부터 8월 24일까지 일본군은 조선군을 무장 해제시키고 경복궁을 수비하였다. 따라서 일본공사관이 발급하는 문표(門標) 없이는 경복궁 출입이 불가능하였다.

14 을미년……시해하고 : 1895년 음력 8월 20일 일본공사 미우라 고로〔三浦梧樓〕가 일본군 수비대와 낭인들을 시켜 명성황후를 시해하였다. 이 사건에는 흥선대원군을 비롯한 이진호, 우범선 등이 관여하였다.

15 갑진년에……요청 : 1904년 2월 러일전쟁을 일으킨 일제는 6월 6일 전시와 시정개선의 명분하에 하야시 곤스케〔林權助〕 공사를 통해 한국 외부(外部)에 향후 50년 동안 전국의 황무지개척권을 달라고 강력히 요구하였다. 이러한 요구는 당시 한국침략의 내용을 담고 있던 대한방침, 대한시설강령 중의 하나로서, 다수의 일본 농민을 한국에 이주시켜 한국을 식량과 원료의 공급지로 삼고자 했던 것이다. 이에 대한제국 정부는 황무지 개척과 경영에 관한 일체의 권리를 넘겨주는 계약안을 작성해 주었다. 이 때문에 일제는 당시 한국 국토의 30%에 해당하는 황무지를 아무런 보상도 없이 강점할 수 있었다. 그러나 이에 반대하는 상소와

투쟁이 격렬해지자, 8월 황무지개척권을 철회하였다. 그 뒤 1908년 동양척식주식회사를 설립함으로써 황무지개척권 목적을 달성하였다.

16 갑신년 : 1884년 12월 4일 김옥균, 박영효, 홍영식 등 개화당이 청나라에 의존하려는 척족 중심의 수구당을 몰아내고 일본에 의지해 개화정권을 수립하려 한 갑신정변(甲申政變)이 일어난 해이다.

17 경당(敬瑭) : 후진(後晉)의 고조(高祖)인 석경당(石敬瑭)을 가리킨다. 후당(後唐) 명제(明帝)의 사위로서 반란을 일으키고 국호를 후진이라 했는데, 아들 출제(出帝)에 이르러 멸망하였다.

18 건염(建炎) : 남송(南宋)의 첫 번째 임금인 고종(高宗)의 연호이다. 고종은 휘종(徽宗)의 9남이자 흠종(欽宗)의 아우로, 금(金)이 북송(北宋)의 수도 개봉(開封)을 함락시키자 강남으로 도주하여 임안(臨安)에서 남송을 건국하고 연호를 건염이라고 하였다.

19 의황(毅皇) : 숭정제(崇禎帝, 1611~1644)는 중국 명나라의 마지막 황제로 묘호는 의종(毅宗)이다.

20 장낙로(長樂老) : 5대(五代) 시대의 재상 풍도(馮道)가 일생 동안 당(唐), 진(晉), 거란(契丹), 한(漢), 주(周), 오조(五朝)의 재상으로 육제(六帝)를 섬기고 나서 장낙로(長樂老)라 자호(自號)하여 스스로 매우 영화롭게 여겼는데, 송(宋)나라 구양수(歐陽脩)가 《신오대사(新五代史)》를 편찬하면서 풍도의 전기(傳記)를 잡전(雜傳) 속에 넣고 그를 일러 염치없는 자라고 평하였다.

21 문천상이……것 : 송(宋)나라 충신 문천상(文天祥)이 원(元)나라 장수 장홍범(張弘範)에게 사로잡혀 3년 동안 연(燕)나라에 구류된 것을 말한다.

22 오적 : 1905년 일제가 강제로 체결한 을사조약에 찬성한 다섯 명의 대신인 이완용, 이지용, 박제순, 이근택, 권중현을 가리킨다.

23 하허당(何許堂) : 이설의 생가로 충청남도 홍성군 구항면 오봉리에 있다.

24 조공(趙公)이……의도 : 고려 말의 문신 조견(趙狷, 1351~1425)의 고사를 말한다. 그의 본관은 평양(平壤), 자는 거경(巨卿), 호는 송산(松山), 시호는 평간(平簡)이다. 이유원(李裕元, 1814~1888)의 《임하필기(林下筆記)》 〈문헌지장편(文獻指掌編)〉 명휘(名諱) 조(條)에 조견에 관한 다음의 기사가 수록되어 있다. "안렴사(按廉使) 조견(趙狷)은 본명이 윤(胤)으로, 평양 관찰사 조준(趙浚)의 아우이다. 왕조를 혁명하는 즈음에 그 형에게 울며 간하였으나 끝내 듣지 않자 달아나 송산(松山)에

이르러 이름을 견(狷) 자로 고쳐 견(犬)이라는 부수를 쓰고 호를 송산(松山)이라 하였다. 대개 이름은 견마(犬馬)가 주인을 그리워하는 뜻을 취하고, 호는 산이 움직이지 않고 소나무가 시들지 않는 뜻을 쓴 것이었다. 조준은 그 아우가 화를 입을까 두려워하여 몰래 개국훈(開國勳)에 기록하여 억지로 평성부원군(平城府院君)에 봉하였다. 조견은 임종하면서 집안사람에게 훈계를 남겨 묘도(墓道)에 고려(高麗) 안렴사(按廉使)라고만 쓰고 신도(新都)의 관작을 쓰지 말라고 하였는데, 자손들이 화가 미칠까 두려워하여 한결같이 훈적(勳籍)대로 썼다. 그러자 비갈(碑碣)에 갑자기 천둥 번개가 치면서 비석면의 관작을 쓴 부분에 내리쳐 '조공견지묘(趙公狷之墓)' 다섯 글자만 남게 하였다."

이세영 李世永

이세영의 자는 좌현(佐顯), 본관은 덕수(德水)이다. 그는 충무공 이순신의 후손으로 선대의 중간에 아산으로 이사와 정착하였다. 대부(大父)[1]인 이규덕(李奎悳)은 참판을 역임하였고, 아버지 이민하(李敏夏)는 내금위장(內禁衛將)을 역임하였다. 어머니 숙부인(淑夫人) 평강 채씨가 하얀 이마의 호랑이가 품속으로 뛰어드는 태몽을 꾼 뒤 이세영을 낳았으니, 기사년(고종6, 1869) 5월의 일이다.

일곱 살에 선생에게 글을 배우기 시작하였고 열 살에 아버지를 따라 서울 집으로 왔다. 13세에 수사(水使) 벼슬을 역임한 삼종숙부 이민철(李敏哲)의 양자가 되었다. 16세에 판서 양헌수(梁憲洙)[2]에게 학문을 배웠고 17세에 안성에서 양모인 평양 조씨의 상을 치렀다. 다음해에 양부인 수사공(水使公)의 상을 서울에서 치렀다. 기축년(1889)에 임금이 조정 관료의 자제를 뽑아 여러 나라의 말을 가르치라는 명령을 내렸다. 왕의 칙서가 이세영에게 전달되어 영어공원[3]에 입학하라고 강요하자 이곳에 들어가게 되었다. 경인년(1890)에 돌아가신 아버지를 대신해 할아버지 상을 치렀고, 그 다음해에 아산에서 할머니 상을 치렀다. 임진년(1892)에 낳아주신 아버지 상을 당하였고, 갑오년(1894)에 계모 김씨의 상을 치렀다.

당시에 동학교도들이 난을 일으켰는데 이세영을 천주교도라고 날조하여 위해(危害)를 가하였다. 다리를 비틀어 거의 죽을 지경에 이르렀고 한편으로 그의 부모 묘를 파냈다. 이세영은 같은 고을의 선비인 이봉학(李鳳學)과 유회(儒會)를 설립하고 자신이 유회의 회장이 되었다. 그리고 동학농민군의 우두머리를 잡아 그 지역을 안정시켰다.

을미년(고종32, 1895)에 박창로(朴昌魯),[4] 이상린(李相麟), 이봉학, 안병찬(安炳瓚) 등과 대흥(大興) 봉수산성[5]에서 모여 시국에 어떻게 대처해야 할지를 의논하였다. 8월에 김홍집 등이 왜놈의 힘을 빌려 왕후 민씨를 시해하고 임금을 협박하여 국정을 바꿨다. 11월에 이세영은 계모상을 마치자 의병을 일으켜 홍주로 들어가 웅거하였다. 관찰사 이승우(李勝宇)를 추대하여 대장으로 삼고, 자기 자신은 정인희(鄭仁羲)와 더불어 정산(定山)에 군대를 주둔하였다. 그런데 이승우가 몰래 왜놈과 내통한 뒤 김복한(金福漢)[6] 등 수백 명을 사로잡아 가두었다. 정인희는 공주로 갔으나 구완희(具完喜)[7]에게 패배하였다. 이세영은 홀로 홍산(鴻山)으로 탈출하여 다시 의병을 일으켰다.

이때 고종이 베베르(Waeber)가 공사로 있던 러시아 공사관으로 피신하고 김홍집 등을 죽였다.[8] 그리고 각 도의 의병들에게 해산하라고 명령을 내리자 이에 이세영도 의병을 해산하고 집으로 돌아왔다. 그러나 역당(逆黨)의 기세는 누그러지지 않았다.

고종22년(1896)에 이세영은 다시 황재현(黃載顯),[9] 이관(李寬), 김홍제(金弘濟) 등과 함께 남포(藍浦)에서 의병을 일으켰으나 곧 패배하여 뿔뿔이 흩어졌다. 국가에서 군주사(軍主事)에 임명하였으나 그는 부임하지 않았다. 선비들을 규합하여 궁궐 문에 엎드려 고종의 환궁을 요청하였으나 대답을 듣지 못하였다.

장인인 김재은(金在殷)이 의병진무도지휘(義兵鎭撫都指揮)의 임무를 띠고 원주(原州)로 내려가게 되었는데 이세영을 자신의 참모로 삼았다.

이때 이세영은 횡성으로 홍재구(洪在龜)를 찾아가 인사를 드리고 공손하게 예의를 다한 다음 문명국과 오랑캐의 차이에 대하여 자신의 의견을 피력하였다. 이에 홍공(洪公)이 그의 집을 '의(義)'자로 이름 지어 주었다. 곧이어 동지들과 연합, 상소를 올려 명성황후의 원수를 갚을 것을 요청하였다.

광무 원년(1897)에 고종이 황제로 즉위하자 이세영은 7등군공부에 이름이 올랐다. 가을에 육군참위(陸軍參尉)로 친위부대 제1연대 제1대대에 보임되었다. 또 다시 이세영은 상소를 올려 명성황후의 복수를 요청하였다. 기해년(광무3, 1899)에 부위(副尉)로 승진하였다. 4월에 융무정(隆武亭)에서 숙직을 하였는데 밤중에 포성이 진동하였다. 황제가 수옥헌(漱玉軒)으로 어가를 옮기게 되었는데 이세영이 군대를 동원하여 호위하였다. 이세영이 매 연대(聯隊)에서 한 개의 중대(中隊)를 동원하여 문밖을 호위할 것을 청하자 황제가 허락하였다. 이에 이세영은 암호를 받아 각 연대에 보낼 것을 명령하였다. 이윽고 국병길(國炳吉) 등을 사로잡았다.

5월, 독일의 친왕이 강원도 금성(金城)의 금광(金鑛)을 유람하였는데,[10] 이세영은 명을 받들어 본대를 거느리고 가 그들을 맞이하고 보냈다. 돌아와서 홍릉에 머물렀고, 친위군(親衛軍) 1대대의 부관(副官)으로 옮겨 보임되었는데 품계는 정3품이 되었다. 경자년(1900)에 보국대부 조병식(趙秉式)[11] 등이 순비(淳妃) 엄씨를 황후로 삼기를 청하였다. 이세영은 이문화, 이봉학, 이건석 등과 함께 항소하여 배척하였다. 여름에 헌병대 부관에 보임되었는데 양병설을 주장했다. 임인년(1902)에 중대장에 보임되었고, 겨울에 정위(正尉)에 올랐으며 헌병대장 서리가 되었다. 계묘년(1903) 어떤 일로 정직되었는데, 이때 일본과 러시아가 교전하자[12] 채광묵 등과 함께 상소하여 시사를 논하였고, 정부에 투서하여 이근택, 권중현, 길영수 등이 권력을 농단하여 나라를 병들게 한 상황을 논척하였다. 갑진년(1904)에 정산(定山) 고향 집으로 돌아가 스스로 고광(古狂)이라고 호를 짓고 고기 잡고 나무하며 생을 마치고자 하였다.

을사년(1905) 10월 일본의 이토 히로부미〔伊藤博文〕가 무력으로 임금을 위협하여 보호조약을 맺고 대신 박제순, 이근택, 이지용, 이완용, 권중현 등이 체결하여 도장을 찍으니 마침내 우리나라에 통감을 설치하였다. 이세영은 민종식(閔宗植),[13] 채광묵(蔡光默),[14] 안병찬, 박창로 등과 의병을 일으킬 것을 모의하였다. 병오년(1906) 봄, 충남 예산군 대흥면의 민종식 의병 진영으로 가서 참모장이 되었고, 4월에는 홍주에 주둔하여 중군장이 되었으나, 곧 패하여 충남경찰서에 수감되었다. 해사 김가진(金嘉鎭)[15]이 묻기를

"어찌해서 의병을 일으켰는가?"

라고 하니, 이세영이 진술하여 말하기를

"도가 망하고 나라가 망하였는데, 어찌 집이 망하지 않고 사람이 망하지 않는 이치가 있겠는가."

라고 하였다. 김가진이 묻기를

"민종식과 채광묵은 어디에 있는가?"

라고 하니, 답하기를

"알아도 말하지 않겠지만, 또 어디에 있는지 알지도 못한다."

라고 하였다. 마침내 서울로 압송되었다. 일본 경시 마루야마 시게토시〔丸山重俊〕가 묻기를

"어째서 의병을 일으켰는가?"

라고 하니, 이세영은 일본이 우리나라에 대해 전쟁의 계기를 만든 죄에 대해 낱낱이 들어서 거의한 뜻을 밝혔다. 얼마 후에 평리원(平理

院)[16]으로 옮겨졌다가 마침내 종신형을 받고 황주(黃州)에 유배되었다.

정미년(1907)에 이완용(李完用), 임선준(任善準), 조중응(趙重應), 송병준(宋秉畯) 등은[17] 왜놈에게 붙어서 임금을 협박하여 황태자에게 전위(傳位)토록 하고 억지로 7조약을 정하여 우리 군대를 해산시켰다.[18] 이세영 등을 잡아 일본 군영에 가두고 다시 압송해서 철도(鐵島, 황해도 황주에 있는 섬)로 옮겼는데, 곧 유배에서 풀려나 돌아왔다. 무신년(1908)에 아우 창영(昌永) 및 이상린(李相麟) 등과 더불어 성명학교를 설립하고 스스로 교장이 되어 몽민을 장려하고 교육하였다. 기유년(1909)에 평안도 은산(殷山)에 대한협회(大韓協會) 지회(支會)를 설립하였다.

경술년(1910)에 일본인이 억지로 우리나라와 합방을 체결하고 순종 황제를 폐위하여 이왕(李王)이라고 하였는데, 병사로 하여금 묻게 하니 이세영이 말하기를

"내가 하루를 더 살면 하루만큼의 욕이 있는 것이 일찍이 개나 돼지만도 같지도 못하니 무엇을 묻는가."

라고 하였다. 신해년(1911)에 일본인이 이세영을 군참사(郡參事)로 삼고자 하여 군서기 오카노〔岡野滿辰〕[19]를 파견하여 출사할 것을 독촉하였는데, 이세영이 응하지 않았다.

외사씨가 말하였다.

"내가 일찍이 슬퍼하노니, 옛 충신(忠臣)과 지사(志士)는 나라가 흥망의 갈래길에 서면 마음속에 맹세하여 복수를 도모하는데, 목숨을 잃고 가족을 곤경에 빠뜨리는 것을 당연한 것처럼 여겨 어떤 상황에 닥쳐도 후회하지 않았다. 간혹 그 뜻을 이루지 못하고 몸과 이름이 함께 구덩이에 묻힌 사람이 적지 않다. 그러나 마침내 밝은 해가 하늘

에 다시 떠오르는 것처럼 빛난 업적을 이루는 사람은 대개 만 명 가운데 한 사람이니, 바로 이세영이로다."

성산(星山) 이승희(李承熙)[20]

1 대부(大父) : 대부는 원래 할아버지와 같은 항렬로 상복을 입지 않는 남자 친척을 가리키는데, 여기서는 할아버지를 가리키는 것으로 보인다.

2 양헌수(梁憲洙) : 1816~1888. 본관은 남원(南原), 자는 경보(敬甫), 시호는 충장(忠莊)이다. 부사정을 지낸 양종임(梁鍾任)의 아들이며 이항로(李恒老)의 문인으로 무예를 익혔다.

3 영어공원 : 1886년에 설립된 육영공원을 가리킨다.

4 박창로(朴昌魯) : 1846~1918. 충청남도 예산 출신의 한말 의병이다. 명성황후 시해사건과 단발령을 계기로 1896년 1월 정산에서 수백 명의 의병을 규합하여 채광묵(蔡光默), 안병찬(安炳瓚), 이세영(李世永) 등이 이끄는 각지의 의병과 홍주성에서 합류한 뒤 김복한(金福漢)을 의병대장에 추대하면서 의병항쟁을 개시하였다. 그리고 정제기(鄭濟驥)와 함께 홍주의병진의 항전근거지를 구축하기 위하여 대흥의 임존산성(任存山城)을 수축하는 임무를 맡았다. 그러나 관찰사 이승우(李勝宇)의 변절로 홍주의병진은 곧 와해되었다. 그 뒤 1905년 을사조약의 강제 체결로 국권이 상실되자 재기항쟁을 결심하고 안병찬, 채광묵 등과 1906년 3월 중순 대흥에서 거의하였다. 홍주성으로 진격하던 도중 일본군과의 전투에서 패배하여 동료 수십 명과 함께 잡혀 공주감옥에 수감되고 말았다. 얼마 뒤 동지들의 도움으로 석방되어 5월 19일 민종식(閔宗植) 의병진이 홍주성을 공략하고 의병진을 재편성할 때 참모사(參謀士)로 임명되어 5월 31일 성이 함락될 때까지 일본군과 치열한 수성전(守城戰)을 벌였다. 홍주성전투에서 패배한 뒤에도 예산읍을 근거지로 삼고 김덕진(金德鎭), 황영수(黃英秀) 등과 같이 민종식을 의병대장에 다시 추대, 의병항쟁을 시도하였지만 일제에게 기밀이 누설되어 무산되고 말았다.

5 대흥(大興) 봉수산성 : 예산군 대흥면 상중리에 있는 산성으로, 백제 때 축조되

었다.

6 김복한(金福漢) : 1860~1924. 본관은 안동(安東), 자는 원오(元五), 호는 지산(志山)이다.

7 구완희(具完喜) : 본관은 능성(綾城)이다. 1894년 동학농민전쟁이 일어나자 유학(幼學)의 신분으로 양호도순무영(兩湖都巡撫營) 참모관으로 발탁되어 동학농민군 토벌에 참가하였다. 비록 이인(利仁)전투에서 패하였으나 전투에서의 공로를 인정받아 대흥 군수(大興郡守)에 임명되었다. 1904년 러일전쟁이 일어나자 평안북도 의주 군수로서 일본군 북진대(北進隊)의 접응관(接應官)을 맡아 일본군을 도와준 공로로 외부 참서관(外部參書官)이 되었다. 이를 계기로 한일의정서(韓日議定書) 체결에 적극 참여하였는데, 그로 인해 애국단체로부터 매국적신(賣國賊臣)으로 성토되어 그의 집에 폭탄이 투척되기도 하였다. 1905년 육군참령, 육군법원이사, 비서감승(秘書監丞), 경무사(警務使) 등을 역임하면서 칙임관 2등(勅任官二等)의 지위까지 이르렀다.

8 고종이……죽였다 : 아관파천을 말한다. 1894년 청일전쟁에서 승리한 일본은 조선에 대한 지배권을 확보하고 청나라로부터 요동반도를 할양받는 등 만주 침략의 발판을 마련하였다. 그러나 러시아를 비롯한 프랑스와 독일은 일본의 만주진출을 저지하기 위해 이른바 삼국간섭을 통해 요동반도를 반환하게 하였다. 이후 부임한 러시아공사 베베르는 미국공사와 함께 고종과 민비세력에게 접근하여 친러정책 실시를 권유하였다. 이러한 낌새를 눈치 챈 일제는 1895년 8월 일본공사 미우라 고로[三浦梧樓]를 시켜 명성황후를 시해하고, 친일 내각을 수립하면서 갑오개혁을 추진하였다. 그러나 신변의 위협을 느낀 고종은 친러세력과 함께 1896년 2월 11일 새벽, 왕과 왕세자가 궁녀의 가마를 타고 극비리에 러시아 공사관으로 옮겼다. 파천 직후 고종의 명령으로 친일내각의 총리대신 김홍집과 농상공부 대신 정병하가 참형되었고, 내부대신 유길준을 비롯한 10여 명의 고관은 일본 군영으로 도피하여 일본으로 망명했다. 탁지부 대신 어윤중은 도망가던 중 백성들에게 살해되었고, 외부대신 김윤식은 제주도에 유배되었다.

9 황재현(黃載顯) : 1848~1903. 조선 말기의 무인이다. 보령오의사 중의 한 명이다. 본관은 장수(長水), 자는 봉일(鳳一), 호는 만취(晩翠)로 충청남도 보령 출신이다. 1878년 무과에 급제하였으며, 선전관에 임명되어 관계에 진출하였다. 그러나 1881년 김홍집(金弘集)이 《조선책략(朝鮮策略)》을 들여온 것이 발단이 되어 전국이 척사상소로 비등할 때, 영남 유생 이만손(李晩孫)의 만인소(萬人疏)에 이어

충청도 대표로 홍시중(洪時中)과 함께 척사소를 올렸다. 이 상소에서 《조선책략》을 불태울 것을 비롯한 시무책을 주청하였으나, 도리어 전라도 지도(智島) 유배에 처해졌다. 귀양에서 풀려나와 1894년 동학농민전쟁 때 유회군(儒會軍)을 모아 동학농민군을 진압하였으며, 1895년 을미사변 후 홍주의병에 참여한 것으로 알려져 있다.

10 독일의……유람하였는데 : 1899년 독일 하인리히 친왕이 군함으로 인천에 도착한 후 독일인이 경영하던 강원도 금성군 당현금광(堂峴金鑛)을 시찰하였다.

11 조병식(趙秉式) : 1823~1907. 고종 때의 문신으로 자는 공훈(公訓)이며 시호는 문정(文靖)이다. 1888년 러시아 대표 베베르와 한러육로통상장정을 체결하였다. 함경도 관찰사 때 방곡령을 선포하였고, 동학교도를 탄압하여 동학농민운동의 원인을 제공하였다. 후에 황국협회를 배후에서 조종하여 독립협회 타도에 앞장섰다.

12 일본과 러시아가 교전하자 : 일본이 러시아를 상대로 일으킨 러일전쟁은 1904년 2월부터 시작되었다.

13 민종식(閔宗植) : 1861~1917. 홍주의병을 이끌었던 한말 의병장이다. 본관은 여흥, 자는 윤조(允朝), 호는 퇴초자(退樵子)이다. 아버지는 판서 민영상(閔泳商)이다. 1882년 별시문과에 급제한 뒤 이조 참판까지 지냈으나, 1895년 을미사변 후에는 충청남도 정산(定山)에서 은둔생활을 했다. 1905년 을사조약이 체결되자 정산에서 의병을 일으켰다. 1906년 5월 홍산(鴻山)에 의병을 집결시킨 뒤 충청남도 서부지역인 서천, 비인, 판교, 남포, 보령, 청양 등을 점령하고, 서부의 중심지인 홍주까지 점령했다. 이와 같이 홍주 의병이 서울로 통하는 교통의 요지를 차지하게 되자, 일본군은 이해 5월 31일 홍주성을 공격했다. 이 싸움에서 의병 83명이 죽고 145명이 포로가 되자, 그는 김상덕(金商悳)과 함께 공주에 있는 이남규(李南珪)의 집으로 피신했다. 재기를 도모하던 중 1906년 11월 일진회 회원의 밀고로 붙잡혀 사형선고를 받았다. 그러나 법부대신 이하영(李夏榮)의 주청으로 진도로 유배되었고, 1907년 12월 특사로 풀려났다.

14 채광묵(蔡光默) : 1850~1906. 한말 의병장으로 본관은 평강(平康), 자는 명숙(明淑), 호는 구연(龜淵)이다. 아버지는 동식(東軾)이다. 1895년 을미사변이 일어나자 안병찬(安炳瓚) 등과 함께 거의하여 의병 180명을 모집했다. 그의 의진(義陣)을 비롯해 박창로, 이봉학 등이 이끄는 홍주 지역의 의진이 모두 홍주성으로 집결하여 큰 세력을 형성했으나 관찰사 이승우의 배신으로 거사는 실패하고 말았다.

남면소모관(南面召募官)으로 의병모집차 외지에 나가 있어 체포를 면한 그는 상경하여 10여 차례에 걸쳐 상소하였다. 조정에서는 그의 뜻을 가상히 여겨 내부주사(內部主事)로 임명했으나 사양하고 고향으로 돌아왔다. 1905년 을사조약이 강제체결되자 이만식(李晩植) 등과 함께 다시 의병을 일으켰으며 1906년 4월 민종식, 이용규(李容珪) 등과 함께 상의하여 5월에 대의병진을 구성했다. 의병진은 서천, 비인, 판교, 남포, 보령을 거치며 세력을 키우고 5월 19일에는 홍주성을 공격하여 점령했다. 입성 후 전열을 재정비할 때 참모장으로 임명되었다. 그러나 5월 31일 적의 대공세에 맞서 끝까지 성을 지키다가 아들 규대(奎大)와 함께 순국했다.

15 김가진(金嘉鎭) : 1846~1922. 본관은 안동, 자는 덕경(德卿), 호는 동농(東農)이다. 병자호란 때 강화성에서 순절한 문충공 선원 김상용의 11대손으로 이조참판 수북 김광현의 직계 후손이며 예조 판서 김응균의 아들이다. 세도가인 안동 김씨 가문에서 태어났으나 서사였기에 오랫동안 하위 관직을 맴돌았다. 갑오개혁으로 적서차별이 철폐되자 1886년 늦은 나이에 과거에 급제한 뒤 일본 도쿄에서 외교관으로 근무하면서 개화파 관료로 활동했다. 1895년 농상공부대신, 1906년 충청남도 관찰사를 역임하는 등 서자 출신으로는 이례적으로 고위직에 있다가 1910년 한일병합조약이 체결되면서 조선총독부로부터 남작을 받았다. 그러나 3·1 운동 이후 조선민족대동단 총재를 역임하다가 1919년 상해로 망명하여 대한민국임시정부 고문에 추대되었기에 각종 친일파 명단에서는 빠져 있다. 대동단은 의친왕의 상해 탈출을 기도한 비밀결사 단체이다. 그러나 남작 작위를 공식적으로 반납한 적이 없다는 점과 연로한 나이에 상해로 망명하여 별다른 공적 없이 곧 사망했기 때문에 독립유공자 서훈은 받지 못했다. 김가진의 맏아들 김의한과 맏며느리 정정화도 독립운동가이다.

16 평리원(平理院) : 대한제국 당시 재판을 맡은 관청이다. 1895년에 의금부를 고등재판소라 고쳐 일컫다가, 1899년에 평리원으로 개칭하였으며 1907년에 폐(廢)하여 공소원(控訴院)과 대심원(大審院)으로 나뉘었다.

17 이완용(李完用)……등은 : 1907년 7월 체결된 한일신협약[제3차 한일협약, 정미조약]에 찬성한 내각대신 일곱 명을 가리켜 정미칠적이라고 하는데, 이완용, 송병준, 이병무, 고영희, 조중응, 이재곤, 임선준이 그들이다.

18 임금을……해산시켰다 : 1907년 6월 고종은 헤이그에서 제2회 만국평화회의가 개최된다는 소식을 듣자, 이상설 등 3인과 헐버트를 밀사로 임명하여 파견하였다. 밀사 3인과 헐버트의 목적은 을사조약의 무효화와 대한제국의 독립을 각국

으로부터 인정받기 위함이었다. 그런데 이 일로 곤욕을 치른 이토 히로부미는 1907년 7월 14일 정미조약〔정미7조약〕을 체결하여 대한제국에 대한 내정간섭을 한층 강화하는 한편, 7월 20일에는 고종을 강제 퇴위시키고 순종에게 양위케 하는 한편, 8월 1일에는 대한제국 군대를 해산시켜 대한제국의 국방력을 무력화시켰다. 그러나 군대 해산을 계기로 전국적으로 의병전쟁에 돌입하였다.

19 오카노〔岡野滿辰〕: 《日本人名よみかた辭典》(1990)에 의하면 일본이름 중 滿辰에 대한 일본식 표기가 없다.

20 이승희(李承熙) : 1847~1916. 성리학자이자 독립운동가이다. 본관은 성산(星山), 자는 계도(啓道), 호는 강재(剛齋), 한계(韓溪), 대계(大溪)이다. 일명 대하(大夏)이다. 아버지는 성리학자 진상(震相)이다. 성리학과 예학에 조예가 깊었다. 일찍이 참봉에 제수되었으나 나가지 않았으며, 여러 차례 서양 종교의 배척과 내정개혁을 요구하는 시사소(時事疏)를 올렸다. 1905년 을사조약이 체결되자 을사오적의 처형과 조약의 파기를 요청하는 상소를 올려, 그해 12월 대구경찰서에 구금되었다가 이듬해 4월 석방되었다. 1907년 국채보상운동이 일어나자 성주의 국채보상단연회(國債報償斷煙會) 회장으로 활동했으며, 헤이그 만국평화회의에 서한을 보내 일제의 침략만행을 규탄했다. 같은 해 일제가 고종을 강제 퇴위시키자, 일본정부에 항의하고 세계 여론에 양위의 부당성을 호소했다. 일제의 국권 침탈이 더욱 노골화되자 1908년 블라디보스토크로 망명하여 이상설(李相卨), 유인석(柳麟錫) 등과 함께 독립운동을 전개했다. 1909년에는 이상설 등과 함께 만주와 러시아의 국경지대에 있는 길림성(吉林省) 봉밀산(蜂密山)에 황무지를 구입하고 100여 가구를 정착시켜 한흥동(韓興洞)이라 명명하고 한민학교(韓民學校)를 세워 민족교육을 실시했다. 1914년 요동(遼東)으로 가 한인공교회(韓人孔敎會)를 창설하고, 공자묘(孔子廟) 등 중국 각지의 유교성적지(儒敎聖跡地)를 순례하는 한편, 원세개(袁世凱), 손문(孫文), 강유위(康有爲) 등 중국의 명사들에게 편지를 보내 공자의 가르침으로써 국치의 근본을 삼아야 한다고 주장했다. 저서로는 《한계유고》, 《대계문집》 등이 있다.

안병찬 安炳瓚

안병찬의 자는 치규(穉圭), 호는 규당(規堂), 본관은 순흥이다. 문성공 안유(安裕)의 후손이고, 5대조는 안국주(安國柱), 증조부는 안경량(安璟良)이다. 효성으로 부모를 섬겼다. 부모가 병들자 눈 속에서 죽순이 돋고 얼음 속에서 잉어가 뛰어오를 정도[1]로 효성심이 지극하였다. 철종 때에 그것을 기려 정려문을 세워주었다.

안병찬은 갑인년(철종5, 1854)에 태어나 홍주(洪州) 화성(化城)에 살았다. 성품이 강직하여 세상과 구차하게 타협하지 않았으며, 매번 책을 읽을 때마다 옛 사람이 절의를 지키다 죽은 대목에 이르면 반드시 무릎을 치면서 탄식하고

"대장부는 마땅히 이와 같아야 한다."

라고 하였다.

갑오년(고종31, 1894)에 홍주 교임(校任)이 되었는데, 당시에 동학농민군이 일어나자 관찰사 이승우와 함께 토벌할 것을 도모하였다.

을미년(1895)에 단발령 소식을 듣고 마침내 통곡하며 승지 김복한, 승지 이설과 함께 의병을 일으켜 이승우를 맹주(盟主)로 추대하였다. 그러나 얼마 지나지 않아 이승우가 배반하여 마침내 잡혀 구속되었다.

안병찬은 의병을 일으키는 일이 실패하였으니 아마도 머리를 깎이

는 치욕을 면하기는 어렵다고 여기고 곧바로 칼을 뽑아 스스로 목을 찔렀다. 손가락으로 목의 피를 묻혀 창호지에 다음과 같이 썼다.

"지사(志士)는 시체가 계곡에 던져져도 당연하게 생각하고, 용사는 그 목숨을 잃어도 개의치 않는 법이니, 차라리 목 잘린 귀신이 될지언정 머리 깎인 사람은 되지 않을 것이다."

감옥을 지키는 병사에게 혈서를 던지며 그 우두머리에게 가지고 가서 고하라고 꾸짖었다. 우두머리는 받고 감히 읽지 못하였고, 관청 사람들은 서로 돌려보고는 경악하여 사색이 되었다.

안병찬은 기절했다가 다시 살아났는데, 턱 아래 목의 상처에 붙여놓은 것이 일본 약임을 알고 손으로 뿌리쳐 제거하고 말하기를

"죽으면 그만인데 이 물건을 어찌 가까이 할 수 있겠는가?"

라고 하였다. 당시에 미음을 가져다 줘도 이 역시 거절하니 함께 갇혀 있던 자가

"목숨이 끊어지지 않았으니 당신의 아버지[2]를 봐야 되지 않겠습니까?"

라고 하자 안병찬이 이에 미음을 물리치지 않았다.

서울로 압송되어 올라와 재판장 이범진이 심문을 하는데, 안병찬은

"내가 시골에서 거하며 독서하는 선비로 의리에 대해 대강 알고 있다. 지난 가을 나라에 변고[3]가 있은 후로 분통함을 참으며 항상 원통한 마음이었다. 이어서 머리를 깎으라는 명령이 있으니 이는 중화와 오랑캐, 사람과 짐승의 구분이 없어지게 되는 것이다. 내가 비록 어리석고 몽매하나 원수와 함께 살고 싶지 않았다. 이에 의병을 일으켜 토벌하여 국권을 회복할 계획이었으나 뜻한 일을 이루지 못하고 도리어 실패하였다. 내가 차마 죽지 못하고 구차히 오늘까지 연명하고 있으니, 이는 다행이 아니라 치욕이다."

라고 하였다.

얼마 있다가 고종의 특지로 풀려나게 되었다. 이때에 서울과 시골의 사우들이 전별하기 위해 많이 왔는데 이승우도 왔다. 안병찬이 이승우에게 말하기를

"오늘의 여론이 어떤지 내가 알지 못하겠으나 훗날에는 반드시 시비가 결정될 것이다."

라고 하니, 이승우가 얼굴이 붉어져 대답하지 못하였다. 당시에 조정에서 안병찬을 홍릉 주사(洪陵主事)로 임명하였으나 받지 않고 곧바로 시골로 돌아갔다.

병오년(광무10, 1906)에 안병찬은 또 참판 민종식과 함께 의병을 일으킬 것을 모의하였으나 뜻을 이루지 못하고, 충남 합천(合川)에서 잡혀 곧바로 공주로 압송되었다. 관찰서리가 심문을 하는데 안병찬은

"국운이 불행해서 작년 겨울에 또 이른바 5조약[4]이 체결되었으니 우리들은 분통함을 참을 수 없다. 국토를 회복하고 왜병을 토벌할 생각이었으나 실패하였으니 그 운수를 어쩌겠는가? 실패하면 반드시 죽을 것이라고 진실로 평소 생각하였다."

라고 하였다. 말이 매우 강직하고 곧았으며 조금도 굽히거나 흔들리지 않았다. 추운 감옥에서 수개월 갇혀 있으면서도 마음의 동요 없이 태연하게 지냈다. 왜인이 그를 일컬어

"열장부이다."

라고 하였다.

그의 아우 안병림(安炳琳)은 민종식과 함께 일을 하다가 한성감옥에 갇혀 9개월 이후에 석방되었다. 사람들이 공씨 형제라고 일컬었다.

정미년(융희1, 1907)에 또 토왜(土倭)[5]에게 비방을 받아서 그 아우와 함께 공주감옥에 갇혀 심하게 곤욕을 당하였다. 임자년(1912)에 일본의

메이지〔明治〕[6]가 죽자 죽기를 각오하고 상복을 입지 않았다.

《홍양일기(洪陽日記)》

1 눈 속에서……정도 : 설순빙리(雪筍氷鯉)와 같은 말이다. 맹종(孟宗)이 병이 위중한 어머니가 한겨울에 죽순을 먹고 싶어 하자 대숲에 들어가 슬피 울었는데 죽순이 돋아났다고 하며, 왕상(王祥)은 계모 주씨(朱氏)가 겨울에 생선을 먹고 싶어 하자 옷을 벗고 얼음을 깨고 물에 들어가 고기를 잡으려 하였는데 홀연히 얼음이 풀리며 잉어 두 마리가 뛰어올랐다고 하니, 모두 효성이 지극함을 말한다. 《오륜행실도(五倫行實圖) 효자(孝子)》

2 당신의 아버지 : 안병찬의 아버지는 안창식(安昌植, 1838~1899)이다. 안창식은 대대로 홍주 남쪽에 위치한 청양(靑陽) 화성(化城)에서 살면서 문학을 전업으로 삼았다. 그는 몸집이 장대하고 기개가 고상하며 침착하고 강개하여 초야에 묻혀 있으면서도 나랏일을 걱정해 왔다. 그의 이러한 성품이 병찬(炳燦), 병림(炳琳) 두 아들을 의병운동에 투신할 수 있게 하였다. 특히 그는 박영효(朴泳孝) 등의 개화운동의 반민족적 측면을 우려하여 1895년 여름부터 비밀리에 거의(擧義)할 뜻을 두고서 한두 사람의 동지와 함께 광호(廣湖) 등지로 가서 저자 사람을 앞세워 먼저 일어날 계획을 세우기도 하였다. 그리하여 홍주의진의 선구자들인 박창로(朴昌魯), 이봉학(李鳳學), 이세영(李世永), 정제기(鄭濟驥), 송병직(宋秉稷), 조병고(趙秉皐), 김정하(金正河) 등과 더불어 서로 왕래하면서 긴밀한 연락을 하고 있었다. 이즈음 아들 안병찬이 전 승지 김복한(金福漢), 전 승지 이설과 함께 구체적으로 거사 계획을 세우고 1895년 12월 1일 홍주성으로 입성할 계획을 세우고 찾아왔다. 이때 안창식은 고을 사람인 채광묵(蔡光默)과 더불어 180명의 민병을 모집해 놓고 있었다. 그는 아들에게 그 군사를 내놓아 채광묵과 함께 원통한 사정을 하소연한다고 핑계하고 관문(官門)으로 들어가게 하였다. 이 날이 11월 29일 홍주의진의 첫 입성이었다. 화성(化城) 의병의 입성을 계기로 여러 의병장들이 군사를 거느리고 속속 홍주로 들어왔다. 이러한 의병의 기세에 눌려 관찰사 이승우(李勝宇)가 홍주 목사 겸 창의대장이 되어 각지로 격문을 돌렸다. 그러나 끝내 이승우의 배반으로 12월 4일 성안에 있던 의진의 수뇌부가 모두 체포되었다. 이때 아들

안병찬도 체포되었다. 집에 있다가 이 소식을 접한 안창식은 분함을 참지 못하고 홍주로 들어가려 하였으나 친구들의 만류로 중도에서 돌아왔다. 다시 향병(鄕兵)을 모집하여 이승우를 토벌하고자 하였으나 실패하였다. 12월 20일 안창식은 홍주의거와 관련되어 체포되었다. 1896년 정초에 두 부자와 의진 관련자들 23명이 모두 서울 법부로 압송되었으나 도중에 안창식은 연로하여 일찍이 고향으로 돌려보내졌으며, 아들 병찬은 재판에 회부되어 3년형을 선고받았다가 고종의 특지(特旨)로 석방되었다.

3 지난 가을 나라에 변고 : 1894년 음력 8월 20일 일본공사 미우라 고로(三浦梧樓)가 일본군 수비대와 낭인들을 시켜 명성황후를 시해한 사건을 말하는 것으로 보인다.

4 5조약 : 러일전쟁에서 승리한 일제가 대한제국의 외교권을 박탈하기 위해 1905년 11월 17일 강제로 체결한 제2차 한일협약을 말한다. 일명 을사늑약으로도 불린다.

5 토왜(土倭) : 당시에 개화정책을 추진하거나 지지한 정부관리들을 토왜라고 불렀다.

6 메이지(明治) : 일본 제122대 천황으로 1867년 즉위하여 메이지유신을 통해 일본 근대화를 확립한 군주로 평가되는 인물로서, 1912년 7월 30일에 사망하였다.

이근주 李根周

이근주의 자는 문약(文若), 호는 청광(淸狂), 본관은 전의(全義)이다. 그의 선대에 청강 이제신(李濟臣),[1] 잠와(潛窩) 이명준(李命俊)[2]이 있어 이름난 집안이 되었다. 홍주(洪州) 용봉산(龍鳳山) 아래에 집을 짓고 대대로 살았다.

그는 철종 경신년(철종11, 1860)에 태어났다. 외모가 단정하였으며 성격 또한 강건하고 과단성이 있었다. 집이 가난하여 일찍이 두 형 이근하(李根夏), 이근상(李根商)과 함께 장사를 부지런히 하여 생계를 도왔다. 경진년(고종17, 1880)에 재산을 나누어 분가했다가 얼마 뒤 독서에 방해가 된다며 형제들과 다시 합쳤다.

공주의 부용암은 황폐해진 절로서, 깊숙이 후미진 산에 있었다. 또 그곳에 거주하는 스님이 없어 승냥이와 범과 도깨비 등이 낮에도 종종 나왔다. 그러나 이근주는 그곳으로 가서 홀로 거하며 3일 동안 한 끼만 밥을 먹고 매우 열심히 책을 읽으며[3] 한 해를 마쳤다.

30여 세 쯤, 금강산과 속리산 등 여러 산을 유람하고 또 당대의 큰 선생들을 두루 방문하고 돌아와서는 세상에 뛰어난 인물이 없음을 탄식하였다.

을미년(1895)에 많은 적신들이 국모를 시해하고 또 감히 임금의 머리를 깎았다. 이근주는 이에 분개하며 홍주 목사 이승우(李勝宇)[4]에게 편지를 써서 의병을 일으킬 것을 강력히 권하였다. 전 승지 이설(李偰),[5] 승지 김복한(金福漢)[6] 등 여러 사람들과 함께 의병을 규합하여 여러 읍에서 의병을 일으킬 것을 선동하였다. 수일이 지난 후에 이승우가 배반하고 여러 사람을 옥에 가두었다.[7] 이 일이 있기 전에 이근주는 부모님을 뵈러 충남 면천에 갔다. 그는 이러한 변고를 듣고 분노하여 탄식하며

"나와 여러 사람들이 대의를 강력히 내세워 생사를 함께 하기로 맹세하였다. 지금 여러 사람들이 감옥에 붙잡혀 갔으니, 나만 홀로 잡히지 않은 것을 다행으로 여긴다면 의가 아니다."

라고 하고 자수하여 감옥에 갇히려 하였다. 그러자 형 이근상이

"너는 관리[8]도 아니고 집에는 노모가 계시다. 어찌 부모가 살아계시면 남에게 죽음을 허락하지 말라는 말을 듣지 못하였느냐."

라고 하였다. 형이 만류하려 하여도 어쩔 수 없자 다음과 같이 말했다.

"세상 사람들은 모두 죽음을 두려워하여 과감하게 실행하지 못하는데, 만일 죽음을 두려워하지 않는다면 무슨 일이든 하지 못하겠는가. 지금 네가 동지 몇 사람을 모아서 성을 등지고 한 번 싸워 다행히 승리하여 갇혀 있는 여러 사람들을 구출한다면 거의 뜻한 바를 이룰 수 있을 것이요, 만약 이기지 못하고 도리어 적들에게 잡혀 사형되더라도 또한 대장부가 지켜야 할 의리를 잃지 않을 것이다. 하필 고작 자수하여 필부의 손에 잡혀가 모욕을 당하겠는가."

라고 하였다. 이근주는 형의 말이 옳다고 생각하여 서산과 태안 등지를 돌아다니며 의병을 모집하였다. 이때에 임금께서 잡혀간 여러 사람들을 특별히 방면하라는 명을 내리니, 이에 의병을 모의하던 것을 멈췄다. 그러나 매번 어려움을 함께 하지 못하였던 것을 마음으로 불

편해하고 한탄하였다.

병신년(건양1, 1896)에 충남 청양으로 가서 수사(水使) 조희현(趙羲顯)과 함께 다시 의병을 일으키자고 모의하였는데, 조희현 또한 잡혔기 때문에 이근주는 당시에 어찌 할 수 없음을 탄식하였다. 그로 인해 당진 지역에서 자취를 감추고 은거하였다.

정유년(광무1, 1897)에 어머니가 돌아가셨다. 이근주는 예법보다 지나치게 슬퍼하다가 이로 인해 병이 들었다. 경술년(융희4, 1910) 가을, 이근주는 국치의 변고[9]를 듣고 곧바로 자결하려 하였는데, 9월 13일은 큰형 이근하의 회갑일이었다. 그날 친척과 친구들이 회갑잔치를 끝내자 슬프게 형 이근상에게 다음과 같이 말하였다.

"합방 소식을 듣고 곧바로 자결하여 내 뜻을 펼치고자 하였으나 내가 이 날까지 목숨을 연장한 것은 우리 형의 경사를 축하해 주기 위함이었으니, 지금 죽는 것이 어찌 한스럽겠습니까? 내 손에 칼 하나를 쥐고 서울로 달려가 도적의 우두머리 몇 놈의 머리를 베고 북쪽 대궐 밑에서 자결한다면 거의 내 뜻을 씻을 수 있겠지만, 내 몸에 병이 쌓여 있어 스스로 할 수 있는 힘도 없으니 어찌해야 합니까?"
형 이근상이 말하였다.

"큰 대신으로서 자결하면 그 죽음은 명예롭지만 너는 일개 빈천한 선비에 지나지 않는다. 비록 죽더라도 알아주는 이가 없을 것이니, 그 죽음이 부질없지 않겠느냐."

이근주가 웃으며 말하기를

"자고로 절개를 세우는 자는 내가 죽을 수 있는 의리를 생각할 뿐이지, 어찌 이름을 알아주고 알아주지 않는 것에 따라 죽고 사는 것을 결정하겠습니까?"
라고 하였다.

9월 23일, 이근주는 목욕하고 손톱과 발톱을 깎고, 조카 이필로를 데리고 진목정(眞木亭)으로 갔다. 술과 과일을 사고 글을 지어 부모님 묘소와 산신께 고한 다음 이필로에게 집으로 돌아가라 말하였다. 크게 '존화양이(尊華攘夷), 척사부정(斥邪扶正)' 여덟 글자를 써서 무덤가 나무에 걸어두고 스스로 목을 매고 마구 목을 찔러 죽었다.

집안사람들이 이필로가 혼자 돌아오는 것을 보고 크게 놀라 가 살펴보았으나 이미 손을 쓸 수가 없었다. 다만 지은 글과 율시 및 형제, 처자, 친척들에게 고한 여러 장의 편지가 그 곁에 남아 있었다. 밤에 일본과 한국의 순사들이 와서 붉게 물든 칼을 보고 모두 놀라 탄식하였고, 그 유서를 모두 가져가 버렸다. 친족과 이웃사람들에게 부탁한 글에

"내가 죽거든 저놈들에게 뺏긴 땅에 묻히고 싶지 않으니, 여러분들은 우리 형에게 화장하기를 권해주시오."

라고 하였다. 집안사람들이 그 뜻을 따르지 않고 선영의 아래에 장사지냈다. 하관할 때에 큰 번개가 치고 비바람이 불어 마치 물을 쏟아붓는 것 같았다. 사람들이 괴이하게 여기며 화장하지 않아서 일어난 일이라고 생각하였다.

이근주는 《맹자》를 좋아했고 매번 〈웅어장(熊魚章)〉에 이르러서는 문득 무릎을 치면서 탄식하였다. 사람들과 당대의 일을 논하면서 강개하여 거리낌 없이 말하였는데 성난 머리카락이 모자를 뚫을 정도였다. 세상의 몽매함에 대해서는 혹 조용히 웃기만 하였지만, 〈태일자문답(泰一子問答)〉과 〈절의가(節義歌)〉 몇 편의 글들을 살펴보면 가히 그 마음을 알 수 있다.

〈가장(家狀)〉

1 이제신(李濟臣) : 1536~1584. 조선 중기의 문신으로 자는 몽응(夢應), 호는 청강(淸江), 시호는 평간(平簡)이다. 저서로는 《청강집》, 《진성잡기(鎭城雜記)》 등이 있다.

2 이명준(李命俊) : 1572~1630. 조선 중기의 문신으로 자는 창기(昌期), 호는 잠와(潛窩) 또는 진사재(進思齋)이다. 아버지는 병마절도사 이제신(李濟臣)이며, 어머니는 목천 상씨(木川尙氏)로 붕남(鵬南)의 딸이다. 이정암(李廷馣), 이항복(李恒福), 성혼(成渾)의 문하에서 수학하였다. 저서로는 《잠와유고》 4권이 있다.

3 매우 열심히 책을 읽으며 : 현고량간(懸髻樑間)은 상투를 들보 사이에 매달아 놓으며 졸음을 쫓는다는 뜻으로 학문에 정진함을 이른다.

4 이승우(李勝宇) : 조선 말기의 문신이다. 홍주부 관찰사로 재직 중, 단발령을 계기로 일어난 홍주의병에 거짓으로 가담하고 정부 측 관리와 내통하여 의병의 주요 인물들을 체포, 투옥함으로써 의병을 강제 해산시켰다.

5 이설(李偰) : 1850~1906. 조선 말기의 문신이자 순국지사이다. 본관은 연안(延安), 자는 순명(舜命), 호는 복암(復菴)이다. 충청남도 홍성 출신으로 조익(祖益)의 아들이며 뒤에 조겸(祖謙)에게 입양되었다. 1895년 명성황후 시해사건이 일어나자 동지 김복한(金福漢) 등과 함께 홍주목(洪州牧) 이승우(李勝宇)를 설득하여 홍주성을 거점으로 의병을 일으켰다. 을사조약의 파기와 을사오적의 처형을 요구하는 상소를 올렸다가 일본경찰에 붙잡혔다. 석방되자 1906년 1월 고향으로 돌아와서 국권피탈에 통분, 식음을 전폐하고 자결하였다.

6 김복한(金福漢) : 1860~1924. 충청남도 홍성의 안동 김씨 명문가 출신이다. 1894년 갑오개혁에 반발하여 관직을 사임하고 낙향하였다. 1895년 을미사변과 단발령이 일어나자 홍주에서 의병을 일으켰으나, 홍주관찰사 이승우의 변절로 잡혀 옥고를 치르다 1896년 3월 석방되었다. 1905년 을사조약이 강제 체결되자, 이설 등과 함께 의병을 일으켰으나 체포되어 일본군의 고문으로 불구가 되었다. 1906년 민종식과 함께 홍주에서 다시 의병을 일으키다가 관군에 의해 체포되어 경무청에 수감되었으며, 재판 중 모진 고문을 받았다. 그 후 1919년 영호남 유림 127인과 함께 파리평화회의에 독립청원서를 제출한 일로 체포되어 서울 서대문 감옥에서 수감되었으나 중병으로 90여일 만에 석방되었다.

7 이승우가……가두었다 : 홍주의 의병진에 거짓으로 가담한 관찰사 이승우는 1월 18일 상황을 관망하다가 갑자기 태도를 바꾸어 강호선(姜浩善) 등이 지휘하는

순검들에게 홍주성에 있던 의병 관계자들을 구속하라고 지시하였다. 이 때문에 홍주성내에 있던 의병지도자 김복한, 이설 등을 비롯하여 이상린, 안병찬, 임승주(林承周), 송병직, 홍건(洪楗) 등 간부급 의병들이 모두 구속되었다.

8 관리 : 관수(官守)는 관리의 직책, 신하 혹은 관리를 뜻한다.

9 국치의 변고 : 1910년 8월 22일 일제가 대한제국을 강제 합병한 것을 말한다. 일명 한일합병이라고도 하나, 당시 우리나라 사람은 경술년의 나라의 치욕이라고 해서 경술국치(庚戌國恥)라고 일컬었다.

권대일 權玳一

권대일은 자가 종오(宗五)이고 본관은 안동이다. 대대로 향리를 지내 명성이 있었으며 사람됨이 강개하고 특별한 절개가 있었다. 고종 31년 갑오년(1894)에 왜놈이 궁궐에 난입해 변을 일으켰다.[1] 얼마 뒤 조정을 위협하여 국가의 전장을 고쳐 복식을 바꾸고[2] 상투를 자르게 하였으며,[3] 역신들이 그 뜻을 이어 매우 빠르게 시행하려고 하였다. 당시 양아버지의 거상 중이었던 권대일은 분한 마음을 이기지 못하여 그의 생부(生父)에게 말하기를

"나라 일이 이 지경이니, 저는 도저히 저 원수들과 함께 같은 하늘 아래에서 살 수 없습니다. 연로하신 아버님이 마음에 걸리지만 다행히 두 형님이 계시니 아버님께서는 저를 마음에 두지 말아 주십시오."

라고 하였다. 그러자 아버지는 흐느끼며 허락하였다.

권대일은 동지들과 모의하고 원근에 통문을 보내서 의병을 격동시켜 일으켰다. 시골 각처의 사대부들 역시 모의한 바 없어도 스스로 들고 일어나 왜병을 토벌하고 국권을 회복하기로 약속하였다. 그때가 을미년(고종32, 1895) 12월이었다.

이듬해 병신년(건양1, 1896) 봄에 서울에 주둔하던 관병이 이르자 의병들은 힘이 부쳐 패배하고 광흥사(廣興寺)[4]로 피했다. 권대일은 근심과

울분에 손으로 땅을 치며 군영의 의병들에게 다음과 같이 말하였다.

"장부가 대의를 위해 거사했거든 죽으면 그만이다. 어찌 창칼을 거두어 항복하고 목숨을 보전할 생각을 하겠는가!"

권대일은 곧바로 선봉이 되기를 자청하여 의병 100여 명을 이끌고 가서 안기(安奇)[5] 뒷산에 진을 쳤다. 적병들이 점점 가까이 오는 것을 본 병사들이 반이 넘게 도망가자 권대일은 칼을 들고

"도망치는 자는 벨 것이다."

라고 하였다. 그러자 더 이상 동요하지 않았다. 그렇게 남은 병사 30명만으로 적진과 정면으로 맞서 목숨을 내놓고 싸우다 힘이 다하여 죽었다. 그때의 나이가 38세였다고 한다.

병신년(1896) 3월은 실은 권대일이 양아버지의 대상을 마치고 담제(禫祭)[6]를 지낼 달이었다. 형제들이 담제를 둘째 정일(丁日)로 잡으려 하자 권대일은 제지하며 말했다.

"제가 언제 죽을 지도 모르는데, 지금 얼른 제사를 모시어 아버지에 대한 제 마음을 풀어야 되겠습니다. 그렇지 않으면 제가 담제를 못 볼 것 같습니다."

그리하여 첫째 정일에 담제를 모셨는데, 며칠 안 되어 권대일은 정말 죽었다. 그가 목숨을 바칠 결심을 본래 굳히고 있었음을 알 수 있다.

내가 이미 그 시말을 정리하여 전을 지었는데 다시 이와 같은 사연을 듣게 되었기에 여기에 덧붙여 써서 사실에 보태고자 한다.

《야록(野錄)》에는 다음과 같이 기록되어 있다.

오호라, 군자가 어찌 차마 을미년(1895)과 병신년(1896) 때의 일[7]을 입에 담겠는가. 이때는 원수들이 함부로 날뛰는 때였다. 그들에게 복

종하느냐 하지 않느냐에 따라 생사와 흥망이 걸려 있으니 온 나라 사람들이 겁내며 누구도 나서는 이가 없었다. 대대로 벼슬을 한 오랜 문벌들조차도 부끄럽게 굽실거렸다. 그러나 권대일은 초야의 한 백성으로서 홀로 앞장서서 일어나 의병을 일으켰다. 그리고 싸움에 패하여 일이 잘못되었어도 더욱 의분을 떨치고 병사들을 독려하며 목숨을 바쳐 의롭게 죽었다. 이러한 그에게 화복과 생사를 따지는 마음이 있었겠는가. 그는 당나라 안록산의 반란군에 끝까지 맞서 수양(睢陽)과 상산(常山)[8]을 사수한 장순(張巡)과 안고경(顔杲卿)의 풍모를 들은 자가 아니겠는가.

처음 지방의 의병을 규합할 때에 나 역시 그 현장에 함께 있다가 잔병들이 싸우는 것을 보았다. 이내 병 때문에 돌아와서 권대일과는 만나보지 못하였고 그가 죽고 나서도 버려진 시신들 속에서[9] 유골을 수습하여 영웅의 혼령을 위로하지 못하였으니, 슬프도다!

어떤 사람은 말하기를

"권대일은 양아버지의 상을 다 마치지 못했고, 생부를 끝까지 봉양하지 못하였으며, 몸은 죽었으되 뜻하는 일을 이루지 못하였다. 그러고도 군자들이 그가 의롭게 죽었다고 인정하겠는가?"

라고 한다. 나는 권대일이 의사(義士)라고 생각한다. 원래 의로우면서 부모를 버린 자는 없다. 자신이 하고자 하는 일을 성취하느냐 실패하느냐는 하늘의 뜻에 달렸으니 하늘의 뜻은 어쩔 수 없는 것이다. 오로지 자신의 마음을 다 바쳐서 죽기를 각오하고 우국충정의 의열을 취한 것은 훌륭하게 삼강오륜의 중대한 도리를 일으켜 세운 것이라 하겠다. 어찌 구구한 성패의 결과로써 권대일을 논할 수 있겠는가?

의병이 일어난 이래로 대의와 절개 앞에서 죽은 이들이 지식도 없고 어떤 사람인지도 알 수 없는 사람들 중에서 많이 나왔다는 것에 나는 절실히 느끼는 바가 있었다. 그 해 가을에 권대일과 같은 고을 사람인 권계술(權繼述)[10]이 또 일본 놈을 꾸짖으며 항거하다 죽었으니, 놀라운 일이다.

1 왜놈이……일으켰다 : 음력 6월 21일 새벽 일본군은 서대문으로부터 침입하여 경복궁을 점령하고 조선군의 무장을 해제하였다. 그리고 대원군을 앞세워 신정권도 수립하였다. 이것이 이른바 경복궁 쿠데타사건, 또는 갑오왜란이다.

2 전장을 고쳐 복식을 바꾸고 : 갑오왜란 이후 일본은 친일정권을 세워 갑오개혁을 주도하는 한편, 1894년 12월 의제개혁에 관한 칙령을 반포하고 복식제도를 개혁하였으며 1895년 3월에도 복식제도를 개혁하였다.

3 상투를 자르게 하였으며 : 1895년 김홍집 내각이 공포한 단발령을 말한다.

4 광흥사(廣興寺) : 경상북도 안동시 서후면 학가산에 있는 절이다.

5 안기(安奇) : 조선 시대 안동부 부내면 지역으로 안기역이 있었다.

6 담제(禫祭) : 거상을 마무리하고 상복을 벗는 제사이다. 초상 후 27개월, 즉 대상을 지낸 다다음 달의 정일(丁日)이나 해일(亥日)을 택하여 지낸다.

7 을미년(1895)과 병신년(1896) 때의 일 : 1895년 3월 관민이 모두 흑색 두루마기를 입도록 한 을미변복령, 8월 일본낭인과 군인들에 의해 옥호루에서 명성황후가 시해된 사건, 11월의 상투를 자르게 한 단발령 등을 말한다. 이 세 가지는 조선왕조의 전통적 문화기틀을 흔드는 사건으로, 전국적으로 의병이 일어나는 계기가 되었다. 다만, 단발령은 음력 11월 15일, 양력으로 환산하면 12월 30일이었다. 따라서 일반 백성들에게 순검들이 가위로 상투를 자르기 시작한 것은 병신년의 일이었고, 때문에 1896년 의병이 전국적으로 일어났다.

8 수양(睢陽)과 상산(常山) : 수양은 현 하남성 상구시(商丘市)의 수양구이고, 상산은 하북성 석가장시 정정현(正定縣) 지역이다. 당 현종 시기 안록산의 반란 때(755년) 수양에서 장순(張巡)이, 상산에서 안고경(顔杲卿)이 끝까지 투항하지 않고

힘을 다해 싸우다 죽은 것이 유명한 일화로 전해진다.

9 버려진 시신들 속에서 : 충사(蟲沙)는 전쟁에서 죽은 병사들을 말하는 것으로, 《고금사문유취(古今事文類聚)》 후집(後集) 권37에 "주나라 목왕이 남쪽으로 정벌할 때 일군이 모두 죽으니, 군자는 원숭이나 학이 되고, 소인은 벌레나 모래가 되었다.〔周穆王南征, 一軍盡化, 君子爲猿爲鶴, 小人爲蟲爲沙.〕"라고 하였다.

10 권계술(權繼述) : 한말의 의병으로, 1895년 안동에서 의병을 일으켜 중영집사(中營執事)가 되어 관군과 싸우다 패하고 태백산 천평리(川坪里)로 들어갔다. 뒤에 관군에게 체포되어 의병의 소재지를 밝히라는 요구를 끝내 거절하여 춘양(春陽)에 끌려가 고문 끝에 죽었다.

권계술 權繼述

권계술은 안동의 아전이다. 의병이 일어나자 중영(中營)[1]의 집사가 되어 항상 죽음을 무릅쓰고 힘껏 싸워 주장(主將)[2]을 도우니 주장이 기특하게 여겼다. 의병이 패배하자 태백산(太白山) 아래 천평리(川平里)에 들어가 평민들 속에 섞여 지냈다. 하루는 서울의 관병들이 갑자기 와서 마을 사람 수십 명을 잡아 죽이려 하자, 권계술이 곧바로 앞장서서 나와 말하기를

"의병활동을 한 것은 나이다. 마을 사람들은 상관없다. 나를 죽이고 대신 마을 사람들은 놓아주어라."

라고 하였다. 서울의 관병들이 마침내 권계술을 잡아 주장(主將)이 있는 곳과 각 의병 진영의 형세를 캐물었다. 권계술은

"나는 정말 알지 못하지만 비록 알아도 어찌 너희들한테 기꺼이 실토하겠는가."

라고 하였다. 관병에게 분개하며 꾸짖는 말이 끊이지 않았다. 서울의 관병은 그를 포박하여 춘양역(春陽驛)에 이르자 조용히 다음과 같이 회유하였다.

"사람은 스스로 목숨을 온전히 할 것을 귀히 여기거늘, 어찌 괴롭게 어려움을 무릅쓰고 죽음을 재촉하는가. 또 영·호남의 의병들이

전멸하여 거의 다 죽었는데, 네가 죽음으로 절의를 지킨들 무엇을 할 수 있겠는가. 만약 우리의 말을 따른다면 살아서 등용될 것이고 아니면 바로 죽을 것이다."

권계술은

"너희 말을 따르면 살고 따르지 않으면 죽는다는 사실을 나는 잘 안다. 그러나 그것은 원수에게 빌붙어서 내 이익을 도모하는 것이니 너희들이 원하는 바를 내가 차마 할 수 없다."

라고 하였다. 서울의 관병은 심하게 화를 내며 혹독하게 고문을 하였다. 권계술은 오랫동안 입을 열지 않다가 말하기를

"내게 혓바닥이 있어서 만약 정신을 잃게 되면 혹 거짓 굴복을 당할 수 있다."

라고 하고 곧바로 혀를 깨물어 자르고서 적에게 보여주었다.

적은 권계술이 굴복하지 않을 것임을 알고 마침내 총으로 쏴 죽이고 시체를 갖다 버렸다. 시신이 여러 날 길에 버려져 있어도 까마귀와 솔개가 감히 근접하지 않았다.

적이 물러가자 주민들이 비로소 흙을 덮어주었다고 한다. 권계술의 나이 20여 세 정도였다. 시신을 거둬 장사지내 줄 형제나 가까운 친척이 없었으니 애석한 일이다.

《야록(野錄)》에는 다음과 같은 기록이 있다.

우리나라는 세속의 소식이 널리 전해지지 않아서 보잘것없고 미천한 사람들 중 종종 충성스런 마음으로 남달리 절의를 지킨 이들이 있는데도 그 지방에만 국한되어 사라지고 잊혀져 그 충절이 드러나지 않는다. 나는 이것을 매우 한스럽게 생각한다.

권계술의 충심은 곧 안고경(顔杲卿)[3]과 원이겸(袁履謙)[4]이라는 사람과 같다. 게다가 진실로 그를 죽을 만한 지위에 두었다면 성취한 바가 어찌 그들보다 더욱 높지 않았겠는가. 그가 자신이 처한 위치에서 충성을 다하고 조용히 목숨을 바친 것은 늠름하고 매우 빛나는 일이니, 천하 사대부들이 더욱 부끄러울 만하다.

내가 옛날 역사를 살펴보니, 노장공(魯莊公)이 현분보(縣賁父)를 애도하였고,[5] 송인(宋人) 주자(朱子)가 당씨(唐氏) 위사부(衛士夫)를 제사지냈다.[6] 현분보는 마부이고, 당씨 위사는 읍졸이다. 그들이 이룩한 바가 기록할 만한 높은 공과 절개가 없었어도, 당시에 이와 같이 제문을 짓고 기렸으니 아마도 그 사람의 행적만 기리려는 것이 아니요, 풍교를 장려하고 충의를 권장하기 위함이었을 것이다.

을미년(1895)과 병신년(1896) 이후로부터, 절의로써 순국한 사람과 충청과 강원지방[7]의 여러 군자 가운데 서상렬, 이춘영, 안승우, 홍사구 등의 열사는 곧은 충성과 의로운 마음이 진실로 이미 사람들의 이목에 기록되고 빛났으니, 당대에 사대부들이 모두 그들의 행적을 잘 알았다.

그러나 권대일, 권계술 두 권씨는 서울과 거리가 먼 지방에 살고 신분이 미천한 사람들이다. 난리가 거듭된 때에, 조정에 어려운 일도 많아서 감히 관리들이 이 사람들의 충렬을 아뢰어 표창하는 일은 바랄 수 없었다. 그러나 초야에서 잘 드러나지 않은 숨은 것을 밝혀야 한다는 의론에 있어서는 참으로 이들의 자취나 흔적을 아주 없애지 못할 것이다.

내가 이 때문에 이와 같이 차례로 기술하여 의(義)를 좋아하는 군자가 참고하기를 기다리노라.

영가(永嘉) 권상익(權相翊)

1 중영(中營) : 중군(中軍)의 영문(營門)이나 진영(陣營)을 말한다. 중군은 일반적으로 조선 시대 각 군영(軍營)에서 대장이나 절도사, 통제사 등의 밑에서 군대를 통할하던 장수를 말하는데 여기서는 의병 중심 부대의 의미이다. 권계술은 권세연 의병부대의 집사였다.

2 주장(主將) : 주장이란 부대의 우두머리가 되는 장수를 말하는 것으로 여기서는 의병대장 권세연을 말한다.

3 안고경(顏杲卿) : 당(唐)나라 현종(玄宗) 때의 충신이다. 상산 태수(常山太守)로 있을 때 안녹산(安祿山)이 반란하자 그와 대항하여 싸우다가 중과부적으로 사로잡혔다. 안녹산이 태수(太守)로 발탁하겠다고 회유하자 충의(忠義)를 지키겠다고 하며 그를 꾸짖었다. 이에 안녹산이 그를 묶고 살을 베어 냈는데도 꾸짖고 욕하자, 마침내 그의 혀를 잘라 죽였다. 《신당서(新唐書) 권192 안고경열전(顏杲卿列傳)》

4 원이겸(袁履謙) : 당나라 현종 때의 충신이다. 안녹산이 반역하자 안고경은 장사(長史) 원이겸(袁履謙)과 함께 녹산을 길에서 만났다. 녹산은 고경에게 고관(高官)만이 입는 붉은 색깔의 도포를 주었다. 안고경은 준 옷을 가리키면서 원이겸에게 "어찌 이것을 입을 수 있겠는가?" 하니 원이겸이 그 뜻을 알아차리고 군사를 일으켜 녹산을 토벌할 것을 꾀하였다. 《신당서(新唐書)》 권192 안고경열전(顏杲卿列傳)》

5 노장공(魯莊公)이 현분보(縣賁父)를 애도하였고 : 노(魯)나라 장공(莊公)이 송(宋)나라와 승구(乘丘)에서 싸울 때 현분보가 장공의 말을 몰았는데, 마침 그 말이 놀라 날뛰는 바람에 장공이 말에서 떨어진 일이 있었다. 이 일로 장공이 나무라자 현분보가 "평소에는 이런 일이 없다가 전장에서 이런 일이 있었으니, 이는 내가 죽음을 두려워하여 용기가 없어서인 것이다." 하고 마침내 적에게 달려들어 죽었다. 그 후에 어인(圉人)이 말을 씻기다가 그 말의 넓적다리 안쪽에 화살촉이 박혀 있는 것을 발견하였다. 이에 장공이 말하기를 "지난 번 일은 그의 죄가 아니었

다.” 하고 마침내 제문을 지어 주었는데, 사(士)에게 제문을 지어 주는 일이 이 일에서 시작되었다. 《예기(禮記) 단궁 상(檀弓上)》

6 송인(宋人)이……제사지냈다 : 주자가 당씨(唐氏)인 위사(衛士)가 오랑캐를 따르지 않고 죽은 일을 모두 기록한 것을 뜻한다.

7 충청과 강원지방 : 호관(湖關)은 충청도와 강원도를 말한다.

한규설韓圭卨

한규설은 서울 출신이다. 태황 때 무과 출신으로 벼슬이 참정(參政)에 이르렀다. 을사년(광무9, 1905) 겨울 10월, 일본대사 이토 히로부미〔伊藤博文〕가 조선에 와서 보호조약을 맺어야 한다는 말을 주장하고 다녔다. 이에 참정 한규설이 여러 대신들을 각각 찾아가 그들의 뜻을 물었다. 그들은 모두

"우리나라의 신하와 백성이 만약 이 사람에게 굴복한다면 나라를 팔아먹은 역적이 되는 것을 면하기 어렵소. 비록 죽더라도 그 사람 말에 찬성하지 않겠소."

라고 하였다. 이에 한규설이

"여러 공(公)들이 의견이 이와 같으니 나라의 다행입니다."

라고 하였다. 10월 5일에 일본과 내통한 수괴(首魁)인 송병준, 이용구 등은 일진회(一進會)를 조직하여 선언서를 발표하였다. 그 내용은

"보호조약에 의거하여 독립국가를 유지하고 영원무궁토록 편안하게 복을 누려야 한다."

라는 것이었다.[1] 한규설은 탄식하며

"이런 말을 어찌 우리 조선 사람이 내뱉을 수 있단 말인가?"

라고 하였다. 이에 한성부에 명령을 내려 도성 안팎에 방(榜)을 붙여 백성들에게 알리기를

“근래에 이른바 선언서라는 것은 서술한 내용이 이치에 맞지 않고 인륜에 어긋나니, 조선 백성으로서 감히 내뱉을 수 있는 것이 아니다. 이 선언서 때문에 백성들은 놀라고 당황하여 서로 근거 없는 말을 해대니 매우 통탄스럽다. 진실로 철저히 조사하는 것이 마땅하다.”

라고 하였다. 이것을 내부(內部)[2]로 하여금 번역하여 각 도 여러 고을 사람들에게 알리도록 하였다. 이에 일본대사 하야시 곤스케〔林權助〕가 여러 번에 걸쳐 그 포고문을 거둬들이라고 요청하였으나, 한규설은 거절하고 듣지 않았다.

10월 16일에 정3품 이석종(李奭鍾)[3]과 각 도의 유생들은 상소문을 올려 일본이 맹약을 파기한 것을 성토하였으며, 나아가 나라를 팔아먹으려는 일진회의 두목을 베어버리라고 요청하였다. 이들은 이 일 때문에 감옥에 갇히게 되었다. 11월 11일 이토 히로부미가 우리 황제〔고종〕를 알현하고 일본천황의 친서를 바치면서

“대동아의 평화를 유지하려면 조선과 일본 두 나라가 이 조약을 체결해야 합니다. 만약 체결하지 않으면 대동아의 평화는 유지될 수 없습니다.”

라고 하면서 줄곧 강하게 요청하였다. 이에 황제가 엄숙한 자세로

“내가 차라리 나라를 위해 죽을지언정 결코 조약을 인준할 수 없다.”

라고 하였다. 이토 히로부미가 두세 번 크게 소리쳤으나 끝내 황제의 허락을 받지 못하였다.

11월 16일에 하야시 곤스케가 이토 히로부미가 머물고 있는 여관으로 참정 한규설을 비롯한 모든 대신, 그리고 심상훈(沈相薰)을 오게 하였다. 또한 박제순(朴齊純)도 특별히 오게 하였다. 이들이 다 모이자 이토 히로부미는 동양의 대세와 조선이 처한 상황을 설명한 뒤에

"보호조약을 체결하지 않을 수 없소."
라고 하였다. 이에 한규설은 다음과 같이 말하였다.

"그대의 나라와 러시아가 전쟁을 일으키자 우리나라가 병사를 동원하여 도움을 줄 수 없었지만 군수, 수운, 철도 등의 공사에 대해서 힘을 다해 분주하게 노력하였소. 그 도움이 비록 적지만 이러한 우리 조선의 마음을 깊이 헤아려 줄 수 있지 않겠소? 또한 지난 번 의정서(議定書)[4]를 체결할 때 우리나라의 손실이 비록 많았지만 그때까지도 독립을 유지하고 있었소. 그대 황실이 러시아에게 선전포고를 할 때 또한 이런 내용으로 천하에 선포하였소. 그러므로 우리 조선 사람들은 참으로 사계절이 순서대로 바뀌는 것처럼 철석같이 믿었으니, 어찌 오늘 대사께서 이런 말을 할 줄 생각이나 했겠소? 결코 그렇게 할 수 없소."

11월 17일 하야시 곤스케는 다시 여러 대신들을 오게 하여 조약 체결을 요구하였다. 참정 한규설은 또 다시 거절하였다. 하야시 곤스케는 크게 화를 내면서

"이것은 그대 나라가 다른 나라에게 책임을 떠넘기는 습관이오. 비록 조약 체결을 반대하고 싶겠지만, 일본 천황의 칙서를 가지고 왔으니 결단코 체결해야 할 것이오. 여러 공들은 이런 내용을 조정에 들어가 황제에게 아뢰시오."
라고 하였다. 이완용은

"이 일은 빨리 해결하지 않을 수 없소. 어찌 지체할 수 있단 말이오."
라고 하였다. 이에 여러 대신들이 대궐에 들어가려고 하였다. 하야시 곤스케가

"나도 대궐에 들어가겠소."

라고 하자, 이근택이

"우리 정부가 처리해야 할 일인데 공사(公使)가 왜 들어간단 말이오?"

라고 하였다. 참정 한규설이

"만약 공사가 대궐에 들어간다면 나는 들어갈 수 없소."

라고 하였다.

여러 대신들이 모두 계단을 내려오자 일본 헌병들이 대신들을 에워싸고 대궐로 들어갔다. 하야시 곤스케는 이미 휴게소에 들어가 기다리고 있었다. 여러 대신들이 황제를 뵙고 모든 사실을 아뢰니, 그 자리에서 어전회의를 열었다. 여러 대신들이 조약 체결에 대해 부정적인 의견을 개진하였는데, 오로지 이완용은

"이처럼 중대한 사안을 비준하지 않으면 다행이지만, 만약 어쩔 수 없이 비준하게 된다면 몇 구절을 수정하는 것이 좋겠습니다."

라고 하였다. 서너 대신이

"그렇게 합시다."

라고 하자 법부대신 이하영(李夏榮)이 소매에서 조약문서를 꺼내어 몇 구절을 고치자고 하였다. 이에 참정 한규설이 화를 내면서

"몇 구절을 고치자는 말은 대단히 망령된 의견이오. 이런 말을 우리가 먼저 꺼낸다면 어떻게 저들의 요구를 거절할 수 있겠소."

라고 하였다.

한규설은 다른 사람들이 뒤에 말을 바꿀 것을 두려워하여 한 사람 한 사람에게 물으니 모두 조약 체결에 반대하면서

"어찌 다른 말을 하겠소."

라고 하였다. 한규설이 고종에게 아뢰기를

"몇 구절을 고치자는 말은 전혀 옳지 못하니, 비록 몇 구절의 말을

고치더라도 조약의 큰 의미는 변함이 없습니다. 소신은 감히 구차하게 더 이상 말하지 않겠습니다."
라고 하였다. 이어 한규설은 박제순에게
"그대 생각은 어떻소?"
라고 물었다. 박제순은
"나도 또한 몇 구절을 고치는 것에 대해 옳지 않다고 여기오."
라고 하였다. 고종이 다시 참정 한규설과 여러 대신에게
"매우 신중하게 이 일을 처리하라."
라고 하였다. 한규설이 울면서 다음과 같이 대답하였다.
"오늘의 일은 다만 비준하는 것과 비준하지 않는 것 둘 중에 하나입니다. 우리나라는 비준을 하여도 망하고 비준하지 않아도 망합니다. 모든 사람은 침략당하지 않는 경우가 없고 모든 나라는 망하지 않는 경우가 없습니다. 그러나 임금과 신하, 윗사람과 아랫사람이 모두 사직을 위해 죽는다면 비록 망하더라도 천하 사람들에게 할 말이 있습니다. 만약 그렇게 하지 못하고 망한다면 더러운 냄새가 만 년이 지나도 없어지지 않게 됩니다. 다만 원하건대, 전하께서는 뜻을 확실히 정하소서."

박제순 또한 울면서 아뢰기를
"참정의 말이 참으로 옳습니다. 참으로 옳습니다."
라고 하였다. 황제가 비장하게
"나의 뜻은 이미 결정되었다. 그대들은 신중하게 처리하라."
라고 하였다. 참정 한규설이 휴게소로 물러나오자 하야시 곤스케가 어떻게 되었냐고 물었다. 이에 한규설이
"당연히 부결되었소."
라고 하자 하야시 곤스케가 화를 내면서

"공은 가장 높은 벼슬에 있으면서 정부를 통솔하니 책임이 막중하오. 이처럼 큰일을 처리하면서 책임을 다른 사람에게 미루려고 한단 말이오?"
라고 하였다. 그리고 궁내부대신 이재극(李載克)을 불러 오게 하여
"참정이 천황의 칙령을 따르지 않았으니 충성스럽지 못하오. 곧바로 그를 면직시키는 것이 좋겠소."
라고 하였다. 참정 한규설이
"아, 공사가 우리 정부를 이 정도로까지 욕보이는구나."
라고 하고는 일어서서 나가려고 하니 여러 대신들이 만류하면서
"이미 일본 측과 협의하라는 황제의 명령을 받았는데 어찌 일본 사신의 말 때문에 자리를 뜬단 말이오?"
라고 하였다.

잠시 뒤에 이토 히로부미와 하세가와 요시미치〔長谷川好道〕가 병사를 이끌고 대궐을 침범하였다. 창과 총과 칼로 어전을 에워싸고 곧바로 황제의 자리를 위협하였다. 이토 히로부미가 고종을 뵙기 청하니 고종은 몸이 아프다고 거절하였다. 그리고 한규설에게 명령을 내렸다.

한규설이 박제순에게
"공은 그 일을 맡고 있는 대신이니 먼저 말하시오."
라고 하자, 박제순이
"부결이오."
라고 하고 또 말하기를
"명령이 있었소?"
라고 하자, 이토 히로부미가
"좋소. 황제의 명령이 있었다면 가결된 것이오?"
라고 하자, 박제순이 대답을 하지 못하였다. 한규설이 질책하면서

"공은 어찌 그리 말을 모호하게 하시오?"
라고 하자, 박제순이
"그렇지 않소. 대사(大使)가 아마도 잘못 들은 것이오."
라고 하였다. 이토 히로부미가
"이것은 가결된 것이지, 부결된 것이 아니오."
라고 하였다. 한규설이 박제순에게
"어찌 그리 분명하게 말하지 않는 것이오?"
라고 하자, 박제순은 침묵하고 말이 없었다. 한규설이
"다른 공들은 말해 보시오."
라고 하자, 민영기는
"부결이오."
이하영은
"나는 가결한다고 말할 수 없소."
이완용은
"몇 구절을 고치면 마땅히 가결이오."
라고 하였다. 이토 히로부미가
"좋소."
라고 하였다.

이근택, 이지용, 권중현 등은 모두 이완용과 같은 의사를 표시하였으니 요컨대 '황실은 존엄하다〔皇室尊嚴〕'라는 한 구절을 조약에 포함시키자는 것이었다. 이토 히로부미가 한규설에게 묻기를
"공은 어떻소?"
라고 하자, 한규설이
"어전회의에서 나는 이미 부결을 선택했으니 어찌 이제 말을 바꾸겠소?"

라고 대답하였다. 이토 히로부미가 화를 내면서

"공은 가장 높은 자리에 있으면서 종묘사직의 존망을 생각하지 않는 것이오?"

라고 하였다.

"책임이 막중하기 때문에 이러는 것이오."

"일본을 배척하는 것이오?"

"나는 일본을 배척하는 것이 아니오. 참으로 우리 두 나라가 오래 우호할 수 있도록 도모하는 것이오."

"나도 여러 번 가장 높은 자리를 맡았었고, 어려운 상황을 경험하였소. 공은 어찌 이처럼 오해를 하고 있소? 고집피우다가 후회하지 말기 바라오."

"내가 비록 가장 높은 자리에 있지만 이것은 비준할 수 없소."

이에 이토 히로부미가 궁내부대신 이재극에게

"이번 협의에 반대는 적고 대부분 찬성하니 일이 결정된 것이나 마찬가지입니다. 이런 내용으로 황제에게 보고하시오."

라고 하였다. 참정 한규설은 일이 불행하게 흘러가는 것을 짐작하고 이토 히로부미를 직접 마주보고 이야기를 하고자 하여 그를 부르려고 하였다. 그러나 고종과 신하들이 참정 한규설이 의도하는 일에 반대하였다. 그는 마침내 대청(大廳) 뒤에 있는 협실(夾室)에 들어가 있었는데, 예식관 고희경(高義敬)[5]이 보고하기를

"일본 통역관 시오가와(鹽川)가 뵙기를 청합니다."

라고 하였다. 이에 한규설은 수옥헌의 앞뜰에 나왔는데, 시오가와가 갑자기 뛰어 들어와 한규설의 어깨를 붙잡고 일본 헌병과 군사들이 에워싸서 휴게소의 서쪽 행랑에 가둬놓고 매우 엄하게 감시하였다. 얼마 뒤, 이토 히로부미가 찾아와서

"공은 왜 이런 지경에 이르기까지 상황을 오판하였소?"
라고 하자, 한규설은 다음과 같이 말하였다.

"대사는 생각해 보시오. 우리나라가 어찌 자력으로 독립하겠소? 실제로 그대의 나라가 앞장섰던 것이 아니오? 그렇지만 독립한다고 세계만방에 성명을 내고서 10년이 지났는데도 우리가 우리나라를 강한 나라로 만들지 못하고 이런 변란을 당하였으니 허물은 전적으로 우리에게 있소. 그러나 그대 나라 또한 최근 수년 이래로 조금도 남기지 않고 우리의 살갗을 벗겨내고 우리의 고혈을 빨아대어, 이제 남은 것은 다만 독립이라는 명목뿐인데, 지금 우리나라를 삼켜 멸망시키려고 하니 이것이 차마 할 수 있는 일이란 말이오?"

"나는 야심을 가진 사람이 아닙니다. 다만 그대 나라가 힘이 없으므로 어쩔 수 없이 그렇게 한 것입니다. 그렇게 하지 않는다면 동양이 위태롭게 됩니다."

"대사가 일찍이 정한론(征韓論)에 반대하여 천진(天津)과 시모노세키의 두 조약을 체결할 때 대사는 우리나라의 독립에 고심하지 않았소? 그런데 그런 덕과 의리를 갖춘 대사가 현재의 상황을 만들었으니 나는 조금도 이럴 줄을 생각하지 못하였소."

"칙령이 내려졌으니 따라야 합니다."

"설사 황제의 엄한 명령이 있더라도 나는 나라를 위해 맡은 임무를 다하다가 죽을 것이오. 어찌 그것을 따른단 말이오?"

"만약 그렇게 한다면 공은 먼저 화를 당할 것입니다."

"나의 뜻은 이미 결정되었소. 어찌 재앙과 복을 논하겠소?"

이렇게 말하고 한규설은 큰 소리로 울었다. 이토 히로부미가 공의 손을 잡고 위로하기를

"공이 처해 있는 상황에서 어찌 그렇게 하지 않겠습니까? 그렇지만

돌아가는 전체적인 국면(局面)을 생각하지 않을 수 없습니다."
라고 하였다.

"이 몸은 죽일 수 있지만 이 마음은 절대로 굽힐 수 없소."

이토 히로부미가 회의석상으로 나와서

"참정 한규설은 비록 거부했지만 모든 대신들이 찬성하였습니다."
라고 하고는 외부[6]로 말을 달려 옥새를 빼앗아 조약문서에 찍었다. 그리고 병사를 돌려보냈다.

이에 비로소 한규설은 협실에서 나올 수 있었는데, 내정부(內政部)로 들어가 참찬 이상설(李相卨)[7]과 손을 잡고 통곡하였다. 여러 대신들이 내정부로 들어오자 참정 한규설은 엄한 목소리로

"이제 나라가 망했는데 공들은 편안하신가?"
라고 하였다. 다시 박제순을 꾸짖어

"어찌 이처럼 전에 한 말을 뒤집는가?"
라고 하니, 모든 사람들이 머리를 떨구고 아무 말도 못하였다. 어떤 대신이 겨우

"이제 오직 참정이 하고자 하는 대로 따르겠소."
라고 하자, 참정 한규설이 여러 대신들의 의견을 모아 상소를 올렸다. 그러나 고종이 잠자리에 들어 상소를 올릴 수가 없었다. 뒤에 조서가 내려왔는데

"참정 한규설의 행위는 합당하지 못하다. 본래의 관직을 그만두게 하고 3년간 유배를 보낸다."
라고 하였다. 얼마 뒤에 유배형은 시행하지 않는다고 하면서 관직만 그만두게 하였다. 뒷날 일본이 조선을 빼앗은 다음 판서 이상의 사람들을 선택하여 그들 모두에게 작위를 하사하였다. 이 당시 조선귀족의 작위를 받은 자는 72명인데, 한규설은 받지 않았고 김석진(金奭鎭)[8]

은 받지 않고 죽었다.[9]

살피건대, 사태가 이 지경에 이르렀으니 비록 오적을 책망한다고 해도 아무런 도움이 되지 않겠지만, 이미 책망하였으면서 한규설은 어찌 통렬히 책망하지 않았는가? 어쩌면 책망으로 인한 재앙을 두려워했던 것인가? 이 글을 읽으면 답답하지 않을 수 없다. 그러나 오적이 고개를 떨구고 아무 말도 못하였으니 소인의 정상(情狀)을 알 수 있다.

1 내용은……것이었다 : 일진회는 1905년 9월 포츠머스강화조약으로 러일전쟁이 사실상 종결되자, 그동안 일진회를 보호해 주던 조선 주둔 일본군의 보호막이 사라지면서 존립 자체가 불안정하게 되었다. 이때 일진회 고문 사세가 이토 히로부미가 보호조약 체결을 위해 한국에 오는 것을 기회로 선언서 초안을 작성하고 일진회로 하여금 외교권 위임을 선언하게 하였다. 이에 따라 일진회는 을사조약이 강제 체결되기 10일 전인 1905년 11월 5일에 "일본의 보호지도를 받기 위해 내치와 외교권을 일본에 일임해야 된다."라는 내용의 일명 일진회선언서를 발표하였다.

2 내부(內部) : 1895년 을미개혁 당시 군국기무처에서는 정치제도를 개혁하였는데, 종래의 의정부는 내각으로 개칭되고, 각 아문 역시 부(部)로 개칭되는 동시에 농상무와 공무의 두 아문을 농상공부로 통합하여 외부, 내부, 탁지부, 군부, 법부, 학부 농상공부 7부로 개편하였다. 여기서 내부란 조선 시대의 이조(吏曹), 오늘날의 행정안전부에 해당한다.

3 이석종(李奭鍾) : 1907년 7월 나인영, 오기호 등의 을사오적 처단사건으로 체포되어 평리원에서 10년 유배형에 처해졌다.

4 의정서(議定書) : 한일의정서를 말한다. 1904년 1월 23일 대한제국이 대외적으로 중립을 선포하자 일본은 2월 8일 러일전쟁을 일으키는 한편, 23일에는 한일의

정서를 강제 체결하였다. 전문 6조로 되어 있는 한일의정서는 대한제국의 독립과 영토 및 황실을 보전한다고 명시하였으나, 사실상 한국을 식민지화하는 조약이었다. 그런데도 이 한일의정서의 내용에 대하여 당시 지식인조차도 일본의 대한제국의 독립 보전이라는 문구를 굳게 믿어 전혀 의심하지 않았다.

5 고희경(高羲敬) : 1873~1934. 정미칠적과 경술국적인 역관 고영희의 아들로 육영공원에 입학하여 영어를 익혔으며 1891년 진사가 되면서 관직에 나가기 시작했다. 초기에는 뛰어난 외국어 실력으로 외교 업무를, 이후에는 황실 관련 업무를 주로 담당했다. 1902년 이재각이 단장을 맡은 영국의 에드워드 7세 즉위 축하 사절단의 일원으로 영국에 다녀왔다. 1906년 예식원 부경(副卿)과 제도국 의정관, 궁내부의 예식과장과 예식관에 임명되었고, 이듬해 일본 황태자를 맞는 봉영위원(奉迎委員)을 지냈다. 같은 해 시강원에서 일하면서 영친왕의 강제 일본 유학 때 배종하였다. 한일병합조약 체결 후에는 황실이 왕실로 격하되자, 고희경은 이왕직 사무관으로 계속 왕실 관련 업무를 맡았다. 이 때문에 현재 남아 있는 순종의 가족사진에 등장하기도 한다. 아버지 고영희가 1916년 사망하자 자작 작위를 물려받았다가 1920년 백작으로 승급하였고, 1926년에는 조선총독부 중추원 고문에 임명되었다. 고영희와 고희경 부자는 유일하게 2대에 거쳐 중추원 고문을 지낸 인물들이다. 1935년 총독부가 편찬한 《조선공로자명감》에 조선인 공로자 353명 중 한 명으로 수록되어 있다.

6 외부 : 오늘날의 외교통상부이다.

7 이상설(李相卨) : 1870~1917. 본관은 경주, 자는 순오(舜五), 호는 보재(溥齋)이다. 충청북도 진천 출신으로 1894년 과거에 급제한 후 1896년 성균관 교수를 비롯하여 탁지부 재무관을 역임하였다. 1904년 일제가 황무지개척권을 요구하자 반대상소를 올렸으며, 1905년 을사조약이 강제 체결되자, 을사조약 반대와 을사오적 처단을 주장하는 상소를 다섯 차례나 올렸다. 이후 관직에서 물러났으며, 1906년 간도 용정에서 서전서숙을 설립하고 민족교육에 앞장섰다. 1907년 고종의 밀지(密旨)를 받아 이준(李儁), 이위종(李瑋鍾)과 함께 헤이그 만국평화회의에 참석하려고 하였으나 일본의 계략으로 참석하지 못하였다. 이후 1910년 러시아 블라디보스토크에서 13도의군과 성명회, 권업회, 대한광복군정부 등을 조직하면서 줄기차게 국권회복운동에 앞장섰으나, 1917년 러시아 니콜리스크에서 병사(病死)하였다.

8 김석진(金奭鎭) : 1843~1910. 본관은 안동, 자는 경소(景召), 호는 오천(梧泉)이다. 아버지는 도균(道均)이다. 1905년 을사조약이 강제 체결되자 다음해 1월 22일

상소를 올려 오적신(五賊臣)의 처형과 협박에 의한 조약은 공법상 무효임을 주장했다. 이어 매국노들과 같이 하늘을 머리로 이고 다닐 수도 없는데 하물며 그것들과 어깨를 나란히 하고 한 열에 설 수 없다는 소를 올리고 의효전향관(懿孝殿享官) 자리를 물러났다. 1910년 한일합병이 된 뒤 일제가 남작의 작위를 주어 회유하려 하자, 9월 8일 아편을 먹고 자결했다.

9 이 당시……죽었다 : 1910년 8월 29일, 일제는 〈조선귀족령〉을 공포하고 10월 7일 조선총독부 건물에서 자신들이 선정한 조선귀족 76명에게 귀족작위 수여식을 거행하였다. 이중 한규설, 조정구, 김석진, 윤용구, 민영달, 조경호, 홍순형 등은 작위를 거절했으며, 유길준은 작위는 받지 않고 은사금만 받았다. 또 김윤식, 이용직, 김사준, 김가진은 독립운동과 관련하여 작위를 박탈당하였다.

장지연 張志淵

장지연은 마산부(馬山府) 원정(元町)에서 살았다. 호는 위암(韋庵), 또는 숭양산인(嵩陽山人)이다. 태황 갑자년(고종1, 1864)에 태어났다. 처음에 사마시(司馬試)에 합격한 후 내부 주사(內部主事)에 제수되었다. 얼마 후 사직하고 황성신문사에서 일했다.

광무6년(1902) 3월에 약왕사(藥王寺) 사건 때문에 나수연(羅壽淵)과 남궁억(南宮億) 두 사람 모두 투옥되자,[1] 장지연이 황성신문사 사장이 되었다. 이에 앞서 일본인이 매번 신문을 검열했는데 만일 저촉되는 부분이 있으면 곧바로 먹칠하여 지웠다. 이 때문에 한 글자 반 구절도 마음대로 신문에 실을 수 없었으니 하물며 보호조약[2] 관련기사를 어떻게 실을 수 있었겠는가.

아, 매국노들이 한 번 찬성해서 온 나라를 팔아버렸고 그 일이 하룻밤 사이에 이루어져 나라 사람들이 그 사실을 듣지 못했는데 듣고 나서 민심이 크게 들끓었다. 이에 장지연은 동료들과 함께 상의하여 다음과 같이 말하였다.

"신문은 사실을 있는 그대로 써야 한다. 우리의 직책은 비록 작은 일이라도 마땅히 사실에 근거해 곧게 써야 하는데, 하물며 오늘의 조약이 우리나라의 존망(存亡)에 크게 관계됨에 있어서랴. 만일 우리가 사실대로 알리지 않는다면 교활한 일본 놈들은 반드시 우리나라의 임금과 신하가 만장일치로 협정을 맺었다고 전 세계를 속여 협박한 사실을 없앨 것이다. 우리들이 죽는 일이 있더라도 이것을 어찌 차마 묵과할 수 있으랴.”

그리고 을사조약 체결의 전말(顚末)을 대서특필(大書特筆)하였다. 또한 논설문 1편을 지어 〈시일야방성대곡(是日也放聲大哭)〉이라고 하였으니 피눈물이 종이 위에 가득하고 수천 마디 말이 거침이 없었다. 그러나 일본 경찰로부터 검열을 받았다면 신문 한 장도 발간하지 못하고 단지 일본의 노여움만 샀을 것이다. 그 전날 밤에 신문 만 부를 인쇄하여 사람을 전국 각지로 보내 집집마다 전달하게 하고 밤새도록 술을 마시며 그들을 기다렸다.

다음날 아침에 일본 경찰 등이 신문사로 들이닥쳐 신문을 압수하고 윤전기(輪轉機)를 봉쇄(封鎖)하였다. 또한 장지연을 붙잡아 가면서

“너는 검열 위반이 죄임을 아는가?”

라고 하였다.

“알고 있다.”

“알면서 어찌 일부러 어겼는가?”

“이것은 나의 직책이다. 내가 내 직책을 수행한 것이니 죽더라도 피할 수 없다.”

그러자 일본 경찰은 더 이상 신문하지 않고 70여 일 동안 감옥에 가뒀다가 석방하였다.

신보[3]에서도 이미 늑약(勒約)의 실상을 폭로하여 그 실상이 크게 드러났다. 이에 〈시일야방성대곡〉 1편이 자못 집집마다 전해져 읽히게 되었다. 신문사를 봉쇄한 지 5개월이 되자 해가 져서 암흑에서 사는 것처럼 사람들이 세상 형편에 어두웠다. 다행히 대한매일신보가 출간되고 영국인 베델이 주관하자 일본인은 신문 검열을 한국인에게 하던

것처럼 하지 못했다. 그래서 강압적인 실상을 있는 그대로 쓰면서 조금도 가차(假借)없이 준엄한 말로 잘못을 따지고 공격하였다. 이에 백성들의 끓는 피가 더욱 격해졌고 학생들은 휴교하고 통곡하였다. 종교인들은 하늘에 원통함을 호소하며 슬피 울었고 상인들은 가게를 닫고 큰 소리로 울부짖었다. 먼 길을 달려와서 소장을 올린 유생들도 헤아릴 수 없이 많았다. 감옥에서 풀려나자 장지연은 대한자강회(大韓自强會)를 만들어 온 힘을 기울였으나 금령으로 인하여 해산하고 러시아로 가서 각 지역을 두루 살폈다.

장지연은 술을 좋아하고 풍류가 넉넉하여 사람들이 '주호(酒豪)'라 일컬었다. 장지연은 비록 술을 진탕 마셔도 평생 술 때문에 일을 그르친 적이 없었다. 장지연의 모습을 보면 매우 덤벙거리는 듯하지만 일처리가 지극히 정밀했다. 크고 작은 것을 막론하고 참고할 만한 것을 들으면 반드시 달력에 기록해 두었는데, 잔글씨로 써서 쌓아둔 것이 자신의 키를 넘길 정도였다. 이전에 러시아에 갈 때 서류를 가지고 간 일이 있는데,[4] 감시가 심하여 가지고 갈 수 없게 되자 종이를 솜처럼 옷 속에 채워서 가지고 갔다. 이 사실이 마침내 널리 알려졌다.

장지연은 강직하여 세상과 영합하지 않았다. 의롭지 못하거나 바르지 못한 사람을 보면 언제나 면전에서 거리낌 없이 꾸짖었기 때문에 그를 좋아하지 않는 사람들이 많았다. 평생 권세 있고 지위 높은 사람에게 아부하지 않았기에 서울에서 여러 해 있으면서도 친하게 지내는 사람은 전 의정(議政) 민영규(閔泳奎)와 작고한 이준(李埈)[5] 공뿐이었다. 두 공 또한 장지연의 문장과 풍류를 좋아하여 그를 매우 소중히 대우했다. 장지연은 항상 강직했기 때문에 세상에서 알아주지 않았으며 또한 오래 살지도 못하였다. 신유년(1921)에 죽었다. 향년 58세에 죽었으니, 매우 슬퍼할 만한 일이다.

살피건대, 신유년(1921) 가을 내가 서울에 갔을 때, 사람들은 장지연이 술주정을 부리고 술에 흠뻑 취해 있다고 비난하였다. 선비로서 몸과 마음을 단정히 하고 장중하며 전일하게 하는 사람은 근칙자(謹飭者)이다. 넘어지며 분방한 사람은 방광자(放狂者)이다. 근칙은 좋고 방광은 그르다는 것을 사람이라면 다 아는데, 어찌 장지연이 이를 몰랐겠는가?

나는 장지연이 지사(志士)라고 들었으니 그 마음은 술에 있지 않고 취향(醉鄕)[6]에 있었을 것이다. 지금 산하는 예전과 달라 어디를 가든 누구를 만나든 우리의 뜻있는 선비가 바라는 것이 아니나 오직 취향만은 그렇지 않다. 사람이 분개하여 편하지 못한 것이 있을 때 서너 개의 큰 술잔에 술을 가득 부어 흠뻑 취해 눕는다면 가고 싶지 않고 만나고 싶지 않은 것들이 변하여 모두 오유선생(烏有先生)[7]이 될 것이다. 그러나 장지연은 술이 아니면 취할 수 없다고 여겼기에 술에 흠뻑 취하는 즐거움을 마음에 얻고자 술에 기댄 것이다.

옛날 석만경(石曼卿)은 술에 빠져 살았는데,[8] 실컷 마시고 크게 취하면 포의(布衣)의 선비나 시골 늙은이와 함께 넘어지는 것도 마다하지 않았다. 당시 송나라는 안정되고 천하가 유교를 숭상하여 풍교(風敎)가 근칙을 숭상하고 방광을 내칠 만하였다. 그런데도 구양수(歐陽脩)는 〈석비연시집서(釋秘演詩集序)〉에서 석연년을 기남자(奇男子)라고 인정하였으니,[9] 하물며 오늘날의 장지연은 말해 무엇하랴.

1 나수연(羅壽淵)과……투옥되자 : 1900년 7월 남궁억은 황성신문에 러시아와 일본의 한국 분할 가능성을 전재하여 러시아와 일본의 한국침략 야욕을 폭로하고 경각심을 촉구하는 논평을 실었다. 이것이 문제 되어 박은식은 경무청에 구금된 바 있었다. 이후 1902년 황성신문에 일제가 1894년 이후 한국을 침략해 들어오면서 러시아와 맺은 러일협정의 침략적 성격을 논박한 사설을 실었다가, 1902년 5월 총무 나수연과 함께 다시 경무청에 구속되어 심한 고문을 받고 4개월 만에 석방되었다. 이 일로 남궁억은 사장직을 사임하게 되었다.

2 보호조약 : 러일전쟁에서 승리한 일제가 대한제국의 외교권을 박탈하기 위해 1905년 11월 17일 강제로 체결한 제2차 한일협약을 말한다. 일명 을사늑약으로도 불린다.

3 신보 : 대한매일신보(大韓每日申報)를 뜻한다.

4 이전에……있는데 : 대한자강회 강제 해산 이후 장지연은 1908년 러시아 블라디보스토크로 망명하여 그곳의 독립운동 기관지인 《해조신문(海潮新聞)》 주필을 맡은 바 있다. 이전에 러시아를 갈 때의 일은 블라디보스토크로 망명하였을 때의 일화이다.

5 이준(李埈) : 본명은 이준용(李埈鎔, 1870~1917)이며, 흥선대원군의 장손이자 고종의 형 이재면(李載冕)의 아들이다. 1910년 경술국치 이후 일제로부터 남작작위를 받은 데 이어, 1911년 후작으로 승작되었다. 1912년 부친이 죽자, 준(埈)으로 개명하고 아버지의 공족(公族) 지위를 상속하여 이준 공(公)이 되었다. 친일반민족행위자진상규명위원회에서 친일반민족행위자로 선정하였다.

6 취향(醉鄕) : 취중의 경지를 이상향(理想鄕)에 비겨서 한 말로 술에 취했을 때 온갖 걱정을 잊는 별천지의 경계를 뜻한다. 당(唐)나라 왕적(王績)의 〈취향기(醉鄕記)〉에 보인다.

7 오유선생(烏有先生) : 사마상여(司馬相如)가 지은 〈자허부(子虛賦)〉에 나오는 가공의 인물이다. 〈자허부(子虛賦)〉는 자허, 무시공(亡是公), 오유선생(烏有先生) 세 사람의 문답으로 되어 있는데, "헛것〔子虛〕이 이런 것이 없으니〔亡是公〕 어찌 있었으랴.〔烏有〕"라는 뜻이다. 여기서는 장지연이 술을 마시는 것은 술을 좋아해서가 아니라, 술에 취하여 만나고 싶지 않고 가고 싶지 않은 세상사를 잊는 데 있음을 말한 것이다.

8 옛날……살았는데 : 만경(曼卿)은 송(宋)나라 석연년(石延年)의 자(字)이다. 그

는 술을 매우 좋아하여 작은 봉록(俸祿)으로 술을 실컷 마실 수 없다는 말을 자기 시우(詩友)인 중 비연(祕演)에게 말했다. 비연은 곡식을 바치고 감부(監簿)가 된 우(牛)라는 부호를 끌어 들여 그로 하여금 번대사(繁臺寺) 근처 누각(樓閣)에 술과 안주를 푸지게 차리게 하고 석연년과 함께 그 누각에 올라 해가 지도록 마시며 즐겼다. 술에 취한 석만경은, 이러한 놀이에 기록을 남기지 아니할 수 없다 하여 큰 붓으로 "석연년 만경이 공문(空門)의 시우(詩友) 늙은 연(演)과 여기 올랐었다." 라고 썼다. 옆에 있던 우가, 자기도 그 속에 한몫 끼어달라고 간청하였다. 차마 거절을 못하고 난처해하던 만경이 한참 만에 붓을 들어 "우 아무가 벼루를 들고 있었다.〔牛某捧硯〕"라고 썼다. 《상산야록(湘山野錄) 권하》

9 구양수(歐陽脩)는……인정하였으니 : 구양수의 〈석비연시집서(釋祕演詩集序)〉에 비연(祕演)이 석만경(石曼卿)과 절친하여 "실컷 마시고 크게 취하게 되면 노래 부르고 시를 읊조리며 웃고 소리치는 것으로 제 마음에 맞는 천하의 즐거움으로 삼았으니 이 얼마나 씩씩한가.〔當其極飮大醉, 歌吟笑呼, 以適天下之樂, 何其壯也.〕"라고 하였다.

민영환 閔泳煥

민영환의 자는 문약(文若), 호는 계정(桂庭)이다. 본관은 여흥(驪興)이니, 고려 상의봉어(尙衣奉御)[1] 민칭도(閔稱道)가 시조(始祖)이다. 조선 시대에 들어와서는 유수(留守) 민심언(閔審言)이 절의(節義)와 행실(行實)로 이름이 있었다. 조선 중기에는 여양부원군(驪陽府院君) 문정공(文貞公) 민유중(閔維重)[2]이 인현왕후(仁顯王后)를 낳았는데, 이 분이 바로 숙종(肅宗)의 계비(繼妃)이다. 다시 4세를 지나 첨지중추부사(僉知中樞府事) 민단현(閔端顯)은 영의정에 추증되었고 민치구(閔致久)[3]를 낳았다. 민치구는 음관(蔭官)[4]으로 보국숭록대부(輔國崇祿大夫)가 되었고 시호는 효헌(孝獻)이다. 민치구의 딸이 흥선대원군(興宣大院君)의 부인이 되어 지금의 황제폐하[고종]를 낳아 길렀는데, 궁에 들어가 왕통을 이었다. 아버지 참봉 민태호(閔泰鎬)는 일찍 죽었다. 민영환의 생부 민겸호(閔謙鎬)[5]는 문과에 급제했고 보국숭록대부(輔國崇祿大夫)를 지냈으며 시호는 충숙(忠肅)이다. 어머니인 정경부인(貞敬夫人) 서씨(徐氏)가 민영환을 처음 잉태하였을 때, 꿈에서 구슬 세 개를 얻었고 여러 장로와 관원[6]이 외사(外舍)에 와서 충숙공 민겸호에게 줄지어 절하는 것을 보았다.

민영환은 철종 신유년(철종12, 1861)에 태어났다. 어릴 때부터 효성스러워 부모님을 잘 공경하였고 어른의 가르침을 받아 한 마디도 망령된 말을 하지 않았다. 여러 아이들과 어울려 놀 때 서로 뜻이 맞지 않더라도 규각(圭角)을 드러내지 않았다.

지금의 임금 정축년(고종14, 1877)에 동몽교관(童蒙敎官)에 임명되었다. 다음해 인일제(人日製)[7]에 장원급제하여 정9품의 홍문관 정자(弘文館正字)에 임명되었다. 이후 예문 검열(藝文檢閱), 설서문겸수찬(說書文兼修撰), 동벽(東壁), 검상(檢詳), 사인(舍人)을 두루 역임했다. 신사년(1881)에 정3품 동부승지(同副承旨)에 올랐고 대사성(大司成)과 도승지(都承旨)를 지냈다.

임오년(1882) 6월에 충숙공 민겸호가 임오군란으로 살해되자,[8] 민영환은 돌아와 생부의 상을 치렀다. 아버지의 상을 마치고 이조 참의(吏曹參議)에 임명되었다.

을유년(1885)에 가선대부(嘉善大夫)에 올랐고 공조 참판(工曹參判), 이조 참판(吏曹參判), 홍문관 직부제학(弘文館直副提學), 정부 당상(政府堂上), 협판 내무부(協辦內務府), 총판 전환국사(總辦典圜局事), 개성 유수(開城留守) 등을 차례로 역임했다.

병술년(1886)에 기연해방어사(畿沿海防禦使)가 되었다가 내직으로 옮겨와 한성 우윤(漢城右尹), 총판기기국(總辦機器局)과 상리국(商理局)의 전후영사(前後營使)를 역임했다.

정해년(1887)에 자헌대부(資憲大夫)에 올랐고 형조 참판(刑曹參判), 예조 참판(禮曹參判), 병조 참판(兵曹參判), 홍문관 대제학(弘文館大提學), 예문관 대제학(藝文館大提學), 좌빈객겸찰총어(左賓客兼察總禦), 장위이사(壯衛二使), 내각제학(內閣提學) 등을 역임했다.

신묘년(1891)에는 숭정대부(崇政大夫)에 올랐다. 이 해에 어머니 김씨(金氏)의 상을 당했는데 상을 마치고 지돈령(知敦寧), 독판 내무부사(督辦內務府事), 이조 판서(吏曹判書)에 임명되었다.

을미년(1895)에 특명전권공사(特命全權公使)가 되었다. 8월에 명성황후가 시해당하는 나라의 변고를 만나, 민영환은 애통하고 억장이 무너져 살고 싶은 생각이 없었다. 오직 숨어 살기를 힘쓰며 조정에는 관여하지 않으려 하였다. 간혹 교외로 물러나 살면서 명리(名利)를 초탈했지만 여전히 나라를 걱정하여 차마 멀리 떠날 수는 없었다. 벼슬을 하라고 말하는 사람이 있었지만 모두 재주가 부족하다는 이유로 사양했다. 사방에서 물건이나 돈을 보내왔지만 뿌리치며 받지 않아 대문 앞이 물과 같이 고요하였다. 임금을 알현하면 은총을 간구하는 말은 한 마디 하지 않았으나 조정의 잘못에 대한 말은 숨김없이 모두 말했다. 때로는 부드러운 말로, 때로는 강경한 어조로, 때로는 눈물을 흘리며 진언하였다. 임금께서는 언제나 허심탄회하게 이를 경청하니 보는 사람들이 대부분 공경하였다.

병신년(1896)에 임금의 명으로 러시아의 니콜라이 2세 황제 즉위 대관식(戴冠式) 경축사절(慶祝使節)로 파견되었다가 돌아와서는 의정부 찬정(議政府贊政), 육군부장(陸軍副將), 군부대신(軍部大臣)을 역임했다.

정유년(광무1, 1897)에 영국, 독일, 러시아, 이탈리아, 프랑스, 오스트리아 주재 공사에 임명되었다. 맨 먼저 영국으로 가 빅토리아 여왕의 즉위 60년 축하식에 참석하였으나 공사의 일을 다 하지 못했다고 해서 관직에서 해임되었다.

무술년(1898)에 다시 군부대신(軍部大臣)에 임명되었고, 이어 의정부 참정(議政府參政)으로 옮겼다. 다시 내부대신(內部大臣)에 옮기게 되었는데, 독립협회(獨立協會)의 일 때문에 나아가지 않았으므로 다른 사람의 탄핵을 받아 해임되었다. 바로 다시 내부 대신에 임명되었으며 얼마 후 참정대신(參政大臣), 탁지부 대신(度支部大臣), 원수부 회계국총장(元帥府會計局總長)으로 옮겼다가, 훈1등(勳一等)에 올라 태극장(太極章)[9]을 받았다. 다시 보국 겸 헌병 사령관(輔國兼憲兵司令官)에 올랐다.

갑진년(광무8, 1904)에 내부대신에 임명되었다가 학부대신(學部大臣)으로 옮겼다. 다시 원수부 총장(元帥府總長)에 옮겼으며 태훈(太勳)에 올라 이화장(李花章)을 받았다. 이어 시종무관장(侍從武官長)으로 옮겼다.

을사년(1905)에 참정, 외부대신에 임명되었지만 두 벼슬 모두 곧바로 교체되어 시종무관장(侍從武官長)으로 옮겼다. 그해 겨울 11월에 고향으로 갔다가 다시 한양으로 돌아왔는데, 을사조약이 체결되었다는 소식을 듣고 통분해 하며 피를 토했다. 문을 닫아걸고 손님을 사절하고 4, 5일 동안 누워 있었다. 이때 원로(元老)인 조병세(趙秉世)[10]가 백관(百官)을 거느리고 연명으로 소장을 올려 대신들 중에서 찬성한다고 서명한 자들에게 죄를 묻고 을사조약을 파기할 것을 청하였다. 민영환이 마침내 떨쳐 일어나 궁궐 앞에 가서는 연이어 두세 번 연명으로 소장을 올렸다. 11월 27일 아침에 잠시 집으로 돌아와 어머니에게 절을 하고 자식들을 불러 앞에 세우고 등을 어루만지며

"너희들이 자라는 것을 볼 날이 있을까?"

라고 말하고 곧바로 대궐로 달려갔다.

이날 밤 조병세가 대궐문에서 쫓겨나 압송되는 바람에 민영환이 대신 소두(疏頭)가 되었다. 임금이 재삼 물러가라고 명하였지만 민영환은 죽을 각오로 맞서며 임금의 명을 따르지 않았다. 잠시 후 또 다음과 같은 임금의 전교가 내려왔다.

"그대들이 물러나지 않는다고 한들 이 국토를 되찾을 수 있겠는가? 종사가 안정되겠는가?"

이에 민영환은 옷깃을 여미며

"신들이 올린 말을 전하께서 허락해 주신다면 국토는 저절로 회복될 것이고 종사 또한 안정될 것입니다. 만약 신의 말이 효험이 없다면 신의 목을 베어 천하 사람에게 보여주십시오."

라고 대답하였다.

다음날 새벽, 임금이 법부(法部)에 명을 내려 모두 잡아들이게 했는데, 아무개 공이 다그쳐 요청한 것이었다. 마침내 서로 이끌려 평리원[11]에서 임금의 명을 기다렸는데, 해가 지자 비로소 용서한다는 명[12]이 내려왔다. 이에 여론이 더욱 들끓었고 논의도 더욱 거세졌다. 곧바로 소청(疏廳)으로 가서 밤 10시에 여러 공들과 상소에 대해 회의했는데, 다음날 다시 모이기로 약속하고 회의를 마쳤다. 민영환은 이웃집으로 거처를 옮기더니 사람들에게 나가라며

"나는 자야 하니 그대들도 모두 가시게."

라고 하였다. 오직 시종 한 사람만 그 곁에 있었다. 민영환은 상소를 해도 아무런 효과가 없으리라는 것을 알고 눈물을 흘리며 잠을 이루지 못했다. 새벽이 되자 시종에게

"세수를 하려 하니 빨리 따뜻한 물을 가지고 오너라."

라고 하였다. 시종이 나가기를 기다렸다가 칼을 뽑아 자신을 찔렀으나 죽지 않자, 다시 더 깊이 찔러 마침내 숨을 거두었다. 죽으면서도 손에는 칼을 쥐고 있었는데 여전히 살아 있는 듯했으니 곧 을사년(광무9, 1905) 11월 30일의 일이었다. 이때에 큰 별이 서편 하늘로 떨어졌으며 수많은 까치가 그 집에서 울다가 한참 후에 날아갔다. 민영환의 시신을 수습하여 집으로 옮기는데 길에서 이를 본 사람들이 마치 자신의 친척이 죽은 것처럼 슬퍼하며 대성통곡하지 않은 이가 없었다.

민영환의 옷 속에서 두 편의 유서[13]가 발견되었다. 첫 번째 유서의 내용은 다음과 같다.

"우리 대한제국 2천만 동포에게 영결을 고하노라. 아, 나라의 수치와 백성의 욕됨이 여기까지 이르렀으니, 우리 인민은 장차 생존경쟁 중에서 소멸될 것이다. 무릇 살고자 하는 자는 반드시 죽을 것이요,

죽기를 기약하는 자는 살 수 있으니, 제공들이 어찌 이를 모르겠는가? 나 민영환은 그저 한 번 죽는 것으로 황은(皇恩)에 보답하고 우리 2천만 동포 형제에게 사죄한다. 나는 죽어서도 죽지 않고 지하에서 그대들을 도우려 한다. 바라건대 우리 동포형제들은 더욱더 분투노력하고 뜻과 기개를 굳건히 하며, 학문에 힘쓰고 마음과 힘을 다해 노력하여 우리의 자유 독립을 회복한다면, 나는 지하에서도 기뻐 웃을 것이다. 아, 조금도 실망하지 말라."

두 번째 유서의 내용은 다음과 같다.

"나 민영환이 나랏일을 잘못하여 나라 형편과 백성의 생계가 이 지경에 이르렀으니, 그저 한 번 죽어서 황은(皇恩)에 보답하고 2천만 동포에게 사죄합니다. 죽는 자는 말할 것 없지만, 지금 우리 2천만 인민은 앞으로 생존 경쟁하는 중에서 소멸될 것입니다. 존경하는 공사는 어찌 일본의 행위를 살피지 못하십니까. 존경하는 공사 각하는 천하의 공의(公議)를 중히 여겨 돌아가 귀국 정부와 인민에게 알려 우리 인민의 자유 독립을 도와주신다면 나는 죽어서도 기뻐 웃으며 고맙게 여기겠습니다. 아, 각하는 우리 대한을 경시하지 말고 우리 인민의 진심을 오해하지 말아 주십시오."

두 번째 유서는 각국 공사에게 영결을 고하는 유서였다.

민영환의 죽음이 알려지자 임금이 몹시 놀라고 슬퍼하며 다음과 같은 조령(詔令)을 내렸다.

"매우 친근한 근속으로서 이 어렵고 근심스러운 때를 만나 고충이 절절하여 분연히 제 몸을 돌보지 않고 강개하고 격렬해져 마침내 자결하였으니, 충성스럽고 의로운 넋은 해와 별을 꿰뚫을 만하다. 짐은 너무나 슬프고 안타깝다."

이에 궁내부(宮內府)에 명하여 동원부기(東園副器)[14]를 실어 보냈고, 겸

장례(兼掌禮)[15]를 보내 상사(喪事)와 장례를 돕게 하였다. 또한 의정대신(議政大臣)의 직임을 추증하고 충정(忠正)이란 시호를 내리고 정문을 세우게 하였다. 성복일(成服日)에 백관을 파견하여 제사하게 하였으니, 상주를 위로하고 부의한 은총은 보통에서 벗어난 아주 특별한 것이었다. 또한 내부(內部)에 명하여 장지(葬地)를 공급하게 하였다.

한양 선비 수천 명이 조회(弔會)를 설치하여 상례 절차를 담당하였다. 장례일에 경대부 및 각국의 공사(公事)와 영사(領事)들이 관 앞에서 눈물을 흘리며 영결하였고, 각 부대의 병사들과 일반백성, 장사꾼, 승려, 부녀자 등이 모두 등촉(燈燭)을 들고 선도한 사람이 수만 명이었다. 교대로 상여를 메고 스스로 다투어 먼저 장례 행렬에 참석하였다. 용인군(龍仁郡) 서봉산(棲鳳山)에 장사지냈다. 아들 민범식(閔範植)은 일곱 살이었고 나머지는 이보다 더 어렸다.

민영환이 죽은 지 이틀 후에 원로 조병세(趙秉世) 또한 약을 마시고 죽었다. 홍만식(洪萬植), 송병선(宋秉璿) 및 주사(主事) 이상철(李相哲), 무인(武人) 김봉학(金奉學)도 모두 차례대로 의(義)에 의거하여 죽기를 편안히 여겼다. 이것은 비록 충의로 인한 울분이 격한 데서 나와 남이 권하거나 막을 수 있는 것은 아니지만, 또한 민영환이 먼저 창도한 점이 있다. 아, 민영환은 백대의 의열(義烈)이라 할 만하다. 천고에 나라와 백성을 위하여 민영환처럼 조용히 자결한 사람은 진실로 드물다.

찬(贊)은 다음과 같다.

"공이 죽은 뒤 집안사람이 피 묻은 옷과 칼을 협실에 보관하고 오랫동안 봉쇄하였다. 다음해 음력 5월에 문을 열어보니 방안에 대나무 네 줄기가 싹텄는데 가지와 잎이 들쭉날쭉 연한 녹색을 띠고 있었다.

집안사람이 크게 놀라 달려 들어가 자세히 방을 살펴보았다. 널빤지로 된 마루에 틈이 없는데도 대나무가 나와 아름답게 솟아났으니, 아마도 민영환이 환생한 듯했다. 이에 사람들이 모여 그것을 보고 탄복하지 않는 이가 없었고 그림으로 그리고 칭송하는 노래를 불렀다. 아, 어쩌면 민영환의 정신과 기백이 천지를 감동시키고 귀신을 감동시켰기 때문에 대나무로 환생하여 충성을 드러내고 우리 백성을 깨우쳐 격려한 것인가 보다. 아, 기이하도다."

인동(仁同) 장지연(張志淵)

1 상의봉어(尙衣奉御) : 상의국(尙衣局) 정6품의 벼슬이다. 상의국은 고려 때 임금의 예복을 관리하는 일을 맡은 관청이다.

2 민유중(閔維重) : 1630～1687. 자는 지숙(持叔), 호는 둔촌(屯村), 시호는 문정(文貞)으로, 인현왕후(仁顯王后)의 아버지이다. 1650년 증광문과에 급제, 예문관을 거쳐, 1674년 호조 판서가 되었다. 이때 자의대비(慈懿大妃) 복상문제가 일어나자 대공설(大功說)을 지지하였다. 1681년 딸이 숙종의 계비가 되자 여양부원군(驪陽府院君)이 되었다.

3 민치구(閔致久) : 1795～1874. 흥선대원군(興宣大院君)의 장인이며 고종의 외할아버지이다. 1863년 공조 참의가 되고, 1864년 공조 판서로 특진된 뒤 이듬해 광주부 유수(廣州府留守)가 되었다. 1867년 청주 목사, 1868년 판의금부사(判義禁府事)와 판돈령부사(判敦寧府事)를 역임한 뒤 1869년 다시 공조 판서를 지내고, 판돈령부사로 죽었다. 영의정에 추증되고, 시호는 효헌(孝獻)이다.

4 음관(蔭官) : 공신이나 고위 관리의 자제로 과거를 통하지 않고 벼슬이 제수된 것을 말한다.

5 민겸호(閔謙鎬) : 1838~1882. 자는 윤익(允益), 시호는 충숙(忠肅)이다. 1866년 알성문과(謁聖文科)에 장원. 민씨 세도의 일원으로 여러 요직에 이어 형조·병조·이조·예조 등의 판서를 지냈다. 1880년 군무사 경리당상(軍務司經理堂上)이 되어 신식군대인 별기군(別技軍)을 창설하였고 이듬해 선혜청 당상(宣惠廳堂上)에 올랐으나 구식 군인들에 대한 차별로 인해 임오군란이 일어나자 살해되었다.

6 관원 : 공복(公服)은 관원의 정복으로, 당상(堂上) 정3품 이상은 홍색, 종3품에서 종6품까지는 청색, 정7품 이하 및 향리(鄕吏)는 녹색이다. 여기서는 관원이라는 뜻으로 쓰였다.

7 인일제(人日製) : 조선 시대 과거제도 중 하나로, 음력(陰曆) 정월(正月) 초이렛날에 보던 과거를 말한다.

8 임오년……살해되자 : 임오군란은 1882년 구식 군인이었던 훈련도감 소속 군인들이 신식 군대인 별기군(別技軍)과의 차별대우와 밀린 급료에 대한 불만으로 일으킨 난이었다. 이 난으로 인해 불만의 원인이었던 선혜청 당상 민겸호는 군인들에 의해 살해되었다.

9 태극장(太極章) : 구한말 1900년에 제정한 훈장의 한 가지로 1등으로부터 8등까지 있는데, 훈공(勳功)이 있는 문무관(文武官)에게 주었다.

10 조병세(趙秉世) : 1827~1905. 본관은 양주(楊州), 자는 치현(穉顯), 호는 산재(山齋), 시호는 충정(忠正)이다. 을사조약이 강제 체결되자 국권회복과 을사오적의 처형을 주청하기 위하여 고종을 만나려 하였으나 일본군의 방해로 거절당했으며 조약의 무효와 을사오적의 처형 등을 연소(聯疏)하다가 일본군에 의해 해산당하고 표훈원(表勳院)에 연금되었다. 곧 풀려났으나 다시 대한문(大漢門) 앞에서 석고대죄하며 조약의 파기를 주장하다가 또 다시 일본헌병에 강제 연행되었다. 그 후 가평 향제로 추방되었으나 다시 상경하여 표훈원에서 유소(遺疏)와 각국 공사 및 동포에게 보내는 유서를 남기고 음독 자결하였다.

11 평리원 : 대한제국 당시 재판을 맡아보던 중앙 관청으로 오늘날의 최고법원에 해당한다. 1899년에 고등재판소를 고쳐 두었다가 1907년에 없앴다.

12 용서한다는 명 : 분간(分揀)은 죄를 저지른 형편을 보아 용서하여 처리하고 결정하는 일을 말한다.

13 두 편의 유서 : 첫 번째 유서는 대한 인민에게 남긴 것이고, 두 번째 유서는 각국 공사에게 남긴 것이다.

14 동원부기(東園副器) : 조선 시대 왕실에서 쓰던 관을 말한다.

15 겸장례(兼掌禮) : 대한제국 때에 다른 관청의 관리가 겸하여 맡은 장례원의 관직을 말한다.

조병세 趙秉世

조병세의 자는 치현(稚顯), 호는 산재(山齋)이다. 재상을 지낸 문간공(文簡公) 고(故) 조관빈(趙觀彬)의 5세손이다. 그의 성품은 순박하고 정직하며 충성스럽고 굳세었다. 그는 잡학(雜學)을 배우지 않았다. 음직(蔭職)[1]으로 벼슬길에 나아갔는데, 서울 안팎의 여러 관직을 두루 역임하였으며 부임하는 곳마다 업적을 쌓았다. 마침내 재상에 임명되었는데 곧은 성격으로 존중을 받았다. 고종 갑오년(고종31, 1894)에 벼슬에서 물러나 가평의 고향 집으로 돌아왔다. 병신년(건양1, 1896)에 시무 19조를 작성한 상소를 올렸다.[2] 무술년(광무2, 1898)에 다시 재상에 임명되었으나 굳게 사양하였다. 경자년(1900)에 조정에 들어가 임금을 뵙고 간신배들이 국정을 농단하는 폐해에 대해 자세히 말하였다. 그리고 병을 핑계로 고향으로 돌아왔다.

일본이 보호조약을 체결하였다는 소식을 듣자 대성통곡하며

"나라가 이미 망해버렸구나. 조상 대대로 국가에 벼슬한 집안의 자손으로서 나는 마땅히 순국하여야 한다."

라고 하였다. 그리고 병든 몸을 이끌고 서울로 들어가 임금 뵙기를 요청하였다. 그는 통곡하며 다음과 같이 소장을 올려 아뢰었다.

"나라는 어느 한 사람이나 한 집안이 소유하여 마음대로 처리할 수 있는 것이 아닙니다. 그러므로 큰 일이 일어날 때에는 비록 전하라

하더라도 마음대로 처리할 수 없습니다. 우리 조선의 선대 임금들이 만든 법을 보면 전임대신, 2품 이상의 관리, 시골에 거주하고 있는 유신(儒臣)들까지 널리 의견을 물어보고 나서 결정된 사항을 실행하였습니다. 지금 일본 사신이 요청한 5개 조항이 얼마나 중요한 것인데, 한두 신하가 전하의 뜻을 깊이 생각하지 않으며 또한 국법을 따르지도 않고 자기들 마음대로 가부를 결정하여 나라를 도적놈들에게 준단 말입니까. 국법을 무시하고 나라를 팔아먹은 죄는 일만 번 죽어도 가벼울 것입니다. 주무대신 박제순 이하 '가(可)'자를 쓴 각 대신들의 죄를 빠른 시간 내에 국법에 따라 처벌하여 공론(公論)의 요구에 부응하십시오. 그리고 곧바로 조칙(詔勅)을 내려 조약을 파기하고 세상 여러 나라에 성명을 발표하십시오. 만약 전하께서 허락하지 않으신다면 소신은 차라리 궁궐 계단에 머리를 산산조각 내어 죽을 것입니다."

그러나 고종은 목에 병이 있다는 핑계로 만나주지 않았다. 이에 그는 어쩔 수 없이 조정에서 물러나와 집으로 돌아왔다. 뒷날 마침내 그는 많은 관원들을 거느리고 대궐로 들어가 연명(聯名)으로 상소를 올리고 대궐문에 엎드려 임금의 명을 기다렸다.[3] 얼마 뒤 일본 병사에게 체포되어 신문을 당하였다. 이윽고 나이가 많다고 풀려나게 되었는데, 그는 다시 표훈원(表勳院)[4]으로 갔다. 그는 그곳에 모인 여러 사람에게

"내가 이번에 서울로 올라온 것은 나라에 목숨을 바치려고 굳게 결정한 것인데 이처럼 모욕을 받았으니 무엇을 망설이겠는가."

라고 하였다. 곧바로 소장(疏章)의 초고를 작성하여 옷 안에 넣어두었다. 그리고 다시 조선의 백성에게 고하는 유서와 각국의 공사(公使)에게 알리는 문서를 작성한 후 마침내 약을 먹고 죽었다.

이 일이 있기 전에 그는 소장을 올리면서 시국에 대해 간쟁(諫爭)하

였는데, 두세 번 소장을 올리면서도 여전히 마찬가지였다. 이에 고종이 교시(敎示)하기를

"그대들의 충정과 애국심, 근심과 울분에 대해 그 누군들 그렇지 않다고 하겠는가. 나도 마음속으로 생각하는 것이 있다. 그러므로 그만 돌아가라."

라고 하였다. 그러나 더욱더 간쟁하면서 물러나지 않았다. 고종이 이에 관직을 해임하고 도성문 밖으로 내쫓는 법을 시행하였는데, 조병세와 여러 신하들은 대한문 밖에 엎드려 짚자리를 깔고 앉아 죄를 기다리고 있었다. 그런데 수십 명의 일본 헌병이 갑자기 들이닥쳐 이들을 체포하여 정동파출소에 가두었다.

조병세가 올린 상소[5]의 대략은 다음과 같다.

"일본 사신의 요청에 대해 아직까지도 다행히 전하의 뜻이 확고하여 비록 여러 차례 다급한 상황에 놓이긴 했지만 끝내 흔들리지 않았습니다. 참정 한규설이 또한 강력하게 거절하고 비준하지 않았습니다. 그러나 간사한 꾀를 부리는 저들은 나라를 팔아먹은 간신들이 제멋대로 조인한 문서를 가지고 핑계거리로 삼고 있으니, 나라가 유린당하여 노예로 떨어질 근심이 눈앞에 닥쳐왔고 종묘와 사직은 장차 폐허가 될 것이며 백성은 도마 위의 물고기 마냥 죽음을 기다리는 신세가 될 것이라는 점이 다만 걱정스럽습니다. 아, 박제순의 죄를 어떻게 다 처벌할 수 있겠습니까. 자신이 주무대신이 되었으면 비록 전하께서 혹시 승인하고 조인하게 하더라도 오히려 응당 죽을 각오로 간쟁하여 나라의 은혜에 보답하고 신하된 도리를 다했어야 옳을 것입니다. 그런데 지난번에 전하의 뜻을 깊이 헤아리지 못하고 제멋대로 조약을 체결하였습니다. 나라를 팔아먹은 역적이 어느 시대인들 없었겠습니까마는 어찌 이처럼 심한 역적이 있었겠습니까. 세상의 일은 명

분(名分)을 바로잡는 것에서 시작해야 합니다. 전하께서 빠른 시일 내에 박제순의 목을 잘라 사거리에 매달도록 하십시오. 그 밖의 보호조약에 찬성을 표시한 여러 신하들도 모두 잡아들여 국법에 의거하여 처벌해야 합니다."

소장(疏章)이 올라가자 고종의 비답에는 조치를 취한다고 하였으나 명쾌한 대답은 하지 않았다. 그 다음날 조병세는 다시 소장을 올렸다.

"종묘사직의 존망(存亡)이 여기에 달려 있고 전하의 편안함과 위태로움도 여기에 달려 있으며 신하와 백성의 삶과 죽음도 여기에 달려 있습니다. 만약 이전처럼 아무런 조치도 취하지 않고 좌우의 눈치만 보며 세월을 보낸다면 얼마 지나지 않아 전하의 모든 일을 되돌릴 수 없게 될 것입니다. 이런 까닭에 저희들이 머리를 우러러 전하에게 아뢰면서 그칠 수 없는 것입니다."

조병세가 죽으면서 남긴 상소의 대략은 다음과 같다.

"오늘날 종묘사직이 망하는 것은 아침이 아니면 저녁일 정도로 눈앞에 다가왔습니다. 그러나 전하께서는 다만 네댓 명의 역적들에게 자문을 구하고 그들에게 일을 맡기시니, 비록 망하지 않으려고 한들 망하지 않을 수 있겠습니까. 소신의 모진 목숨 차마 죽지 못하였는데, 게다가 교활한 일본 놈들의 위협을 받아 붙잡혀 끌려가는 상황을 초래하여 나라를 욕되게 하고 제 자신을 욕되게 하였습니다. 그러므로 소신은 다만 전하의 죄인일 뿐 아니라 또한 절개를 지켜 목숨을 바친 민영환의 죄인입니다."

백성들에게 고하는 유서는 대략 다음과 같다.

"오호라, 오늘날은 참으로 나라를 위해 몸을 바치려는 뜻 있는 선비들이 피를 뿜고 눈물을 삼켜야 할 때입니다. 나 조병세는 충성심에서 나오는 분한 마음이 치밀어 올라 나의 능력을 헤아리지 못한 채, 이미 다른 나라로 넘어간 국권을 되돌리고 거의 죽을 지경에 빠진 백성을 구하려고 하였습니다. 그러나 일이 마음대로 되지 않아 대세가 이미 기울어졌습니다. 다만 한 번 죽음으로써 나라에 보답하려고 합니다. 바라건대 우리 동포들은 각자 분발하여 나라를 잃어버린 수치[6]를 씻어 주십시오."

각국의 공사에게 보낸 편지의 대략은 다음과 같다.

"약소국으로 여러 강한 나라의 틈바구니에 끼어 독립을 유지하려고 할 때, 오직 믿을 수 있는 것은 이웃 나라의 우의(友誼)입니다. 지금 일본이 군대를 이끌고 대궐을 침범하여 보호조약을 억지로 강요하여 맺었습니다. 나라 사이에 통용되는 국제법을 살피건대, '조약을 맺을 때 반드시 그 나라 지도자의 비준을 받아야 그 조약이 시행될 수 있다.'라고 하였습니다. 또 '조약을 의결할 때 혹시 협박을 당하면 그 조약은 폐기될 수 있다.'라고 하였습니다. 삼가 바라건대 우리 조선에 머물고 있는 여러 나라의 공사께서는 의리로 따져볼 때 모두 우리 동포나 마찬가지입니다. 이웃 나라의 우의를 생각해주시고 약소국을 가엾게 여기시어 공동으로 회의를 열어 우리나라의 독립권을 회복시켜 준다면, 나 조병세는 죽어서도 그 은혜를 잊지 않고 갚겠습니다."

1 음직(蔭職) : 과거를 거치지 않고 조상의 공덕에 의하여 맡는 벼슬을 말한다.

2 시무……올렸다 : 갑오개혁과 을미사변을 거치면서 일본의 국권침탈이 더욱 심화되자, 조병세는 1896년 19개 조의 차자(箚子)를 올려 폐정개혁을 건의하였다. 그 내용은 언로(言路)를 크게 열어 중책(衆策)을 모을 것, 현명한 인재를 널리 구할 것, 재정을 충실히 한 연후에 군대를 양성할 것, 각지의 의병을 효유하되 토벌하

지 말 것 등으로 특히 난국을 헤쳐 갈 인재의 등용과 재정안정에 역점을 두었다. 또한, 러시아공사관으로 이거한 고종에게 러시아와의 교섭에 신중할 것을 청원하여 정치외교의 자주성을 강조하였다.

3 그는……기다렸다 : 을사조약 강제 체결 소식이 전해지자 전국 13도의 유생(儒生)들이 오적의 처형과 조약 폐기를 상소하였고, 11월 19일에는 특진관 이근명, 의정부 참찬 이상설을 비롯한 조관(朝官) 30여 명이 개별 상소하여 오적의 처형과 을사조약의 폐기를 요청하였으나 국왕의 확고한 대답이 내려지지 않았다. 이에 조병세는 11월 26일 참정 심상훈, 시종무관장 민영환, 이근명, 김가진 등 백관을 거느리고 입궐하여 정청(庭請)의 소두(疏頭)로서 을사조약의 무효, 을사오적신의 처형, 새로 충량한 인재를 뽑아서 외부대신에 임명하고 각국 공사와 협의하여 5조약을 파기할 것 등을 연소(聯疏)하다가 일본군에 의해 강제로 해산당하고 표훈원에 연금되었다가 곧 방면되었다.

4 표훈원(表勳院) : 1899년 7월 설치되어 대한제국 시기 동안 존속했던 기관으로 표창과 상훈에 관한 업무를 담당하였다. 조선 시대 의정부에 예속되어 있던 충정부 또는 기공국이 1899년 독립되어 표훈원이 되었다. 1910년에 일제에 의해 강제병합된 후 폐지되었다. 현재 국가보훈처의 기능이 이와 유사하다.

5 조병세가 올린 상소 : 이 상소는 조병세가 처음 올린 상소로, 11월 26일에 올린 것이다. 《대한계년사》 7권 181면 참조.

6 나라를 잃어버린 수치 : 본문의 회계지치(會稽之恥)는 월나라의 구천이 회계의 전투에서 오나라에게 패하여 나라를 빼앗긴 것을 가리킨다.

홍만식 洪萬植

홍만식의 자는 백헌(伯憲), 호는 호운(湖雲), 본관은 남양(南陽)이다. 나재(懶齋) 홍명구(洪命耉)[1]의 후손이다. 홍명구는 평안도 관찰사로 병자호란이 발생한 이듬해인 정축년(인조15, 1637)에 나라를 위해 싸우다가 순국(殉國)하였다. 시호는 충렬(忠烈)이다. 아버지는 시호가 문익(文翼)인 영상(領相) 홍순목(洪淳穆)[2]이다. 후에 교관(敎官) 홍순경(洪淳敬)의 양자가 되었다. 어머니 김씨 부인이 임신 8개월 만에 홍만식을 한양 송현(松峴) 집에서 낳았으니, 이때가 바로 헌종(憲宗) 임인년(헌종8, 1842)이다.

홍만식은 태어나면서 피부가 온전하지 못하여 며칠 동안은 어머니의 젖을 빨지 못했다. 성장하면서 기개(氣槪)와 도량(度量)이 바르면서도 엄격했으며 남보다 훨씬 총명하여 처음 배울 때부터 들으면 곧 외웠다. 여덟 살 때 양부인 교관 홍순경의 상(喪)을 당했는데 상례(喪禮)를 치르는 것이 마치 어른 같았다.

병인년(고종3, 1866)에 도기(到記)[3]에 발탁되어 문과에 급제했는데, 곧바로 예문관(藝文館)에 들어갔고 홍문관(弘文館)의 관직을 두루 역임하다가 승정원(承政院)에 올랐다. 외직으로 여주 목사(驪州牧使)를 지냈는데 공적이 있었다. 이어 이조 참의(吏曹參議)를 역임했고 이조 참판(吏曹參判)까지 올랐다.

갑신년(1884) 6월에 의복제도를 바꾸는 일[4]로 생부(生父)인 문익공 홍순목이 힘껏 간쟁하다가 도성 밖으로 쫓겨나는 형벌을 받았다. 이때에 홍만식은 아버지를 모시고 이호(梨湖)[5]의 옛 집으로 돌아왔다.

10월에 동생 홍영식(洪英植)이 김옥균(金玉均), 박영효(朴泳孝) 등과 반역을 일으키고 홍영식이 스스로 우의정이 되었다. 이 일로 인해 홍영식이 대역죄로 처형되었다는 소식을 듣고,[6] 문익공 이하 가족들이 모두 자살하고 홍만식도 자결하려 하였다. 그러나 문익공이 홍만식에게

"너는 양자로 가서 이 일에 연좌되지 않을 터이니 죽지 말라."

라고 했다. 이에 홍만식은 스스로 고을의 감옥으로 가서 죄수가 되었는데, 다음해 2월에 임금의 명으로 풀려났다. 당시에 여주의 백성과 관리의 사이가 나빠 백성들이 소요를 일으키려 하였으나 홍만식에게 피해를 줄까 봐 일으키지 못했는데, 홍만식이 풀려나자 바로 난이 일어났다. 여기에서 홍만식이 여주 목사로 있으면서 인애(仁愛)로 잘 다스려 백성들에게 깊은 감명을 주었음을 또한 알 수 있다.

재앙과 변란을 겪으면서 집안 살림이 탕진되어 거친 밥조차 먹을 수 없었으나 제사 음식만은 지극히 정결하게 마련하였다. 비록 매우 춥거나 더워도 질대(絰帶)[7]를 벗지 않았고 슬픔에 겨워 가슴을 치며 몸부림쳤다. 법도를 지키는 것이 상례를 넘었으니 안타까운 처지가 남달랐기 때문이다. 상을 마쳤는데도 소복은 그대로 입은 채 건만 벗자 지나치다고 말하는 사람이 있었다. 홍만식은

"내가 어찌 풍속을 어기겠는가? 죄인의 심정이 본래 이와 같을 뿐이다."

라고 하였다. 늘 원통함이 가득하여 자나 깨나 선조들의 원한을 씻는 것에 뜻을 두었다. 책상 위에는 항상 방조(傍祖)인 내재공(耐齋公) 홍태유(洪泰猷)[8]의 유집(遺集)을 두고 즐겨 읽으며 우러러 사모하였다. 단지 내재공의 문장과 덕행이 한 시대의 모범이 되었을 뿐만 아니라, 진실

로 내재공이 아버지 때문에 품은 한이 대개 홍만식과 같았기 때문이다. 매번 《내재집》의 유원장(籲寃章)[9]을 읽을 때마다 문득 책을 덮고 눈물을 흘리며

"내재공은 그나마 글을 써서 아버지의 원한을 호소하는 방법이 있었지만, 나는 지금 그렇지 못하니 바로 내재공보다 더 딱한 사람이다."

라고 하였다. 자손이 조금이라도 잘못이 있으면 반드시 낯빛을 바꾸고 간절히 책망하기를

"재앙을 당한 집의 자제가 남보다 백 배 천 배 뛰어나도 오히려 남들과 어울리지 못할까 두려운데 하물며 남보다 못함이랴?"

라고 말하며, 언제나 조가정(趙柯亭)[10]과 침계(梣溪) 윤정현(尹定鉉)[11]을 들어 권면하고 경계하였다.

갑오년(고종31, 1894)에 생부 문익공의 관작(官爵)을 회복시키라는 임금의 명이 있었고 홍만식을 동지중추부사(同知中樞府事)에 임명하였는데, 임금의 은혜로운 명령이 왜 나왔는지를 몰라 감히 임금의 명을 받들지 않았다.

을미년(1895)에 강원도 관찰사에 제수되어 여러 차례 부임하라는 독촉을 받았으나 부임하지 않았고 사양하는 상소도 하지 않았다. 이에 여론이 분분했는데 누군가가 혹 부임하라고 권하면, 홍만식은

"자신의 몸을 깨끗이 하여 생을 마치라는 것은 임종 시 선친의 유훈이다. 지금 아버지의 영혼이 엄히 나를 지켜보고 계시니, 어찌 속일 수 있겠는가?"

라고 하였다. 또

"상소는 오늘날 내 분수에 맞지 않으니, 어찌 다른 사람들처럼 하겠는가?"

라고 하였다.

8월의 변란[12] 이후에는 더욱 세상일에 뜻이 없었으나 평소 슬프고 분함을 이기지 못했다. 또한 단발령을 듣고는 자결하려 하면서

"삼강(三綱)과 오상(五常)이 끊어지고 예의도 사라졌으니 내가 욕을 당하고 사느니 죽는 것이 나을 듯하다."

라고 하였다. 이에 조정에서 단발령을 거둬들이자 자결하려는 생각을 그만두었다.

갑진년(광무8, 1904)에 황해도 관찰사에 제수되었는데 또 부임하지 않았다. 임금이 홍만식이 갑오년에도 관직 복귀 명령을 받지 않았다는 말을 듣고 조칙을 내려

"죽은 영부사 홍순목(洪淳穆)이 이미 관직을 회복하였으니 전례를 끌어대지 않아도 벼슬은 그대에게 돌려준다. 이 때문에 구애될 필요가 없으니 즉시 나와 명령을 받들라."

라고 하였다. 그리고 관직 복귀의 명을 써서 내려 주었다. 홍만식은 임금의 은혜에 감격하여 비로소 자신의 마음을 임금에게 진달했다. 그 대략은 다음과 같다.

"신의 아비는 충효 두 글자를 평생의 본령으로 여겼는데, 신이 어리석어 충효를 제대로 실천하지 못했습니다. 죽은 아비가 항상 신의 어리석음을 대할 때마다 임금의 은총을 칭송하며 신하로서의 직분을 권면했으며, 가득 차는 것을 경계해야 오히려 편안해진다고 정성을 다해 이끌어주고 깨우쳐 주었습니다. 한가하게 지내려 관직에서 물러날 때[13] 편안한 여생을 간절히 기원했는데, 그 뜻을 이루지 못하고 살아서는 몸이 위태롭게 되었고 죽은 후에도 이름이 욕되게 되었습니다. 이 때문에 천고의 한을 품게 되었는데, 이는 신의 어리석은 죄 때문에 그렇게 된 것입니다. 신이 진실로 선대의 가르침을 어기지 않고

아비의 가르침을 욕되게 하지 않았다면, 이러한 재앙이 어찌 이르렀겠습니까? 이것은 만고에 다른 신하들이 느끼지 못했던 아픔을 신이 가지게 된 것으로 살아서나 죽어서나 그 죄를 피할 수 없습니다. 신이 죽지도 못하고 감히 죽을 수도 없는 것은 바로 이러한 아픔이 있었기 때문이니, 신은 밝은 하늘 아래 한 번 만이라도 억울함을 씻어 바로잡기를 간절히 바랍니다. 만일 신의 하소연을 들어주신다면, 신이 오늘 밤 죽어 구렁에 버려진대도 죽은 아비에게 얼굴을 들 수 있고 아비의 괴로운 심정을 위로할 수 있을 것입니다."

홍만식이 두 번째 상소한 뒤에는 감히 궁문 앞에 엎드려 힘껏 저항할 수 없었다. 그래서 병든 몸으로 가마에 실려 교외로 물러나와 처분을 기다렸다. 다시 세 번째 상소하고서는 곧바로 물러나왔다. 어떤 사람이 조금만 기다리라고 하자 홍만식은

"나의 이번 행동이 어찌 황해도 관찰사 때문이겠는가? 진실로 임금의 은혜에 보답하기 위한 것이니, 다시 무얼 바라고서 오래 머무르겠는가?"

라고 하였다. 얼마 지나지 않아 찬정(贊政)에 제수되었으나 다시 상소하여 사양하며

"오늘 이후 시골에 있어도 달게 여기며 죽을 때까지 제 몸을 깨끗이 하는 것이 신의 소원입니다. 비통한 것은 하늘에 닿을 만큼 큰 임금의 은혜를 받았지만 충성을 다하지 못한 것입니다."

라고 하고는 끝내 부임하지 않았다. 홍만식은 상소할 때마다 직함을 쓰지 않고, '죽지 못한 신하〔未死臣〕'라는 세 글자만 썼다.

을사년의 변란[14]에 홍만식은 통분을 이기지 못하고 가족과 친척에게 글로 영결하기를

"스스로 돌아보니 나는 사리에 어둡고 완고한데 어찌 남은 목숨을

연장하다가 오늘에 이르렀는가. 이런 보지 못할 일을 차마 보고 산다는 것은 짐승도 못할 일이다."

라고 하였다. 또한 아들 홍성겸(洪性謙)에게 경계하기를

"내가 갑신년(고종21, 1884) 이후, 마땅히 죽어야 할 때 죽지 못한 것이 한두 번이 아니다. 구차스럽게 지금까지 연명한 것은 다만 나라의 원수를 갚지 못하고 아버지의 원통함을 풀지 못했기 때문이다. 하늘이 혹시라도 재앙을 내린 것을 후회하기를 간절히 바랐는데, 지금은 그런 희망조차 끊어졌다. 그러니 불효불충한 내가 어찌 하루인들 하늘과 땅 사이에 있을 수 있겠는가? 이제는 늙고 병들어 손이 마음대로 움직이지 않는다. 더구나 내가 마음속에 지켜온 것이 다른 사람들과는 다르니 내 스스로 보통 사람들과 같이 할 수는 없다. 또 나로서는 나서서 성토(聲討)할 의리도 없으니 한 번 죽는 일이 있을 뿐이다. 내가 죽으면 처사(處士)의 예절에 따라 흰 옷과 흰 관으로 장사지내고 호운거사(湖雲居士)라고 써라. 설령 제사를 예법에 맞게 하더라도 종묘사직이 망하여 혈식(血食)[15]할 수 없게 되었으니, 내가 어찌 차마 흠향할 수 있겠느냐? 아침저녁으로 맑은 물만 올려 내 마음을 표하여라."

라고 하였다. 마침내 편안히 단정하게 앉아 약을 마시고 죽으니, 11월 1일이었다.

임금이 홍만식의 자결 소식을 듣고 매우 슬퍼하며, 특별히 숭정참정대신(崇政參政大臣)을 추증하고 시호를 충정(忠貞)이라 했다. 궁내부에 명하여 상사(喪事)와 장사(葬事)에 필요한 물품을 보내게 하고, 또한 제사하게 하고 작설(綽楔)[16]의 은전을 베풀었다. 전국에서 제문을 지어 조문하러 온 사람이 300여 명이었다.

홍만식은 어릴 적 어머니를 잃은 것을 평생의 아픔으로 여겨 어머니에 대해 말할 때마다 눈물을 흘리곤 했는데, 어머니에게 효도를 다

하지 못하였기 때문에 후모(後母) 송부인(宋夫人)과 계비(繼妣) 이부인(李夫人)을 공경과 사랑을 다하여 섬겼고 뜻을 거스르지 않았다. 아버지 의정공(議政公) 홍순목을 섬김에는 비록 한밤중이라도 반드시 의관을 바르게 한 뒤 찾아뵈었는데, 그 삼가고 엄격함이 마치 임금의 앞에 있는 듯 했다. 새로운 음식이 있으면 반드시 사당에 올렸는데 사당에 올리기 전에는 전혀 먹지 않았다. 제삿날이 되면 정성을 다했으며 마치 돌아가신 날처럼 슬퍼하였다.

이에 앞서 조정에서 외아문(外衙門)[17]을 설치하자 홍만식이 민태호(閔台鎬)[18]를 찾아가 강력히 논쟁하기를

"안에 정부가 있고 밖에 각사(各司)[19]가 있어 다스리는 기관이 이미 구비되어 있습니다. 만약 임금의 마음을 먼저 바로 잡아 기강을 세우고 사사로운 요행을 막으며, 다투는 것[20]을 금지시키고 재물을 절약하며, 기존의 법을 지키고 정부를 하나 되게 한다면 잘 다스릴 수 있습니다. 그러나 만약 이같이 하지 않는다면 100개의 아문이 있다고 하더라도 무슨 도움이 되겠습니까?"

라고 하였다. 민태호가 듣지 않자 홍만식은 돌아와 근심하며 〈귀거음(歸去吟)〉 세 편을 지었다.

두 아들이 있었는데 홍성태(洪性泰)는 일찍 죽었고, 홍성겸(洪性謙)은 홍영식의 양자가 되었다.

1 홍명구(洪命耉) : 1596~1637. 본관은 남양(南陽), 자는 원로(元老), 호는 나재(懶齋), 시호는 충렬(忠烈)이다. 1636년 병자호란 때 자모산성(慈母山城)을 지키다가 남한산성이 포위되었다는 소식을 듣고 근왕병(勤王兵) 2,000명을 거느리고 추격하여 강원도 김화(金化)에서 적군을 만나 수백 명을 죽이고 승리하였으나 자신은 전사하였다. 사후에 이조 판서에 추증되었고 다시 좌의정에 추증되었다. 정문(旌門)이 세워졌으며 여주(驪州)의 기천서원(沂川書院)과 평양의 충정서원(忠正書院), 자산(慈山)의 의열사(義烈祠)에 배향되었다.

2 홍순목(洪淳穆) : 1816~1884. 본관은 남양(南陽), 자는 희세(熙世), 호는 분계(汾溪), 시호는 문익(文翼)이다. 수구당(守舊黨) 강경파의 거두로 대원군의 쇄국정책을 지지하였다. 1871년 중국 주재 미국공사 로우와 로저스 제독이 군함 콜로라도호를 이끌고 광성진(廣城津)에 들어와 통상교섭을 요구하자 강경히 척화를 주장하며 포문을 열어 대항케 하였다. 이듬해 영의정에 올랐다가 대원군의 실각으로 사임하였다. 이후 돈령부영사, 중추부판사 등 한직을 지내다가 1882년 임오군란으로 대원군이 다시 집권하자 영의정에 복귀하여 관제를 개혁하고 김병국(金炳國)과 함께 총리군국사무가 되어 당오전(當五錢)을 주조케 하였다. 1884년 대원군이 실각하자 다시 사임하였다. 그러던 중 아들 홍영식(洪英植) 등 개화파가 일으킨 갑신정변이 실패하자 자결하였다.

3 도기(到記) : 성균관 유생들은 동 · 서재에 기숙하면서 매일 식당에 들어갈 때 도기에 서명을 하였다. 아침저녁 두 번 서명해야 원점(圓點) 1점을 주고, 원점 300점을 취득한 자는 문과 초시(初試)인 관시(館試)에 응시할 자격을 주었다. 이것은 오늘날의 출석 점수와 같은 것으로 생원과 진사로 하여금 성균관에 머물도록 하기 위하여 제정한 것인데, 성균관에 300일 기숙하면서 공부한 유생이어야 시험을 치를 자격이 있다는 것이다.

4 갑신년……일 : 1884년 5월 고종은 갑신변복령을 반포하였다. 주요 내용은 조복(朝服), 제복(祭服), 상복(喪服)은 그대로 두되, 사복(私服)인 홍단령(紅團領)은 간편한 흑단령(黑團領)으로 고쳐 착용하도록 하는 것과 도포의 소매가 넓은 옷을 좁은 소매로 줄여 입도록 하는 것이었다.

5 이호(梨湖) : 경기도 여주(驪州)에 있는 호수이다.

6 홍영식이……듣고 : 홍영식(洪英植, 1855~1884)의 본관은 남양(南陽), 자는 중육(仲育), 호는 금석(琴石), 시호는 충민(忠愍)이다. 개화당의 핵심인물로, 신설된 우정국(郵政局)의 총판(總辦)이 되어 개국 축하연을 계기로 김옥균(金玉均), 박영효

(朴泳孝) 등과 갑신정변을 일으켜 사대당(事大黨)을 제거, 신정부를 조직하고 우의정이 되었다. 그러나 청나라의 개입으로 3일천하로 신정부가 무너지자 대역죄로 처형되었다. 1894년 갑오개혁으로 신원되고 대제학에 추증되었다.

7 질대(絰帶) : 상복(喪服)을 입을 때 머리와 허리에 두르는 삼으로 된 띠를 말한다.

8 홍태유(洪泰猷) : 1672~1715. 본관은 남양(南陽), 자는 백형(伯亨), 호는 내재(耐齋)이다. 1689년 2월 환국(換局)으로 남인(南人)이 정권을 잡은 뒤 부친이 유배가게 되자 격쟁(擊錚)하여 부친의 억울함을 호소했으나 6월에 부친이 사사(賜死)되었다. 이후 부친의 관직이 회복되었지만 다시 추탈(追奪)됨에 따라 여주(驪州)의 이호(梨湖)에 내려가 내재(耐齋)를 짓고 우거(寓居)하였다. 이 같은 가문의 불행을 겪은 뒤 평생 벼슬을 하지 않고 학문에 전념하였다. 문집으로 《내재집(耐齋集)》이 있다.

9 《내재집》의 유원장(籲冤章) : 홍태유(洪泰猷)의 《내재집》 권4에 실려 있는 〈무제(無題)〉를 말한다.

10 조가정(趙柯亭) : 미상이다.

11 윤정현(尹定鉉) : 1793~1874. 본관은 남원(南原), 자는 정수(鼎叟), 호는 침계(梣溪)이다. 1843년에 식년문과에 급제, 규장각 직각을 지냈다. 대사성, 이조 참의가 되었고, 1848년 황해도 관찰사, 이듬해 병조 판서가 되었다. 1850년에 실록지사(實錄知事)로 교정당상(校正堂上)이 되어 《헌종실록》 편찬에 참여하였다. 그 뒤 함경도 관찰사 등을 지냈고, 1856년에 규장각 제학으로 주자소주관당상(鑄字所主管堂上)이 되어 규장각의 활자를 주자(鑄字)하고, 그 공으로 가자(加資)되었다. 경사(經史)에 밝았고 비지(碑誌)에 조예가 깊었으며, 글씨를 잘 썼다.

12 8월의 변란 : 일제가 자행한 명성황후 시해사건을 말한다.

13 관직에서 물러날 때 : 인년(引年)은 나이가 많아 관직에서 물러남을 말한다.

14 을사년의 변란 : 1905년 일제가 강제 체결한 을사조약을 뜻한다.

15 혈식(血食) : 익히지 않은 날고기로 올리는 제사(祭祀)를 말한다. 고대에 희생을 죽여 피를 받아 제사를 지낸 데에서 붙여진 이름이다.

16 작설(綽楔) : 정려(旌閭)와 같은 말이며, 충신, 효자, 열녀 등을 표창하기 위하여 그 집 앞이나 마을 앞에 세우던 붉은 문을 말한다.

17 외아문(外衙門) : 1882년에 설치되었던 통리교섭통상사무아문(統理交涉通商事務衙門)의 다른 이름이다.

18 민태호(閔台鎬) : 1834~1884. 본관은 여흥(驪興), 자는 경평(景平), 호는 표정(杓庭), 시호는 충문(忠文)이다. 왕가의 외척으로 사대당(事大黨)의 대표적 인물로서 활약하다 1884년 갑신정변 때 민영목(閔永穆), 조영하(趙寧夏) 등과 함께 살해되었다.

19 각사(各司) : 조선 시대 한양에 있던 관아를 통틀어 이르는 말이다.

20 다투는 것 : 분경(奔競)은 지지 않으려고 몹시 다투는 일 혹은 금품(金品)이나 연줄 그 밖의 온갖 방법으로 벼슬자리를 구하는 것을 말한다.

이한응 李漢膺

이한응은 서울 사람으로 곤양[1] 군수(昆陽郡守) 이경호(李璟鎬)의 아들이다. 갑오변란[2]에 이경호는 친군무 남영 우영관(親軍武南營右領官)으로 동학농민군을 토벌하다가 탄환을 맞고 전사하였다. 조정에서는 그를 병조 판서로 추증하였고, 이어 장충단(奬忠壇)에 배향하였다.

이한응은 어려서부터 재주가 있고 영특하여 18세의 나이에 영어 공부를 마치고 후에 영어교관이 되었다. 29세에 주영공사(駐英公使) 참서관(參書官)에 임명되어 영국의 수도 런던에 부임하였고, 조금 있다가 서리공사(署理公使)로 승진하였다. 이에 앞서 이한응은 일본과 러시아의 전쟁[3] 소식을 듣고 혹 우리나라에 피해가 있을까 걱정하였다. 그래서 우리나라 주재 각국 공사에게 전보를 보내 함께 모여 담판할 것을 요청하였다. 이한응은 이를 통해 앞일에 대비할 생각이었으나 아무도 호응해주지 않자 마침내 탄식하며 그만두었다.

처음에는 영국과 일본이 동맹을 맺고 함께 우리나라를 드높여 황제로 삼기로 했으나, 실제로는 일본인이 조선을 식민지화하는 권리를 교차 승인하여 우리나라 사람들이 일본의 협박과 통제를 받게 했다.[4] 일본이 러시아를 이긴 후에는 앞의 조약을 고쳐 보호조약을 만들어 천하에 선포하니,[5] 한국 사람이 없는 듯 완전히 무시하였다. 겉으로는 비록 한국을 돕는 듯했지만 실제로는 함정에 빠뜨리는 것이었다.

이 때문에 이한응이 어떤 도시에 들어가 사소한 물건을 사더라도 영국 사람은 곧 몇 배의 값을 받고 조롱하며

"망한 나라 사람이 어찌 같은 값을 주고 살 수 있겠소?"

라고 하였다. 공적이든 사적이든 모든 교제에 있어서 매번 드러내 놓고 노예나 동물처럼 대우하였으니, 사람이 어찌 이를 감당할 수 있었겠는가.

사신으로 남의 나라에 가서 그 사절의 임무를 다하는 것은 곧 임금의 명을 욕되지 않게 하기 위함이다. 이한응이 영국에 있을 때, 비록 공사가 아닌 신분으로 유람할 지라도 이 같은 모욕을 받으면 그 혈기로 분노하여 자살하려 했을 텐데, 하물며 임금의 명을 받든 공사로서는 어떠했겠는가. 이로써 살펴보면, 사람은 비록 이한응이지만 몸은 임금의 명을 받는 신하이니 영국 사람들이 공사를 모욕한 것은 이한응을 모욕한 것이 아니요, 우리 군주를 모욕한 것이다. 이한응이 밖에 나가지 않고 홀로 있을 때면 때때로 다음과 같이 생각했을 것이다.

"500년 조국이 하루아침에 간사한 적에게 잘못되어, 국내에서는 우리 군주가 일본 사람의 통제를 받고, 해외에서는 나 자신이 영국 사람에게 모욕을 받았다. 또 해외 멀리 떨어진 곳에서 함께 마음을 터놓고 이야기할 사람도 없으니 하루가 한 해와 같다. 조국의 산하는 옛날과 달라져 나라가 망했으니 돌아가 명을 보고할 곳이 없겠구나."

이 때문에 이한응은 죽는 것이 낫다고 생각했다. 이한응은 을사년(광무9, 1905) 4월 9일 마침내 약을 먹고 나라의 치욕을 견디지 못해 순국하였다. 아버지와 아들이 함께 열사이니[6] 세상 사람들이 그들을 훌륭하게 여겼다.

영국공관 명예 대리영사(名譽代理領事) 모건(W. Pitchard Morgen)이 우리 외부(外部)에 그의 죽음에 대해 다음과 같이 보고하였다.

"공사 이한응은 동양의 정세가 평안하지 못함으로 인해 외국에서 교섭하기가 또한 어려웠다. 이에 피가 끓어오르고 격분하여 어찌 처신해야 할지 모르다가 스스로 죽었다. 그 시신 및 금시계와 금화 11파운드와 유서 1통을 인천 함릉가양행(咸陵加洋行)[7]으로 보낸다."

집안사람들이 곧 그의 시신을 수습하여 장사지냈다. 이한응의 유서는 다음과 같다.

"아, 나라에 주권은 없어지고, 사람은 평등을 잃었구나. 모든 교섭하는 일에 치욕이 매우 심하니 참으로 혈기 있는 사람이 이것을 참아낼 수 있겠는가. 아, 종묘사직이 장차 텅 빌 것이고 민족은 장차 노예가 될 것이다. 구차히 살아봤자 치욕스러움은 더 심해질 것이니 결연히 죽는 것이 더 낫도다. 이렇게 결단하니 다시 더 할 말이 없다."

태백광노(太白狂奴)[8] 박은식은 다음과 같이 말하였다.

"이한응의 죽음은 최근 우리 겨레에 가장 빛나는 한 점 핏빛 같은 충렬이다. 우리 겨레는 단군성조의 신성한 교화로 윤리의 가르침을 독실하게 지키고 예의를 숭상해왔기 때문에 충신열사의 피가 역사에 끊이지 않았다. 진실로 이러한 이들이 없었다면 어찌 4천 년 동안의 국맥을 유지할 수 있었겠는가.

최근에 이르러서는 국란이 여러 번 있었는데도 의리에 의거하여 순국하는 자가 적다. 이것은 아마도 세상의 도가 쇠미하고 풍속교화가 변해서 염치가 모두 없어지고 명분과 절도가 크게 무너졌기 때문이니, 우리 선조가 남긴 본래 면목을 장차 다시는 보지 못하게 되는 것이 아니겠는가.

지난 광무9년(1905) 5월에, 이한응의 죽음이 해외로부터 전해졌는데 그의 죽음은 공경하여 귀하게 여길 만하니, 담화[9]가 모습을 드러낸 것에 비할 정도가 아니다. 그의 뒤를 이어 민영환, 조병세 공이 순국하니 온 나라에 충의의 기운이 매우 드러나고 힘차게 일어났다. 초나라 신포서가 진나라에 구원병을 청하는 울음소리,[10] 한나라 장자방이 진시황을 암살하려 했던 방망이,[11] 진나라 예양이 조양자를 찌르려 했던 칼날[12]이 앞뒤에서 일어나 온 세계를 진동하여 우리 겨레의 큰 인(仁)과 대의(大義)를 드러내었다. 이한응, 이 사람이 없었다면 우리는 짐승이 되었을 것이다.

공자께서 이르기를 '몸을 희생하여 인(仁)을 이룬다.'라고 하였고, 맹자께서는 '생(生)을 버리고 의(義)를 취한다.'라고 하였다. 이런 까닭으로 군자는 그 경중(輕重)을 살펴서 죽고 사는 것으로써 인과 의에 누가 되게 하지 않는다. 세상에 살아있으면 명예를 구하지 않아도 좋은 명예가 무궁하고, 죽어 세상을 떠나면 호연히 승화하여 즐겁고 자유로울 것이다.

눈앞의 부귀를 탐내어 나라를 팔고 겨레에 화를 끼치는 극악한 자들이라도 또한 인간의 양심이 전혀 없지는 않을 것이다. 다만 그 육체의 기호와 욕심을 참지 못하고 인의(仁義)를 내던져서 여기에 빠진 것이다. 그들이 살아있을 때는 천하에 악취가 퍼질 것이고 죽어서는 영겁의 지옥에 빠지는 업보를 받게 될 것이니, 이것이 얼마나 큰 어리석음인가."

1 곤양(昆陽) : 지금의 경상남도 사천 일대이다.

2 갑오변란 : 동학농민전쟁을 일컫는다.

3 일본과 러시아의 전쟁 : 1894년 청일전쟁의 승리로 조선에 대해 독점적 지배권을 행사하려던 일본의 계획은 러시아가 주도한 이른바 삼국간섭에 의해 저지되었다. 이에 일본은 10년간의 전쟁을 준비하여 1904년 2월 8일 여순항(旅順港)을 기습 공격하여 전함 2척과 순양함 1척을 파괴하고, 9일 인천항에 정박 중인 러시아 함대를 격침시킨 다음 10일 선전포고하였다.

4 처음에는……했다 : 1902년 영국과 일본이 러시아를 공동의 적으로 설정하고 영일동맹을 체결하였다. 주요 내용은 영국은 청나라를, 일본은 대한제국을 상호 식민지로 교차 승인하는 것이었다. 그 후 러일전쟁의 승리로 일본은 1905년 8월 영국과 제2차 영일동맹을 체결하였는데, 내용은 영국은 일본의 대한제국 지배를, 일본은 영국의 인도 지배를 상호 교차 승인하는 것이었다.

5 일본이……선포하니 : 1904년 러일전쟁이 점차 일본의 승리로 기울어가자, 1905년 7월 일본총리 가츠라 타로[桂太郎]와 미국 육군장군 태프트는 상호 밀약을 체결하였다. 그 내용은 미국은 일본의 대한제국 지배를, 일본은 미국의 필리핀 지배를 상호 교차 승인하는 것이었다. 이어 8월 제2차 영일동맹을 체결한 일본은 1905년 11월 17일 이른바 을사조약을 강제 체결하고 이를 널리 선포하였는데, 이는 사실상 미국과 영국 등 제국주의 열강의 동의를 얻어 이루어진 것이었다.

6 아버지와……열사이니 : 이한응의 아버지 이경호는 관군을 지휘하며 동학농민군을 진압하던 중 황토현 전투에서 전사하였으므로, 아버지와 아들이 모두 열사라고 표현한 것으로 보인다.

7 함릉가양행(咸陵加洋行) : 영문명은 Home Ringer & Co.로 영국계 회사이다. 러시아계 동보기선회사(東保汽船會社)의 대리점을 맡으면서 한국산 미곡을 블라디보스토크에 수출하는 데 주력하였다.

8 태백광노(太白狂老) : 백암 박은식의 호이다.

9 담화 : 우담화(優曇華)의 준말로, 3천 년 만에 한 번씩 핀다는 천화(天花)이다.

10 초나라……울음소리 : 초신(楚臣)은 신포서(申包胥)를 가리킨다. 오자서(伍子胥)가 오(吳)나라 군대를 이끌고 초나라를 급히 공격하자, 신포서가 진(秦)나라 조정으로 가서 7일 낮밤을 통곡하며 호소한 결과 구원병을 얻어 국난을 타개한 고사가 있다. 《춘추좌씨전(春秋左氏傳) 정공(定公) 4년》

11 한나라……방망이 : 《사기(史記)》 〈유후세가(留侯世家)〉에 "장량(張良)의 조상이 오세(五世)에 걸쳐 한(韓)나라에서 정승을 역임하였다. 한이 진(秦)에 멸망되자 장량은 원수를 갚기 위하여 창해 역사(滄海力士)에게 철퇴(鐵椎)를 들려 박랑사중(博浪沙中)에서 시황(始皇)을 저격하게 하였는데 빗나가 시황의 부거(副車)를 맞췄다."라고 하였다.

12 진나라……칼날 : 조양자가 지백(智伯)을 멸하자, 지백의 신하 예양(豫讓)이 원수를 갚기 위하여 비수(匕首)를 품고 다리 아래에 엎드려 양자(襄子)를 죽이려 했던 것을 말한다. 《자치통감(資治通鑑)》

김봉학金奉學

김봉학은 황해도(黃海道) 황주(黃州) 청룡방(青龍坊) 사람이다. 김봉학은 황주에 있을 때 미천한 양반이었으나 집안이 가난하고 곤궁하여 평양으로 가서 군대에 입대하여 진위대(鎭衛隊)[1] 제7대대에 편성되었다. 후에 서울로 뽑혀 가 시위대(侍衛隊) 상등병이 되었다. 성품이 순박하고 진실하며 강직하였고, 국난에 임하여 목숨을 바치는 절개가 있었다.

을사년(광무9, 1905)에 일본 놈들이 협박하여 5조약을 맺자 충정공 민영환이 순국하였다. 김봉학은 탄식하고 눈물을 흘리며

"대대로 녹을 받다가 순국하는 것은 그 의로움이 참으로 마땅하다. 나 또한 군인으로서 군대에서 복무한 것이 이미 6년이 지났는데 싸워 공을 세운 것도 없고, 또 죽음으로써 나라에 보은하지 못했으니 구차하게 살고자 한다면 부끄럽지 않겠는가. 그러나 죽기는 마찬가지이니 어차피 죽는다면 마땅히 적을 죽이고서 죽겠다."

라고 하였다. 김봉학은 동지들과 함께 모의하며

"우리가 지금 궐문을 경계하며 지키는데 이토 히로부미〔伊藤博文〕가 조만간 반드시 궐에 이를 것이다. 이때를 기다려 내가 그를 죽이고자 한다."

라고 하였다. 그러나 뜻하지 않게 일이 누설되었다. 김봉학은 죽음을

면하기 어려움을 알고 약을 먹고 죽었다. 당시 나이 35세였다.

이에 임금께서 그를 위해 크게 슬퍼하였고 정3품 통정대부 법부 참서관(通政大夫法部參書官)에 증직하고 4등의 공훈을 내렸다. 정려문을 세우게 하고 예관을 보내어 제물과 장례비용을 내려주어 제사 지내게 하였다. 그 제문은 다음과 같다.

국사가 위급할 때	國事危迫
충성스러운 분노가 격렬하였으니	忠憤激烈
나라 위하는 그 대의	爲國大義
일월처럼 빛나네	爭光日月

대대장과 중대장, 두 영(營)의 장교와 병사들 또한 모두 그의 묘에 제를 지내며 애통해 하였다. 바라보는 사람들이 구름같이 몰려들었는데 슬픔에 복받쳐 모두가 눈물을 흘렸다.

살피건대, 이토 히로부미를 죽이려는 계획은 올해 가을 내가 경성에 갔을 때 서울사람 이상학에게 처음 들었다. 그 당시에 이상학이 평양감영(平壤監營)에서 내려와서 들었다고 한다. 이상학 또한 지사이므로 그 말을 의심하지 않고 그대로 기록한다.

1 진위대(鎭衛隊) : 대한제국 시기, 지방의 각 진(鎭)에 둔 군대를 말한다. 1895년에 지방대를 고친 것으로 1907년에 군대 해산과 함께 일제가 폐지하였다.

의비 義婢

의비[1]는 군부대신 이근택(李根澤)의 부엌에서 일하는 여종이었다. 11월 17일 밤 이근택이 궐에서 집으로 돌아와 처와 노비들에게 말하기를

"오늘의 조약은 내가 찬성하였으니,[2] 이로부터 나의 권세와 위엄이 크게 빛나서 죽을 때까지 없어지지 않을 것이다."

라고 하였다. 말과 웃음이 의기양양하며 조금도 자신의 행동을 뉘우치거나 거리낌이 없었다. 마침 밥 해주는 여종 한 사람이 창 아래에서 음식을 만들다가 그 말을 듣고 분을 이기지 못하여 부엌칼로 도마를 치면서 큰 소리로 꾸짖으며 다음과 같이 말하였다.

"이 놈이 저처럼 흉악한 지를 내가 모르고 몇 년 동안 그 밑에서 일을 했으니, 분하고 한스럽기가 막심하여 치욕을 씻기가 어렵다."

그리고는 곧바로 일어나 부엌을 나가버렸다. 이근택과 그의 자식들이 매우 부끄럽고 분하여 그 여종을 잡아 벌주려 하였다. 의비는 문을 나서며 다음과 같이 크게 소리쳤다.

"고을 여러분들, 모두 저의 말 좀 들으시오. 이른바 집주인이 저같이 흉악하여 내가 바른말로 꾸짖었는데, 도리어 나를 때리려 하니, 여러분들이 나를 구해 주십시오."

듣는 사람들은 모두 통쾌하게 여겼고 이근택에 대해 이를 갈지 않

는 사람이 없었다. 그 집의 침모(針母)[3]도 의비의 행동을 보고 역시 이 근택의 집을 나왔다.

그 뒤에 또 공임(恭任)이라는 여종의 일이 있었으니, 공임은 곧 연재 송병선의 여종이다. 연재 송병선이 죽자 공임은 그 어머니와 남편에게 말하기를

"제가 주인나리의 은혜를 받은 지 오래되었습니다. 지금 주인께서 나라를 위해 순국하셨으니, 저도 주인을 위해 죽어서 그 은혜를 갚는 것이 옳지 않겠습니까?"

라고 하자 모두들 그녀를 말렸다. 여종은 듣지 않고 마침내 칼로 한 번 찌르고 자결을 시도했으나 죽지 않자 거듭 찌르고 죽었다. 당시 나이 스물일곱이었다.

기록하는 자는 다음과 같이 말하였다.

"예로부터 충의와 절개는 남녀의 구분이 없었다. 의롭구나, 이 여종이여. 훌륭하구나, 이 여종이여. 부엌에서 일하는 한 여종으로서 충의와 반역을 구분할 줄 알아서 한바탕 크게 꾸짖고 서릿발 같은 말을 뿜어내었다.

그녀의 행동은 간흉의 기를 꺾고 백성들의 기운을 살려서 모두가 역신은 마땅히 죽여야 하고 충의는 마땅히 힘써야 함을 알게 하였다. 이는 실로 천고의 뛰어난 사람이요, 천고의 훌륭한 일이다.

저 침모의 행동 또한 의비를 따라서[4] 의를 숭상했으니 또 칭찬하여 장려할 만하다. 그러나 뜰 안에 가득한 남자 종들은 이 두 여종에 미치지 못했으니, 오늘날의 세도를 보고 가만히 한 번 탄식할 만하다.

1 의비 : 이름이 아니라 '의로운 계집종'이라는 뜻인데, 번역의 편의상 원문대로 의비라 표현하였다.

2 오늘의……찬성하였으니 : 이근택은 1905년 일제가 강제로 체결한 을사조약에 찬성한 을사오적 중 한 사람이다.

3 침모(針母) : 남의 집에 매여 바느질을 맡아 하고 일정한 품삯을 받는 여자를 일컫는 말이다.

4 의비를 따라서 : 부기(附驥)는 누군가의 행실을 따라서 훌륭하게 된다는 뜻이다. 〈백이열전(伯夷列傳)〉에 "쉬파리가 천리마의 꼬리에 붙어서〔蒼蠅附驥尾〕 천리 길을 치달리는 것처럼, 안회(顏回)가 공자 때문에 이름이 드러나게 되었다."라는 이야기가 실려 있다.

송병선 宋秉璿

송병선의 자는 화옥(華玉), 호는 연재(淵齋)이다. 그의 본관은 덕은(德恩)[1]으로 우암(尤菴) 문정공(文正公) 송시열(宋時烈)의 9세손이며, 수종재(守宗齋) 송달수(宋達洙)와 입재(立齋) 송근수(宋近洙)의 조카이다. 헌종2년 병신년(1836)에 태어났는데, 체격이 헌결차고 빼어나 다른 아이들과 달랐다. 조금 자라서 아버지의 맏형인 수종재 송달수에게 가르침을 받았다. 수종재가 죽자 그는 집안 전통의 학문이 끊어질까 염려하여 각고의 노력을 기울여 경서를 공부하였다. 만약 의심이 일거나 정확히 알지 못하는 곳이 생기면, 곧바로 입재 송근수와 외삼촌 단대(丹臺) 이공에게 질문하였다. 그는 원대한 뜻을 이루겠다고 스스로 맹세하였고 고결하게 행동할 것을 다짐하였다. 궁핍하여도 변하지 않는 지조를 견지하여 자신의 호를 동방일사(東方一士)라 하였다. 정해필 선생이 《중용》의 '호수처럼 깊어라'[2]라는 의미를 따와 송병선을 권면하였으며 그에게 연재라는 호를 지어주었다. 매번 책을 읽는 여가에 조광조, 이황, 이이, 김장생, 송시열 등 다섯 선생의 책에서 《근사록》의 체제처럼 만들어 《근사속록(近思續錄)》을 편찬하고 자신의 사고와 행동을 되돌아보는 거울로 삼았다.

병자년(고종13, 1876) 겨울에 태릉 참봉에 추천되었으나 나아가지 않았다. 경연관, 서연관, 견사관 등에 뽑혔는데, 임금의 전유(傳諭)가 내려와도 상소를 올려 사양하였다. 이윽고 특별히 시강원 자의에 임명되었는데 역말을 타고 올라오라는 명령[3]을 받고도 또 다시 나아가지 않았다. 무인년(1878)에 임금이 그를 간곡하게 조정으로 나오라는 명령을 내렸으며, 얼마 뒤에 특별히 전유를 내려 다시 그를 불러들였다. 전유에 기록된 임금의 말은 매우 정성을 드러냈는데도 그는 모두 부임하지 않았다. 철인왕후(哲仁王后)[4]가 승하하자, 조정에서는 그에게 만장(輓章)을 지어 올리라고 명령을 내렸으나 상소를 올려 사양하였다. 그리고 왕대비와 대왕대비는 마땅히 중자부(衆子婦)와 중손부(衆孫婦)가 전중(傳重)[5]으로 장례지내는 예를 써야 한다고 논하였으며, 그녀들은 소공[6] 시마복(緦麻服)을 입어야 한다고 결론을 내렸다.

기묘년(고종16, 1879)에 임금이 은혜를 베풀어 그에게 선물을 하사하였으며, 이어서 다시 정성어린 말로 그를 불러들였다. 경진년(1880)에 사헌부 지평, 장령, 시강원 진선, 사헌부 집의를 내렸으나 나아가지 않았다. 다시 통정대부로 자급(資級)을 올려 이조 참의, 성균관 좨주, 동부승지 등에 임명하였으나 모두 나아가지 않았다. 신사년(1881)에 임금이 전유를 내려 그를 불러들였으나 상소를 올리고 나아가지 않았다. 그리고 8조목의 봉사(封事)[7]를 올렸는데, 임금으로부터 '기꺼이 받아들이겠다.'는 비답을 받았다. 임오년(1882)에 가선대부에 올랐으며 공조 참판, 사헌부 대사헌에 임명되었으나 상소를 올려 사양하였다. 이 상소에서 군졸이 변란을 일으킨 사건[8]에 대해 자신의 의견을 아뢰었다. 이후 다시 특진관에 임명되었으나 나아가지 않았다.

계미년(고종20, 1883)과 갑신년(1884)에 두 번에 걸쳐 대사헌에 임명되었으나 또한 나아가지 않았다. 이때 옷의 제도를 바꾸라는 조정의 명령[9]이 있었는데, 송병선은 상소를 올려 그 명령이 옳지 못하다고 극렬하게 간쟁하였다. 이 상소는 고종의 심기를 건드려 비답을 받지 못하였다. 그 뒤로 문을 닫아걸고 조용히 자숙(自肅)하면서 세상일과 담을 쌓았다.

을유년(1885)에 옥천의 산속으로 들어갔다. 횡천(橫川)가에 서벽정(棲碧亭)을 짓고 아침저녁으로 도(道)를 강의하면서 학문하는 즐거움에 시간가는 줄을 몰랐다. 이때 가의대부로 승차했으며 연달아 조정으로 들어오라는 명령이 내려왔으나 상소하여 사양하였다. 그 상소에 사교(邪敎)[10]를 금지하여야 한다고 요청하였는데, 좋은 의견이라는 비답을 받았다.

신축년(광무5, 1901)에 공자의 신위 칭호와 사당의 현판을 개정(改正)하는 일로 예조의 낭관을 보내 의견을 묻자, 송병선은 명나라 가정(嘉靖)[11] 연간에 거행했던 예를 거론하여 올렸다. 명헌태후(明憲太后)[12]가 승하하자, 의정(議政) 이근명(李根命)이 자최와 장기(杖朞)[13]를 의논하여 정하였는데, '역대 왕들은 정통을 잇는 왕비에 대하여 마땅히 승중(承重)[14] 3년의 상복을 입었다.'라고 송병선은 주장하였다. 순명비(純明妃)[15]가 죽자 송병선이 '이 경우는 중자부복(衆子婦服)에 해당되므로 마땅히 대공복(大功服)[16]을 입어야 한다.'라고 주장하자 여론은 그 말이 옳다고 하였다.

을사년(1905)에 송병선은 변란[17]이 일어났다는 소식을 듣고 눈물을 흘리면서

"내가 갑신년(고종21, 1884)과 을유년(1885) 이후로 줄곧 침묵하면서 자숙하려는 의지를 굳게 지키고 있었는데, 오늘 이런 상황이 일어났으니 이전의 그런 생각들을 지키고 있을 수만은 없다."

라고 하였다. 그리고 상소를 올려 도둑 같은 간신들이 나라를 팔아먹은 죄에 대해 극렬히 논하였다. 그러나 그의 의견을 받아들여 시행한다는 비답은 없었다. 다시 상소를 올려 역적을 죽이고 강제로 맺어진

조약을 파기하라고 요청하였다. 이에 고종은 송병선이 조정의 모범이 된다는 비답을 내렸다.

송병선이 궁궐에 나아가 고종을 뵈려고 하자, 문인인 이도복(李道復) 등이 출처(出處)의 의리에 대해 물었다. 이에 송병선은

"유신(儒臣)의 출처는 임무를 맡은 관리와 다르다. 그러나 지금 나를 부르는 명령이 내려왔으니 앉아 있을 수만은 없다. 다만 이번에 가서 내 몸을 욕되게 하는 경우가 발생하면 그것은 곧 나라를 욕되게 하는 것이니 결단코 살아 돌아올 수 없다."

라고 하였다. 그리고 우암 송시열 선생의 묘소를 찾아 인사드리고 서울로 들어와 10조목의 봉사(封事)를 지었으니 그 내용은 다음과 같다.

1. 모든 역적의 목을 베어 왕법을 바로잡을 것
2. 현명하고 능력 있는 사람을 등용하여 각 부(部)에 임용할 것
3. 우호조약을 맺은 맹세의 의리에 기반하여 각국 공사관에 널리 을사늑약의 무효를 공포할 것
4. 기강을 세워 명분을 바로잡을 것
5. 어사를 파견하여 백성의 실정을 순찰할 것
6. 재정을 정비하여 국력을 배양할 것
7. 바른 학문을 숭상하여 인재를 기를 것
8. 사설(邪說)을 물리치고 적당(賊黨)을 막을 것
9. 법률을 밝혀 송사를 정비할 것
10. 군사력을 배양하여 비상시에 대비할 것

마침내 궁궐에 들어가 고종을 뵙게 되자, 송병선은 다음과 같이 아뢰었다.

"근래에 많은 높은 관리들이 상소를 올려 저 일본 놈의 우두머리가 어려움 없이 우리 조정을 꼭꼭 얽어맨 것을 통탄하고 있습니다. 이것은 폐하에 대한 존엄성이 도적놈의 안중에 없는 것이니, 나라가 망해 버렸다면 어쩔 수 없지만 하루라도 나라가 있다면 폐하께서는 어찌 아무 말도 하지 않고 침묵만 하십니까."

이에 고종은

"그대의 말을 따르고 싶지만 돌아가는 형편이 어수선하니 우선 세상 변화에 맞춰서 대응하면서 그대의 말을 고려하겠다."

라고 하였다. 그리고 전유(傳諭)를 내려

"70의 늙은 몸을 이끌고 차가운 길을 달려왔으니 오랫동안 조정에 머물게 할 수 없다."

라고 하였다. 송병선이 다시 아뢰기를

"지금 종묘의 위태로움과 국가의 멸망이 짧은 시간 안에 결정날 판입니다. 만약 여러 역적들을 죽이지 않는다면 폐하가 비록 그 자리를 지키려고 해도 그렇게 될 수 없습니다. 소신의 죽음과 질병은 참으로 걱정하실 필요가 없습니다. 저의 요청을 받아주시지 않는다면 감히 물러나지 않겠습니다."

라고 하였다. 고종이

"마땅히 그렇게 시행할 방법을 도모할 것이다."

라고 하고는 곧장 일어나 안으로 들어가 버렸다. 송병선이 어쩔 수 없이 물러 나와 궁내부(宮內府)에서 기다렸다. 이에 고종이 비서랑을 보내 안부를 묻고 음식을 보내면서

"날씨가 차가우니 곧바로 그대의 집으로 돌아가라"

라고 하였다. 송병선이 비서랑에게 전해주기를 부탁하면서

"소신이 아뢴 차자(箚子) 가운데 첫 번째 조목은 매우 급한 것이니,

원컨대 빠른 시일 내에 처리하십시오."

라고 하였다. 그 후 다시 고종을 뵙기를 청하였는데, 고종이 전교(傳敎)를 내려

"일은 성격상 완급(緩急)에 따라 빨리 처리하고 늦게 처리하는 순서가 있어서 그에 따라 조절해야 하니 그대는 어찌 조용히 기다리지 않는가."

라고 하였다. 송병선이 이에 대해

"소신이 고향을 떠나 서울에 올라왔으니 저의 요청을 들어주시지 않는다면 물러나지 않겠습니다."

라는 말을 고종에게 전하게 하였다. 그리고 궁궐 문 앞으로 나아가 엎드려 임금의 명령을 기다리려고 막 평장문(平章門)[18]을 나섰다. 이때 경무청에서 윤철규(尹喆圭)를 시켜 가마를 보내면서

"이곳에서 궁궐까지는 상당히 먼 거리이며 밤도 깊었습니다. 일본 병사들이 위협하여 모욕을 줄 것이 매우 염려스럽습니다."

라고 속여 송병선을 타게 하였다. 송병선은 그 말이 옳다고 여겨 가마를 탔는데, 어느 곳에 도착하고 보니 바로 남대문(南大門) 밖이었다. 송병선이 엄한 목소리로 꾸짖기를

"너는 어찌하여 이처럼 나를 속이고 업신여기는가?"

라고 하였다. 윤철규가

"폐하께서 집으로 돌려보내라는 명령을 내리셨습니다."

라고 하였다. 조금 뒤에 일본 병사가 위협하여 기차에 태우고 곧바로 대전역으로 내려 보냈다. 송병선이

"내가 한 걸음 내디디면 한 걸음의 모욕이 생기며, 두 걸음 내디디면 두 걸음의 모욕이 생긴다."

라고 말하고 마침내 석남(石南)의 옛 집으로 돌아갔다. 이윽고 죽으면

서 올리는 상소와 자식과 제자 그리고 온 나라 선비들에게 영결을 고하는 편지를 작성한 뒤 북쪽을 향해 고종에게 절을 올린 후 곧게 앉아 약을 마시고 죽었다. 이 날은 12월 30일이다.

고종이 그의 죽음을 듣고 조회를 열지 않았다. 의정(議政)을 추증하였으며 문충(文忠)이란 시호를 내렸다. 그의 집에 정려(旌閭)를 내리고 2등의 예로 장례를 치르게 하였다. 문인 가운데 상복을 입은 자가 수백 명이나 되었다.

송병선은 일찍이 나라를 다스리는 요체를 논한 정치 서적을 저술하였는데, 책 이름은 《무계만집(武溪謾輯)》이다. 이 책은 그가 남긴 24책의 《연재선생문집》과 함께 간행되었다.

그는 아들이 없어서 그의 아우 도사(都事) 송병순(宋秉珣)의 아들 진사 송철헌(宋哲憲)을 후사로 삼았다. 송병선이 자결하자 그의 집 여종인 공임(恭任)이 그 소식을 듣고 슬프게 울면서 아무 것도 먹지 않았다.

"대감이 나라를 위해 목숨을 바쳤는데 내가 장차 지하에서 뒤따르며 그 분을 모셔야겠다."

라고 하고는 자결하였다. 뒷날 경술년(1910)에 나라를 빼앗기자 송병순 또한 자결하였다.

공임의 죽음을 슬퍼하는 뇌사(誄辭)는 다음과 같다.

대신은 마땅히 나라를 위해 죽어야 하니	大臣固當爲國死
임금의 은혜 깊어 푸른 바다와 같네	九重恩深滄海涵
장부는 마땅히 나라를 위해 죽어야 하니	丈夫固當爲國死
한 몸의 막중한 책임 천지를 떠받친 것 같네	一身責重乾坤參
두 줄 댕기머리 저 어린 처녀는 누구인가	雙丫赤脚彼何娘
송씨 집안의 노비이구나	不過宋氏之一藏

물 긷고 절구질과 키질을 부지런히 안하면	井臼箕箒或不謹
매질 당해 벌레 취급은 당연한 것	鞭背蟲蛆乃所當
새벽에 얼음 깨고 물 길어 오며	曉來汲水敲寒氷
저녁에 높은 산에 올라 땔감 주워 오네	暮去拾薪登高岡
가슴에 오직 한 점 의리 있어	胸中惟有一點義
이따금 송곳 추처럼 드러나네	往往發露如錐鋩
다행히 집 주인은 임금의 스승	幸是家翁帝者師
평생의 신의(信義) 짐승도 아는구나	平生信義豚魚知
석담 선생[19]을 주인으로 따르려고 하고	潭翁只欲爲好主
정자[20]가 가르친 대로 자신을 속이지 않네	伯淳所使自不欺
나라에서 지난 해 조약 맺었는데	國家往年新約定
잘 살던 어린아이까지 곤핍을 당하네	好居盡壞一纖兒
집 주인이 듣고 대단히 화를 내	家翁聞之赫然怒
궁궐에 무릎 꿇고 충정을 아뢰네	天門披腹跪陳辭
소매 안에 날카로운 칼을 숨기니	袖裡閃閃藏釖鋒
안팎으로 간신과 일본 놈을 죽이려 했네	內可殺賊外殲夷
고개 들어 임금께 아뢰도 임금은 말이 없더니	仰首籲天天無言
석남의 눈 내리는 밤에 슬픈 소리만 전해오네	石南雪夜悲風傳
여종이 머리 풀고 대청 아래에서 곡하니	阿婢被髮哭廡下
땅속에 흘러든 눈물, 하늘까지 닿을 울음소리	有淚入地聲徹天
주인은 임금 위해 충성을 다하였는데	翁爲君王旣盡忠
여종이라고 주인 위하지 마란 법 있나	妾身獨不爲家翁
가슴 가득 붉은 피 쏟아진 기운	滿腔赤血吐爲氣
오색으로 빛나는 커다란 무지개 같구나	光怪稜稜如長虹
죽은 뒤 내 마땅히 역귀가 되어	死去吾當爲厲鬼
모든 역적을 풀 베듯 깡그리 죽일 거야	盡殺諸賊如刈蓬

내 몸 비록 죽더라도 그것이 영광이니	妾身雖死死猶榮
어찌 구차하게 오래 살려 하겠는가	區區安用長偸生
풀을 베던 칼, 집에 있으니	斬薙斷蔥家有刀
의리는 죽음보다 무겁고 목숨은 새털보다 가볍네	義重一死輕鴻毛
이웃 아낙 다급하게 불러보고 아이들 분주하게 내달리며	隣婦催喚兒童走
온 숲은 쓸쓸하여 거센 바람 일어나네	萬林蕭瑟起風濤
이 일은 분명히 예전에도 드문 일	此事分明古所稀
듣는 사람 콧날이 찡하니 누군들 슬프지 않으리	聞者酸鼻誰不悲
정현의 여종은 글을 읽을 줄 아나 부질없었고[21]	鄭婢讀書徒爲耳
여성의 충의는 끝내 어찌하였나[22]	余成忠義竟何爲
주인과 더불어 살고 주인과 더불어 죽으니	翁生與生翁死死
원컨대 저를 주인 무덤가에 묻어주세요	願埋妾身翁墳嵋
오랜 세월 주인의 영혼이 있다면	千秋萬歲翁有靈
주인을 좌우에서 모시면서 집 문을 지켜 볼 것이오	陟降左右監門庭
수양산 백이 · 숙제도 이런 노비 있다는 얘기 듣지 못했고	首陽未聞有家奴
문천상의 묘 앞에도 충성스런 노비 없었네	文山墓前無樵青
주위 사람 매우 뛰어난 여종만 기리며	傍人但贊婢無雙
집 주인 감화의 공덕은 알지 못하네	不識家翁感化功
이 일을 시로 지어 노래 불러	願將此事歌爲詩
사람들의 막힌 귀 뚫어줘야지	欲砭時人雙耳聾
3천 8백의 밝은 조정의 관리	三千八百明廷士
이를 듣고 누가 이마에 식은땀 나지 않으리	聞此孰不顙有泚

우산(愚山) 한유(韓愉)

1 덕은(德恩) : 송병선의 본관은 은진으로, 은진은 덕은(德恩)과 시진(市津) 두 고을의 지명을 합친 것이다. 은진은 현재의 충청남도 논산시에 속해 있다.

2 호수처럼 깊어라 : 《중용》 31장에 "연천(淵泉)은 고요하고 깊고 근본이 있어서, 때로 물이 나오는 것이다.〔溥博淵泉而時出之〕"라고 하였다.

3 역말을……명령 : 일소(馹召)는 지방의 관원에게 마패(馬牌)를 주어 역말을 타도록 하여 불러올리는 일을 말한다.

4 철인왕후(哲仁王后) : 1837~1878. 조선 철종의 비로, 성은 김씨이다.

5 중자부(衆子婦)와……전중(傳重) : 적자(嫡子)가 없거나 사망하여 적손(嫡孫)만이 있을 경우, 상제(喪制)와 제사의 중임(重任)을 그 적손에게 전하는 일을 말한다.

6 소공 : 상례(喪禮) 중 복제를 규정한 오복제(五服制)의 하나로, 복상기간은 5개월이다. 소공복은 대공복과 같이 숙포(熟布, 표백한 삼베)로 만드는데, 대공보다는 곱고 시마보다는 거칠다. 머리와 허리에 두르는 띠는 수삼을 사용한다. 소공복을 입는 대상은 예서(禮書)에 따라 조금씩 다르다. 보통 종조부모, 형제의 손자, 형제처(兄弟妻), 백숙조부모(伯叔祖父母), 당질(堂姪), 재종형제자매(再從兄弟姉妹)와 외조부(外祖父), 외숙, 남편의 형제자매(兄弟姉妹), 그리고 제부(娣婦)와 사부(姒婦)끼리도 소공복을 입는다.

7 8조목의 봉사(封事) : 신사척사운동이 한창이던 1881년 송병선은 총 20여 회 이상의 상소를 올려 내수의 정비, 강력한 군사력 배양, 외세의 배척을 줄기차게 주장하였다. 그 가운데 대표적인 것이 1881년 신사봉사(辛巳封事) 8개조이다. 이는 성리학의 정진, 언로의 개방, 국가정통성 확립, 국가기강 확립, 재정절약, 인사정책 일신, 조세경감, 왜세(倭勢)척결 등 여덟 가지 현안문제에 대한 대책을 강구한 것이다. 이상 8조목으로 이루어진 신사봉사를 통해 송병선은 국가의 기강확립과 민생안정으로 대내적 안정을 도모하고, 일제를 비롯한 외세를 철저히 배격하여 국권회복의 토대를 마련하고자 하였다.

8 군졸이……사건 : 1882년 일어난 임오군란을 말한다. 임오군란은 별기군이란 신식 군대 창설 이후 구식 군인들에게 차별대우를 했던 것이 계기가 되어 일어났다.

9 옷의……명령 : 1884년 5월 반포된 갑신변복령을 말한다.

10 사교(邪敎) : 천주교 또는 기독교를 뜻한다.

11 가정(嘉靖) : 중국 명나라 세종 때의 연호(1522~1566)이다.

12 명헌태후(明憲太后) : 1831~1903. 조선 제24대 헌종의 계비로, 홍재룡의 딸이다.

13 자최와 장기(杖朞) : 상례(喪禮)에서 상주가 상장(喪杖)을 짚고 생베로 지은 상복을 입는 거상(居喪)을 말한다.

14 정통을……승중(承重) : 장손(長孫)으로 아버지와 할아버지를 대신하여 조상(祖上)의 제사(祭祀)를 받드는 일을 말한다.

15 순명비(純明妃) : 1872~1904. 조선의 마지막 임금인 순종(純宗)의 비이다. 여흥 민씨로 민태호의 딸이다.

16 대공복(大功服) : 상례(喪禮)의 오복(五服) 중 하나이다. 굵은 베로 지은 상복이다. 대공친의 상사에 아홉 달 동안 입는다.

17 변란 : 을사조약 강제 체결을 말한다.

18 평장문(平章門) : 경운궁 북쪽의 문이다. 경운궁은 현재의 덕수궁이다.

19 석담 선생 : 율곡 이이의 호가 석담이다.

20 정자 : 정호(程顥)의 자가 백순이다.

21 정현의……부질없었고 : 《세설신어》 〈문학〉에 보면 정현의 집 여종들은 모두 글을 알았다고 한다. 그러나 정현의 말을 듣지 않아 매를 맞는 여종의 이야기가 나온다.

22 여성의……어찌하였나 : 황정견의 〈여성(余成)〉의 병서를 보면, 여성은 종인 것을 알 수 있다. 그 시에서 여성의 지조 있는 행위를 칭찬하고 있는데, 이 시의 내용으로 보면 뒤에 여성이 그 지조를 바꾼 것으로 보인다. 그 내용은 확인하지 못하였다.

이승희李承熙

이승희의 자는 계도(啓道), 본관은 성산(星山)이다. 북비옹(北扉翁) 이석문(李碩文)의 5대손이고, 한주(寒洲) 이진상(李震相)의 아들이다. 처음 이석문의 벼슬은 훈련 주부였는데, 영조 임오년(영조38, 1762)의 화[1]에 이석문은 선전관으로서 사간원의 관원들을 이끌고 대궐에 직간을 올렸다. 그는 사도세자를 구하려고 땅에 엎드려 임금의 위엄에 저항하였다. 그 뒤 고향으로 돌아와 북쪽으로 문을 내고 당시 무리들과 접촉하지 않았으니, 이 때문에 세상 사람들이 북비옹이라고 하였다.

아버지 이진상은 천성이 영특하였고 학문에 힘써 문장이 뛰어났다. 성리학에 더욱 깊은 조예가 있었고, 영재를 장려해 길러내어 면우(俛宇) 곽종석(郭鍾錫), 후산(后山) 허유(許愈), 교우(膠宇) 윤주하(尹胄夏) 등의 석학들이 모두 그 문하에서 나왔다. 진사(進士)로서 도사(都事)에 천거되었다.

이승희는 어려서 가풍을 이어받아 역시 문학과 성리학으로 세상에 추앙받았다. 처음 어머니 이씨가 큰 별이 품속에 들어오는 꿈을 꾸었는데, 이승희가 태어나자 기상이 맑고 남들보다 총명하였다. 세 살 때 이승희는 어머니를 따라 부인들 모임에 갔는데, 바지를 잡고 꿇어앉아 움직이지 않는 것이었다. 어떤 이가 왜 나가 놀지 않느냐고 묻자 "밑이 터진 바지라서 서면 몸이 드러날까 봐 그렇습니다."

라고 하였다.

이승희는 다섯 살에 공부를 시작했는데 날마다 100줄의 문장을 수업받았다. 하루 종일 놀고 나서도 매일 아침이 되면 배운 것을 외웠다. 겨우 열 살에 여러 책들을 널리 읽어 박식하였고 문장을 잘 지었다. 과거시험 응시에 이르러 여러 번 향시에 합격하였고, 이때부터 영특하다는 소문이 자자하였다. 이승희는 이에

"도리는 나에게 있는 것이요, 명리는 바깥에서 이르는 것이다."

라고 하고 마침내 성리학에 오로지 정진하였다.

아버지와 아들이 한 방에서 강의하고 질문하여 논변함에 좋은 의견이 있으면 아버지는 자식의 의견을 받아들였고, 의심나는 것이 있으면 자식은 감히 아버지 의견이라도 구차히 동의하지 않았다.

집이 매우 가난하여 거친 음식조차도 먹을 수 없었는데, 어버이께는 밥을 해드리고 자신은 처자식과 함께 죽을 먹었다. 술과 고기 및 차는 금하여 먹지 않았다. 흉년을 만나면 채소 뿌리와 목화 씨앗을 눌러 기름을 짜고 남은 떡처럼 생긴 찌꺼기를 먹었다.

날마다 일찍 일어나 의복을 차려입고 부모에게 문안드린 후, 집안의 장정을 거느리고 밭에 나가 밭을 갈기도 하고 나무를 심기도 하였다. 틈이 나면 밭두둑에 앉아 책을 보았다. 10년을 이와 같이 하니 과연 농장이 번창하였는데도 재물을 적당하게 사용하였다. 간혹 흉년이 되면 창고를 열어서 주민들을 구휼하였다. 그것에 힘입어 목숨을 부지하는 사람이 매우 많았다.

이승희는 스무 살 무렵부터 경국제세(經國濟世)에 뜻을 두었고 군주와 나라를 근심하였다. 정묘년(고종4, 1867) 어린 고종이 처음으로 정사를 다스리게 되자 흥선대원군에게 글을 올려 성덕을 보양하여 백성들에게 임할 것을 청하면서 다섯 가지 일을 아뢰었는데 성학(聖學), 호적

(戶籍), 전제(田制), 선거(選擧), 제병(制兵) 등에 관한 내용이었다.

이승희는 젊어서 늙을 때까지 서양 옷을 입지 않았으며 일상생활에 필요한 물품도 일본과 서양의 것을 가까이 하지 않았다. 이것은 그의 아버지가 일생동안 지킨 법칙이었기 때문에 이승희 역시 엄격하게 금하였다. 기묘년(1879) 이후에 조정이 날로 잘못됨을 보고 다시는 과거시험에 응시하지 않았다.

참판(參判) 이건창(李建昌)이 여러 번 편지를 보내 벼슬할 것을 권유하였고 매번 시험을 관장하는 이가 남쪽으로 내려가면 관리를 보내어 응시하라는 뜻을 보이도록 부탁했으나 모두 사양하고 응시하지 않았다.

병술년(1886)에 어머니가 돌아가셨는데 빈소를 차리기 전에 아버지께서 또 돌아가셨다. 이승희는 상례의 제도를 잘 헤아려 상황에 맞게 잘 변통하였고 음식과 거처를 예법에서 정한 것보다 높은 수준으로 시행하였다. 탈상(脫喪)을 하고나서 허유, 곽종석, 윤주하 등과 아버지의 글을 수습하여 문집을 간행하였다.

신미년(고종8, 1871) 방약(坊約)과 향약(鄉約) 및 의사(義社) 조약을 마련하였는데, 모두 남전(藍田)의 여씨향약(呂氏鄉約)[2]과 주자(朱子)가 만든 향약의 장단점을 보완해서 만든 규약이 찬연히 체제를 갖추었으니, 확장해서 시행하면 온 세상에 실시할 만한 것이었다.

을미년(1895) 가을에 왜놈이 국모를 시해하고 또 단발령이 매우 급하게 시행되자 곽종석(郭鍾錫), 장완상(張完相), 강구상(姜龜相), 이두훈(李斗勳) 등과 각국 공관에 글을 지어 보내 함께 일본을 토벌하자고 청하였는데, 그 글은 1,000글자 정도 되었다. 일본 사람이 그 글을 신문에 싣고서

"조선의 천한 사람 아무개 등의 글이다."

라고 하였다.

병신년(건양1, 1896)부터 신축년(광무5, 1901)까지 5년 동안에 《이학종요(理學綜要)》, 《사례집요(四禮輯要)》, 남명(南冥) 조식(曹植), 동강(東岡) 김우옹(金宇顒) 두 선생의 문집을 간행하였다.

임인년(1902) 가을에 박해령(朴海齡) 등이 상주(尙州)에 모여서 아버지의 문집인 《한주집(寒州集)》을 불태웠다. 이승희는 《예기》에 있는 신궁재(新宮災)에 근거하여[3] 소호(素縞)와 소관복(素冠服)을 하고 3일 동안 아버지의 사당에 곡하였다. 차분하고 냉정하게 마음을 다스려 스스로를 달래고 아버지의 억울함이 풀리기를 기다렸다.

계묘년(광무7, 1903) 10월, 조정에서 지방에 은거한 이를 천거하였는데, 이승희를 원구단 참봉(圜丘壇參奉)에 임명하였다. 임금께서

"내가 이 사람은 독서와 옛날 것을 좋아한다고 들었는데, 신식 벼슬로 불렀으니 어찌 벼슬에 기꺼이 나오겠는가."

라고 하였다. 이 때문에 장릉[4] 참봉(章陵參奉)에 임명하였다. 다음해 봄에 조경전 참봉(肇慶殿參奉)으로 옮겨 임명하였으나 모두 나아가지 않았다.

을사년(1905) 10월 21일, 일본공사 이토 히로부미〔伊藤博文〕가 적신 이완용 등 다섯 사람과 함께 강제로 조약을 체결하자[5] 재상 민영환(閔泳煥)과 조병세(趙秉世), 병사(兵士) 김봉학(金鳳學) 등이 순국하였다. 이승희는 통곡하며

"종묘사직이 망했구나. 내가 비록 벼슬하지 않는 사람이지만, 어찌 한 번 성토하고 꾸짖어 천하에 밝히는 말이 없을 수 있겠는가."

라고 하였다. 마침내 글을 작성하여 지역 내에 고하고 동지 몇 사람과 함께 먼저 서울로 갔다.

이 당시 일본 놈들은 소매가 넓은 옷을 입은 자를 보면 곧바로 압

송해 잡아다가 감옥에 가두었다. 이승희는 매우 포학하고 험했던 당시의 사정을 개의치 않고 동지 300여 명과 함께 연명하여 소장을 올리고 대궐문 밖에서 엎드렸다. 소장의 대략은 다음과 같았다.

"폐하께서는 한 나라의 윤리와 기강을 주관하는 분이십니다. 저들 적신은 폐하의 신하로서 일본을 섬기고 있습니다. 이완용, 박제순, 이지용, 이근택, 권중현 등은 종묘사직과 국토를 받들어 왜놈들에게 바쳤으니 이들은 우리나라 윤리와 기강을 해치는 도적놈입니다. 지금 그들을 토벌하지 않는다면 이것은 폐하께서 스스로 국가의 윤리와 기강을 멸하는 것이고, 신하들로 하여금 군부를 배신케 하는 것입니다.

저 이토 히로부미〔伊藤博文〕란 자가 이웃나라의 역신들과 몰래 결탁하여 임금을 협박하고 도적질을 마음대로 행하니, 이놈은 천하의 윤리와 기강을 해치는 도적놈입니다. 이놈을 토벌하지 않으면 천하에 군부(君父)가 없어질 것입니다. 폐하께서는 마땅히 자신을 죄책 하는 조서를 내려 온 나라에 널리 선포하여 신하와 백성들의 충의의 마음을 일으키고, 방방곡곡에 알려 일본 공사가 협박한 죄를 드러나게 하소서."

소장이 들어갔으나 임금의 비답이 없자 이승희는 화성(華城)으로 물러나와 다시 역적을 토벌해야 한다고 청하는 소장을 올렸다. 이미 임금이 소장을 읽어보았으나 을사늑약을 파기하려는 뜻이 없다는 소식을 듣고 이승희는 마침내 통곡하고 고향으로 돌아왔다.

12월 이승희는 일본 병사에게 압송되어 대구 감옥에 갇혔다. 일본 병사들이 백방으로 위협하여 죄를 자백하고 항복하기를 바랐으나 이승희는 의연히 굴복하지 않았다.

처음 감옥에 수감되었을 때 남녀의 구분이 없어 서로의 이마가 맞닿고 발이 엉킬 정도였다. 이승희는 남녀를 구분하여 각각의 방에 수감하게 하였다. 의관을 단정히 하고 꼿꼿이 앉아 종일 책을 보니 마치 집에서 지내는 듯했다.

병오년(광무10, 1906) 봄, 서울에 통감부를 설치[6]한다는 소식을 듣고 감옥에서 이토 히로부미에게 서신을 보내 우리나라에 통감부가 필요 없다고 꾸짖었다. 또 관찰사에게 편지를 보내 임금께서 빠른 시간 내에 역적 놈을 죽이라고 요청하게 했는데 모두 답을 받지 못하였다.

여름 4월에야 비로소 석방이 되었다. 이 당시 달성 사람 서상돈(徐相敦)이 금연운동을 일으켜 국채를 갚자고 하였는데 온 나라 사람들이 이에 동참하였다.[7] 성주 선비들도 읍에서 큰 집회를 열고 이승희에게 회장이 되어달라고 요청하였다. 이승희는 다음과 같이 말하였다.

"오늘은 내 회갑이다. 눈물이 끊임없이 흐르고 종사가 땅에 떨어졌는데, 어찌 차마 내 자식들이 회갑잔치를 준비한다는 것을 듣고만 있겠는가. 내가 그 경비를 가져다가 국채보상운동에 보태겠다."

이때에 만국평화회의가 네덜란드의 수도 헤이그에서 열렸다. 조선에 공문서를 보내와 그 회의에 참석하게 하였으나 일본공사 이토 히로부미가 중간에서 협박하여 참석하지 못하였다. 이에 이승희는 헤이그에 편지를 보내 이토 히로부미의 죄를 성토하였다.

이승희는 의리상 차마 원수의 나라 사람들과 함께 살 수 없어서 항상 해외로 망명하고자 하였다. 무신년(융희2, 1908) 4월, 조상의 사당과 선영에 절하고 마침내 동래를 떠나 배를 타고 관동의 바다를 건너 동북의 블라디보스토크에 도착하였다. 몇 년을 지내는 동안 블라디보스토크에 사는 고국의 유민과 청나라와 러시아의 여러 민족들이 이승희를 예로써 존중하며 믿고 따랐다.

이때에 시랑(侍郎) 이상설(李相卨)이 헤이그에서 돌아와 공을 한 번 보고는 스승의 예로써 섬겼다. 의병대장 유인석도 마음을 기울여 이승희를 존경하였다. 그 뒤에 중국 길림성(吉林省) 봉밀산(蜂蜜山)으로 옮겨가 그 마을 이름을 한홍(韓興)이라고 하였다. 이승희는 이상설 등 여러 사람들과 함께 황무지를 널리 매입하여 규약을 만들어 정하고 뒤따라오는 우리나라 사람들이 모이기를 기다려 그들을 교육하였다.

경술년(1910), 합방소식을 듣자 남쪽을 향하여 통곡하며

"세상의 모든 일이 끝났으니 내가 도로에서 죽어 새들의 먹이가 되겠구나."

라고 하였다. 빠진 이와 뽑힌 머리털을 봉하여 집으로 보내며 다음과 같은 시를 남겼다.

동서로 정처 없이 떠도는 지금 나의 행적	西登東蹈我今行
고향에 돌아가 묻히기를 어찌 바라랴	歸骨鄕山詎易望
빠진 이빨과 머리털 함께 싸서 보내니	爲將落髮偕封去
선영 가까이에 묻어주는 것도 괜찮으리라	埋近先阡自不妨

이때에 이승희는 중국의 개혁당이 이미 평정되어 소보(少保) 원세개(袁世凱)가 총통이 되고, 중국은 민국(民國)이 되어[8] 다시는 군신의 이름이 없고, 요순과 주공의 가르침이 마침내 변하여 오랑캐가 되었다는 소식을 들었다. 이에 이승희는 총통 원세개에게 편지를 보내 존화양이(尊華攘夷)의 뜻을 다음과 같이 밝혔다.

"지난 번 여러 공들은 '만주족은 오랑캐이고 중화가 그 주인이다. 국가의 윤리와 기강이 아직도 우리만 못하니, 마땅히 이로 말미암아 큰 법칙을 밝혀 드날리고 세계만방에 알려 함께 동참하도록 해야 할 것이다.'라고 크게 주장하였습니다. 지금 자립하여 중화의 기치로 내세운 것은 다만 공화민국입니다.

민국이라는 뜻은 서양 사람이 주장하는 것으로 군주가 없다는 뜻입니다. 서양 사람들은 '사람은 태어나면 모두 평등하다.'라고 하여, 백성과 총통이 똑같이 시비를 따질 수 있어서 죄가 있으면 형벌을 받을 수 있다는 것입니다. 이 때문에 아버지가 전적으로 자식을 통제할 수 없고 자식은 아버지의 성을 따르지 않으며, 남녀가 평등하여 좋아하면 서로 합하고 싫으면 열 번이고 지아비를 바꿔도 그릇될 것이 없습니다. 이들은 삼강은 포학하고 오륜은 폭이 좁은 케케묵은 것이라 하니, 서양과 우리의 입장은 너무 큰 차이가 나서 서로 어울릴 수 없습니다.

지금 중화민국의 법령을 만들어 서양인의 머리를 하고, 서양인의 옷을 입고, 서양인의 정치제도를 따르라고 하니, 이것은 서양을 따르고 중화는 멸하는 것입니다. 만주족이 중화를 멸망시켰을 때도 그 윤리와 기강과 법식은 오히려 중국의 것에 근접한 것이 있는데도 제공들은 통곡하여 피눈물을 흘리며 가슴 아파했습니다. 그러다가 되찾아 와서는 도리어 기쁘게 웃으며 쌍수를 들고 서양에 바치니, 이것이 도대체 무슨 마음입니까."

또 중산(中山) 손문(孫文)에게 편지를 보내어 원세개를 책망했던 내용과 동일한 내용으로 꾸짖었다. 또 헤이그 만국평화회의에 편지를 보내 세계의 정세에 대하여 논하고 대동(大同)의 정치를 요청하였으니, 온 세계가 중화의 도로 통일하여 요순 선양(禪讓)의 도리를 본받게 하고자 하였다.

계축년(1913) 여름, 요동(遼東)의 심양(瀋陽)[9]에서 북경으로 들어가 자금성의 장대함을 보았고, 대성묘를 배알하고 중국의 사대부와 함께 공자의 가르침을 선양하는 모임을 가졌다. 이 모임에 참여한 이문치(李文治), 설정청(薛正淸), 용택후(龍澤厚), 진환장(陳煥章) 등 여러 공들은 이승희의 의관이 삼고(三古)[10]의 복색이고, 학술은 백가에 정통했음을 보고서 모두 이승희를 동경하였고 그의 학식을 따라가기 어렵다고 여겨 모든 자리를 양보하였다.[11]

어떤 이는 치포관(緇布冠)[12]과 심의(深衣)[13]를 모방하였고, 어떤 이는 이승희가 지은 글을 베껴 쓰기도 하였다. 혹은 이기심성(理氣心性)의 오묘함, 성현 치평(治平)의 요점, 고금(古今)의 치란(治亂)의 도에 대해 필담으로 토론하였다.

공자의 가르침을 널리 전파하고자 이승희는 여러 사람들과 함께 동삼성(東三省)[14]에 공교회(孔敎會)[15] 설립을 의논하고 중국과 우리나라 사람들에게 모두 알려 크게 교회의 일을 확장하였다.

남해(南海) 강유위(康有爲)에게 편지를 보내 《예기》 〈예운(禮運)〉의 대동설(大同說)에 대해 논변하고, 《예운집주》를 지어서 오류를 바로잡았다. 또 민의공약(民議公約)을 만들어 신농(神農), 황제(黃帝), 요(堯), 순(舜), 우(禹), 탕(湯), 문(文), 무(武)로부터 이후 명 태조의 향약 제도, 서구 상하의원의 설에 이르기까지 옛날과 지금의 제도 중에서 이치에 맞는 것을 논하였다.

그 내용은 임금은 전제정치를 하면 안 되니 천하의 훌륭한 지모(智謀)를 통하여 공변된 의논을 따라야 한다는 것이다. 그리고 여(閭), 리(里), 사(社), 향(鄕), 성(省), 국(國)의 의원(議院) 제도를 조목으로 나열하였는데, 이것은 이제까지 모든 입헌한 제도들 중에 하나의 훌륭한 논의라 하겠다. 또 이승희는 《중범(中範)》 두 편을 지어 천지 만물의 이치를 논하고 동서양의 학문 가운데 큰 핵심을 합하여 절충하고 취사하였는데 중화대일통(中華大一統)에 귀결하였다.

갑인년(1914) 2월, 북경에서 천진(天津)을 지나 황하(黃河)를 건너 곡부(曲阜)[16]에 이르렀다. 소사(少師) 공상림(孔祥霖)의 집을 방문하니 소사는 사랑채를 비우고 그를 맞이하였다. 두 사람은 중화에 선비의 기운이 없어지고 국교가 쇠퇴함을 논하다가 서로 함께 탄식하였다. 또한 그들은 공자의 마을에 도서관을 크게 짓고, 세계의 서적들을 모아서 공자의 가르침을 높이기로 의논했다. 이승희가 국가기관에 청하여 중화민국에 빼앗긴 공자 마을의 토지와 전답을 돌려받아서, 교사(教師)를 두고 선비를 길러 성현의 학문을 밝히는 자금으로 삼자고 청하자 소사 공상림이 흔쾌히 허락하였다.

이승희는 공자의 사당을 배알하고 부친이 저술한 《춘추집전(春秋集傳)》, 《이학종요(理學綜要)》, 《사례집요(四禮輯要)》 세 책을 가져다 놓았다. 소사 공상림은 거마를 내어 이승희를 동문까지 인도하였다.

이승희는 주공의 사당을 배알하고 북쪽으로 성림(聖林)으로 가 공자의 묘를 배알하였다. 서쪽으로 자공(子貢)의 여막으로 가 자공의 초상에 절하고 동쪽으로 백어(伯魚)의 묘에 절하였다. 또 남쪽에 있는 자사(子思)의 묘에 절하고 누항정(陋巷亭)으로 가서 안자(顔子)의 상에 절하였다. 가는 곳마다 감홍을 글로 지어 자신의 뜻을 알렸다. 이승희는 만주 땅에 오래 머물 수는 없다고 생각하여 소사 공상림에게 공자의 마을로 이사 오겠다고 약속하였다.

3월에 북경으로 돌아가 몇 개월을 머물고 심양으로 돌아왔다. 포하(蒲河) 근처의 밭을 사서 아들 이기인(李基仁)으로 하여금 몸소 농사를 짓고 한인 동지들을 모으게 하였다. 또 자기 자신은 곡식을 마련하여 곡부로 들어가 여러 일들을 주관하며 평생의 뜻을 조금이라도 이루려고 하였다.

병신년(1916) 정월에 이승희는 마침내 봉천(奉天)에서 생을 마쳤다. 애초에 이승희는 아들 기원(基元)에게 다음과 같이 명하였다.

"나라가 광복되어야 나는 돌아갈 것이다. 내가 죽으면 너희들은 반드시 고국으로 돌아가 장사하려 하겠지만, 광복이 되지 않았으니 시신은 돌아가더라도 내 영혼은 반드시 돌아가지 않을 것이다."

이승희가 죽자 이에 대해 여러 의견이 많았는데, 아들 기원은 결국 어머니의 명으로 고국으로 돌아와 고향 동쪽 마율(馬栗) 선영 아래에 장사지냈다.

이승희는 성품이 강직하고 세상의 비방과 명예, 근심과 즐거움, 이득과 해로움, 옳음과 그름, 영화와 쇠퇴, 죽고 삶 같은 모든 일에 간여하지 않았다. 그러므로 비록 사변이 계속 일어나고 화복이 분명히 나누어지더라도 사사로운 뜻을 섞지 않았으며, 천리(天理)와 인욕(人慾)의 큰 경계에서 매우 결단력 있게 분별하였다. 늠름하도다, 굳센 의리를 잃지 않았음이여.

일찍이 자신을 버리고 남을 따른 적이 없었으니, 이승희를 모르는 사람은 이 사람을 일러 이기기를 좋아한다고 하였다.

관(冠) 하나를 10년 동안 썼기에 헤진 곳을 실로 꿰맸으며 옷 하나를 3년 동안 입어 헤져서 누빈 곳이 많았다. 이가 피부를 가렵게 괴롭혀도 이승희는 항상 태연하였다. 온화한 봄기운과 같이 잘 생겨서 수백 리 밖에 거하는 아녀자들도 한계 선생(韓溪先生)이라고 불렀다.

러시아의 극동총독 또한 이승희의 명성을 듣고 존경하였다. 일본 사람들은 불의의 사건이 발생할까 봐 염려하여 이상설(李相卨), 유인석(柳麟錫) 및 이승희 등 18인의 이름을 적어서 극동총독에게 이들을 감옥에 가둬 줄 것을 청하였다. 총독이 말하기를

"이 사람들은 모두 현인이라서 내가 감히 어찌 못하겠다."

라고 하였다. 후에 일본 사람이 신문에 실은 기사에

"해동의 고아한 선비 이 아무개는 시대의 기미를 미리 알아서 나라를 떠나 어디에서 죽었는지 알 수 없다."

라고 하였다.

그의 시문(詩文) 잡저 136책이 아직 필사되지 못하였는데 《곡례내칙장구(曲禮內則章句)》, 《예운집주(禮運集註)》, 《제자직집해(弟子職集解)》, 《공자세기(孔子世紀)》, 《중사(中史)》, 《민의공약(民議公約)》, 《방약(坊約)》, 《향약(鄕約)》, 《음운유표(音韻類表)》, 《북경필화(北京筆話)》, 《가범(家範)》, 《여범(女範)》, 《규의(閨儀)》, 《몽어유훈(蒙語類訓)》, 《정몽유어(正蒙類語)》 등 약간 편이 있고, 또 《통의(通議)》 두 편 중 하나는 미완성 원고이다.

이승희는 헌종 정미년(헌종13, 1847)에 태어났다. 호는 대계(大溪)였는데 나라를 떠난 뒤에 한계(韓溪)로 고쳤다.

살피건대, 인(仁)을 이루고 의(義)를 취한 이는 자신의 몸을 희생하여 순국한 이가 많다. 그러나 이승희는 하루아침에 멀리 고국을 떠나가 러시아 영토를 널리 돌아다니고 동북삼성을 두루 둘러보며 연경(燕京),[17] 노성(魯城)[18]까지 모두 돌아보았다. 이것은 실로 눈과 귀로 좋은 것을 보고 들으며 마음을 즐겁게 할 수 있는 꺼리였으니, 이런 사람도 인의를 이루었다고 할 수 있겠는가.

살피건대, 당시 우리나라 사람들 중에는 을미년(1895)과 경술년(1910) 이래로 어떤 이는 약을 먹고 자결하고, 어떤 이는 칼로 순국하고, 어떤 이는 절식하여 자신의 목숨을 터럭처럼 가볍게 여겼다. 그러나 그 뜻은 임금이 욕을 당하면 신하가 죽는 의리와 천한 복첩의 신세로 전락되고자 하지 않는 것에 지나지 않는다.

대개 이승희의 행동은 비록 여러 사람들에게 볼 수 있는 격렬함은 없으나 또한 남의 신복이 되지 않겠다는 뜻[19]에서 나온 것이다. 옛날에 은나라의 세 명의 인자(仁者) 중 미자(微子)와 기자(箕子)가 모두 죽지 않았고, 우리 고려 말에는 두문동(杜門洞) 72현[20] 및 야은(冶隱) 길재 선생 역시 죽지 않았다. 이승희는 을미년과 경술년의 여러 사람들과는 그 행적이 비록 다르지만 그 뜻은 같으니, 어찌 살고 죽는 것으로 논할 수 있겠는가.

또한 이승희는 우리나라를 위해 자신의 절의를 지켰을 뿐만 아니라 중국에 있을 때에는 세계에 우리나라의 억울한 사정을 소리 높여 밝혔다. 저 원세개와 손문의 무리들이 만주족에게서 중화를 빼앗아 서양에게 바쳤을 때 이승희는 존화양이의 대의를 들어서 그들이 오랑캐로 변한 것을 성토하였다. 또 강유위, 양계초(梁啓超) 무리들이 공자의 가르침을 거스르고 불교를 으뜸으로 삼았을 때 이승희는 동삼성교회(東三省敎會)를 세우고 중국과 우리나라 양국 사람을 협력케하여 이미 끊어진 곳에서 중화의 맥을 잇고 이미 사라진 곳에서 우리의 도를 일으켰다.

그것은 일은 크고 힘은 미약하여 비록 당대에 그 효과를 볼 수 없었지만 이승희가 쏟은 지극한 정성과 수고로운 마음은 순국한 사람들과 비교하여도 부끄러울 것이 없다. 어찌 반드시 내 몸을 죽인 연후에야 인이 되고 의가 되겠는가.

1 임오년의 화 : 영조가 사도세자를 죽인 사건을 말한다.

2 남전(藍田)의 여씨향약(呂氏鄕約) : 남전은 중국 섬서성(陝西省)의 고을 이름이다. 여씨향약은 송나라 때 남전에 살던 여대충(呂大忠), 여대방(呂大防), 여대균(呂大鈞), 여대림(呂大臨) 등 형제 네 사람이 그 고을 사람들과 서로 지키기로 약속한 자치 규범이다. "덕업을 서로 권하고〔德業相勸〕, 과실을 서로 경계하고〔過失相規〕,

예의 바른 풍속으로 서로 사귀고〔禮俗相交〕, 근심스럽고 어려울 때 서로 구한다.〔患難相恤〕"라는 등의 네 조목인데, 후세 향약의 기준이 되었다. 《소학(小學) 권6 선행(善行)》

3 신궁재(新宮災)에 근거하여 : 《예기(禮記)》에 "선인(先人)을 모신 집에 불이 나면 3일 동안 곡을 한다. 그러므로 신궁(新宮)에 불이 나도 3일 동안 곡을 한다고 하는 것이다."라고 하였는데, 그 주(註)에 "선인을 모신 집은 종묘(宗廟)인데, 신주(神主)가 처음 들어가기 때문에 신궁이라 하는 것이다."라고 하였다.

4 장릉 : 인조의 아버지로 추존된 원종(元宗)과 그의 비인 인헌왕후 구씨의 능으로, 현재 경기도 김포시 풍무동에 위치해 있다.

5 을사년……체결하자 : 러일전쟁에서 승리한 일제가 대한제국의 외교권을 박탈하기 위해 1905년 11월 17일 강제로 체결한 제2차 한일협약을 말한다. 일명 을사늑약으로도 불린다. 여기에 적극 찬성한 이완용, 이근택, 이지용, 박제순, 권중현 등을 을사오적이라 한다.

6 통감부를 설치 : 1905년 11월 22일 통감부 및 이사청 설치안이 발표되고 난 후, 1906년 2월 1일 통감부가 설치되어 개청식을 가졌다. 초대 통감으로는 이토 히로부미가 취임하였다.

7 국채를……동참하였다 : 을사늑약 후 일본은 대한제국에게 반강제적로 차관을 제공하여 한국 경제를 일본에 예속시키려 하였다. 그것의 일환으로 1905년 일본인 재정고문 메가타를 조선에 보내 화폐정리사업을 실시하여 대한제국의 은행들은 일본 은행에 종속되었고, 대한제국의 경제권을 장악하기 시작하였다. 결국 1907년에 이르러 정부가 1,300만원이라는 빚을 갚을 능력이 없자 대구 등지에서 국채보상운동을 전개하였다.

8 중국의……되어 : 신해혁명(辛亥革命)을 말한다. 1911년에 일어난 중국의 민주주의 혁명으로 손문(孫文)을 대총통으로 하는 중화민국(中華民國)이 탄생하여 새로운 정치체제인 공화정치의 기초가 이루어졌다. 무한(武漢) 지구에서 문학사(文學社)와 공진회(共進會) 등을 조직하여 신군(新軍) 공작을 전개해온 혁명파는 10월 10일 우창에서 봉기하여 중화민국 군정부를 설립함으로써 신해혁명의 도화선에 불을 붙였다. 이 혁명은 순식간에 전국에 파급되어 1개월 이내에 거의 모든 성에서 호응하기에 이르렀다. 1912년 1월 1일 손문을 임시 대총통으로 하고 남경(南京) 정부가 수립되어 손문의 삼민주의(三民主義)를 그 지도이념으로 한 중화민국이 발족하였다. 이보다 앞서 청조는 북양(北洋) 군벌의 원세개(袁世凱)를 기용하여 혁명

군의 토벌을 명하였으나, 영국의 중재로 화의가 진행되었다. 원세개는 청나라의 황제를 퇴위시키는 조건으로 손문으로부터 대총통의 지위를 이양 받았고, 3월에 정식으로 대총통에 취임하여 북경 정부를 조직하였다. 이때부터 혁명은 급속하게 반혁명으로 전화(轉化)되었다. 정당이 난립하는 중에 혁명파는 혁명동맹회를 개조하고 소당파(小黨派)를 합쳐서 국민당(國民黨)을 창립, 의회정치의 실현을 희구하였으나, 열강과 입헌파의 지지를 받은 원세개는 혁명파에게 무력탄압을 가하여 제2혁명을 일으키는 계기를 만들었다. 혁명파는 1913년 7월과 1915년 12월에 제2,제3 혁명을 일으켜 원세개 정권과 대결하였으나, 반제(反帝), 반봉건의 과제는 해결되지 않고 5 · 4운동 이후의 혁명으로 미루어졌다.

9 심양(瀋陽) : 중국 요녕성(遼寧省)에 있는 도시로, 청나라의 첫 수도였다. 1932년 일본에 의해 괴뢰 만주국이 건국되면서 봉천(奉天)으로 이름이 바뀌었으나 1950년 이후 다시 심양으로 바뀌었다.

10 삼고(三古) : 고대의 복희(伏羲), 문왕(文王), 공자(孔子)가 생존했던 시대를 말한다.

11 모든 자리를 양보하였다 : 철고비(撤皐比)에서 고비는 호랑이 가죽을 말한다. 횡거(橫渠)는 송(宋)나라의 유학자 장재(張載)의 호인데, 그는 《주역》을 강(講)할 때 호피(虎皮)를 깔고 앉아 강했었는데, 정자(程子) 형제가 찾아와 함께 《주역》을 논한 후 다음날로 호피를 걷어치우고 제자들에게 "이정(二程)이 《주역》에 워낙 밝아서 내가 따를 수 없다."라고 하였다. 호피를 걷어치웠다는 뜻은 학문에 뛰어난 이에게 자리를 양보함을 말한다.

12 치포관(緇布冠) : 선비가 평상시에 쓰던 검은 베로 만든 관을 말한다.

13 심의(深衣) : 조선 시대 신분이 높은 선비들이 입던 웃옷으로, 대개 흰 베를 써서 두루마기 모양으로 만들었으며 소매를 넓게 하고 검은 비단으로 가를 둘렀다.

14 동삼성(東三省) : 동북3성이라고도 한다. 동삼성은 요녕성(遼寧省), 길림성(吉林省), 흑룡강성(黑龍江省)을 말한다.

15 공교회(孔敎會) : 19세기 말에서 20세기 초 중국과 우리나라에서 발생한 유교개혁운동의 일파이다. 1909년 10월 신기선(申箕善), 이완용(李完用) 등이 조직한 친일 유림단체인 공자교와는 구별된다. 서구의 문화적 충격에 대해 공자숭배를 중심으로 유교의 교리를 정비하고 유교의 조직을 근대적 종교조직으로 개편함으로써 위기를 극복하고자 한 유학자들에 의해 주창되었다. 중국에서는 19세기 말

에 무술변법을 주도한 강유위(康有爲)에 의해 금문경학(今文經學)을 바탕으로 한 유교개혁론이 제기되었으며, 그에 의해 1907년 각지에 공교회가 설립되고 유교의 국교화가 추진되었다. 강유위는 공자의 가르침으로 세계의 질서를 회복할 수 있다고 주장하였으며, 그가 설립한 공교회는 기독교의 교회조직을 본뜬 것이었다. 우리나라의 공교회는 강유위의 직접적인 영향을 받은 이병헌(李炳憲)에 의해 1920년대에 처음 조직되었다. 그는 1919년 공자교 이념을 체계화하기 위하여 〈유교복원론(儒敎復原論)〉을 저술하였으며, 1923년에는 중국공교회 지부로서 경상남도 산청군 단성 배양마을에 배산서당(培山書堂)을 설립하였다. 또 성리학자 이승희(李承熙)가 만주로 망명하여 북경의 지부로 동삼성한인공교회(東三省韓人孔敎會)를 조직한 것도 공교회와 관련 있는 유교개혁운동이었다. 그러나 유교의 근대적 개혁을 지향하였던 공교운동은 일부 진보적인 유학자들의 지지를 받기도 하였지만 대부분의 보수적 유림의 호응을 얻지 못한 채 1930년 이후 소멸되었다.

16 곡부(曲阜) : 공자가 태어난 곳으로 춘추 시대 노나라의 수도였다. 이곳에 공자묘가 있다.

17 연경(燕京) : 청나라의 수도였던 북경(北京)을 말한다.

18 노성(魯城) : 공자의 사당 궐리사(闕里祠)가 있는 곳이다.

19 남의……뜻 : 망복(罔僕)이란 망국의 신하로서 충절과 의리를 지켜 새로운 나라의 신하가 되지 않겠다는 절개의 의미이다. 《서경》 〈미자(微子)〉에 기자(箕子)가 "은이 멸망하더라도 나는 남의 신복이 되지 않겠다. 〔商其淪喪, 我罔爲臣僕.〕"라고 한 것에서 유래하였다.

20 두문동(杜門洞) 72현 : 고려가 망할 때 이성계(李成桂)를 비롯한 조선의 개국혁명 세력에 대하여 반대한 고려의 유신(遺臣)으로서 이 두문동에 들어가 절의(節義)를 지킨 충신열사(忠臣烈士)를 지칭하는 말이다. 두문동은 경기도 개풍군 광덕면(光德面) 광덕산 서쪽 기슭에 있던 지명으로, 72현이 이곳에 들어와 마을의 동서쪽에 모두 문을 세우고는 빗장을 걸어 놓고 밖으로 나가지 않은 것에서 유래되었다고 한다. 여기에서 두문동의 '두문(杜門)'이란 말은 문을 닫다 또는 문을 막다는 의미로 두문동이란 외부와 단절하며 사는 동리(洞里)라는 의미였다.

이건석李建奭

이건석의 자는 한경(漢卿), 호는 성석(醒石), 본관은 전주이다. 태종(太宗)의 둘째 아들인 효령대군(孝寧大君) 이보(李補)의 후손으로 황간군 황암리에 거주하였다. 그는 헌종(憲宗) 경술년(철종1, 1850)에 태어났다.

을미사변[1]이 일어난 뒤에 각 도에서 활동하던 의병들이 모두 체포되어 사기를 진작시키지 못해 더 이상 어떤 일도 할 수 없게 되었다. 이러한 현실을 목격한 기호지방 유생들이 세 차례에 걸쳐 소장(疏章)을 올려 복수할 것을 요청하고 대의(大義)를 천명하였다. 그러나 임금께서 끝끝내 비답을 내리지 않으셨다.

정유년(광무1, 1897), 기호지방 유생들이 이건석을 소두(疏頭)로 삼아 또 소장을 올려 왜적(倭賊)을 토벌하자고 요청하였다. 이에 임금께서 너그러운 비답을 내리셨다. 무술년(1898)에 안경수(安駉壽),[2] 권동진(權東鎭)[3] 등이 난을 일으키려고 도모[4]하다가 일이 발각될 조짐이 있는 것을 알고 일본으로 도망쳤다. 그 뒤에 그들은 일본인의 세력을 등에 업고 귀국하였다. 이때에도 이건석이 소장을 올려 안경수와 권동진 등을 죽여야 한다고 주장하였다. 임인년(1902)에 이건석은 공로를 인정받아 주사(主事)에 임명되었다.

계묘년(1903)에 일본과 러시아 사이에 전쟁이 일어났다. 여러 유생들이 말하기를

"두 나라가 싸우고 있는데 누가 이길 것인가는 따질 것도 없이 재앙을 입는 것은 반드시 우리나라이다."
라고 하였다. 이건석이 유생들과 함께 연명으로 소장을 올려 우리나라 스스로 강한 국력을 가질 수 있는 방안을 마련해야 한다고 요청하였다.

을사년(1905) 가을에 일본 군대가 러시아와의 전투에서 승리하였다. 이토 히로부미[伊藤博文]가 일본 대사(大使)의 신분으로 우리나라에 와서 을사5조약을 선언하니 온 나라의 민심이 흉흉하였다. 이에 여러 유생들이 13도 소청(疏廳)을 설치하고 승지인 이석종(李錫鍾)을 소두(疏頭)로 삼아 보호조약 체결에 대한 논의에 항거하였다. 그러자 임금께서 경무관(警務官)을 보내 전유(傳諭)하기를

"그대들의 주장을 계속 견지한다면 반드시 일본인들에 의해 화를 입게 될 것이다. 그러니 소두 한 사람만 남겨두고 모두 집으로 돌아가라."
라고 하셨다.

이때 이건석이 소청 밖에 있다가 소청에 도착하였다. 이상학(李常學)이 그의 손을 잡고 앉지도 못하게 하며 말하기를

"전하께서 칙명을 내려 '모두 해산하여 돌아가라.'라고 하셨습니다."
라고 하였다. 그러나 이건석은 그의 말을 듣지 않고 이석종과 함께 대궐문 밖에서 자신들의 요청을 들어달라고 부르짖었다.

조금 뒤에 일본 군사들이 와서 이석종과 이건석 등 다섯 명을 체포해서 사령부(司令部)에 가두고 여섯 달 동안 감금하였다. 이때에 이르러 이건석이 피를 몇 되나 토하고 죽으니, 병오년(1906) 4월 17일의 일이었다. 뒤에 이건석의 집안 식구들이 이건석의 시신을 수습하여 살

피다가 버선 속에서 한 조각 유서(遺書)를 발견하였다. 유서의 대략적인 내용은 다음과 같았다.

"아아, 누군들 죽지 않는 사람이 있겠는가마는 죽어야 할 자리를 얻기란 진실로 어려운 일이다. 나라의 도적놈을 죽이지도 못하고 국권을 회복하지도 못하였으니 나는 죽어서도 눈을 감지 못할 것이다. 피를 토하고 죽어가면서 이처럼 몇 글자를 적어 영결하니 너희들은 나의 죽음을 슬퍼하는 것으로 효도라 생각하지 말고 예를 갖춰 장례식을 거행하지도 말아라. 오직 도적을 죽이고 국권을 회복하고자 했던 나의 뜻을 마음에 새겨주기 바란다."

이석종도 감옥에 있을 때 음식을 먹지 않고 죽음으로써 자신의 절의를 지키고자 하였다. 당시 감옥에 있던 어떤 일본 사람이 이석종에게 몰래 쪽지를 보내서

"당신께서 음식을 잡수시지 않는 것은 무슨 뜻입니까. 저는 죽어도 되지만 당신은 반드시 죽을 필요가 없습니다. 신중하게 생각하여 단식을 멈추십시오."

라고 하였다. 이석종이 말하기를

"그대는 죽어도 된다고 했는데 그 말의 뜻을 듣고 싶소."

라고 하였다. 일본 사람이 다음과 같이 말하였다.

"우리 일본은 몇 년이 지나지 않아 반드시 서양 세력에 의해 재앙을 당하게 될 것입니다. 이것이 대한제국의 사람이 죽지 못할 이유이고 일본 사람이 죽고자 하는 이유입니다. 제가 일찍이 장관(將官)의 신분으로 평양에서 근무하다가 대한제국의 사람을 보호해 주었다는 이유로 이처럼 벌을 받고 있습니다. 이렇게 하면서 망하지 않는 나라가 세상 어디에 있겠습니까."

뒤에 이석종은 석방되었으나 우리나라에서 살고 싶지 않아 가족을

이끌고 블라디보스토크로 가서 살았다. 신유년(1921) 봄에 천수를 다 누리고 운명하였다. 그는 고종조에 급제하여 벼슬이 승선(承宣)에 이르렀다.

1 을미사변 : 1895년 일제가 명성황후를 시해한 사건을 말한다.

2 안경수(安駉壽) : 1853~1900. 본관은 죽산(竹山), 자는 성재(聖哉), 시호는 의민(毅愍)이다.

3 권동진(權東鎭) : 1861~1947. 본관은 안동, 호는 애당(愛堂), 또는 우당(憂堂)이며, 천도교에서의 도호(道號)는 실암(實菴)이다. 3·1운동 민족대표 33인의 한 사람이다.

4 난을 일으키려고 도모 : 1898년 김재풍(金在豊) 등과 함께 고종의 황제자리를 황태자에게 양위할 일을 모의한 사건을 말한다.

송수만 宋秀萬

송수만의 자는 성난(聖煖), 호는 성암(醒菴), 본관은 여산(礪山)이다. 호가 천곡(泉谷)이고 시호가 충렬(忠烈)인 송상현(宋象賢)[1]의 후손으로 철종 정사년(철종8, 1857)에 태어났다.

태황 을해년(고종12, 1875)에 무과에 급제하여 부장(部將) 중추원 의관(中樞院議官)을 역임했다. 성품이 대범하고 큰 뜻이 있어 집안 살림을 꾸리는 일에 마음을 두지 않았다. 을미년(1895)의 사변이 일어나자 역신(逆臣)들을 제거하려고 모의하였으나 일이 발각되어 체포되었다. 여러 차례 고문을 받아 정강이뼈가 문드러졌지만 목소리와 얼굴빛은 더욱 엄중했는데 오랜 뒤에 풀려났다.

갑진년(광무8, 1904)에 일본이 산림개발권(山林開發權)을 요청하자 송수만은 보안회(保安會)의 회장이 되어 한결같이 반대하였다.[2] 이에 일본인이 병사를 동원하여 송수만을 체포하고 일본의 사령서(司令署)에서 일본의 산림개발권 요청을 반대하는 뜻을 따져 물었다. 송수만은

"백성이 밑천삼아 사는 것은 토지뿐이 아니다. 산림천택의 이로움이 훨씬 더하다. 지금 산림개발을 요구한다면 이는 우리들을 말려 죽이려는 것이다. 이것이 어찌 이웃나라의 정의(情誼)란 말인가."

라고 하였다. 일본인이 송수만을 위협하며 회유했지만 처음부터 끝까지 완강히 거절하였다. 송수만의 뜻을 굽힐 수 없음을 안 일본인은

마침내 그를 석방하였다.

을사년(광무9, 1905) 가을에 일본인이 을사조약을 발의하면서 송수만 등이 조직을 만들어 저항할까 염려하여 송수만과 허겸(許蒹) 등 10여 인을 옥에 가두었다. 10월에 을사조약이 체결되고 3개월이 지나서야 풀려났다. 나랏일을 어찌할 수 없음을 안 송수만은 한 곳에 머물러 살지 않고 산천을 떠돌다가 자신의 생을 마치려했다고 한다.

여산(礪山) 송의섭(宋毅燮)

1 송상현(宋象賢) : 1551~1592. 자는 덕구(德求), 호는 천곡(泉谷)·한천(寒泉), 시호는 충렬(忠烈)이다. 1584년 종계변무사(宗系辨誣使)의 질정관(質正官)으로 명나라에 다녀왔다. 귀국 뒤 호조·예조·공조의 정랑(正郎) 등을 거쳐 동래 부사(東萊府使)가 되었다. 임진왜란이 일어나 왜적이 동래성에 육박하자 항전했으나 함락되자 조복(朝服)을 갈아입고 단정히 앉은 채 적병에게 살해되었다. 충절에 탄복한 적장은 시를 지어 제사 지내 주었다.

2 갑진년……반대하였다 : 1904년 2월 러일전쟁을 일으킨 일제는 6월 6일 전시와 시정개선의 명분하에 하야시 곤스케〔林權助〕 공사가 나카모리 도우키치로〔長森藤吉郎〕를 앞세워 한국 외부(外部)에 50년간 전국의 황무지개척권 위임을 요구하였다. 이러한 요구는 당시 한국침략의 내용을 담고 있던 〈대한방침, 대한시설강령〉 중 하나로, 다수 일본 농민에게 한국 이주를 개방하여 한국을 식량 원료의 공급지로 삼기 위해 관유지 개간권, 삼림채벌권 등을 요구했던 것이다. 일제의 강압으로 한국정부는 황무지의 개척경영에 관한 일체의 권리를 포함하는 황무지 위임계약안을 작성해 주었다. 이 때문에 일제는 당시 한국 국토의 30%에 해당하는 황무지를 아무런 보상도 없이 강점할 수 있었다. 이에 1904년 7월 송수만(宋秀萬) 등이 서울 종로에서 일제의 황무지 개간 요구를 저지할 목적으로 보안회를 조직하고 반대투쟁을 전개한 끝에 일제의 요구를 철회시켰다.

최재학 崔在學

최재학, 김인즙(金仁濈), 신상민(申尙敏), 전석준(田奭畯) 등은 평양(平壤)의 유생(儒生)이다. 이토 히로부미〔伊藤博文〕가 을사조약을 강제로 체결하자, 최재학, 김인즙 등은 피로 '사수독립(死守獨立)' 네 글자를 쓰고 격문(檄文)을 써서 나라 사람에게 이 일을 알리고, 대궐 앞에 엎드려 임금에게 상소하였다. 이에 일본 헌병과 순사 등이 포박하여 끌고 가려 하자 최재학 등이 성난 목소리로 꾸짖기를

"우리들은 나라를 위해 나라의 독립을 사수할 것을 결의하였다. 죽으면 그뿐이니 어찌 너희들에게 포박당하는 모욕을 당하겠느냐."

라고 하였다. 일본 헌병이 군검(軍劍)으로 내리치자 최재학 등은 더욱 분개하여 맨손으로 서슬 퍼런 칼날을 막았다. 일본 헌병이 여러 겹으로 에워쌌다. 신상민이 더욱 용감하게 싸워 일본 헌병을 발로 차서 넘어뜨리자 일본 헌병의 모자가 여기저기 어지럽게 떨어졌다. 이에 일본 헌병 한 소대가 달려와 공격하였다. 최재학 등은 칼에 찔리고 포박되었으나 끊임없이 욕을 하면서 크게 '대한제국 독립만세'를 외쳤다. 일본 헌병이 수건으로 그들의 입을 막고 칼로 등을 내리치더니 비바람처럼 재빨리 잡아가 경무청(警務廳)에 70여 일 동안 가두었다.

김하원 金河苑

김하원, 이기범(李基範), 차병수(車炳修) 등은 기독교인이다. 그들이 의기로써 국권을 사수하기 위하여 경고문을 지어 큰 거리에 붙이고 매우 격렬하게 연설하자 구경꾼들이 구름처럼 모여들었다. 일본 헌병과 순사 수십 명이 칼을 휘두르며 갑자기 들어와 사람들을 찔러 쓰러뜨렸다. 김하원 등은 일본 헌병의 칼날을 무릅쓰고 곧바로 그들 앞으로 나가 성난 목소리로 크게 꾸짖어

"우리들은 나라의 독립을 위해 죽으려 한다. 죽어도 영광이니, 빨리 우리를 죽여라."

라고 하며 이마로 일본 헌병의 가슴을 들이받았다. 이에 일본 헌병이 칼로 마구 때려 모두 정신을 잃고 땅에 쓰러졌다. 구경꾼들이 분노하여 기왓장과 돌을 마구 던지자 일본 헌병이 사람들을 향해 총을 쏘았다. 그런데도 사람들은 흩어지지 않았다. 그러자 헌병을 더 보내 시장의 가게를 파괴하고 사람들을 포박하여 수백 명을 사령부로 끌고 갔다.

기산도 奇山濤

기산도, 이종대(李鍾大), 김석항(金錫恒) 등 11명은 박제순(朴齊純), 이지용(李址鎔), 이근택(李根澤), 이완용(李完用), 권중현(權重顯) 등 을사오적을 죽이려고 모의하였으나 일이 누설되어 체포, 수감되었다.

이때에 관리와 유생(儒生)들이 연명으로 소장을 올리거나 격문(檄文)을 써서 을사조약을 반대하였다. 이 일로 체포되어 감옥에 갇힌 사람이 길에서 서로 볼 수 있을 정도로 수없이 많았다. 이름을 알 수 있는 사람은 윤병국(尹秉國), 윤두병(尹斗柄), 정명섭(丁明燮), 이설(李偰), 김복한(金福漢), 이승희(李承熙), 장석영(張錫英), 이두훈(李斗勳), 유도성(柳道性), 곽종석(郭鍾錫), 김일제(金一濟), 최동식(崔東植), 송수만(宋秀萬), 허겸(許蒹), 유봉의(柳鳳儀), 노봉수(盧鳳洙), 강윤희(姜允熙), 오주혁(吳周爀) 등이고 그 나머지는 이루 다 기록할 수 없다.

이에 일본 헌병이 각 성문을 지켰고 길가는 사람 중에 관리와 유생의 복장을 한 사람은 곧바로 저지당하였다. 이러한 상황이 수개월 동안 계속되었다.

김태근 金台根

김태근은 경기도 수원군(水原郡)의 농민이다. 평소 기개와 절의가 있었다. 을사년(1905) 가을에 일본 사신 이토 히로부미[伊藤博文]가 임금을 협박하여 5조약을 체결하였다. 귀국길에 경부선 열차를 타고 안양역에 도착하자 김태근이 이토 히로부미를 죽이려고 돌을 들어 던졌다. 이토는 돌에 맞지 않았고 유리창만 깨졌는데 그 소리가 천지를 뒤흔들었다. 이토 히로부미가 크게 놀라 감히 귀국하지 못하고 다시 돌아왔다. 이에 경찰이 김태근을 체포하여 중형으로 다스리고자 하였으나 이토 히로부미가 가벼운 죄로 처벌하게 하여 태형(笞刑) 100대를 맞고 풀려났다.

살피건대, 김태근의 일은 송나라 당위사(唐衛士)와 비슷한 면이 있다. 그러나 회계의 수령은 당위사를 죽였지만 이토는 김태근을 죽이지 않았으니, 그 사람의 국량이 크고 작은 차이가 있어서인가. 회계의 수령은 겁을 주어 적의 항복을 받아냈지만 이토 히로부미는 사람을 협박하여 나라를 빼앗았으니 국량이 크고 작음이 있는 것이 진실로 마땅하구나.

안중근은 이토 히로부미를 죽였고 김태근은 이토 히로부미를 죽이지 못했으니 안중근과 김태근 중 누가 더 낫다고 할 수 있을까. 성공 여부로 보면 안중근이 김태근보다 더 훌륭한 것 같다. 그러나 나는 이토 히로부미가 비록 안중근의 총탄에 죽었지만 그 조짐은 이미 김태근이 던진 돌에서 비롯된 것이라고 생각한다.

정재홍 鄭在洪

정재홍은 서울 사람이다. 기백과 절개가 있어 평소 민회(民會)[1]의 공경을 받았다.

광무9년(1905)에 일본의 이토 히로부미[伊藤博文]가 우리나라를 위협하여 감찰하자 정재홍은 분노하여 원수를 갚겠다는 의지를 품었다. 이에 서울에 있는 미국 청년회[2]에 들어가 자신의 안전을 확고하게 지키면서 적당한 기회가 오기를 기다렸다.

광무11년(1907) 5월에 일본에서 히로부미가 오자 정재홍은 거짓으로 이토 히로부미를 위해 환영회를 열고 그 자리에서 그를 죽이고자 하였다. 마침내 여러 회원들과 함께 환영회를 마련하고 이토 히로부미를 초청하였다. 이토 히로부미는 이를 의심하여 환영회에 나오지 않았고 그를 죽이려던 일이 점차 누설되었다. 화를 면할 수 없음을 안 정재홍은

"내 어찌 원수의 손에 죽을 수 있겠는가."

라고 탄식하며 마침내 칼을 꺼내 자결하였다.[3]

정재홍의 어린 자식은 중국 상해(上海)에서 어렵게 지내며 떠돌아다녔다. 상해에 있는 우리나라 사람들이 이 아이를 보고 불쌍해하며

"의사(義士)의 자식이다."

라고 하면서 서로 돈을 내어 입혀주고 먹여주었다.

◀ 김택영(金澤榮) ▶

1 민회(民會) : 일반적으로 어떤 구역(區域) 안에 사는 사람들이 자치를 목적으로 조직한 모임을 말한다. 그러나 정재홍이 대한자강회 인천지회장을 역임한 것으로 볼 때, 이때의 민회가 대한자강회를 가리키는 것인지도 모르겠다.

2 미국 청년회 : 1903년 미국인 선교사들에 의해 설립된 황성기독교청년회로 보인다. 이 단체의 후신이 바로 YMCA이다.

3 마침내……자결하였다 : 인천 인명의숙 설립자인 정재홍은 1907년 1월 대한자강회 인천지회를 설립하고 지회장으로 선출되었다. 같은 해 4월 국채보상운동이 전개되자, 정재홍은 단연동맹회(斷煙同盟會)를 조직하여 국채보상운동에 동참하였다. 이토 히로부미 암살계획이 실패하자, 정재홍은 인왕산 아래 장동(壯洞)에 있는 농상소(農商所)에서 열린 박영효 환영식에서 육혈포로 자결하였다.

우용택 禹龍澤

우용택의 본관은 단양(丹陽)이다. 비안(比安)[1]에서 선산(善山)의 해평리(海坪里)[2]로 이주하였다. 처음에 어머니 김씨가 용꿈을 꾸었기에 이름을 용택이라 하였다. 체구가 크고 건장하며 재주가 뛰어나 우용택과 말해 본 사람들은 대부분 그를 경외하였다. 태황조에 참봉에 제수되었다.

을사년(광무9, 1905) 가을 9월에 우용택이 서울에 갔는데 외부대신 이하영(李夏榮)[3]이 일본공사 하야시 곤스케〔林權助〕의 우리나라 하천 항해권에 대한 요청을 허가했다는 소식을 들었다. 우용택은 이하영에게 가서 잘못을 일일이 지적하여

"네가 동래의 천무(賤巫)로서 대신(大臣)이 되어 나라의 은혜에 보답하려 하지 않고 나라를 파는 것으로도 모자라 제 나라의 하천까지 팔아먹느냐. 장차 또 무엇을 팔려느냐."
라고 말하고 주먹을 쥐어 이하영의 뺨을 때리고 가버렸다.

그 후 집이 가난하여 해평면장(海坪面長)이 되었다. 이때 총독이 각 군과 면에 명하여 충(忠)·효(孝)·열(烈)의 행적이 있는 사람을 보고하게 하였다. 우용택은

"이 세 가지에 해당되는 사람을 보고하려면 마땅히 충신은 이완용, 효자는 장승원(張承遠),[4] 열녀는 해평 김선랑(金仙娘)을 보고해야 한다.

그러니 보고해야 할지 말아야 할지 진실로 나는 모르겠다.”

라고 말했다. 원근에서 이 말을 들은 사람들이 모두 통쾌하게 여겼다. 지금도 이 일이 사람들의 입에 오르내린다. 이 일로 인해 1년도 못되어 면장에서 쫓겨났는데, 그 지역에서 한 때에 명망이 있었다.

살피건대, 임술년(1922) 가을에 내가 남쪽 지방에 간 적이 있다. 그때 우용택에 대해 말하는 사람이 있었는데, 대부분 우용택을 비웃지 않으면 미치광이라고 하였다. 아, 단정하고 반듯하다고 자처하는 저 사람들은 이하영이 나라를 팔아먹은 것을 보고, 모두 겁을 내어 그에게 한 마디 말이라도 했다는 것을 들어보지 못했다. 오직 얽매임 없는 우용택만이 이하영에게 가서 잘못을 따졌고 어린아이에게 하듯이 이하영의 뺨을 때렸다. 어찌 진실로 대장부가 아니겠는가.

지금 온 나라 사람들이 죽은 사람처럼 가만히 있으나 오직 우용택만이 기개가 살아 할 말을 하였다. 세상 사람들이 만일 우용택을 높은 하늘처럼 칭송하고 천당과 같이 드높여서 그의 기개를 도왔다면, 기운이 다한 우리도 보고 느끼는 바가 있어 쾌활하게 활동할 수 있었을 것이고, 우용택 또한 더욱 힘썼을 텐데, 어찌 미치광이로 지목하고 웃음거리로 삼아 우용택마저 죽은 사람 꼴이 되게 했단 말인가.

아, 예로부터 충성스럽고 뜻이 있는 선비는 항상 가난하고 어려운 가운데서 나오지만 안으로는 자신의 몸이 고달프고 밖으로는 말 때문에 곤액을 당하여 대부분 자신의 절개를 온전히 하지 못한다. 이 때문에 내가 우용택이 면장이 된 것을 보고 그를 위해 한 번 눈물을 흘리지 않을 수 없다.

1 비안(比安) : 경상북도 의성군 비안면이다.

2 해평리(海坪里) : 경상북도 선산군 해평면이다.

3 이하영(李夏榮) : 1858~1919. 본관은 경주(慶州), 자는 치행(致行), 호는 금산(琹山)이다. 1904년에 외부대신이 된 후 재임기간 동안 충청, 황해, 평안도의 어로권 부여, 연해 하천의 항해 무역권 부여 등 각종 이권을 일본에 넘겨주었다.

4 장승원(張承遠) : 1853~1917. 경상북도 칠곡 출신으로 본관은 인동(仁同)이다. 1903년에 중추원 의관, 궁내부 특진관 등을 거쳐, 1904년에는 경상도 관찰사로 승진하였다. 한강 이남의 제일가는 부호로 대한광복회에서 요청한 독립자금을 거절하였다가, 광복회원에게 사살되었다. 장승원의 아들이 바로 해방 후 수도경찰청장을 비롯해 초대 외무장관, 국무총리 등을 역임한 장택상이다. 이승만 정권 시절 장택상이 친일세력을 비호하고 독립운동가를 탄압한 것도 광복회원의 장승원 암살과 무관하지 않다.

반종례 潘宗禮

반종례의 자는 자인(子寅)이고 중국 순천부(順天府) 통주(通州) 사람인데 혹 천진(天津) 사람이라고도 한다. 처음 반종례는 일본에서 유학하였다. 고국으로 돌아가는 길에 인천항에 배가 머물렀다. 이때 일본 사람이 한국을 협박하여 보호조약을 맺었다는 소식을 들었고, 또 한국 사람들이 일본인에게 핍박받는 상황을 목격하고 눈물을 흘리며 목이 메었다. 마침 함께 배를 타고 가던 상인이 민영환(閔泳煥) 유서의 내용을 그에게 보여주었다. 반종례는 민영환의 유서를 보고 울면서 말하기를

"민영환이 충신이긴 하지만 그의 죽음은 때늦은 일이다. 몸을 버리고 나라를 구하는 것은 모름지기 나라가 아직 망하지 않았을 때 도모해야 한다. 대세가 이미 끝나버렸는데 피를 뿌린들 무슨 소용이 있겠는가."

라고 하였다.

그로 인해 생각하기를 '중국과 한국은 입술과 치아처럼 가까운 관계이다. 한국이 이미 망했으니 중국 역시 위태로울 것이다. 그러나 중국 국민들은 어리석게도 그것을 깨닫지 못하고 있으니 죽음으로써 경계하지 않으면 안 될 것이다.'라고 하였다. 이에 시무 14조를 열거하여 써서 정부에 바칠 것을 친구에게 부탁하고 마침내 바다에 빠져

죽었으니 당시 나이 43세였다.

직예성(直隸省)[1] 총독 원세개(袁世凱)가 그 소식을 듣고 의롭다고 여겨 곧바로 소장을 올리고 조정에 알렸다. 또한 글을 지어 다음과 같이 조의를 표하였다.

그대가 죽었구나	吾子已矣
우리 동포들은 어찌할까!	同胞奈何
제군들은 힘쓸지어다	諸君勉之
사람사람마다 해야 될 일이 있구나	匹夫有責

또 애도하는 시를 지어주었는데 다음과 같다.

가엾구나, 목숨을 가볍게 여겨 생을 바친 지사여	可憐志士輕生
마침내 성난 파도로 변하여 큰 바다를 요동시켰네	竟化怒濤撼大海
국민단체를 결집시켜	願結國民團體
함께 거친 물결에서 버티는 지주가 되기를 원하노라	共爲砥柱挽狂瀾

이때에 인천항에서 온 중국 사람이 나를 찾아와 이 일에 대해 말해 주었다. 내가 듣고서 탄식하며 말하기를

"반종례는 참으로 중국을 위해 순국한 자이다. 그러나 반종례가 우리나라의 일로 인해 이렇게 죽었으니 혈족이라는 느낌이 들어서 그런 것이 아니겠는가."

라고 하였다. 이에 뇌사(誄辭)[2]를 짓고 물에 띄워 보내며 그를 위로하였다. 그 글은 다음과 같다.

아, 슬프구나. 훌륭한 이 사람이여　於乎哀哉有美一人兮
지금의 노중련이어라　於今之魯連
연나라 조나라의 강개한 성품[3]이여　性燕趙之慷慨兮
매번 시대를 아파하며 눈물 흘렸지　每傷時而泗漣
큰 바다를 건너가 학문을 닦았는데　航瀛海而求珠兮
일본[4]을 떠나 고국으로 돌아가려 했지　拂若木而言旋
인천항에 머물러 한가로이 거닐며　次仁港而容與兮
단군 기자조선의 산천을 아름답게 여겼네　佳哉檀箕山川
봉황이 이 나라에서 나와　鳳凰出於是邦兮
4천 년의 왕업이 이어졌다네　綿寶籙於四千
중화의 문물을 이어받아서　藍中華之文物兮
예부터 돈독하기가 혈연과 같았지　自昔敦夫血緣
천하가 새로 열릴 때에　際寰宇之新闢兮
홀로 무릉도원에서 문 닫고 지냈었지　獨掩扉于桃源
긴 뱀이 독을 뿜어내어　有長蛇其噴毒兮
검은 바람이 불고 바다는 뒤집어졌네　黑風簸而海翻
여섯 마리 자라[5]가 죽고 삼신산이 떠돎이여　六鰲死而三山漂兮
신선이 살지 못하는 세상 되었으니 슬프구나　哀仙種之不天
짐승들과 귀신이 울부짖고　鳥獸嘷而鬼神啾兮
우리나라가 갑자기 크게 변했구나　槿域忽其桑田
아, 앞서가는 수레가 이미 엎어졌으니　嗟前轍之旣覆兮
뒤따라오는 수레가 장차 엎어질까 두렵구나[6]　恐來軫之將顚
아, 중국의 성족이　噫吁乎神州聖族兮
코를 골며 오히려 잠에 빠져 있구나　尙鼾鼾其沈眠
어찌 내 몸을 버려 그들을 구해주지 않으랴　盍舍身而贖衆兮
내가 뒤로 물러나면 누가 앞장설 것인가　我則後而孰先

피를 토하며 몸을 던져 천둥소리를 내니	擲腔血而作雷兮
모든 귀머거리와 완고한 이들까지도 경계가 되었도다	庶可警夫聾頑
14조목을 만들어 자신의 생각을 피력하고	條十四而披瀝兮
북극을 바라보며 임금께 바쳤도다	瞻北極而呈玕
어룡을 불러 앞에서 인도하게 하여	詔魚龍使前導兮
저 굴원을 따라갔구나	于以從夫屈原
동포가 크게 각성하기를 바랐으니	冀同胞之大覺兮
그 영혼의 울림 빛나고 빛나도다	閃閃揚其英魂
한 목숨을 두 나라에 바침이여	獻一身於兩國兮
천추에 빛나서 영원하리라	焯千秋而永存
바다 바람에 일렁이는 파도소리	聽海風之鼓浪兮
백마가 노하여 달리는 듯 황홀하네	恍乎白馬之怒奔
그대의 혼령이 천제께 호소하여	仗君靈而籲帝兮
하늘의 은하수 끌어다가 재앙을 씻어주시게	挽天河而澄氛
우리들을 끊임없이 힘쓰게 하였으니	勖我人於無窮兮
그대의 높은 뜻을 명심하여 잊지 않으리라	珮高義而勿諼

1 직예성(直隸省) : 현재의 중국 하북성(河北省) 일대를 말한다. 하북성은 명나라 때는 북직례(北直隸)로 불렸고, 1645년 직예(直隸)로 개칭되며, 1669년 직예성(直隸省)으로 불리게 된다. 1928년 6월 20일 국민정부의 결정을 거쳐 직예를 하북성으로 바꾸고, 북경을 북평으로 바꾸었다.

2 뇌사(誄辭) : 죽은 사람의 살았을 때 공덕을 칭송하며 문상하는 말이다.

3 연나라……성품 : 고대 연나라와 조나라 지역에는 기개(氣概)가 꺾이지 않고 강개(慷慨)하며 격앙(激昂)하는 인물들이 많이 배출되었으므로 연조풍(燕趙風)이라는 말까지 나오게 되었다. 그 중에서도 특히 형가(荊軻)가 연나라의 개백정이나

축(筑)을 연주하는 고점리(高漸離)와 술집에서 어울려 비분강개한 노래를 부르면서 노닐다가 진시황(秦始皇)을 찔러 죽이기 위해 자객(刺客)으로 떠나간 고사가 유명하다. 《사기(史記) 자객열전(刺客列傳)》

4 일본 : 약목(若木)은 일본을 가리켜 하는 말이다. 원래는 동해(東海) 가운데 있었다는 큰 신목(神木), 또는 그 신목이 있는 나라를 가리킨다.

5 여섯 마리 자라 : 바다 속에서 삼신산(三神山)을 머리로 이고 있다는 여섯 마리 자라를 가리킨다. 용백국(龍伯國)에 거인이 있는데 한 번의 낚시로 바다 속에 있다는 큰 자라 여섯 마리를 한꺼번에 낚았다 한다. 《열자(列子) 탕문(湯問)》

6 앞서가는……두렵구나 : "앞에 가는 수레가 엎어졌는데도 뒤에 가는 수레가 경계하지 않는다. 이 때문에 뒤에 다시 엎어지는 것이다.〔前車覆而後車不誡, 是以後覆也.〕"라는 말이 한(漢)나라 때 한영(韓嬰)이 지은 《한시외전(韓詩外傳)》에 보인다.

장인환張仁煥 / 전명운田明雲

장인환과 전명운은 모두 관서(關西)지방 사람이다. 장인환은 평양부(平壤府) 암정(巖町)에 살았고 고종 정축년(고종14, 1877)에 태어났다.

전명운과 장인환 두 사람은 모두 충의와 큰 절개가 있었다. 나라의 형편이 쇠약해짐을 보고 일찍이 무슨 일이든 하려고 하였다. 을미년(1895)과 병신년(건양1, 1896)간에 초야의 인사들이 각기 의병을 일으켜 왜적을 토벌하려고 하였으나, 이른바 나라의 대신이란 자들은 원수에게 아첨하며 권세를 차지하고 국가를 돌보지 않았다. 전명운과 장인환은 이에 탄식하며

"지금 나라의 형편이 이 지경이니, 우리가 마땅히 미국으로 유학을 가서 나라의 치욕을 씻어야겠다."

라고 하고 결연히 나라를 떠나 마침내 미국으로 건너갔다.

이때에 샌프란시스코, 뉴욕, L · A, 캘리포니아와 하와이 각지에 있는 우리나라 사람들이 무려 8,000여 명이나 되었는데 대부분 모두 노동자였다.[1] 그 중 사회지사와 교회 신도, 학계 청년들은 판보관(辦報館)[2]을 열고 학당을 건립하여 인재를 양성해 조국을 위해 헌신하고자 하였다.

이때에 장인환과 전명운은 미국인 스티븐스(Stevens)[3]가 우리 조국을 모욕했다는 소식을 듣고 매우 분노하여 마침내 총으로 사살하였다.

스티븐스는 미국의 정치가로서 항상 우리 동양을 엿보았는데, 중국을 경유하여 일본에 이르기까지 각국의 대세를 살폈다. 을사년(광무9, 1905) 10월, 일본은 5조약을 강제로 맺고 스티븐스를 데려다가 외교 고문관으로 삼았으니 그는 일본의 앞잡이였다. 이 때문에 우리나라사람들은 모두 그에게 원한을 품고 있었다.

외국 사람들 또한 일본인들을 비난하였다. 영국인 매켄지(Mckenzie)[4]는 《한국의 비극(悲劇)》이란 책을 특별히 저술하였는데 한국의 참혹한 상황을 실어 각국에 전파하였다. 미국인 헐버트(Hulbert)[5]는 월간 잡지를 출간하여 이토 히로부미〔伊藤博文〕를 논박하였다. 대한일보[6] 주간인 영국인 베델(Bethel)[7] 역시 이토 히로부미를 맹공 하였다. 이토 히로부미는 이를 불쾌하게 여겨 스티븐스를 미국으로 보내 자신의 정책을 찬양하도록 하였다. 이에 스티븐스는 샌프란시스코로 가 한국에 관한 일 3개 조[8]를 신보(新報)[9]에 게재하여 우리나라를 모욕하였다. 우리 동포들이 그 소식을 듣고 분노하여 밤에 공립관[10]에 모였다. 최유섭(崔有涉, 후에 崔正益으로 개명), 문양목(文讓穆), 정재관(鄭在寬), 이학현(李學鉉) 등 네 명을 보내 이 일에 대해 따지도록 하였다. 그러자 스티븐스는

"한국에는 이완용 같은 충신이 있고 또 통감 이토 히로부미가 있으니 이는 한국에게 큰 다행이다."

라고 하면서 태황의 실덕(失德)을 남김없이 거론하며 비판했다. 최유섭 등이 매우 분노하여 주먹으로 스티븐스의 가슴을 치자 스티븐스는 나가 떨어졌다. 이에 여러 사람들이 의자를 집어 들어 그를 내리쳤다. 스티븐스가 상처를 입어 피가 흐르자 좌객들이 그를 도와서 위기를 벗어날 수 있었다. 정재관 등은 분이 풀리지 않아 스티븐스가 우리나라에게 한 치욕적인 말들과 일본의 포학한 행태를 들어 일장연설을 하고 돌아왔다.

다음날, 스티븐스는 워싱톤을 향해 오클랜드역 광장에 이르렀다. 갑자기 한국인 전명운이 총으로 그를 쏘았는데 발사되지 않자 전명운은 총을 가지고 달려가 그를 가격하였다. 스티븐스는 크게 놀라고 노하여 전명운과 함께 몸싸움을 하게 되었다. 그러던 중 또 등 뒤에서 총성이 났다. 한 발은 전명운을 맞췄고, 두 번째 탄환은 스티븐스를 명중시켰으니 한국인 장인환이 쏜 것이었다. 처음 전명운과 장인환 두 사람은 서로 스티븐스의 살해를 모의하지 않았지만 우연히 이곳에서 만나게 된 것이다. 때문에 전명운이 잘못 탄환에 맞은 것이었다.

당시 미국 경찰은 스티븐스와 전명운을 병원으로 호송하여 총상을 치료받게 하였고 장인환을 잡아 가두었다. 두 사람을 심문하면서 법관이 한국인 중에 영어를 통역해 줄 사람을 요청하자 우리나라 사람들이 전도사 양주삼(梁柱三)을 보냈다.[11] 전명운은 다음과 같이 말하였다.

"처음 일본이 러시아와 전쟁을 할 때에는 우리나라를 독립하게 하여 주권을 영원히 굳건하게 해준다고 세상에 공언하였다. 그러나 지금 우리나라의 주권을 빼앗고, 우리의 재정을 흡수하며 우리나라의 관직을 차지하여 전국 각지에 헌병과 순사가 가득하다. 우리 백성을 학대하며 죽이고 우리 동포를 어육으로 만들었다. 때문에 내가 미국으로 온 것은 학업을 닦아 국가에 헌신하여 백성들을 위태로운 상황에서 구제하려고 한 것이다. 스티븐스는 곳곳에 우리나라의 소식을 알리면서 '한국 사람들이 일본을 좋아해 떠받들고 일본 사람들에게 감복한다.'라고 떠들어대니, 이는 사실과 너무도 다른 거짓이다. 게다가 스티븐스는 우리나라에서 녹을 받으면서도 우리나라를 망하게 하였기 때문에 이 역적을 죽이려고 한 것이다."

장인환은 우리나라 말로 기자에게 편지를 써서 다음과 같이 말하였다.

"일본인이 우리나라에 의롭지 못한 행동을 하는 것은 모든 세상 사람들이 아는 바이다. 지금 스티븐스는 한국의 고문관으로서 도리어 일본 사람에게 빌붙어 우리 동포들이 일본인에게 혹독한 만행을 당하게 하였다. 내가 이런 우리나라의 원수를 죽인 것이니 이 원수를 죽이지 않으면 고국의 부모, 처자, 형제자매들이 편안히 살 수가 없다. 때문에 나는 이번 거사를 위해 내 목숨을 버리고 인(仁)을 이루고자 한 것이다."

이에 미국사람들은 각각 이 사건을 보도하며 한국인의 열렬한 애국심을 칭송하여

"이번 재판은 세계 각국이 모두 놀라고 주목할 만한 일이다."
라고 하였다. 또

"한국인의 이번 거사는 용을 타고 하늘로 올라가는 것과 같은 훌륭한 일이다."
라고 하였다. 어떤 미국인 부인은 장인환의 등을 어루만지며

"이 어린 사람의 애국심이 이같이 뜨거우니, 우리나라 사람들이 나라를 사랑하는 것도 역시 이같이 해야 할 것이다."
라고 하였다. 전명운은 입원하고 곧바로 좋아져서 풀려났고, 스티븐스는 총상이 심해져 사망하였다.

미국 법정이 장인환을 몇 개월 구속한 뒤에 공판을 열어 1등 살인죄를 선고하려 하자 배심원들이 그의 애국심에 감동하여 심지어 눈물을 흘리는 이도 있었다. 이에 상등재판소[12]에서 판결하게 되었다.

재판장 쿡(Carrol Cook)은 25년의 징역형을 내렸다. 장인환은 태연히 샌퀀틴형무소(State Prison at San Quentin)로 가서 복역하였다. 모두가 말하기를

"복역기간이 비록 이렇더라도 매년 개월 수를 줄여서 감형될 것이다. 실제 수감 기간은 15년을 넘지 않을 것이다."
라고 하였다. 또 캘리포니아주 총독이 장인환의 단정한 사람됨을 알아주어서 특별사면이 있을 것 같았다. 후에 장인환은 점점 감형되어 10년이 되지 않아서 석방되었다.[13]

정묘년(1927) 봄, 장인환은 비로소 고국으로 돌아왔다. 4월 1일 조만식(曺晩植)과 김동원(金東元) 등 수십 명이 우춘관(又春館)에서 환영회를 열고 장인환을 초청하여 위로하였다. 장인환이 탄식하면서 말하기를
"지금 내 나이 이미 51세이다. 반평생 서양에서 머물다가 지금에서야 돌아왔다. 총각인 내가 동포들의 생활을 보니, 아직도 예전과 같이 곤궁하다. 내 어찌 슬프지 않겠는가."
라고 하였다. 또
"고아들은 본래 의지할 데가 없으므로 도와주지 않으면 살아갈 방법이 없다. 나는 선천(宣川)으로 가서 고아원을 설립하고자 한다."
라고 하였다. 당시 장인환은 그때까지 결혼하지 않았는데, 재원(才媛)인 윤치복(尹致福)이 듣고서 혼인을 자청하자 장인환은 그녀와 결혼하였다. 후에 또 샌프란시스코에 갔는데 경오년(1930) 음력 4월, 병에 걸려 입원하였고, 24일 마침내 일어나지 못하고 생을 마쳤으니 향년 54세였다.

미국의 대한인국민회장 아무개가 평양부 암정의 본가에 부고를 보내왔다. 5월 26일, 동포들이 샌프란시스코에 모여 사회장을 치렀다. 윤치복은 당시 나이 21세였고 숭인학교 졸업생이었다고 한다.

살피건대, 병오년(1906)에 전명운, 장인환이 샌프란시스코에서 스티

븐스를 저격하였으니 그 소리가 북미주 대륙을 크게 진동시켰다. 그 후에 여러 의사들의 거사가 이어져 국내외 각지에서 일어난 것이 전후로 수십 번이나 된다. 그 중에 큰 거사를 말하자면 하얼빈의 안중근 의사의 거사, 남대문 역의 강우규(姜宇奎)의 거사, 총독부의 김익상(金益相)의 거사, 일본 동경의 김지섭(金祉燮)의 거사, 중국 대만에서의 조명하(趙明河)의 거사 등이 있었다.

그 거사들 중에 혹은 적을 맞추고 혹은 적을 맞추지 못했지만 이들 모두가 전명운, 장인환에서부터 시작된 것이다. 그러니 이른바 중국 한(韓)나라 장자방(張子房)의 한 방망이가 천하의 영웅을 불러일으킨 경우와 같지 않은가?

예로부터 망하지 않는 나라는 없는지라 불행하게도 우리 한국 역시 종사를 계속 이어나가지 못하게 되었다. 그러나 지금 국권을 상실한 대한제국이 마치 정려(鼎呂)[14]와 같이 귀중하고 해와 달 같이 빛나는 것은 전명운, 장인환, 안중근, 강우규, 김익상, 김지섭, 조명하 등이 적을 죽이고 원수를 갚아서 춘추(春秋)의 대의를 천하에 바로잡았기 때문이다. 이 때문에 세계가 모두들 한국에도 사람이 있다고 하니, 우리 한국이 비록 망하였어도 사람은 없지 않다는 것을 볼 수 있다.

이완용은 만고의 역적이며 이토 히로부미〔伊藤博文〕는 만세의 원수라고 생각한다. 이 때문에 두 도적은 하늘과 사람이 함께 분노하고 귀신도 몰래 그를 처단할 것이다.

애통하다, 저 스티븐스는 일본의 앞잡이 노릇을 하여 우리나라에게 해충과 같은 존재이다. 비록 그렇지만 사람의 도리로 생각해볼 때 원수인 이토 히로부미를 원수라 하지 않고 역적인 이완용을 충신이라 하였으니 이것은 스티븐스 자신이 사람의 진면목을 잃은 것이 아니다. 충신과 역적을 잘못 착각한 것이다. 스티븐스가 이렇게 착각한 이유는 죽음이라는 큰 재앙이 닥치기에 앞서 그가 먼저 영혼을 빼앗겼기 때문이다.

1 이때에……노동자였다 : 1902년 12월부터 1905년 을사조약이 체결될 때까지 약 7천여 명의 한인이 하와이로 정식 노동이민을 떠났다. 그 후 이들은 캘리포니아주를 중심으로 한·미 본토 대륙과 하와이 지역으로 양분되어 재미한인사회를 구성하였다. 특히 북미지역은 1905년 안창호가 샌프란시스코에서 공립협회(共立協會)를 조직한 것을 비롯하여 1907년 당시 네 개의 민족운동단체가 결성되었고, 하와이 지역은 24개 단체가 결성되었다. 그 후 1909년 2월 북미의 공립협회와 하와이 민족운동단체가 통합하여 사실상 재미한인의 유일한 민족운동단체인 대한인국민회로 발전하였다. 대한인국민회는 1910년대 미주와 하와이는 물론 멕시코, 시베리아, 만주 등지에 지회를 건설하여 해외 한인의 최고기관이자 임시정부로서 역할 하였다.

2 판보관(辦報館) : 공립협회는 1905년 을사조약을 시작으로 민족운동단체로 전환하면서 기관지 발행과 학교 설립 등을 통해 민족정신 고취와 구국교육을 강화하였다. 여기서 판보관이란 아마도 공립협회 본부와 신문사 등을 말하는 것으로 보인다. 한편, 공립협회 출신 장경 등은 공립협회가 민족운동단체로 전환하자, 1905년 12월 독립하여 대동교육회〔1907년 대동보국회로 개칭〕를 설립하였다. 이 두 단체가 북미지역 민족운동을 선도하였으나, 후일 대한인국민회로 통합되었다. 전명운은 공립협회, 장인환은 대동보국회 출신이다.

3 스티븐스(Stevens) : 더럼 화이트 스티븐스(Durham White Stevens, 1851~1908)로 한국식 이름은 수지분(須知分)이다. 미국 오하이오주 태생으로 1882년 주일 미국공사관에서 1년간 근무한 것이 인연이 되어 주미 일본외무성 고문 촉탁으로 고용되었다. 이후 본격적으로 친일파로 변신한 그가 한·일 외교무대에 처음 등장한 것은 1884년에 일어난 갑신정변 결과로 체결된 한성조약 체결 때였다.

일본 측 전권대사 이노우에 가오루[井上馨]를 따라 한국에 온 그는 이노우에를 뒤에서 자문한 공로로 욱일장(旭日章)을 받았다. 1904년 12월 27일 대한제국 외부 고문관으로 임명되었음에도 제2차 영일동맹과 포츠머스조약에서 일본이 영국과 미국으로부터 대한제국을 식민지로 지배할 것을 인정하는 데 크게 기여하였다. 1905년 을사늑약, 1907년 고종의 강제 퇴위와 정미조약 체결 때에도 배후에서 중요한 역할을 하는 등 직함은 대한제국 외교고문이었으나, 사실상 일본의 앞잡이로서 역할을 수행하였다. 한편, 미국은 미국 내 반일감정의 열기로 일본인 이민금지법을 제정하려고 하자, 일제는 이민금지법안 통과를 막기 위해 스티븐스를 미국으로 파견하였다. 1908년 3월, 샌프란시스코에 도착한 스티븐스는 미국기자와의 인터뷰에서 친일 발언과 함께 대한제국을 헐뜯는 발언을 하였다. 이에 공립협회와 대동보국회는 공동회를 개최하고 스티븐스 처단문제를 논의하였다. 1908년 3월 23일 스티븐스가 워싱턴으로 가려고 샌프란시스코 페리항구에 도착하자, 전명운과 장인환 의거로 인해 이틀 뒤 수술 도중 사망하였다. 일본제국 정부는 장례식에서 스티븐스에게 훈1등 훈장을 추서했으며, 유족에게 조의금으로 15만원을 전달하였다.

4 매켄지(Mckenzie) : 프레더릭 아서 매켄지(Frederic Arthur McKenzie, 1869~1931)는 영국의 언론인이다. 《한국의 비극(The Tragedy of Korea)》(1908)이라는 책을 통해 열강의 제국주의적 팽창이 빚은 만행과 이에 대항하는 한국인의 투쟁을 기록하였다. 이후 한국이 일본에 강점된 이후의 자료를 통해 《한국의 자유투쟁(Korea's Fight for Freedom)》(1920)을 저술해 일제의 한국에 대한 무단정치와 3·1운동에 대한 실상을 기록하여 한국의 입장을 세계에 알리는 데 기여하였다. 1904년 런던 데일리 메일지의 극동 특파원으로 파견되어 러일전쟁에 종군하면서 대한제국 문제에 관심을 가지게 되었다. 1906년 대한제국을 다시 방문하여 일제의 대한제국 강점에 저항한 의병활동을 취재하였다.

5 헐버트(Hulbert) : 호머 B. 헐버트(Homer Bezaleel Hulbert, 1863~1949)는 감리교회 선교사로 한국에 와서 육영공원 교사로 근무하면서 영어를 가르치고 한국의 독립운동을 적극 지원하였다. 그의 한국어 이름은 흘법[訖法], 할보[轄甫]이다. 고종을 보필하면서 자문 역할을 하여 미국 등 서방 국가들과의 외교 및 대화 창구 역할을 해왔다. 특히 고종으로부터 두터운 신임을 받아 1907년 헤이그 만국평화회의에 고종의 밀사로 활동하는 등 한국의 독립운동에도 적극 앞장섰다. 그는 미국과 전 세계를 상대로 일제의 침략을 규탄하고 한국의 자주독립에 관한 글을 발표하였으며, 1918년에는 여운홍과 함께 파리강화회의를 위한 독립청원서

를 작성한 것으로 알려져 있다. 1949년 이승만 대통령의 초청으로 42년 만에 내한한 그가 내한 1주일 만에 병사하자, 8월 11일 최초의 외국인 사회장으로 영결식이 거행되었고, 오늘날 양화진 외국인 묘지에 안장되었다. 헐버트는 "나는 웨스트민스터 사원보다 한국 땅에 묻히기를 원하노라."라고 할 정도로 한국을 사랑한 인물이다. 오늘날 대한민국에서는 대한제국기 언론인으로 활동했던 어니스트 베델과 더불어 한국인들이 가장 좋아하는 외국인 1위로 꼽히기도 했다.

6 대한일보(大韓日報) : 대한매일신보를 말한다.

7 베델(Bethel) : 어니스트 토마스 베델(Ernest Thomas Bethel, 1872~1909)은 영국 브리스톨 출생의 영국기자 출신으로 한국명은 배설(裵說)이다. 1904년 러일전쟁이 일어나자 런던 데일리 크로니클 특별통신원 자격으로 한국에 왔으며, 이후 1904년 7월 대한매일신보를 창간하였다. 당시 일제의 탄압에도 베델은 외국인 신분을 이용하여 신랄한 논조로 일본의 지배정책을 비판하는 등 항일언론의 선봉에 있었다. 때문에 눈엣가시 같은 베델을 제거하기 위하여 일제는 영국과 외교적 방법을 동원하여 그를 가두고자 하였다. 결국 1908년 5월 27일 대한매일신보 발행인은 영국인 만함에게 넘어갔고, 이후 대한매일신보의 논조는 서서히 친일화되어 갔다. 한편, 베델은 일본의 보호제도를 전복하려 했다는 교사선동죄로 유죄판결을 받고 상해에서 3주 동안 금고생활을 한 후 귀국해 활동하다가 1909년 5월, 병으로 사망하였다. 양화진 외국인 묘역에 묻혀 있다.

8 한국에……3개 조 : 스티븐스가 주장한 세 가지 조항은 다음과 같다. 첫째, 일본이 한국을 보호하게 된 후로 한국에 이익 되는 일이 많기 때문에 근래에는 한일 양국인들 사이의 교제가 점점 친밀해진다. 둘째, 일본의 한국민에 대한 정치는 미국의 필리핀에 대한 정치와 같다. 셋째, 한국에서 새 정부〔친일내각〕를 조직한 후로 정계에 참여하지 못한 사람들은 일본을 반대하지만 지방 농민과 각처 인민들은 전일과 같이 정부의 학대를 받지 않기 때문에 모두 일본인을 환영한다.

9 신보(新報) : 여기서 신보란 미국 샌프란시스코에서 발행된 샌프란시스코 크로니클(San Francisco Chronicle)지를 말하는 것으로 보인다.

10 공립관 : 공립협회의 본부이다. 최유섭, 정재관은 공립협회 임원이고, 문양목과 이학현은 대동보국회 임원이다.

11 양주삼(梁柱三)을 보냈다 : 처음 통역은 이승만에게 부탁하였으나, 살인자를 옹호할 수 없다는 이유로 거절하였다고 한다. 장인환 의사의 통역은 처음 경찰

서 신문 당시에는 양주삼이, 법정으로 이송된 이후에는 신흥우(申興雨)가 담당하였다.

12 상등재판소 : 미국 캘리포니아 상급법원(Superior Court)을 가리킨다.

13 장인환은……석방되었다 : 장인환은 국민회의 석방 노력으로 10년 8개월 만인 1919년 1월 19일 가석방이 허락되어 출옥하였고, 1924년 4월 10일 10년 감형의 형기만료 처분이 내려져 완전 자유의 몸이 되었다.

14 정려(鼎呂) : 구정(九鼎)과 대려(大呂)의 합칭이다. 구정은 우(禹) 임금이 구주(九州)의 쇠를 거두어 주조한 아홉 개의 솥이고, 대려는 주(周)나라 종묘(宗廟)에 설치한 종(鍾)인데, 모두가 천하의 보기(寶器)로 일컬어진 것이다.

채광묵 蔡光默

채광묵의 자는 명숙(明叔), 자호(自號)는 귀연(龜淵), 본관은 평강(平康)이다. 응교(應教) 채충연(蔡忠衍)의 후손이다. 부친 채동식(蔡東軾)은 시를 잘 지어서 당대에 이름이 알려졌고 사람들이 화남선생(華南先生)이라고 일컬었다.

채광묵은 철종 경술년(철종1, 1850) 홍주(洪州) 매평리(梅坪里)에서 태어났다. 그는 성품이 강개하여 큰 절개가 있었고 효성으로 부모를 섬겨 부모의 뜻에 어김없이 순종하였다.

지난 을미년(고종32, 1895)에 나라 안의 역적이 일본 오랑캐를 끌어들여 국모를 시해하였다. 채광묵은 분개하여 친구 박창로(朴昌魯), 안병찬(安炳瓚)과 약조하여 의병을 일으킬 것을 굳게 다짐하고 홍주성에 이르러 의병을 일으켰다. 승선(承宣) 김복한(金福漢)과 승선(承宣) 이설(李偰), 사인(士人) 이상린(李相麟) · 송병직(宋秉稷) · 이세영(李世永) 역시 의병을 일으키기로 약조하고 이르러 대의로써 홍주 목사 이승우(李勝宇)를 설득하여 여러 고을에 훈령을 내리게 하자 많은 병사들이 모였다. 그러나 이승우가 배반하여 여러 의사들을 옥에 가두었다. 이때 채광묵은 의병을 모으는 일을 담당하여 성 밖에 있어서 체포되지 않았다.

변란의 소식을 듣고 곧바로 서울로 가서 소장을 올리고 왜적 토벌을 요청하였다. 10여 차례 소장을 올리자 조정에서 그의 의견을 받아들어 긍정적 비답을 내렸다. 채광묵은 내부 주사(內部主事)에 임명되었으나 벼슬을 받지 않고 곧바로 고향으로 돌아왔다.

을사년(광무9, 1905)에 이른바 5조약이 체결되자 채광묵은 이전에 함께 일을 했던 박안기(朴安曁), 이만식(李晩植)과 함께 조용히 다시 의병을 일으키고 참판 민종식을 맹주로 추대하였다.

병오년(1906) 윤4월에 홍주를 근거지로 삼았다. 이때에 채광묵은 10일쯤 병으로 누워 있었는데 민종식은 그가 병이 난 줄을 모르고 격문을 보내 불렀다. 채광묵은 격문을 보고 기운차게 일어나 싸우러 가려고 하였다. 그러나 아들 채규대(蔡奎大)가 말하기를

"아버지의 병이 아직도 심하신데 어찌 싸울 수 있겠습니까?"

라고 하였다. 채광묵은 눈을 부릅뜨고 꾸짖으며

"국난에 목숨을 바쳐 죽는 것이 내 평소의 생각이다. 어찌 집에 거하면서 아녀자들의 보살핌 속에서 죽으랴."

라고 하고는 마침내 아픈 몸을 이끌고 싸우러 갔다. 아들 채규대 역시 아버지를 모시고 따라가 민종식과 함께 적과 맞서 싸우며 많은 일을 도왔다.

전투를 벌인 8일 째에 적이 밤을 틈타 성을 함락시키자 총알이 빗발쳤다. 어떤 이가 채광묵에게 대피하라고 권하였다. 채광묵은 탄식하며

"이미 대의를 부르짖었는데, 어찌 차마 도망가 살 수 있겠는가."

라고 하면서 부자가 함께 적들의 칼날 속에서 전사하였다. 승선(承宣) 김복한(金福漢)이 그 소식을 듣고 탄식하고 애통해하며

"저 학식도 없고 의리도 모르는 놈들은 참으로 말할 필요도 없고, 평상시에 의리를 공부하여 조금이라도 식견이 있는 자도 각자 도망가 살려고 한다. 그들이 채광묵의 의로운 죽음을 보고서 혹 부끄러움이

없겠는가."
라고 하였다. 같은 날에 창녕(昌寧) 성재평(成載平) 역시 죽었다.

이에 앞서, 성재평이 관향감(管餉監)이었을 때 적이 이르자 사람들이 피하라고 권하였다. 성재평은 꿋꿋이 앉아 움직이지 않고 말하기를
"내가 중요한 임무를 맡았는데 이 문서들을 안고 장차 어찌 도망간단 말이냐."
라고 하고 마침내 적에게 사살되었다. 성재평은 우계(牛溪) 성혼 선생(成渾先生)의 후손이고 채광묵의 집안사람이다. 그가 죽은 후에 시신을 찾았으나 결국 찾지 못하여 남긴 의복으로 초혼을 지내고 장사지냈다. 사망한 날은 곧 윤4월 9일이었다.

순흥(順興) 안병찬(安炳瓚)

김덕진 金德鎭

김덕진의 자는 경명(景明), 호는 낙계(樂溪), 본관은 안동이다. 낙포(洛圃) 김중일(金重鎰) 선생의 9대손으로 태황 을축년(고종2, 1865)에 청양군(靑陽郡) 삼거리에서 태어났다.

병오년(광무10, 1906)에 일본인이 임금을 협박하여 내선(內禪)을 감행하였다.[1] 김덕진은 분개하며 원통해하며 전 참판(參判) 민종식(閔宗植), 사인(士人) 정재호(鄭在鎬)·이세영(李世永)·박윤식(朴潤植)·이용규(李容珪)·이상두(李相斗) 등 여러 사람들과 함께 홍주에서 의병을 일으켰다. 성이 함락되자 잡혀서 공주에 갇혔다. 경시관(警視官)[2] 다카하시 센스이[高橋淺水]가 심문하게 되었다. 그는 먼저 성명과 나이, 본적을 물은 연후에 의병을 일으킨 것에 대해 물었다.

"우리 일본이 너희를 보호해 주는데 도리어 어찌 우리를 원수처럼 여기는가?"

"원통하구나. 우리나라가 생긴 이래로 어느 시대인들 너희 일본이 침범한 화가 없었더냐. 그러나 임진년(선조25, 1592), 왕릉을 도굴한 사건[3]과 을미년(고종32, 1895) 황후를 시해한 사건[4] 등은 극에 달했다. 또 그 이후 일어난 작년 10월의 변고[5]는 분노와 원통함에 어찌 입에 담을 수 있겠는가. 나라를 위해 원수를 갚겠다는 생각은 우리 동포들 모두가 하는 것이니, 어찌 남이 권하여 하는 일이겠는가."

"너희들이 우리를 감히 오랑캐라 하고 게다가 부모 자식간 윤리도 없고 임금과 신하의 도리도 없다고 하는데 어째서인가?"

"이토 히로부미〔伊藤博文〕가 너희 임금의 아버지를 죽였으니[6] 이놈은 원수나 마찬가지로서 마땅히 바로 죽여야 한다. 그런데 도리어 공신이라고 칭하여 벼슬을 하게 하니 이 같은 너희 나라에 부모가 있고 임금이 있다고 할 수 있는가. 너희들은 본래 남녀가 분별이 없고 또 머리를 짧게 자르니 어찌 오랑캐가 아니겠느냐."

다카하시 센스이가 한참동안 묵묵히 있다가

"너희 나라는 백회(百會)[7]의 머리카락을 깎는다. 깎는 정도가 비록 각자 다르더라도 머리를 깎는다는 것은 똑같다."

라고 하였다. 김덕진은

"당신이 내가 머리를 깎았다고 의심하는데 내 상투밑을 보아라."

라고 하였다. 다카하시 센스이가 김덕진의 머리를 살펴보고 경탄하였다. 이 일이 있은 뒤로 말투가 점차 공경스러워졌고 항상 지사(志士)로 일컬었다. 다카하시 센스이가 또 묻기를

"만약 풀려난다면 의병을 다시 도모할 것인가?"

라고 하자, 김덕진은

"내가 이 일은 반드시 죽은 이후에 그만둘 것이니 물을 필요도 없다."

라고 하였다. 김덕진은 잡힌 지 수 개월 후에 마침내 전라도 진도에 유배되었고 7개월 후에 비로소 풀려났다. 풀려나서는 고향에 돌아와 끝내 집 밖에 나오지 않았고 외부 사람을 만나지 않은 채 짚신을 짜면서 세월을 보냈다.

1 내선(內禪)을 감행하였다 : 내선(內禪)이란 임금이 살아 있는 동안에 아들에게 임금 자리를 물려주던 일을 말한다. 1907년 6월, 고종은 헤이그에서 제2회 만국평화회의가 개최된다는 소식을 듣고 이상설 등 3인과 헐버트를 밀사로 임명하여 파견하였다. 밀사 3인과 헐버트의 목적은 을사조약의 무효화와 대한제국의 독립을 각국으로부터 인정받기 위함이었다. 그런데 이 일로 곤욕을 치른 일제는 헤이그밀사사건을 주도한 고종을 강제로 퇴위시키고, 순종에게 왕위를 잇게 하였다. 이후 고종은 태황제로 불리게 되었다. 여기서 병오년은 정미년의 착오로 보인다.

2 경시관(警視官) : 지금의 총경(總警)에 해당하는 경찰관 직위를 말한다.

3 왕릉을 도굴한 사건 : 조선 시대 왕릉 중 임진왜란 당시 유일하게 도굴된 능은 정릉과 선릉이었다. 1592년 8월 왜군은 중종의 능인 정릉, 성종과 성종의 비 정현왕후 윤씨의 능인 선릉을 도굴하였다. 특히 정릉의 현궁은 소실돼 훼손되고 소실되지 않은 옥체가 있어 중종의 옥체인지 가리고자 중종 때 신하와 궁인들을 동원해 확인하였으나 성공하지 못했다. 결국 누구의 옥체인지 확인하지 못한 채, 옥체를 관에 넣어 깨끗한 곳에 묻었다. 그리고 성종과 정현왕후, 중종의 유골은 소실된 유회와 재흙을 수습해 각각의 현궁에 봉안했다.

4 황후를 시해한 사건 : 1895년 일본공사 미우라 고로〔三浦梧樓〕가 일본군 수비대와 낭인들을 시켜 명성황후를 시해한 사건이다.

5 10월의 변고 : 을사조약을 말하는 것으로 보인다. 을사조약은 양력으로 1905년 11월 17일인데, 이는 음력 10월 21일이다.

6 이토……죽였으니 : 일본 제121대 고메이천황〔孝明天皇, 1831~1867〕 재위 당시, 도쿠가와 막부는 재정 악화와 쇼군〔將軍〕 승계가 자주 단절되어 통치력이 약화되었다. 이 틈을 타고 사쓰마와 조슈 등 번주들은 그동안 굴종했던 막부에 대항하기 위하여 유명무실했던 천황의 권위를 되살려 자신들의 입지를 강화하고자 하였다. 그러나 막부가 미국의 압력에 굴복해 개항을 결정하자, 서부의 세력은 양이(攘夷)를 주장하며 막부 타도에 나섰다. 고메이 천황은 존왕양이의 입장이었지만, 현실에서는 막부의 정책을 지지하였다. 양측의 내전 와중에 1867년 1월 고메이천황이 급사하였다. 병명은 천연두로 발표됐지만, 궁중의 막부 반대세력이 독살했다는 소문이 퍼지기 시작하였다. 그런데 당시 일본은 황국주의였으므로 천황독살설을 입에 담는 것을 금기시하였다. 조슈번 출신 이토 히로부미가 천황을 암살했다고 한 것은 바로 이 사건을 지칭한다.

7 백회(百會) : 머리 정중앙 선과 두 귀 끝 연결선의 교차점을 말하는데, 여기에서는 그곳의 머리카락을 말한다.

류준근 柳濬根

류준근의 자는 순경(舜卿), 호는 우록(友鹿)이다. 이 호는 그가 대마도(對馬島)에 잡혀 있을 때 면암 최익현이 지어준 것이다. 본관은 전주(全州)이다. 대간(大諫)을 역임하고 청백리에 뽑힌 류헌(柳軒)[1]의 후손이며 진사 류형(柳馨)[2]의 둘째 아들로 보령군 녹문(鹿門)에 거주하였다. 그는 철종 경신년(철종11, 1860)에 태어났는데 어린 나이에 아버지 상을 당하였다.[3] 성품이 호방하고 무엇에도 얽매이지 않아 도박을 즐기기도 하였다. 그러나 뒤늦게 마음과 태도를 바꿔 원근의 선비들을 따라다니며 이치에 맞는 곧은 말 듣기를 즐겼다. 그리하여 목마른 사람이 물을 찾듯 의(義)를 좋아하고 원수를 미워하듯 악(惡)을 싫어하게 되었다. 역대의 인물 가운데 자기 목숨의 소중함을 생각지 않고 절의를 지키다 죽은 이들에 대해 복받치는 감동의 마음을 가져서 그들의 자취를 따르고자 하였다.

광무 임인년(광무6, 1902)에 해외로 망명했던 동학도 가운데 다시 오랑캐의 종교인 기독교에 적을 둔 사람이 여러 흉악한 사람들을 불러모아 시골 사람들을 위협하였다. 그 기세가 마치 뜨겁게 타오르는 불꽃처럼 대단하였다. 고을 수령이 소송을 제기하는 백성들에게 떠밀려 어쩔 수 없이 그 사람을 잡아들였으나 사실은 회유[4]하려는 것이었다. 이런 실상을 파악한 류준근은

"춘추의 법에 '반란을 일으키고 나라를 해치는 도적놈에 대해서는 누구나 나서서 죽일 수 있다.'라고 하지 않았는가."
라고 생각하고, 이 말에 의거해서 팔을 걷어붙이고 일어섰다. 그러자 그를 따르는 사람이 수백 명이나 되었다. 곧바로 그 도적들의 우두머리를 죽이고 돌아와서 말하기를
"나는 사람의 죄상을 따져 처벌하는 법관이 아닌데도 사람을 죽였다."
라고 하고 자수하여 옥에 갇혔다. 이를 본 고을의 수령이 그를 의로운 사람이라고 생각하여 법사(法司)에게 전후 사정을 잘 말해주어 끝내 무사히 풀려났다.

병오년(광무10, 1906)에 류준근은 민종식(閔宗植)이 이끄는 의병에 참여하여 홍주성에 머물고 있었다. 적들에게 성이 함락되자 의병 대장을 비롯하여 대부분의 사람이 달아났다. 그러나 류준근만은 의연한 자세를 지키다가 체포되었다. 몇 달 동안 옥에 끌려다니면서도 의리를 앞세운 말로 대항하여 굴복하지 않았다. 그러다가 한두 사람과 함께 대마도에 갇히게 되었다. 그곳에 갇혀 있는 4년 동안을 마치 하루처럼 끊임없이 섬나라 오랑캐들을 꾸짖었다. 그러자 오랑캐들이 모두 혀를 차며 매우 공경하고 존중하였다. 류준근은 끝까지 절의를 온전히 지키다가 귀국하였는데 지금은 집에서 가난하게 생활하고 있다.

우록 류공의 묘지명(友鹿柳公墓誌銘)

자가 순경(舜卿)인 의사(義士) 고(故) 류준근(柳濬根) 공이 경신년(1920) 8월 6일에 갑작스럽게 병에 걸려 보령현(保寧縣) 녹문리(鹿門里)에 있는 댁에서 운명하였다. 그분이 철종10년(1859)에 태어났으므로 60갑자가

한 번 순환한 셈이다. 사우(士友)들이 애도하며 말하기를

"우리 무리에 참다운 사람이 사라졌다."

라고 하였다. 비록 평소 공의 얼굴을 알지 못하던 사람이라도 공의 풍도(風度)에 대해 들으면 모두들 탄식하며 슬퍼하였다. 심지어는

"류준근 공이 돌아가시니 국권을 회복할 가망이 없어졌다."

라고 말하는 사람도 있었다. 공은 평생 일개 포의(布衣)의 신분으로 사셨으므로 다른 사람을 감동시킬 만한 지위나 권세를 가지신 분이 아니다. 그런데도 공의 죽음에 대해 사람들이 이와 같이 애도의 뜻을 표현하는 것은 어째서이겠는가. 임금께 충성하고 나라를 사랑하는 공의 정성과 중화(中華)를 높이고 오랑캐를 물리치려던 공의 의리정신이 저절로 사람들에게 믿음을 얻고 감동을 주어 그렇게 된 것이다. 아아, 훌륭하도다.

공의 본관은 전주이다. 만년에 호를 우록(友鹿)이라고 하였는데 이는 면암 최익현 공이 지어준 것이다. 가계는 전주 목사를 지낸 류온(柳溫)에게서 나왔다. 선조 가운데 조선 시대 대사간을 지낸 류헌(柳軒)은 청백리(淸白吏)에 뽑혔다. 류이창(柳以昌)은 현감을 지냈는데 공은 그 분의 8대손이다. 증조(曾祖) 류발(柳燉)은 효행(孝行)이 있어서 동몽교관(童蒙敎官)에 증직되었는데 그분의 문학과 덕행을 사우(士友)들이 존중하였다. 조부(祖父) 류지철(柳芝喆)과 아버지 류형(柳馨)은 성균시와 생원시에 합격하여 모두 아름다운 행실이 있었다. 어머니 의령 남씨(宜寧南氏)는 남우채(南禹彩)의 딸로 규문(閨門)의 법도를 잘 지키신 분이었다. 광산 김씨(光山金氏)는 김낙구(金洛龜)의 딸이었는데 역시 여사(女士)로 일컬어졌다. 공은 광산 김씨의 소생(所生)이다. 어머니가 공을 임신했을 때 용꿈을 꾸는 특이한 일이 있었다.

공은 어려서부터 강직하고 곧았으며 강단이 있어서 다른 사람들에

게 지려하지 않았다. 또 독실한 효성과 우애를 지녔다. 공이 13세 때 조부께서 돌아가셨다. 당시 아버지께서 병으로 건강이 좋지 않았으므로 공이 아버지를 대신해 제물(祭物)을 영전에 올리고 곡하였는데 그 엄숙한 모습이 마치 성인과도 같았다. 그 다음해에는 아버지께서 돌아가셔서 생활 형편이 매우 어려워졌다. 홀로 남은 어머니를 모시기 위해 땔나무를 하고 짐승을 기르느라 공부에 전념하지 못하게 되었다. 공은 이를 평생 한으로 여겼다. 성장해서는 자유분방한 성격으로 때로는 도박장에 드나들기도 하였다. 어머니 김씨 부인이 울면서 경계하는 말씀을 하시자 공은 행실을 고쳐서 다시는 도박에 손대지 않았다.

예가 아니라는 것을 알지 못하여 공이 큰형님 앞에서 누워 담배를 피웠다. 어떤 사람이 그렇게 해서는 안 된다고 말하자 공은 소스라치게 놀라며 자신의 실수에 대해 사과하였다. 이로부터는 형님에 대해 더욱 공손하고 조심스럽게 예를 갖춰서 마치 아버지를 섬기듯이 형님을 섬겼다. 한 번은 형님이 전염병에 걸려 매우 위중하였다. 당시 비가 많이 내려서 냇물이 둑에 넘칠 정도로 많이 불어났다. 공은 어두운 밤에 거센 물결을 헤치고 건너가 의원에게 물어 적합한 약재를 구해왔다. 그 약을 복용하고서 형님의 병이 마침내 회복되었다. 형수가 종기를 앓아 침을 맞게 되었다. 형수가 겪는 고통을 걱정한 공은 기의 흐름이 막혀 기절했다가 한참 뒤에 깨어났다. 막내아우는 평소 허약하여 병을 달고 살았다. 병세가 심해져 치료하기 어려운 상태가 되자 공은 50리나 떨어진 곳까지 찾아가 치료법을 물어 알아왔다. 이를 위해 아침에 출발하여 저녁에 돌아왔는데 그러기를 열흘 넘게 반복하였다. 마침내는 산양삼(山養蔘)을 얻어서 좋은 효험을 보게 되었으니 사람들이 모두 기이하게 여겼다.

동학농민전쟁이 일어나자 동학농민군들이 온갖 방법으로 공을 설득하기도 하고 협박하기도 했지만 공은 끝내 그들에게 동조하지 않았다. 동학농민전쟁이 평정된 뒤에 우두머리에 해당하는 두 명이 또 기독교에 가입하였다. 그리고는 그 세력을 등지고 백성들의 재물을 약탈하니 한 지역이 시끌시끌하였다. 지역의 어떤 사람이 공의 허락을 받지도 않고 공의 이름을 써서 사람들을 불러 모았다. 공이 처음에는 그런 사실을 알지 못하였다가 알고 나서도 그만두게 할 수 없는 상황이 되자 직접 나서서 그 일을 담당하였다. 공이 많은 사람들을 이끌고 관청에 나가 그 두 명을 죽여 달라고 요청하였으나 관청에서 들어주지 않았다. 그러므로 어쩔 수 없이 '반란을 일으킨 사람과 나라를 해치는 도적놈들을 누구나 나서서 죽일 수 있다.'라는 말을 인용하여 명분을 세우고, 이 일을 진행하는 데는 법관(法官)의 의리가 필요하지 않다고 하면서 두 도적놈을 잡아 여러 사람들과 함께 죽였다. 이 일은 중도(中道)에서 벗어나 과격한 면이 있지만 일반 백성을 도우려는 공의 어진 마음과 악을 미워하는 강단을 보여주는 예이다.

공이 일찍이 호남에 간 적이 있었는데 산속에서 수십 명의 강도떼가 나타나 공과 많은 사람들을 포박하였다. 공은 두려워하지도 않고 마음이 흔들리지도 않은 채 상황에 따라 잘 대응하여 결국에는 스스로도 그들의 소굴에서 빠져 나오고 다른 사람들도 재앙에서 벗어날 수 있었다. 당시 공과 함께 변을 당했던 사람들이 그때 공의 활약상에 대해 칭찬하고는 한다.

공은 비록 초야에 묻혀 살고 있었지만 나라를 걱정하는 마음 또한 간절하였다. 위태롭게 망해 가는 국가의 현실을 보면 마음이 아프고 울분이 일어 살고 싶어 하지 않았다. 을사년(광무9, 1905)에 늑약이 체결된 뒤 고을의 이서(吏胥)가 세금을 거두러 왔다. 공이 그에게 화를

내며 말하기를

"을사늑약이 체결된 뒤로 돈과 곡식과 군사들이 모두 저 오랑캐 놈들의 소유가 되었으니 네놈들이 세금을 거둬다가 어디에 주려는 것이냐."

라고 하였다. 그리고는 세금 거두러 온 이서를 묶어서 매질하였다. 그 이서가 달아나 고을의 수령에게 알리자 고을 수령이 화가 나서 병사들을 시켜 공을 잡아다가 관청 마당으로 끌고 갔다. 수령이 꾸짖어 말하기를

"너는 우리나라 백성이면서 관(官)에 소속된 사람을 포박하고 세금을 납부하지 않았으니 어찌 도리에 어긋난 행동이 아니겠느냐."

라고 하였다. 공이 낯빛을 엄정하게 하고 대답하기를

"관에서는 우리 임금의 명이라며 이서들이 나서서 토지세를 거둬다가 원수들에게 바치고 있습니다. 그러나 나는 세금을 내지 않고 재산을 지켜서 우리 임금께서 거두어 가시기를 기다리고 있으니 누가 임금의 명을 따르는 사람이고, 누가 임금의 명령을 어기는 사람입니까."

라고 하였다. 고을 수령이 대답할 말이 없어서 공을 감옥에 가두었다. 공은 의관을 갖추어 입은 채 단정히 앉아 3일 동안 먹지도 않았다. 이서들이 고을 수령에게 말하기를

"이 선비가 평소 강단이 있어서 죽음을 대수롭지 않게 생각합니다. 이 점은 고을 사람들이 다 아는 사실입니다. 만약 저러다 죽는다면 문제가 발생하지 않겠습니까."

라고 하였다. 고을 수령이 비록 대단히 화가 나기는 했지만 공을 어찌할 방법이 없었으므로 석방하고 말았다.

참판 민종식이 홍산[5]에서 의병을 일으켜 의병 행렬이 남포(藍浦)에

도착하였다. 이때 민종식 공이 사람을 보내 공을 만나보고자 하였다. 당시 공은 병을 앓아 미처 회복되지 않은 상태였다. 그러나 아픈 몸을 겨우 이끌고 의병에 참여하였다. 왜놈들이 왕명이라는 이유로 의병들을 회유하여 해산하도록 하였다. 진상을 물으려고 의병장이 사람을 보내면 왜놈들이 잡아가두었다. 의병장이 공을 보내 왜놈들의 행태를 꾸짖게 하였다. 공이 곧바로 왜놈 우두머리가 머물고 있는 곳으로 달려갔다. 그러자 왜놈들이 칼을 뽑아들고 위세를 떨었다. 공은 마음과 기운을 차분히 가라앉히고 왜놈들의 잘못을 따졌다. 왜놈들도 말문이 막히고 기가 꺾여서 마침내 가두었던 사람들을 풀어주었다.

의병들이 홍주성에 들어갔을 때 의병장이 다른 사람들의 말을 듣지 않고 술을 마시며 세월을 보내고 있었다. 얼마 뒤에 성이 함락되자 의병장을 비롯하여 사람들이 모두 성벽을 넘어 달아났으나 공은 자리를 떠나지 않았다. 체포될 때 공이 왜놈들에게 말하기를

"의병은 민종식과 우리들 몇몇 사람이 주도하여 일으켰다. 다른 사람들은 이 일에 관여하지 않았다."

라고 하였다. 왜놈들도 공의 말이 옳다고 여겨서 많은 사람들을 풀어주었다. 왜놈들이 공을 신문할 때 공이 주먹을 쥐고 성난 눈빛으로

"내가 나라를 위해 도적놈들을 토벌하려고 하였는데 어찌하여 신문을 한단 말이냐. 네놈들은 어서 나를 죽여라."

라고 하였다. 그러자 왜놈들도 더 이상 신문하지 않고 공을 조금 후하게 대우하였다.

공이 한성 경찰서에 갇혔을 때 온갖 방법으로 캐묻고 곤욕을 준 것이 한두 번이 아니었지만 공은 끝내 자신의 입장을 꺾지 않았다. 공은 살아 나가기 어려울 것이라는 사실을 알고 밥을 먹지 않았다. 단식한 지 며칠 지나고서 장차 왜놈들이 본국으로 압송할 것이라는 소

식을 듣게 되었다. 이에 공은 왜놈들 군주가 있는 자리에서 한 번 따져 물어야겠다고 마음먹고 억지로 밥을 먹으며 그날을 기다렸다. 그리고 마침내 대마도에 갇히게 되었다.

대마도에서는 4년 동안 갇혀 있었다. 공이 갈 때 입었던 옷이 많은 시간이 지나면서 입을 수 없을 정도가 되었지만 공은 끝까지 왜놈들이 주는 옷을 입지 않았다. 당시 함께 갇혀 있던 사람들은 노역을 면하지 못하였다. 그러나 공은 하루도 집에서 나와 비질이나 호미질을 하지 않았다. 그리고는 마치 노예에게 하는 것처럼 왜놈들에게 욕을 해댔다. 그러자 왜놈들도 공을 더욱 공경하여 감히 함부로 하거나 업신여기지 않았다. 면암 최익현도 비슷한 시기에 대마도에 끌려와 구금되었다. 공이 《소학(小學)》을 가지고 면암에게 가르쳐 달라고 요청하였다. 겨우 두세 책을 읽었는데 면암의 병이 심해졌다. 공이 밤이나 낮이나 마치 아들과 조카인 양 병수발을 하였고 운명함에 이르러서는 대단히 슬퍼하였다.

집으로 돌아와서는 자식을 낳고 신고하지 않았다는 이유로 본 고을의 경찰서에서 공을 불러다가 크게 꾸짖고 며칠 동안 가두었다. 공은 죽기를 각오하고 호적에 이름 올리는 것을 허락하지 않았다. 왜놈들도 끝내 공의 의지를 꺾을 수 없다는 사실을 알고 그대로 두었다.

지난 해 고종이 서거[6]하셨을 때 공이 장지(葬地)에 달려가 곡하였는데 여러 선비들이 소장을 올리면서 공을 소두(疏頭)로 삼았다. 공이 끝내 사양하지 못하고 그 일을 허락하였다가 다시 왜놈들에게 잡혀 구금되었다. 몇 달 동안 옥에 갇혀 있으면서 공은 날마다 《맹자》를 익혔다. 당시 함께 옥에 갇혔던 사람들은 대부분 왜놈들에게 머리를 깎이고 말았지만 공에 대해서는 왜놈들도 감히 함부로 하지 못하였다. 그것은 아마도 평소 공의 위세와 명망에 대해 들어서 두려워했기 때문일 것이다.

서울에 거주하는 몇몇 선비들이 팔도공의(八道公議)를 설치하고, 사방의 유림들에게 떨쳐 일어나기를 권하여 조금이라도 윤리를 바로 세우고자 하였다. 그러자 본 고을의 여러 사람들이 논의하여 공을 추천해 보냈다. 당시에 악성 전염병이 창궐하였다. 공이 임○군[7]에 이르자 왜놈들이 지나가는 사람들에게 모두 주사를 놓으며 예방접종이라고 하였다. 공이 왜놈들에게 주사 맞는 것을 수치로 여겨 곧바로 서둘러 고향으로 돌아왔다. 그런데 며칠 지나지 않아 병에 걸려 갑자기 운명하였다. 당시 악성 전염병에 걸려 죽은 시체는 왜놈들이 강제로 가져다가 불살랐다. 그러나 공에게는 그럴 엄두도 내지 못하고 다만 홀로 장사할 것을 권유하였다. 그리고는 전보를 통해 그들의 본국과 각처의 높은 관리들에게 보고하였다. 왜놈들은 자신들이 두려워하고 꺼리던 사람이 죽었으므로 마치 악야(岳爺)[8]가 죽었을 때 금(金)나라 사람들이 술을 마시며 축하했던 것처럼 좋아하였다.

본 마을에 있는 선영 모(某) 방향의 등성이에 장사하였다. 부인 여흥 민씨(驪興閔氏)는 민낙현(閔洛鉉)의 딸로 슬하에 딸 하나를 두었다. 그 딸은 이보선(李輔善)에게 시집갔다. 측실(側室)을 통해 아들 하나를 두었는데 이제 겨우 여섯 살이 되었다.

공은 비록 독서와 학문에 전념하지는 못했지만 경술과 문장에 뛰어났던 6촌형 사가(四可) 유호근을 믿고 따르며 예를 높여 섬겼다. 그분의 의론을 듣고 바로잡아 책망하는 말을 받아들여 많은 부분에서 선(善)과 의(義)를 지향해 나갔다. 나라의 풍속이 사색당파를 많이 따져 구애되는 점이 있었으나 공은 선대의 당론이 어떠했는가를 따지지 않았다. 조선의 유현(儒賢)들 가운데 우암 송시열을 가장 존경하였다. 그러므로 공은 의리가 명백하고 언론이 날카로웠다. 지조와 절개를 단단히 지켜서 충분히 사람들의 마음을 홍기시킬 만하였다. 충애(忠愛)의 정신은 천성적으로 타고나서 억지로 노력하지 않아도 자연스럽게 우러나왔다. 지혜가 많고 용맹이 뛰어나서 공이 생각해 내는 계책은 남들이 생각지 못하는 것들이 많았다. 의리상 마땅히 해야 할 일에 대해서는 과감하게 떨쳐 일어나 곧바로 헤쳐 나가 비록 칼과 톱으로 내려치고 솥에 삶아 죽이는 형벌이 앞에 있어도 마치 못 본 것처럼 조금도 두려워하지 않았다. 이와 같은 공의 재주와 지조, 용기와 절의를 만약 세상에 나가 펼칠 수 있었다면 세도(世道)를 지키는데 크게 기여했을 것이다. 그러나 때를 잘못 만나서 많은 변란과 고난을 겪다가 한을 품고 돌아가셨으니 지사(志士)로 하여금 눈물을 흘리게 한다. 그러나 공께서 세우신 바는 고금에 변함없는 천지의 떳떳한 이치처럼 바뀔 수 없는 것이었다. 후대에 주자가 지은 《자치통감강목》을 이어서 기록하는 사람이 나타난다면 공의 행적에 대해 반드시 큰 글씨로 두드러지게 써서 공의 이름이 영원히 사라지지 않을 것이다. 이것이 지하에 계신 공의 충혼(忠魂)을 조금이라도 위로해 드릴 수 있지 않겠는가.

나는 만년에야 공과 교유하였지만 뜻이 같고 의리가 맞아 막역한 관계가 되었다. 지금 공이 갑자기 운명하니 공을 살릴 수만 있다면 내가 백 번이라도 대신 죽을 수 있다.[9] 지금 사가(四可) 유호근 공이 공의 행적을 기록해서 편지를 보내왔는데

"순경의 무덤에 그대가 명을 지어 주어야 하겠네."

라고 적혀 있었다. 내가 비록 글 솜씨도 부족하고 심한 병을 앓고 있는 몸이지만 공의 생애에 대해 한 마디 말을 기록하지 않을 수 있겠는가. 이에 순서대로 기록하여 다음과 같이 명(銘)을 짓는다.

동군[10]과 같은 의리를 지니시고	東郡之義
중랑[11]과 같은 절의를 가지셨네	中郞之節
초야에서 일어나	起自草野
이처럼 훌륭한 업적 이루셨네	有此樹立
백 번 꺾어도 뜻을 돌리지 않아	百折不回
여러 차례 옥에 갇히셨지	屢入燕獄
수염과 머리를 깎이지 않았으니	髭髮無恙
왜놈들도 두려워하고 감복하였네	虜亦畏服
사림들을 감화시켜	風動士林
온 나라에 명성 자자했네	名播邦國
평생의 발자취 더듬어 보면	蹟其終始
우뚝하고 뛰어난 업적 세우셨네	磊磊落落
대 이을 아이 보지도 못하셨는데	未見係嬰
하늘은 어찌 서둘러 앗아갔나	天何奪速
공이야 부끄러울 것 없지만	公則無愧
남은 사람들은 슬프기 그지없네	生者之慽
우거진 풀과 차가운 안개로 덮인	荒草寒煙
바닷가에 묻히셨네	墳于海曲
기운이 푸른 하늘에 서렸고	氣蟠蒼旻
아래에 굳센 혼백이 남았네	下有毅魄
옛 벗이 시를 지으니	故人作詩
그 붓이 마치 창끝처럼 날카롭구나	其筆如戟
능성이와 골짜기는 혹 변해도	陵谷或遷
돌에 새긴 이 글은 사라지지 않으리	此石不泐

지산(志山) 김복한(金福漢)

1 류헌(柳軒) : 1462~1506. 본관은 전주, 자는 백여(伯輿), 호는 낙봉(駱峰)이다. 1486년에 사마시에 합격하여 벼슬에 진출하였으며, 1489년 별시(別試) 문과에 병과로 급제하였다. 이후 수군절도사(水軍節都使), 대사간(大司諫) 등의 관직을 역임하였다.

2 류형(柳馨) : 본관은 전주, 자는 덕명(德明)이며 1830년에 태어났다. 1865년에 식년시(式年試) 2등으로 생원진사시에 합격하였다.

3 아버지 상을 당하였다 : 류준근은 13세에 할아버지 상을 당하였고 이듬해 아버지 상을 당하였다.

4 회유 : 기미(羈縻)의 '기(羈)'는 말고삐, '미(縻)'는 소고삐를 말한다. 이것은 우마(牛馬)를 얽어매듯이 한다는 뜻인데, 여기서는 회유하여 얽어매어 둔다는 뜻으로 사용되었다.

5 홍산 : 현재의 충청남도 부여군 홍산면이다.

6 서거 : 방상(方喪)은 부모가 돌아가셨을 때 입는 상복의 예로 임금이 돌아가셨을 때 상복을 입는 것을 가리킨다. 《예기》 〈단궁 상(檀弓上)〉에 "임금을 섬기는 데는 직언(直言)으로 면쟁(面爭)할 수는 있으나 숨김은 없어야 하며, 좌우에서 돌보면서 죽을힘을 다하여 복근(服勤)하고, 방상 삼년(方喪三年)을 입는다."라고 하였다. 고종은 1919년 서거하였고, 고종의 인산일을 계기로 일어난 운동이 바로 3·1운동이다.

7 임○군 : 원문에 빠진 글자가 있어 정확히 알 수 없다.

8 악야(岳爺) : 중국 남송(南宋)의 명장 악비(岳飛, ?~1141)를 말한다. 1126년 여진족이 금나라를 세우고 송나라를 멸망시켰다. 이에 고종은 양자강 남쪽으로 퇴각하여 남송을 세웠다. 이때 함께 퇴각한 악비는 금나라의 공격을 저지하는 한편, 일부 중원지역을 회복하였다. 그러나 주화파의 반감으로 악비는 처형되었고, 주화파는 북방의 영토를 포기하고 금나라를 섬기며 조공을 바친다는 내용의 굴욕적인 화의를 맺었다. 이후 악비는 후세의 위대한 영웅으로 추앙되었다. 한편, 금나라 사람들이 악비를 악야(岳爺) 또는 악야야(岳爺爺)로 불렀다고 하는데, 이에 대해서는 후세에 악비를 추앙하면서 왜곡되었다는 설이 있다. 왜냐하면 야(爺)라는 표현은 존경의 뜻을 나타내는 말이기 때문이다.

9 공을……있다 : 《시경》 〈진풍(秦風) 황조(黃鳥)〉에 "대신 죽어 살려낼 수만 있다면, 백 번 죽더라도 기꺼이 하리.〔如可贖兮, 人百其身.〕"라는 말이 있다. 김복한

이 류준근을 살릴 수만 있다면 백 번이라도 대신 죽겠다는 의미이다.

10 동군 : 전한(前漢) 말기에 동군 태수(東郡太守)를 역임한 책의(翟義)를 가리킨다. 왕망(王莽)이 평제(平帝)를 독살하고 나이 어린 유자 영(孺子嬰)을 천자로 세운 뒤, 천자를 대신해 섭정(攝政)하였다. 그러자 책의가 격문을 돌려 의병을 모아 장안으로 진격하였다. 《한서(漢書) 권99 왕망전(王莽傳)》

11 중랑 : 서한(西漢) 무제(武帝) 때 중랑장이었던 소무(蘇武)를 가리킨다. 소무가 흉노에게 사신 갔었는데 흉노의 선우(單于)가 항복하라고 위협했으나 끝까지 굽히지 않다가 땅굴 속에 구금되어 담요의 털을 눈과 뭉쳐서 먹고 연명했다. 소무는 한(漢)의 깃대를 짚고 19년 동안이나 고생을 하다가 돌아왔다.

최익현 崔益鉉

최익현의 자는 찬겸(贊謙), 본관은 경주(慶州)로 고운 최치원 선생의 후손이다. 최치원 선생은 문장으로 신라 말과 고려 초에 이름을 날렸다. 순조 계사년(순조33, 1833)에 최익현은 포천 내북면 가채리에서 태어났다. 체격이 남들보다 컸고 눈빛은 별처럼 빛났다. 관상쟁이들이 '호랑이 머리에 제비 턱'[1]의 관상이라고 하자 부모가 남다르게 생각하였다. 이에 어렸을 때 이름을 기남(奇男)이라고 하였다.

병신년(헌종2, 1836)에 아버지 최대(崔岱)를 따라 단양으로 이사와 살았다. 여섯 살이 되자 글을 배웠는데 총명이 뛰어나 한 번 들으면 바로 암기하였다. 조금 자라면서 벽계(蘗溪)로 가서 화서 이항로의 문하에서 학문을 배웠다. 화서 선생이 '면암' 두 글자를 크게 써서 그에게 주었다. 뒤에 홍역에 걸려 거의 죽을 뻔했다가 다시 살아났는데, 중암 김평묵이 편지를 보내 축하하면서

"하늘이 돕는 뛰어난 기운을 지닌 남자로 뒷날 우리 유학을 지탱할 사람이 아니라면 우리의 벗 그대도 아마 죽었을 것이다."

라고 하였다. 을묘년(철종6, 1855)에 명경시[2] 갑과에 합격하여 곧 권지 승문원 부정자와 성균 전적, 그리고 섭기주(攝記注)[3]에 임명되었다. 8월에 지평, 정언 등에 임명되었다. 경신년(1860)에 이조 정랑에 임명되었으며 7월에 외직으로 나가 신창 현감이 되었다.[4] 그러나 백성에 대한

처리 문제로 관찰사의 뜻을 거스르게 되자 벼슬을 내던지고 고향으로 돌아갔다. 계해년(철종14, 1863)에 철종 대왕 곡반에 참여하였으며 전적에 임명되었다. 이후 철종의 곡반에 참여한 노고를 인정받아 좌랑과 직강 등에 임명되었다.

고종3년 병인년(1866)에 어머니 이씨 부인의 상을 당하였다. 상을 마치자 사헌부 장령에 임명되었다. 그 일로 서울에 들어가 곧바로 소장(疏章)을 지어 대략 당시의 폐단과 백성에게 어려움을 주는 네 가지 조목에 대해 열거하였는데, 첫째, 백성을 동원하는 토목공사를 멈출 것, 둘째, 세금을 가혹하게 거둬들이는 정사를 그만둘 것, 셋째, 당백전(當百錢)[5]을 혁파할 것, 넷째, 사대문세(四大門稅)[6]를 금지할 것 등이 그 내용이다. 소장에 기록된 내용이 대단히 옳은 말이기 때문에 임금이 기꺼이 받아들인다는 비답을 내렸다. 당시 언로가 막힌 상황에서 이 소장이 제출되자 도성 안팎의 사람들이 '봉황새가 조양(朝陽)에서 울었다.'[7]라고 칭찬하였다. 이 일로 인해 사간원 사간 권종록(權鍾祿)[8]의 탄핵을 받아 벼슬에서 물러났으나, 곧바로 용서되고 임금의 특별 교지를 받아 통정대부로 승급되고 돈령부 도정 및 승정원 동부승지에 임명되었다. 그리고 역말을 타고 조정으로 올라오라는 명령을 내렸는데 그 사이에 다시 도정에 임명되었다. 그러나 모든 조정의 부름에 나아가지 않았다.

이윽고 신미양요[9]가 일어났다는 소식을 듣고 급히 수레를 몰아 서울에 들어왔는데 고향에 돌아가자마자 또 도정과 승지에 임명되었다. 역말을 타고 조정으로 올라오라고 하였으나 소장을 올려 사양하면서 겸하여 자신의 생각을 아뢰었다. 그리고 그것을 봉하여 군수(郡守)와 관찰사에게 부탁하여 조정에 올려달라고 하였는데 상소의 대략은 다음과 같다.

"정사는 옛 법도를 바꾸고 있는데 사람들은 안일함만 추구하고 있습니다. 정승과 6조 판서는 전하에게 대책에 대해 아뢰지 않고 대간과 임금을 곁에서 모시는 신하들은 '일 만들기를 좋아한다.'라는 비방을 회피하고만 있습니다. 조정에 저속한 의논이 자행되어 올바른 논의는 사라졌으며 윗사람에 아첨하여 총애를 입으면 거만하게 굴어 올바른 선비가 조정에서 떠나버렸습니다. 세금을 쉬지 않고 거두어 백성들은 어육(魚肉)이 되었으며 인륜이 사라져 버리니 선비의 굳센 기개가 꺾여 버렸습니다. 공적인 도리를 추구하는 것을 과격하다고 하고 개인적인 이익을 일삼는 것을 잘하는 일이라고 합니다."

경기 감사 김재현(金在顯)이 운현궁에 나아가 이것을 바치니 대원군이 보고 몹시 화를 냈다. 그리고 곧바로 소장을 물리쳐 버렸다. 이에 도성에 시끌시끌 말이 많게 되자 대전(大殿)의 임금이 그 소문을 듣고 하루에 세 번 교시(敎示)를 내려 그 소장을 찾아오라고 하였다. 대원군이 이 소식을 듣고 매우 화를 내며 금위대장(禁衛大將) 양헌수(梁憲洙)에게 다음과 같은 편지를 보냈다.

"대감과 최익현이 서로 친하다고 하니 지난 번 올라온 소장 원본을 고쳐서 임금에게 바치도록 하시오. 그렇지 않으면 조정이 장차 편안하지 않을 것이오."

이에 양헌수는 발걸음을 재촉하여 최익현을 찾아갔다. 최익현이

"이미 말을 한 번 내뱉었으니 죄를 범하여 용서받지 못한다면 산골짜기나 바닷가로 귀양을 가거나 도끼 아래 죽임을 당하더라도 다만 명령을 맡은 자의 처분을 기다릴 뿐이다."

라고 하였다.

얼마 뒤 우부승지로 승진하였다. 얼마 뒤 특별히 호조 참판에 임명되었는데 최익현은 소장(疏章)을 지어 바쳤다. 그 비답에

"이 소장은 참으로 충성된 마음에서 나온 것이다. 그리고 나를 경계시켜 주니 그대의 뜻이 대단히 아름답다. 이처럼 정직한 말을 만약 다른 의도가 있다고 생각한다면 소인배나 다름없다."
라고 하였다. 그 당시는 대원군이 오랫동안 정권을 장악하고 있었기 때문에 위세가 대단하여 감히 그의 의도에 대항하는 사람이 없었다. 사대부들의 대부분 의논도 '현재 상황에 대해 언급하는 사람은 아버지와 자식 관계에 있는 임금과 대원군을 이야기하게 되니, 만약 그런 말을 하게 된다면 인륜을 어지럽히게 된다.'라고 여겼다. 이 때문에 10년 동안 한 번도 곧은 말을 하는 사람이 없었는데, 이때에 비로소 최익현이 소장을 올리자 임금이 진실한 마음으로 받아들이고 이처럼 일반적인 격식을 넘어선 은혜를 베풀었다. 이를 못마땅하게 여기는 한쪽 사람[10]이 최익현이 올린 소장 가운데 여덟 글자를 뽑아와 죄를 얽어매려는 구실로 삼으려고 하였다. 이에 최익현은 소장을 올려 벼슬을 사양하였다. 그리고 끝부분에 앞 소장에서 미처 아뢰지 못했던 다섯 가지 조목을 하나하나 열거하였다. 그 대략은 다음과 같다.

"근래 어떤 사람이 소장을 올려 '정치는 옛날 법도를 바꾸며 인륜은 사라져 버렸다.〔政變舊章, 彛倫斁喪.〕'라는 여덟 글자를 들어 소신을 죄주려는 칼자루로 삼고 있습니다.[11] 소신은 청컨대 제가 생각하고 있는 것을 말씀드리겠습니다.

만동묘[12]를 철폐한 것은 임금과 신하 간의 윤리를 무너뜨렸고, 서원 철폐는 스승과 제자간의 의리를 끊어 놓았으며, 귀신이 출후하는 것은 아버지와 자식 간의 윤리가 문란해진 것이요,[13] 국적(國賊)의 죄를 용서해 준 것은 충신과 역적의 분별을 혼란케 하였으며,[14] 호전(胡錢)의 사용은 중화와 오랑캐 분별을 문란 시킨 것입니다.[15] 위 다섯 가지 조목이 만약 실행된다면 하늘의 이치와 백성의 도리는 참으로 사라져 조금도 남지 않을 것입니다. 여기다가 토목공사를 하면서 원납전[16]을 바치게 하는 것 등은 위에 아뢴 것들과 서로 어울리면서 백성과 국가에 재앙을 끼치는 도끼자루가 될 것이니, 선왕의 옛 법을 바꾸며 천하의 인륜을 없애는 것이 아니고 무엇이란 말입니까?"[17]

이에 대해 임금은

"최익현의 소를 보면 나를 능멸하는 말이 많이 있으니, 어찌 그럴 도리가 있겠는가?"

라는 전교를 내렸다.

을해년(고종12, 1875)에 귀양에서 풀려 고향으로 돌아왔다. 병자년(1876)에 일본 사신 구로타 기요타카〔黑田淸隆〕가 조선으로 건너와 13개 조목으로 된 수호통상조약[18]을 맺자고 요청하였다. 이에 조정에서는 일본과의 강화조약에 대해 협의하게 되었는데 최익현은 '이것은 중화와 오랑캐, 또는 사람과 짐승으로 나뉘는 큰 분기점이다. 비록 벼슬하지 않은 선비라도 이런 사항에 대해 이야기 할 때는 자신이 지켜야 할 본분을 넘어서서 과감하게 이야기 하는 것을 꺼림칙하다고 여길 겨를이 없을 것이다. 하물며 대부의 반열에 있으면서 비록 죄적(罪籍)에 이름이 들어있다고 하지만 어찌 이것에 대해 아무런 말을 하지 않겠는가.'라고 여기고, 도끼를 들고 소장을 올려 척화(斥和)를 주장하였다. 그 소장의 대략은 다음과 같다.

"신이 가만히 듣건대 저 일본이 우리 조선에 아첨하여 강화가 맺어진다면 이때는 강함은 우리에게 있기 때문에 충분히 저들을 제압할 수 있습니다. 그러므로 그 강화는 믿을 수가 있습니다. 만약 우리가 저들에게 약점을 보인 상황에서 강화가 맺어진다면 이때는 주도권이 저들에게 있기 때문에 반대로 저들이 우리를 제압하게 됩니다. 그러면 그 강화는 믿을 수가 없습니다. 지금의 강화가 저들이 우리에게 아첨하여 맺어진 것인지 아니면 우리가 약점을 보여서 맺어진 것인지 소신은 잘 알지 못합니다.

그러나 우리 조선이 편안한 상태에서 아무런 방비도 취하지 않거나 또는 두려움에 떨며 강화를 요청하면서 눈앞에 닥친 상황을 모면하려고 임시방편적인 태도만 취한다면 사람들이 모두 보고 알게 될 것입니다. 비록 속이려고 한들 속일 수 있겠습니까. 저 일본이 우리가 방비가 없고 약점을 드러낸 실상을 알고 있는데 우리와 강화를 맺는다면 앞으로 산골짜기 같이 채울 수 없는 그들의 욕심을 어떻게 막으려고 하십니까. 우리가 가진 것은 한계가 있는데 저들의 요구는 끝이 없을 것이니 만일 하나라도 그들의 요구에 부응하지 못하면 대단히 화를 낼 것입니다. 이에 우리 조선을 침략, 유린하여 이전에 우리가 그들에게 들인 공이 모두 사라지게 될 것입니다. 이것이 강화조약으로 인해 국가가 멸망에 이르는 첫 번째 이유입니다.

만약 어느 날 강화를 맺게 된다면 저 왜적이 원하는 것은 조선과 물건을 교역하는 것입니다. 저들의 생산품은 대부분 사람의 정신을 홀리는 요상한 물건으로 끝도 없이 손으로 만들어 낼 수 있습니다. 이에 반해 우리들의 생산품은 대부분 사람의 생명줄과 직접 연관이 있는 것으로 땅에서 나기 때문에 생산의 한계가 있습니다. 백성의 생명줄과 직접 연관이 있는 즉 백성의 골수와 땀으로 생산되어 출하의 한계가 있는 물건을 가지고 끝도 없이 생산할 수 있는 사람의 정신을 홀리는 요상한 물건과 바꾸는데, 해마다 대단히 많은 양을 교역한다면, 몇 년 지나지 않아 우리나라 수천 리 강토는 황폐해지고 백성은 헐벗게 되어 다시 삶을 유지할 수 없을 것이며 얼마 지나지 않아 나라도 지탱하지 못하게 될 것입니다. 이것이 강화조약으로 인해 국가가 멸망에 이르는 두 번째 이유입니다.

저들을 비록 일본 사람이라고 부르지만 실상은 서양의 도적입니다. 강화조약이 한 번 맺어지면 서양의 사학(邪學)의 책과 천주의 형상이 교역하는 물건 사이에 섞여 들어오게 되는데, 그러면 얼마 지나지 않아 서양 학문을 전수하는 스승과 제자가 생기게 되어 온 나라에 서양 학문이 퍼지게 됩니다. 포도청에서 이들을 감시하고 잡아들여 죄를 주면 저들이 더욱 화를 내게 될 것이며 강화조약의 맹서 또한 부질없게 될 것입니다. 그런 사태가 벌어질 것을 두려워하여 서양 학문이 민간에 퍼지는 것을 그대로 놔두고 잘못을 추궁하지 않는다면 장차 집집마다 사학을 배우며 사람마다 사학을 배워 자식은 자기 아버지를 아버지로 여기지 않을 것이며 신하는 자기 임금을 임금으로 여기지 않을 것입니다. 예의는 시궁창에 빠지고 사람은 짐승으로 전락할 것입니다. 이것이 강화조약으로 인해 멸망에 이르는 세 번째 이유입니다.

강화조약이 체결된 뒤에 저들이 우리 조선의 땅에 상륙하여 이쪽 저쪽을 왕래하려 하고, 또는 집을 구하여 조선 땅에 거처하려 한다면 우리는 이미 강화조약을 맺었기 때문에 거절할 명분이 없습니다. 거절하지 못하고 그들이 하는 대로 내버려 둔다면 자기들 마음대로 재물을 빼앗아가고 부녀자를 겁탈하게 될 것이니 그것을 누가 막는단 말입니까. 또한 저들은 사람의 얼굴을 가진 짐승입니다. 조금이라도 마음에 맞지 않으면 아무런 거리낌 없이 사람을 죽이거나 거꾸러뜨립니다. 열부와 효자가 슬프게 하늘에 대고 통곡을 하면서 복수를 하려 해도, 높은 관원들이 강화조약이 깨질까 두려워 그들의 송사(訟事)를 들어주지 않을 것입니다. 이런 종류의 문제점에 대해 종일 말을 하여도 다 열거할 수 없을 것입니다. 요컨대 사람으로서의 이치는 비로 땅을 쓸어버린 듯 없어지며 백성들은 하루도 살기 힘들게 될 것입니다. 이것이 강화조약으로 인해 멸망에 이르는 네 번째 이유입니다.

강화조약을 맺자고 주장하는 사람은 걸핏하면 병자년(인조14, 1636) 남한산성의 일을 인용하면서 '병자년에 강화를 맺은 뒤에 청과 조선이 모두 기뻐하며 천리의 영토가 화평해져 지금까지도 너럭바위같이 안정되어 있습니다. 현재 일본과 우호조약을 맺는 것이 어찌 그것과 다르겠습니까.'라고 합니다. 이러한 견해에 대해 소신은 어린 아이 같은 식견과 다르지 않다고 생각합니다. 병자년의 강화조약은 크게 의리를 해쳤습니다. 전래의 법복(法服)을 입은 사람은 천지(天地) 사이에 떳떳하게 설 수 없었습니다. 그러므로 문정공 김상헌과 충정공 홍익한 등이 강화조약을 물리치자고 주장하여 아홉 번 죽을 고비를 넘겨도 마음을 바꾸지 않았던 것입니다. 그러나 청나라 사람의 생각은 중국의 황제가 되어 천하를 주무르는 것이었습니다. 그러므로 그나마 중국의 패주(霸主)를 본받아 그럴듯하게 인의(仁義)를 빌렸지만 실상은 오랑캐일 따름입니다. 그들은 오랑캐이기 때문에 도리(道理)에 맞게 행동하는 것이 무엇인지에 대해서는 따져보지 않았습니다. 다만 작은 나라가 큰 청나라를 섬기기만 하면 두 나라 사이에 우호관계는 유지되니 그런 상태로 지금까지 이르렀습니다. 그 사이에 비록 그들 마음에 들지 않는 일이 있더라도 너그러이 용서하는 도량을 보이고 침략하는 행위는 하지 않았습니다.

그러나 저 일본인은 다만 재물과 여자만 알고 사람으로서 해야 할 이치는 조금도 지키지 않으니 이들은 다만 오랑캐보다 더한 짐승일 뿐입니다. '사람과 짐승이 사이좋게 같이 무리지어 지내면서 걱정거리가 발생하지 않는다.'라고 하니 소신은 그게 무슨 말인지 알지 못하겠습니다. 이것이 강화조약으로 인해 멸망에 이르는 다섯 번째 이유입니다.

이미 강화조약을 맺은 뒤에 저들이 꾸며대며 말하기를 '두 나라가 오래 기뻐하며 국경의 바닷가에 놀랄 일이 생기지 않으면 백성들은 편안하게 살며 사교(邪敎)는 들어오지 않을 것이다. 그러므로 비록 마음에 들지 않더라도 걱정거리는 발생하지 않을 것이다.'라고 합니다.

소신은 이 말에 대해 매우 그렇지 않다고 여깁니다. 뒷날 중국에 《춘추》와 《통감》처럼 역사 기록에 대한 붓을 잡은 사람은 강화조약에 대해 큰 글씨로 '어느 해 어느 달 서양 사람이 조선에 들어와 어느 지역에서 맹약을 하였다.'라고 기록할 것입니다. 이것은 기자(箕子)가 다스린 옛 영토이며 명나라의 동쪽 나라로서 태조대왕 때부터 중화 문화를 사용하여 야만스런 풍속을 변화시켰으며 예를 만들고 음악을 제정하여 인륜이 널리 펼쳐진 나라인데 하루아침에 비린내 나는 서양 세력에 멸망해 버린 것입니다. 다만 이것뿐만이 아닙니다. 나라의 권력을 잡고 국론을 주관하면서 진회와 손근의 무리[19]처럼 이런 강화조약을 맺자고 주창하는 사람들은 대부분 편안하고 안락한 생활을 누리고자 하며 자신과 처자(妻子)를 보호하려는 사사로운 생각에서 이처럼 어리석은 행동을 하게 됩니다. 그리하여 아버지 같은 임금으로 하여금 아주 오랫동안 천하 사람들에게 더러운 모욕을 당하게 합니다. 아, 신하가 임금을 섬길 때 마땅히 선을 아뢰고 악한 행동을 하지 못하게 하여 요순과 같은 경지에 올라가게 해야 합니다. 그런데 이와 반대로 나라를 멸망에 이르게 하는 방법으로 만 길이나 되는 구덩이에 임금을 빠트리고 있으니 천하에서 가장 어질지 못한 사람이 아니면 어찌 차마 이런 행동을 할 수 있으며, 천하에서 가장 충성스럽지 못한 사람이 아니면 어찌 차마 이런 행동을 할 수 있겠습니까. 소신은 매우 마음 아파하며 죽더라도 차마 그런 소리는 듣지 못하겠습니다."

이에 대해 임금이 소장의 원본을 돌려보내라고 하고 최익현을 혹

산도로 귀양을 보냈다.

기묘년(고종16, 1879)에 귀양에서 풀려 집으로 돌아왔다. 경진년(1880)에 최익현은 서용(敍用)되어 호군에 부직(付職)되었고, 증조부와 조부는 추영(追榮)[20]되었으며, 아버지 지헌공(芝軒公) 또한 정3품 이상의 품계[21]에 올랐다. 얼마 뒤에 특진관 초계(抄啓)[22]에 들어갔다.

갑신년(1884)에 관직제도와 복식제도를 바꾸었다.[23] 겨울에 왜적인 다케조에 신이치로〔竹添進一郎〕가 박영효, 김옥균, 홍영식, 서광범, 서재필 등 여러 도적놈과 함께 병사를 이끌고 궁궐에 침입하여 임금에게 해를 끼치고 재상을 죽이려고 하였다.[24] 최익현은 변고(變故)를 듣고 놀랍고 두려운 마음에 걸어서 도성 안으로 들어가 궁 밖에서 임금의 문안을 살폈다.

갑오년(1894) 6월에 왜적인 오토리 게이스케〔大鳥圭介〕가 영추문(迎秋門)을 태웠다. 그리고 병사를 거느리고 대궐을 침범하여 정치를 개혁하였다.[25] 또한 모든 궁중의 재화와 보물을 쓸어가 버렸다. 일본 놈들은 대궐문을 지키고 있다가 조정의 신하들이 도착하면 표를 나눠준 뒤 받은 사람만 들어가게 하였다. 최익현은 변란이 일어났다는 소식을 듣고 황급하게 서울로 올라갔으나 대궐로 찾아가지는 않았다. 그는

"왜적을 토벌하고 난리 일으킨 죄를 따질 수도 없으면서 저놈들에게 애걸하는 것을 나는 차마 할 수 없다."

라고 하면서 통곡하고 돌아갔다.

이 일이 발생하기 전에 적신(賊臣) 김홍집, 유길준, 김윤식 등이 오토리 게이스케와 서로 내통하여 정치제도를 크게 바꾸며 개화를 주장하고 한편으로 대원군을 맞이하여 대궐 안으로 모셨다. 최익현이 병자년(1876)에 척화를 내세운[26] 이후로 줄곧 최익현을 칭찬하였는데 이

에 이르자 '인재를 모아 어전에서 아뢰어라.'라고 하니 최익현에게 자헌대부의 자급인 공조 판서가 내려졌다.

을미년(고종32, 1895)에 소장(疏章)을 올려 역적들을 처벌하고 복제를 예전대로 회복하라고 요청하였다. 8월에 왜놈인 미우라 고로〔三浦梧樓〕가 김홍집, 유길준, 김윤식, 정병하, 조희연, 장박, 우범선, 권영진, 우범래, 이진호 등과 함께 명성황후를 시해한 뒤 고종을 협박하여 황후를 서인으로 강등하였다. 10월이 되자 왕후의 지위가 회복되고 국휼관문(國恤關文)이 반포되자 최익현은 군청의 뜰에 들어가 통곡하고 상복을 받았다.

이 해 11월에 왜놈이 또다시 임금을 위협하여 머리를 깎게 하고 조선에 단발령을 대대적으로 시행하였다. 이에 최익현은 고을의 선비를 모아 왜놈의 원수를 갚고 머리를 깎지 않고 그대로 보호하자고 결의하였다. 유길준 등이 이런 소식을 듣고 최익현을 잡아 서울로 압송하여 옥에 가두었다.[27] 그리고 편지를 보내 협박하였는데 최익현은 '죽어도 마음을 바꾸지 않겠다.'라고 답하였다. 이때 김홍집, 정병하는 죽임을 당하였다.[28] 여러 고을의 인사(人士)들이 의병을 일으키고 왜적의 토벌을 주장하였다. 조정에서 단발령과 복제를 바꾸라는 명령을 거두자 최익현을 각 부군(府郡) 선유대원으로 임명하여 빨리 조정에 올라오라고 하였다. 최익현은 소장(疏章)을 올려 조정에 나가는 것을 사양하면서 아울러 왜적을 물리치라고 요청하였다. 그러나 허락하지 않는다는 비답을 받았다. 다시 소장을 올리고 조정에 나아가지 않았다. 무술년(광무2, 1898)에 의정부 찬성에 임명되었다. 최익현은 다시 소장을 올려 사양하면서 시무 12조를 올렸다.

1. 경연을 열어 임금의 학문을 보필할 것
2. 음식을 삼가 임금의 몸을 보호할 것
3. 임금 곁에서 사사로이 모시는 사람들을 물리쳐 궁궐을 엄숙히 할 것
4. 관리 임용을 공정하게 하여 조정을 바르게 할 것
5. 모든 관원들을 관리 감독하여 실무를 힘쓸 것
6. 법률을 바로잡아 기강을 세울 것
7. 만민공동회[29]를 혁파하여 나라를 어지럽게 만들 가능성을 없앨 것
8. 기복(起復)[30]을 금하여 풍속을 바르게 할 것
9. 낭비를 절약하여 국가 재용을 넉넉하게 할 것
10. 군법을 정비하여 무기와 군비를 보수할 것
11. 원수와 역적을 토벌하여 대의를 밝힐 것
12. 중화와 오랑캐를 엄격히 구별하여 큰 법을 세울 것

이에 대해 좋은 의견이라는 비답을 받았다. 다시 궁내부 특진관에 임명되었으나 소장을 올려 사양하고 국내 정세에 대한 자신의 의견을 개진하였다. 그러나 이에 대한 비답은 내려오지 않았다.

경자년(1900)에 포천에서 충청도 정산으로 이사하였다. 갑진년(1904)에 밀유(密諭)를 내려 간곡한 말로 조정에 나오도록 하고 궁내부 특진관 및 의정부 찬정에 임명하였다. 또한 별도로 전교를 내려 정성스런 말로 조정에 나오도록 불렀다. 이에 최익현은 사양한다는 소장을 네 번이나 올렸으나 모두 사양을 허락하지 않는다는 비답을 받았다. 지방관을 보내 서울로 올라오라는 전유(傳諭)를 내렸다. 최익현은 서울로 올라가기 위해 길을 떠나 소곡리(小谷里)에 이르렀다. 조정에서는

다시 비서감 낭관을 보내 꼭 조정에 나와야 한다는 전유를 보냈다. 최익현은 수옥헌[31]에 들어가 임금을 뵙고 소매에 담아온 5조목의 소차(疏箚)를 올렸다.

1. 어진 인재를 골라 정부의 일을 맡길 것
2. 가렴주구를 금지하여 백성을 보호할 것
3. 학교를 세워 인재를 육성할 것
4. 신의를 내세워 이웃나라와 교섭할 것
5. 나라의 예법을 바르게 하여 잘못된 조치를 바로잡을 것

그리고 다시 다음과 같이 아뢰었다.

"폐하께서 오늘날 세상일이 돌아가는 형편을 보신다면 장차 나라가 흥성하겠습니까? 아니면 장차 나라가 망하겠습니까? 만일 나라가 장차 망할 것이라고 여기신다면 나라를 망하게 하는 이유를 아실 것입니다. 소신은 다만 지금의 민회(民會)[32]에 대해 말씀드리겠습니다. 그들은 강한 이웃 나라의 힘을 믿고 흉포한 행위를 거리낌 없이 자행하고 있습니다. 백성의 마음은 곧 하늘의 마음입니다. 백성의 마음이 이처럼 갈가리 흩어졌으니 하늘의 마음도 이를 통해 알 수 있습니다. 이것은 아마도 폐하께서 하늘을 섬기는 정성이 부족해서 그런 것이 아니겠습니까. 그렇지 않으면 유사(有司)가 전하의 덕을 널리 펼치지 못해서 그런 것이 아니겠습니까. 현재 민심이 갈가리 흩어진 것은 을미년(고종32, 1895) 이후로 복수의 의지도 복수의 정치도 실행하지 않은 데서 기인한 것입니다. 만일 복수의 의지를 가지고 복수의 정치를 실행했다면 백성의 마음은 저절로 굳건해져 오늘 같은 어지러운 사태는 없었을 것입니다. 을미년(1895)의 큰 변란[33] 이후로 위아래의 임금과

신하가 만약 복수는 반드시 해야 할 것인 줄 조금이라도 알아 더욱 분발하였더라면 오늘날 나라의 형세가 이 지경까지는 되지 않았을 것입니다. 그러나 온 나라의 백성과 신하가 모두 포로가 되고 그들이 어육(魚肉)이 되어버린 참상이 벌어졌는데도 구원할 방도가 없으니 아, 하늘의 운명이란 말입니까, 아니면 시절이 그렇단 말입니까. 생각이 여기에 이르니 다만 기운이 빠져 조금도 살고 싶은 마음이 없습니다."

그리고 목을 놓아 통곡한 뒤 물러나 임금의 명령을 기다렸으나 임금은 끝내 허락하지 않았다. 이에 또 소장을 올려 자신의 견해를 아뢰자 조정에서는 부랑(府郞)[34]을 보내 전유를 내려 최익현을 시골로 내려가라고 하였다. 최익현은 다시 내려갈 수 없다는 뜻을 아뢰고 겸하여 일본 돈을 빌리는 것[35]과 외국에 의지하는 잘못에 대해 말하였다. 조정에서는 또다시 부랑을 보내 시골로 내려가라는 전유를 내렸다. 마침내 최익현은 임금의 비지(批旨)를 도로 바쳤다. 홍문학사 남정철(南廷哲)이 최익현이 아뢴 것을 시행해 보자고 청하였다. 임금이 쌀과 돈을 최익현에게 하사하였는데,[36] 굳게 사양하고 받지 않았다.

을사년(1905)에 경기도 관찰사에 임명되었는데 소장을 올려 사양하였다. 그리고 자신의 생각을 아울러 아뢰었다. 2월에 주차조선군 사령관 하세가와 요시미치〔長谷川好道〕[37]가 최익현을 자신의 사령부에 가두었는데 얼마 지나지 않아 풀려나 포천의 집으로 돌아갔다. 최익현은 서강(西江)에 이르러 소장을 지었으나 다시 일본 헌병대장 고야마 산시〔小山三己〕에게 체포되어 명동에 있는 헌병대에 구금되었다. 이틀이 지나고 마침내 정산으로 압송되었다.

10월에 이토 히로부미〔伊藤博文〕가 적신 박제순, 이지용, 이근택, 이완용, 권중현[38] 등을 이끌고 다섯 항목의 을사조약을 강제로 체결하였다. 이 당시 최익현의 아들 최영조(崔永祚)는 헌릉(顯陵)[39]의 침랑(寢郎)이었는데 벼슬을 버리고 집으로 돌아왔다. 최익현이 아들을 통해 이 사실을 알고 곧바로 을사오적을 처벌하라는 소장을 올렸다. 이에 조정에서는 지방관을 통해 임금의 전유를 내렸지만 최익현이 요청한 말을 시행한다는 명령은 없었다.

최익현은 다시 소장을 올려 앞의 소장에서 요구한 내용을 거듭 아뢰었다. 그리고 애산(艾山) 정재규(鄭載圭)와 함께 노성의 궐리사에서 원근의 선비들을 모았는데 죽음을 각오하고 궁궐문 앞에서 임금께 아뢰기로 모두들 결의하였다. 그러나 왜놈들이 이를 눈치채고 도처에서 막자 서울로 올라갈 수 없었다. 드디어 의병을 일으키기로 결의하였다. 판서 이용원(李容元), 판서 김학진(金鶴鎭), 관찰사 이도재(李道宰), 참판 이성열(李聖烈), 참판 이남규(李南珪), 면우 곽종석, 간재 전우에게 편지를 보내 나라의 어려운 상황에 동참해달라고 요청하였으나 모두 응하지 않았다. 최익현이 탄식하며

"더불어 일을 논할 사람이 없구나."

라고 하였다. 가묘(家廟)에 사직 인사를 드리고 집안사람과 작별한 뒤 호남으로 내려갔다.

임락(林樂), 안병찬(安炳瓚) 등 80여 명과 태인으로 가서 의병을 일으켰다. 원근의 모든 사람들이 기꺼이 동참하였다. 이에 여러 고을에 격문을 보내고 널리 사람들을 고무시켰다. 그리고 일본정부에 편지를 보내 신의를 저버리고 의리를 배반한 열여섯 가지 죄목을 따져 물었다. 정읍으로부터 곡성을 거쳐 행군하여 순창에 이르자 전주 관찰사 한진창(韓鎭昌), 순창 군수 이건용(李建鎔) 등이 왜병을 거느리고 공격해 왔다. 최익현은 임병찬(林炳瓚)을 보내 맞서 싸우게 하였다. 이윽고 첩보대가 쳐들어오는 군대가 왜병이 아니라고 하였다.[40] 최익현은 임병

찬을 불러

"저들이 우리와 같은 조선 사람이라면 이것은 우리가 우리를 치는 격이니 나는 차마 싸울 수 없다."

라고 하였다. 드디어 편지를 보내

"너희들이 만약 왜병이라면 마땅히 즉시 죽기를 각오하고 싸워야 하지만, 만약 동포라면 어찌 차마 서로 죽일 수 있겠느냐. 원컨대 너희들은 빨리 물러나라."

라고 하였다. 그러나 저들은 탄환을 비처럼 퍼부었다. 의사(義士) 정시해(鄭時海)가 탄환에 맞아 죽고 많은 군인들이 달아났다. 최익현은 형세가 이미 틀어진 것을 알고 좌우에게 이르기를

"여기는 내가 죽을 곳이다. 그대들은 모두 떠나라."

라고 하였다. 그들 가운데 선생을 따르는 자는 21명뿐이었다. 이때 의병을 공격하러 온 두 부대는 최익현이 물러나지 않을 것을 알고 두 부대가 연합하여 포위하고 앞뒤에서 공격하였다. 최익현은 임병찬에게 명령을 내려

"우리들이 다 죽고 난 뒤에 공격을 멈출 것이다. 각자의 이름을 벽 위에 기록한 뒤에 자신의 이름 아래 차례대로 앉아라. 마땅히 죽은 사람의 시체가 누군지 명백하게 밝히는 것이 좋겠다."

라고 하였다. 사람들이 모두 행낭을 풀어서 도포를 꺼내 입고 갓끈을 다시 매며 공수(拱手)하고 벽을 등지고 꿇어앉았다. 이때에 유탄(流彈)이 어지럽게 날아들자 여러 사람들은 유탄에 선생이 맞을까 염려하여 모두 빙 둘러 앉아 선생을 가려 막으려고 하였다. 이에 선생은 급히 말리면서 말하기를

"그대들은 이럴 필요가 없다. 각각 나란히 줄지어 앉아 바른 자세를 하고 죽어야 되지 않겠는가?"

라고 하였다. 이때 갑자기 폭풍이 치고 소나기가 쏟아지면서 천둥이 요란하고 번개가 번쩍이었다. 그래서 공격하러 온 두 부대의 군사도 깜짝 놀라 공격을 멈추었다. 이날 밤 비바람은 그치지 않고 밤은 깜깜한데 시신이 방 가운데에 있어서 피가 흥건하였다. 여러 사람들은 피 묻은 옷을 그대로 입고 앉아 있었다.

마침 이도순(李道淳)과 임상순(林相淳)이 밖에 있다가 죽을 쑤고 술을 데워 왔다. 방 안을 점검(點檢)하니 21명 가운데 아홉 명은 이미 간 곳을 몰랐고 다만 임병찬(林炳瓚), 고석진(高石鎭), 김기술(金箕述), 문달환(文達煥), 임현주(林顯周), 유종규(柳種奎), 조우식(趙愚植), 조영선(趙泳善), 최제학(崔濟學), 나기덕(羅基德), 이용길(李容吉), 유해용(柳海瑢) 12명이 있을 뿐이었다. 이튿날 유종규는 정시해의 장사 때문에 나가고 첩보대 양재해(梁在海)는 선생이 포위되었음을 듣고 달려오니 다시 12명이 되었다.

이때에 왜놈들은 밤이 되면 난입하곤 하였다. 최익현은 또한 《맹자》의 〈호연장(浩然章)〉과 〈웅어장(熊魚章)〉을 외웠다. 23일에 체포되어 서울로 압송되었는데 이날 햇무리가 세 겹으로 둘렀다. 최익현은 노상에서 매일 밤 〈이소경(離騷經)〉과 〈출사표(出師表)〉 등을 외웠다. 서울로 와서 사령부에 수감되었다. 이곳은 지난 을사년(1905) 봄에 구금되었던 곳이다. 최익현이 웃으며

"늙어서 제비처럼 거듭 옛집을 찾았구나."

라고 하였다. 왜놈이 갓과 망건을 강제로 벗기려고 하니 최익현은 꾸짖어 물리쳤다. 이때에 홍주(洪州) 의병 80여 명이 먼저 이곳에 구금되어 있었는데 헌병이 막 강제로 머리를 깎으려고 할 때에 최익현이 왔다는 말을 듣고, 헌병들은 모두 깜짝 놀라며

"최 대감이 왔다."

라고 하면서 달아났다. 이 때문에 의병들은 머리를 깎이는 곤욕을 면하였다.

최익현은 낮에는 《주역》을 읽고 밤에는 그것을 외웠는데 이삼일을 먹지 않아도 목소리는 더욱 낭랑하였다. 7월이 되자 왜놈은 다음과 같이 선포하였다.

"최모는 대마도에 감금(監禁) 3년, 임병찬은 2년, 고석진과 최제학은 본서(本署)에서 4개월 구류,[41] 김기술 등 아홉 명은 곤장(棍杖) 100대를 치고 내보낸다."

이때 최익현은 현기증이 도져서 읽는 것이 무슨 글인지를 몰랐다. 대마도에 도착하자 이즈하라(嚴原)[42]의 위수영(衛戍營) 경비대에 수감되었다. 어떤 왜놈이 선생의 갓과 탕건을 벗기려고 하자 선생이 큰 소리로 꾸짖었다. 그 왜놈이 칼을 쳐들고 찌르려고 하자 선생은 가슴을 헤치고 큰 소리로 빨리 찌르라고 호통을 쳤다. 이에 이르러 최익현은 숨을 겨우 내쉬면서 임병찬을 돌아보며

"글 읽는 서생은 군대에 대한 책임이 없으며 내 나이 80이니 전장에 따라 다닐 나이도 아니다. 그러나 내가 이렇게 행동한 것은 대의(大義)를 천하에 외치고자 한 것이나 일이 성공하지 못할 것은 의병을 일으키던 날에 이미 알고 있었다. 지금 이 지경에 이르러 그들의 음식을 먹으면서 그들의 명령에 따르지 않는 것도 의로운 행동이 아니니 지금부터 음식을 먹지 않는 것이 좋겠다."

라고 하고, 드디어 음식을 먹지 않았다. 죽으면서 남기는 소장을 지어 임병찬에게 주며

"그대는 살아 돌아가 꼭 우리 임금에게 나의 소장을 바쳐 나의 뜻을 보일 수 있도록 하라."

라고 하였다. 또한 주변의 여러 사람들에게 말하기를

"나의 재앙은 스스로 만든 것인데, 그대들에게 누를 끼치니 매우 부끄럽다."

라고 하고, 각자에게 5언시 한 수씩 지어주었다.

다음날 왜놈 대장(大將)이 와서 음식을 권하면서

"감금한 사람의 식비는 모두 한국 정부에서 나옵니다. 그러므로 우리들은 다만 감시할 뿐입니다. 음식을 드셔서 나라를 위해 몸을 아끼십시오."

라고 하였다. 임병찬과 여러 사람들이 옛날에 있었던 이와 같은 예를 들어 음식 들기를 권하였다. 이들이 눈물을 그치지 않자 최익현은 마지못하여

"그대들의 요청이 그러하니 식사를 하겠다."

라고 하고, 억지로 음식을 들었다. 왜놈 대장이 다시 와서

"전날에 머리를 깎으라고 요구한 것이 아닌데, 통역관이 잘못 통역한 것이다."

라고 하였다. 하루는 최익현이 일찍 일어나

"내가 평소에 꿈을 꾼 일이 없었는데 지금 갑자기 꿈을 꾸었으니 그 뜻을 이해하지 못하겠다."

라고 하고, 곧 시를 읊었는데 다음과 같다.

뗏목을 타고 떠나겠다는 성인의 탄식[43]	乘桴先聖歎
바다에 몸을 던져 죽겠다는 노중련의 지조[44]	蹈海魯連風
이 두 가지의 같고 다름을	二者同不同
동쪽 노인에게 물어 보리라	請詢日邊翁

여러 사람 가운데 간혹 관(冠)이 없어 상투 바람으로 앉아 있는 자

가 있었는데 선생이 치포관(緇布冠)[45]을 만들어 쓰게 하였다. 곧이어 절구 한 수를 짓고 모든 사람에게 화답하도록 하였다.

최익현은 점점 몸이 붓고 혀가 말려들며 변비 등의 증세가 있더니 얼마 뒤에 말을 하지 못하게 되었다. 병오년(1906) 11월 17일 경술일에 마침내 옥중에서 운명하였다. 전날 밤 큰 별이 동남쪽으로 떨어졌는데 하늘에 빛이 환하였다. 다음날 입관하여 수선사(修善寺)에 모셨다. 계축일 밤에 혼을 부르고 배에 탔다. 항구에 사는 수많은 일본인들이 촛불을 들고 뒤를 따르며 슬픔에 겨운 눈물을 흘렸다. 이튿날 그 배는 초량항에 정박하였다. 상무사(商務社)[46]의 사람들은 상가를 닫아걸고 통곡하였다. 이들 상무사 사원 천여 명은 큰 수레로 된 영거(靈車)를 장만하고 비단에 '춘추대의(春秋大義) 일월고충(日月高忠)'이라는 여덟 글자를 써서 높은 장대에 달고 영구를 맞이하여 일내헌(一乃軒)에 모셨다. 그리고 자신들이 장사를 치루겠다고 요청하였다.

이전에 운구가 육지에 내려지자 김영규와 권순도가 영구를 부여잡고 부르짖기를

"이것은 대한의 배입니다. 여기는 대한의 땅입니다."

라고 울부짖었다. 부두의 남녀노소 만여 명이 모두 선생을 부르니 통곡 소리가 땅을 뒤흔들었다. 이때에 검은 구름이 덮여서 날이 어둡고 가랑비가 촉촉이 내렸는데 쌍무지개가 동남쪽 하늘에 가로 걸렸다. 제물(祭物)을 가져오고 제문을 지어 와서 통곡하는 사람이 밤낮으로 끊이지 않았고 학교의 남녀 학생에 이르기까지 모두 와서 마치 친척이 죽은 듯이 땅을 치며 통곡하였다. 경상도 감영에 소속된 기생 비봉(飛鳳), 옥도(玉桃), 월매(月梅)도 한글로 제문을 지어 제물을 올리고 통곡하였으며 범어사(梵魚寺)의 중 봉련(奉蓮)은 승도들을 거느리고 와서 제물을 바치고 제사를 지냈다. 초량의 과부 세 사람은 제물을 머

리에 이고 40리를 따라와서

"대감의 제수(祭需)는 왜놈의 수레에 실어서는 안 된다."

라고 하였다. 성복(成服)할 때 집집마다 흰 깃발을 내걸어 슬픔을 표시하였고, 여러 외국 사람들도 모두 얼굴 가득 눈물을 흘렸다고 한다.

최익현의 상사(喪事)가 처음 났을 때 이즈하라〔嚴原〕 경비대장이 부의로 민전(緡錢) 200냥을 보내왔는데 아들인 최영조가 받지 않았다. 상여가 창원에 이르자 마산 항구에서 온 10여 명의 왜놈이 협박하면서 상여를 기차에 실으려고 하였는데 끝내 의리를 들어 거절하였다. 창녕에 이르자 헌병 소위인 히라타 데츠지로〔平田鐵次郞〕가 하세가와 요시미치〔長谷川好道〕의 명령을 가지고 와서 또다시 상여를 기차에 실으라고 협박하였다. 밤새도록 팽팽히 다투었는데 히라타가 뜻을 굽히고 그만두었다.

노성군에 장사를 지냈는데 문인과 친구 가운데 상복을 입은 사람이 300여 명이나 되었다. 옥구, 포천, 정산, 태인, 곡성, 함평 등의 다섯 고을에서 사당을 세워 제사를 지낸다. 또한 해주의 화서선생 영당에 배향하였다. 22책의 문집이 간행되었다.

최익현은 명산을 좋아하였다. 금강산, 속리산, 지리산, 한라산, 북한산 등에 두루 돌아다녔다. 세 아들을 두었는데 참봉을 지낸 최영조, 그리고 최영학과 최영복 등이다.

연보

1　호랑이 머리에 제비 턱 : 호두연함(虎頭燕頷)은 호랑의 머리에 제비 턱과 같은 모양으로 귀인의 상을 말한다. 후한(後漢)의 반초(班超)가 서생으로 있을 때에 관상쟁이에게 가서 물었더니, 관상쟁이가 "그대는 제비 턱에 범의 머리와 같은 모양으로 날아서 고기를 먹으니 이는 먼 나라에 봉후(封侯)가 될 인상이다."라고 하였다. 《후한서 권47 반초전(班超傳) 18사략 동한(東漢)》

2　명경시 : 식년 문과 초시(初試)의 하나로, 오경(五經) 중에 춘추의(春秋義)를 제외한 4경(四經)과 4서(四書) 중에 의(疑) 1편을 시험 보던 과거이다.

3　섭기주(攝記注) : 승정원 주서(注書)이다.

4　신창 현감이 되었다 : 면암이 신창 현감에 임명된 것은 1862년 10월이다.

5　당백전(當百錢) : 병인양요를 겪은 직후인 1866년 주조한 화폐로, 종래 사용하던 상평통보, 즉 엽전의 100배에 해당된다는 뜻이다. 흥선대원군이 경복궁 중건 등을 위해 유통시켰으나, 이로 인해 물가가 폭등하자 당백전 폐지를 주장한 것이다.

6　사대문세(四大門稅) : 흥선대원군이 제정한 세제(稅制)로, 경복궁 중건 경비가 부족하자 이를 충당하기 위하여 사대문을 통과하는 사람에게 통행세를 부과한 것이다.

7　봉황새가 조양(朝陽)에서 울었다 : 봉명조양(鳳鳴朝陽)은 원래 주의 문왕이 어진 정치를 하자 봉황이 나타나 울었다는 고사에서 나왔다. 《당서(唐書)》 〈이선감전(李善感傳)〉에 "저수량(猪遂良) 등이 죽은 뒤로 여러 신하들 중에 과감히 간언하는 자가 없었는데, 이선감(李善感)이 어떤 일로 인하여 한 번 간하니 사람들이 봉명조양이라 했다."라고 하였다.

8　권종록(權鍾祿) : 호서 사람으로 일찍이 운현궁에 출입하면서 외직을 제수받기를 청하였는데, 이때 흥선대원군의 지시로 소를 올려 탄핵한 것이다.

9　신미양요 : 1871년 미국 군함 3척이 강화도에 들어와 소동을 일으킨 사건을 말한다.

10　한쪽 사람 : 최익현의 뜻과 맞지 않는 대원군 쪽의 사람들을 말한다.

11　소신을……있습니다 : 최익현의 상소에 대해 홍순목, 강로, 한계원을 비롯하여 6조 판서, 사간원과 사헌부 관원 등이 연명으로 최익현을 탄핵하였다. 이중 형조 참의 안기영과 전 정언 허원식의 소가 가장 무상(無狀)한 것으로 여겼다 한다.

12 만동묘 : 임진왜란 때 조선을 도와준 중국 명나라 신종(神宗), 의종(毅宗)을 제사지내기 위하여 세운 사당이다. 송시열의 유명(遺命)으로 권상하 등이 1704년 오늘날의 충청북도 괴산군 청천면 화양동에 건립하였다. 그러나 만동묘는 유림들의 본거지로서 폐해가 극심하였다. 이에 대원군은 집권 후 개혁정책의 일환으로 만동묘와 서원을 철폐하였다. 그러나 만동묘는 1874년에 다시 세워졌다.

13 귀신이……것이요 : 귀신이 출후한다는 것은 선보(璿譜) 도유사(都有司) 이재만(李載晩)이 용성대군(龍城大君 : 인조의 넷째아들)에게 양자로 입적한 일을 말한다. 이재만의 조부 이상중(李尙中)은 흥선대원군의 부친 남연군(南延君)과 사이가 좋지 않아 종친에서 폐기되었다. 대원군 집권 후 이재만이 대원군에게 아첨한 후 용성대군 양자로 입적할 것을 자원하였다. 그런데 용성대군은 다섯 살의 나이로 요절하였다. 당시에는 아이로 대군이나 왕자 등이 요절하는 경우, 후사가 끊어지게 된다. 이렇게 죽은 지 1, 200년 된 사람에게 입적한 후 그 사이 선조들은 임의로 수효를 채웠다고 한다. 심지어 아버지나 할아버지 이상 9세에서 10세를 모시고 출후한 자가 흔히 있었다고 한다. 최익현은 바로 이러한 사실을 비판한 것이다.

14 국적(國賊)의……하였으며 : 여기서 국적이란 이현일(李玄逸)의 관작 회복과 시호를 내리기를 주청한 대신들을 말한다. 이현일은 남인의 거두였다. 1689년 남인이 득세하자, 이현일은 인현왕후 폐비의 부당함을 논하고 사직서를 올리는 등 인현왕후 보호를 위한 상소를 지속적으로 올렸다. 그리고 1694년 서인들의 탄핵을 받아 귀양을 간 적이 있다. 그런데 철종 때 판서 김수근(金洙根)이, 고종 때는 한효순 등과 유생 홍재범 등이 이현일의 문제를 상소하다가 유배되었다가 곧 풀려나자 최익현은 이들을 처벌할 것을 주장한 것이다.

15 호전(胡錢)의……것입니다 : 호전은 청전(淸錢), 곧 청나라 화폐를 말한다. 대원군은 당백전 주조 실패 이후 경복궁 중건 등 부족한 국가재정을 마련하기 위해 청전까지 수입하여 대량 유통시킴으로써 화폐가치를 하락시키고 물가를 상승시켰다. 청전은 대원군의 명으로 동지사(冬至使)로 청나라 수도 북경으로 간 강로(姜滖)가 청나라 만상서(萬尙書)와 체결한 것을 계기로 국내로 유입되었다고 한다.

16 원납전 : 대원군이 경복궁을 중건하기 위해 백성들로부터 강제로 거둬들인 돈으로 자발적으로 원하여 기부하는 돈이라는 의미였다. 그러나 《매천야록》에 의하면 원해서 내는 돈이 아니라 원성을 납부하는 원납(怨納)이라고 하였다.

17 근래……말입니까 : 최익현의 이 상소는 결국 대원군 10년 집권의 막을 내리

게 하면서 고종의 친정(親政) 시대를 열었다.

18 수호통상조약 : 조일수호조규, 일명 강화도조약을 말한다.

19 진회와 손근의 무리 : 진회와 손근 두 사람은 모두 중국 남송 고종(高宗) 때 재상으로 금(金)나라와 화친하기를 주장하여 회복(恢復)을 저지하고, 악비(岳飛)와 장준(張浚) 등 충신과 장수를 귀양 보내거나 죽였다.

20 추영(追榮) : 종2품 이상의 벼슬아치의 부, 조부, 증조부 내외에게 관위(官位)를 내리는 것을 말한다.

21 품계 : 승자(陞資)는 정3품 이상의 품계에 오르는 것을 말한다.

22 초계(抄啓) : 인재를 뽑아 상주하는 것을 말한다. 경연특진관은 문관, 음관(蔭官), 무관의 2품 이상을 초계하는데, 부제학이 초계를 주관한다. 단, 의정부, 6조, 한성부의 당상을 지내지 않았으면 초계하지 않는다. 《대전회통 권1 이전(吏典) 경관직(京官職)》

23 갑신년……바꾸었다 : 1884년 5월 정부에서는 갑신변복령(甲申變服令)을 반포하였는데, 조복(朝服), 제복(祭服), 상복(喪服)은 선조 때부터 내려온 제도이므로 고칠 수 없지만, 사복(私服)은 시의에 따라 적당하게 변경할 수 있다고 하면서 당상의 시복(時服)인 홍단령(紅團領) 대신 간편한 흑단령(黑團領)으로 고쳐 착용토록 하는 것이 골자였다. 또한 6월에는 〈사복변제절목(私服變制節目)〉을 발표하여 사복의 도포, 직령(直領), 창의, 중의(中衣)를 모두 없애되, 소매는 좁은 소매를 착용하도록 하였다.

24 겨울에……하였다 : 1884년 김옥균 등 개화파들이 중심되어 일으킨 갑신정변을 말한다.

25 병사를……개혁하였다 : 일본은 1894년 음력 6월 21일 혼성여단 2개 대대를 동원하여 경복궁을 점령하고 조선군의 무장을 해제하였다. 이것이 이른바 갑오왜란, 혹은 경복궁 쿠데타사건이다.

26 최익현이……내세운 : 1876년 조선이 일본과의 통상을 추진하자, 동년 1월 최익현은 도끼를 들고 궁궐 앞에 엎드려 화의를 배척하는 5개 조의 척화상소를 올려 조약 체결이 불가함을 논하였다.

27 유길준……가두었다 : 최익현이 향교의 대성전에서 통곡하며 단발령을 따르지 않았다는 소식을 듣고 일본 헌병을 시켜 즉시 서울로 압송하게 하였다.

28 김홍집……당하였다 : 1895년 을미사변 이후 신변의 위협을 느낀 고종은 친러세력과 함께 1896년 2월 11일 새벽, 왕과 왕세자가 궁녀의 가마를 타고 극비리에 러시아 공사관으로 옮겼다. 파천 직후 고종의 명령으로 친일내각의 총리대신 김홍집과 농상공부 대신 정병하가 참형되었고, 내부대신 유길준을 비롯한 10여 명의 고관은 일본 군영으로 도피하여 일본으로 망명했다. 탁지부 대신 어윤중은 도망가던 중 백성들에게 살해되었고, 외부대신 김윤식은 제주도에 유배되었다.

29 만민공동회 : 민당(民黨)은 1898년 독립협회 주최로 개최된 민중대회인 만민공동회를 가리킨다.

30 기복(起復) : 부모의 상중에 있는 관리를 탈상(脫喪)하기 전에 관직에 나오도록 기용하는 것을 말한다.

31 수옥헌 : 경운궁 중명전을 말하는데, 을사조약이 이루어진 곳이다.

32 민회(民會) : 여기서 민회란 일진회를 말하는 것으로 보인다.

33 을미년의 큰 변란 : 일제가 자행한 명성황후 시해사건을 말한다. 일명 을미사변이라 한다.

34 부랑(府郎) : 의정부 낭관을 가리킨다.

35 일본 돈을 빌리는 것 : 을사조약 후 일본은 대한제국에게 반강제적으로 차관을 제공하여 한국 경제를 일본에 예속시키려 하였다. 그것의 일환으로 1905년 일본인 재정고문 메가타를 조선에 보내 화폐정리사업을 실시하여 대한제국의 은행들은 일본 은행에 종속되었고, 대한제국의 경제권을 장악하기 시작하였다.

36 임금이……하사하였는데 : 최익현이 소를 올리기 위해 한 달 가까이 여관에서 머물며 굶주림과 추위에 떨 것을 염려한 고종은 회계원(會計院)에 명하여 돈 3만 냥과 쌀 3섬을 하사하여 여비에 보태도록 하였다.

37 하세가와 요시미치〔長谷川好道〕: 1850～1924. 제2대 조선총독이다. 1894년 청일전쟁 때는 제2군 소속으로 여순(旅順) 등지에서 공을 세웠으며, 1896년 중장으로 진급하여 제3사단장과 근위사단장 등을 지냈다. 1904년 러일전쟁 때 제1군 소속으로 전공을 올려 대장으로 진급했으며, 같은 해 10월 조선주둔군 사령관으로 임명되었다. 1906년에는 임시 통감대리(統監代理)를 겸임했다. 1912년 참모총장이 되었고, 1914년 원수(元帥)로 승진했으며, 1915년 데라우치〔寺內正毅〕의 뒤를 이어 조선총독으로 부임했다. 재임 중 조선임야조사령(朝鮮林野調査令), 조선식산은행령(朝鮮殖産銀行令), 조선지세령(朝鮮地稅令) 등을 공포하여 식민지 지배의 기

틀을 마련했다. 1919년 3·1운동이 일어나자 많은 사람을 학살하는 등 무자비한 방법으로 진압한 인물이다.

38 박제순……권중현 : 1905년 일제가 강제로 체결한 을사조약에 찬성한 다섯 사람으로 이른바 을사오적이다.

39 현릉(顯陵) : 조선 제5대 임금 문종과 문종비 현덕왕후 권씨의 능이다.

40 쳐들어오는……하였다 : 이때 쳐들어온 부대는 관군으로, 전주와 남원의 두 진위대였다.

41 4개월 구류 : 《면암집》 Ⅲ 188면 번역본에는 1개월 구류로 되어 있으나, 원문에는 4개월로 되어 있다.

42 이즈하라 : 지금 일본 나가사키현 쓰시마섬에 있다.

43 뗏목을……탄식 : 공자가 도의가 날로 무너져 가는 것을 보고 한탄하기를 "도가 행하여지지 못할 것이니 뗏목을 타고 바다에 뜰 것이다.〔道不行, 乘桴浮于海.〕"라고 하였다. 《논어 공야장(公冶長)》

44 바다에……지조 : 전국 시대 제나라의 노중련(魯仲連)은 "진(秦)이 황제가 되면 나는 동해에 빠져 죽을지언정 그 백성이 되지 않겠다."라고 하였다. 《사기(史記) 권83 노중련열전(魯仲連列傳)》

45 치포관(緇布冠) : 검은 베로 만든 유생이 쓰는 관을 말한다.

46 상무사(商務社) : 조선 말기 보부상단을 통괄하고 관리하던 기관이다. 《면암집》에는 부산 사람들, 영남과 호남 사람들이 돈을 모아 회사를 만들어 장사하는 일을 처리하는 곳이라고 적고 있다.

임병찬 林炳瓚

임병찬의 자는 중옥(中玉), 호는 돈헌(遯軒), 본관은 평택(平澤)이다. 고려 문하평장사 충정공[1]이 그의 시조이다. 조선 영조 때 임치영(林致榮)은 무신년(영조4, 1728)의 난리[2]에서 적의 우두머리 백필영(白弼永) 형제를 사로잡은 공으로 2등 공신이 되었고, 고종 때에 내부 협판으로 추증되었으니 이 분이 바로 공(公)의 5대조이다. 아버지 임용래(林榕來)는 호조 참판에 추증되었으며 호는 남곡(南谷)이다. 철종2년 신해년(1851)에 전북 옥구현(沃溝縣) 대사리(大寺里) 남산의 집에서 공을 낳았다.

임병찬은 세 살 때 말을 배웠는데 능숙하게 잘했다. 어느 날 마을의 글방으로 가서 책 읽는 것을 보고 돌아오더니 공부하고 싶어 하였다. 아버지가 이를 기특하게 여겨 《천자문》을 가르쳤는데 읽는 대로 암송하였다. 그의 재주가 앞서는 것을 걱정한 아버지는 '조관인황(鳥官人皇)'[3]에 이르러 가르침을 멈췄다. 다섯 살 때 5언 당음(唐音)을 배웠는데 곧바로 5언 고시 몇 구를 지었으니 모두들 신동이라고 칭찬하였다.

무오년(철종9, 1858) 9월에 공이 아버지를 따라 조상들의 묘역으로 가서 제사를 지낸 일이 있었다. 그곳에서 아버지가 여러 종인(宗人)들과는 태연하게 담소하는데 재종조 임정필(林廷弼) 형제와는 서로 말하

지 않는 것을 보고 밤에 집으로 돌아와 그 까닭을 물었다. 아버지가 길게 탄식하더니 한참 후에

"네가 그 이유를 듣고 싶으냐? 애초에 우리 집이 가난하여 아전(衙前)이 되어 오래도록 이방(吏房)을 맡았다. 저들이 그것을 다투어 삼형제가 감영에 무함하여 심하게 고문하였다. 이것이 뼈에 사무치지 않겠느냐?"

라고 하였다. 공이 천천히 다음과 같이 말하였다.

"시비를 막론하고 조상의 제사를 지내면서 서로 사이가 나빠 함께 주선(周旋)하지 않는 것을 조상들이 아신다면 마음이 편하시겠습니까? 자질구레하게 자리를 다툰 것에 불과한데, 서로 대립하여 지금에 이르렀으니 그간의 시비는 차치하고 오늘날 조상들께 미안함은 과연 어떻습니까? 또 저들은 강하고 우리는 약하니 그런 마음을 가진들 이로울 것이 없고 만일 원한을 풀지 않고 대대로 미워하게 된다면 양가의 불행 또한 심하지 않겠습니까? 저들이 한 짓이 지극히 통탄할 만하나 아버지에게는 이미 지난 일이니 다시 한 번 생각하시길 바랍니다."

할머니 송씨가 등을 어루만지면서 감탄하기를

"이 아이의 의견이 참으로 훌륭하구나."

라고 하였다. 아버지 또한 기특하게 여겨 다음날 공을 데리고 임정필 집으로 가서 원한을 풀었다. 이때 공의 나이 여덟 살이었다.

병인년(고종3, 1866) 8월에 공이 전주(全州)로 가서 향시(鄕試)를 보았다. 당시 송사(松沙) 기우만(奇宇萬)이 이미 수석을 차지한 일이 있었다. 공이 향시에 응시하여 1등을 하자, 여러 선비들이 임병찬이 나이가 어리니 틀림없이 자기가 쓴 것이 아니라 남이 써주었을 것이라고 하였다. 의론이 분분하자 전주 감사가 두 사람을 불러 속작을 하게 하였다. 이때 기우만은 19세, 임병찬은 16세였으나 또 임병찬이 승리하

였다. 공은 다음해에 아전이 되었다.

무자년(1888), 호남에 크게 흉년이 들어 임금이 관찰사에게 백성을 구휼하라고 명령하셨다. 11월에 공이 돈 1,000냥을 내어 공적인 구휼을 돕고 돈 3,000냥과 세미(稅米) 70석을 내어 가난한 친족과 친구를 구휼하였다. 이때에 고을마다 전세(田稅)를 모두 쌀로 내게 하니 쌀값이 1석에 70냥에 이르렀다. 공이 이것을 걱정하여 감사에게 책문을 올려

"지금 세금을 쌀로 내게 하니 쌀값이 날로 뛰어 가난한 백성은 응할 수 없습니다. 조정에 아뢰어 돈으로 대신 납부할 수 있도록 청해 주시기 바랍니다. 1석에 25냥씩으로 정하면 백성들이 도탄에 빠지지 않을 것입니다."

라고 하자 감사가 마침내 아뢰어 보고하였다. 이로 말미암아 어느덧 겨울을 보내고 징세도 조금 완화되어 전주 전체가 이에 힘입어 안정되었다. 이때는 공이 완산(完山) 감영에 호방으로 있을 때여서 봉급이 세금에서 나왔다. 그러므로 공의 봉급은 세금이 완화됨에 따라 제대로 받지 못하였다. 그러나 또한 이에 개의하지 않았다.

다음해인 기축년(1889) 봄, 호남 선비들이 그 공으로 천거하자 관찰사 이헌직(李憲稙)이 아뢰어 상줄 것을 청하였다. 2월에 절충장군 첨지중추부사 겸 오위장(折衝將軍僉知中樞府事兼五衛將)에 임명되었고 그로 인하여 조상 3대가 추증되었다. 이때에 임금이 쌀 10,000석을 하사하여 백성을 구휼하였고 공도 쌀 1,000석을 내어 경진청(京賑廳)에 헌납하였다. 감사가 '공이 가난한 사람 구휼하는 것을 자신의 소임으로 삼았다.'라고 보고하였다. 7월에 그 공으로 낙안 군수 겸 순천진관병마 동첨절제사(樂安郡守兼順天鎭管兵馬同僉節制使)에 임명되었다. 공이 낙안군에 부임하니 무자년(1888) 이후 납부한 세미가 5분의 1에 불과하였고, 무

자년에는 세미 1석에 25냥이었으므로 미납금은 30,000금에 육박하였다. 기축년(1889)에는 농사가 좀 나아져 쌀 1석에 9냥이 채 안되었으므로 무자년 세금으로 기축년 세금을 계산하면 무자년 세금은 기축년의 네 배에 해당된다고 할 수 있었다. 만일 기축년의 쌀로 무자년의 세금을 납부한다면 기축년 쌀 3석은 무자년 쌀 1석 값에 불과하고, 또 기축년 세금을 쌀로 징수한다면 1년 농사로 4년의 세금을 납부할 수 있었다. 이 때문에 공이 감사 김규홍(金奎弘)을 만나 다음과 같이 말하였다.

"전임 관찰사 재직 시에 징세를 멈출 것을 조정에 청하였으나 답변이 없었습니다. 다시 돈으로 대신할 것을 청하여 윤허는 받았지만 무자년의 쌀값이 높기 때문에 이제 기축년 쌀값을 무자년 쌀값으로 대신하여 징세한다면 기축년의 세금을 대동미로 하는 것은 멈추게 하지 않아도 저절로 멈출 것입니다. 금년 가을에 만약 또 흉년이 든다면 신구(新舊) 양세는 결코 납부할 수 없을 것이니 조정에 아뢰어 본색으로 하고 돈으로 대신하지 않기를 청한[4] 뒤에야 백성들이 힘을 펼 수 있을 것입니다."

감사가 임금께 아뢰어 청하고 마침내 각 읍에 공문을 발송하였다. 공이 또 감사에게

"지금 비록 임금께 아뢰어 청하였으나 윤허를 받을 수 있을지는 미지수입니다. 낙안군은 오늘 발송한 공문에 의하여 본색으로 징수하겠습니다."

라고 하였다. 관청으로 돌아와 본색으로 내게 하니 9월에 무자년과 기축년의 세금이 완납되었다.

이때에 이르러 경강(京江)[5]의 쌀값이 폭등했다는 소식을 듣고 쌀을 경강으로 수송하여 쌀을 팔아 상납하고자 하였다. 좌수사 김동운(金東

韻)이 서울에서 임 아무개의 세금 운반선이 태안(泰安)에 이르러 파선하였다는 소문을 유포하였다. 임금이 한산 군수(韓山郡守) 신승휴(申勝休)로 하여금 조사하게 하였으나 그런 사실이 없었다. 세금을 상납하고 나머지 4,000여 냥의 부족분은 공이 땅을 팔아 충당하고 한 푼도 백성들에게서 거두지 않았다. 낙안읍이 갑신년(고종21, 1884) 이래 체납한 돈이 67,000여 냥, 쌀이 5,800여 석, 베가 4동(同)여 필[6]이었다. 경인년(1890) 3월에 공이 이를 모두 청산하고 부족분은 녹봉을 출연하여 도운 것이 10,000여 금이었다. 여름에 군산(群山), 성당(聖堂), 법성(法聖) 삼진관(三鎭官)을 겸하여 신구 조운창(漕運倉)을 조사하니 모두 뛰어난 성과가 있었다. 공이 세금을 납부하여 체납세를 해결한 것이 전후로 수만금에 이르렀다. 이제 백성들은 함부로 징수당하는 일이 없었고 마을에선 아전들을 볼 수 없었다. 사람들이 모두 기쁜 마음으로 복종하여 임병찬을 만인을 보호하는 일산(日傘)이라고 평하는 이가 있었으나 공이 엄히 금하여 그렇게 하지 못하게 하였다. 백성들이 비를 세우려 하였으나 또한 금하였다. 군수가 바뀌게 되자 고을 백성들이 만인의 옷을 모아

"이 분은 백성들을 해하지 않았다."

라고 하고 삼끈으로 묶어 만금삭(萬襟索)이라 하여 길을 막아 더 머물기를 원하였다. 후에 고을 백성들이 임병찬을 그리워하는 철비(鐵碑)를 세웠다. 공은 벼슬을 그만두고 고향으로 돌아가 학문에 몰두하였고 자제들에게 효도와 우애를 가르쳤으며 검소와 절약으로 집안의 법도를 확립하였다.

갑오년(고종31, 1894)에 동학농민군이 창궐하여 고을의 장리들을 다투어 죽였다. 5월에 감사 김학진(金鶴鎭)이 공의 재략이 뛰어나다는 소식을 듣고, 조정에 아뢰어 무남영 우령관(武南營右領官)으로 삼을 것을

청하여 임명하였으나 임병찬은 가지 않았다.

옛날에 함열읍(咸悅邑)에 영소전(靈昭殿)이 있어 공자의 영정을 봉안한 바 있었다. 이때에 공은 세상이 어지러워 사도(斯道)가 장차 없어질 것으로 보고 이곳에 다시 영소전을 지었다. 함열로 가서 공자상을 모사하여 봉안하고 그 안에서 독서하였다. 12월에 동학의 괴수 김개남(金開南)[7]을 체포하니 당시 동학농민군을 피하여 와서 따르는 자들이 모두 두려움에 떨었다. 공이

"후일 죽고 사는 것은 내가 책임지겠으니 모두 걱정하지 말라."

라고 하고 김개남 등 여섯 명을 전주 감영[8]에 보내 처형하였다. 각 읍에서 차례로 전봉준(全奉準), 김덕명(金德明) 등 우두머리를 체포하여 호남지역이 평정되었다.

을미년(고종32, 1895) 정월에 위무사 이도재(李道宰)가 임병찬을 공(功)으로 천거하여 임실 군수에 임명하였으나 부임하지 않았다. 위무사가 쌀 20석을 보냈지만 공이 사양하고 받지 않았다. 또 다시 돈 200냥을 보내면서 다음과 같이 말하였다.

"종성(宗聖) 마을 사람들이 사도(邪道)를 범하지 않고, 공이 또 큰 공을 세웠는데 만일 시상(施賞)하지 않는다면 선을 선양하는 데 부족하다. 그래서 왕실에서 상을 내려주는 것이니, 이것은 공에게 주는 것이 아니라 동민에게 주는 것이다. 부디 물리치지 말라."

공이 이에 감격하여 동민들과 함께 상을 받아 동계(洞契)를 만들고 매월 초하루에 선악을 조사하였으며 춘추로 신의(信義)를 강론하였다.

10월에 명성황후(明成皇后)의 부음을 듣고 동민들과 함께 궁궐을 바라보며 곡하였다. 당시 관군들이 길에서 행인들을 만나면 사는 곳을 묻고 종성에서 산다고 대답하면 반드시 무사하였다. 그래서 태인(泰仁)을 지나는 다른 고을 사람들 중에서도 종성에서 산다고 하는 자들

이 많았다. 승지 김창석(金昌錫)이 시기심이 생겨 진위대장 김한정(金漢鼎)과 함께 임병찬이 모반했다고 무함하여 군부에 보고하였다. 이 때문에 공과 이수민(李秀民), 송재구(宋在龜)가 체포되어 전주 감옥에 수감되었으나 공판에서 사실이 아님이 드러나 석방되었다.

무술년(광무2, 1898)에 군부대신 심상훈(沈相薰)이 임금께 아뢰어 전주, 옥구(沃溝), 임피(臨陂), 김제(金堤) 등 7개 읍의 사균위원(查均委員)으로 임명하였다. 임병찬이 이를 사양하였으나 조정에서 허락하지 않았으므로 마침내 균전답을 조사하였다. 신축년(1901)에 호남에 크게 흉년이 들었다. 진휼청을 설치할 때 관찰사 조한국(趙漢國)이 공에게 진휼 감독을 청하였다.

계묘년(1903) 9월에 서울에서 온 순사가 공을 체포하여 전주에 수감하였다. 이는 김연택(金連澤)이 음모를 꾸미려고 일본에서 서울에 왔다가 체포되어 함부로 진술하였기 때문이다. 처음에 김연택이 일본에서 편지를 보내

"박영효 공이 공의 이름을 듣고 한 번 만나고 싶어 한다. 이제 여비를 보내니 곧 들어오라."

라고 하였다. 아울러

"지금 영국과 일본의 협의[9] 때문에 기회가 아주 좋다."

라고 하였다. 공이 가지 않겠다고 답하였는데 이것이 화근이 되었다.

이때에 이르러 동학교도는 일본의 매와 개처럼 앞잡이 노릇을 하였다. 일진회라 칭하면서 예측불허의 재화(災禍)를 만들었다. 공이 관찰사 이용식(李容植)에게

"위정(衛正)의 방도는 척사가 제일이니, 향약을 설치하고 법을 세워 어리석은 백성들로 하여금 사악한 당에 들어가지 못하게 한 뒤에야 금할 수 있다."

라는 내용의 글을 올렸다. 관찰사가 이를 옳게 여겨 몸소 도약장(都約長)이 되고, 공을 태인 약장으로 삼아 각 군으로 훈령을 발송하려 하였으나 얼마 후 관찰사가 바뀌어 시행하지 못했다.

갑진년(광무9, 1904) 봄에 일본이 만주에 출병하여 러시아와 전쟁을 시작하면서 조선에서 길을 빌리고 말할 수 없는 약탈을 저질렀다. 이 때문에 임실(任實)과 전주의 군수가 모두 걱정하고 탄식하는 글을 보내왔다. 이에 공이 의병을 일으키기로 마음먹고

"지금 외적이 나라 안에 가득하고 임금은 외로운데, 신하된 자가 어찌 임금을 호종(扈從)하지 않을 수 있겠는가."

라고 하며 장차 의병을 일으키려고 하였다.

을사년(1905) 정월에 동민들로 하여금 우선 다섯 가구를 묶어 하나의 통을 만들게 하고 총기를 구비하게 하였다. 마침 관찰사가 본군에 훈령을 내려

"이번에 통을 만드는 일은 호를 기준으로 하지 말고 인구를 기준으로 하라."

라고 하였다. 이에 공이 통문을 발송하여 태인 군수 손병호(孫秉浩), 임실 군수 임용현(林鏞鉉)에게 보냈다. 또 보국 민영소(閔泳韶), 관찰사 이용식에게 글을 올려 의거에 동참할 것을 권하고 여러 동지들과 암암리에 자체 계획을 도모하였다.

10월에 을사늑약 5조로 인하여 보국 민영환(閔泳煥), 의정 조병세(趙秉世) 등이 모두 죽었다. 공이 그 소식을 듣고 크게 통곡하면서 가족들에게

"내가 어려서 어머니를 잃고 정리(情理)와 예의를 다하지 못하였으니 이제 장지를 택하여 면례를 하고, 늦게나마 시묘살이를 하며 남은 인생을 마치려 한다."

라고 하였다. 옥구로 가서 부모의 묘를 종석산으로 이장하고 마침내 산상에서 시묘살이를 하였다. 대개 종석산은 사면이 절벽이어서 찾아오는 사람이 드물었다. 이 때문에 공은 산 중턱에 굴을 파고 병장기를 감추고 군량미를 비축하였다. 이것은 의병을 일으키려고 도모한 것이지 시묘살이를 하려는 것이 아니었다.

병오년(광무10, 1906) 정월에 면암 최익현(崔益鉉)이 의병 일으킬 것을 청하는 편지를 보내왔다. 공이

"제가 지금 시묘살이 중이어서 빠져나갈 수 없으니 후일 의병을 일으키시면 삼가 선생님의 말채찍을 잡겠습니다."

라고 답하였다. 2월에 면암이 또 편지를 보내왔다. 공이 다음과 같이 답하였다.

"보내주신 편지에서 곧바로 운봉(雲峯)으로 가신다고 하였는데 감히 안 된다고 할 수는 없으나 운봉은 생소한 곳입니다. 만약 지름길로 가다가 길을 잘못 들어 위급한 상황이 생긴다면 진퇴양난이 될 것이니 전주를 근거지로 삼는 것만 못합니다. 먼저 전주에서 심복을 모은 다음 두류산(頭流山)[10]에 주둔하여 진퇴 공수(攻守)의 계획을 하는 것이 아마도 합당할 듯합니다."

같은 달 그믐날, 면암이 찾아와 임병찬과 대화하며 크게 기뻐하여

"이제부터 대사를 그대에게 맡기니 그대가 모든 일을 처결하라."

라고 하였다. 공이 다음과 같이 말하였다.

"우리나라는 군사가 훈련되지 않았고 병기가 무디니 적을 상대하기 어렵습니다. 장차 외국의 도움을 청하고자 하나 진실로 믿을 만한 나라가 없습니다. 다만 평양성 전투[11]에서 흩어진 청나라 병사가 대부분 간도로 갔으니 만일 이 병사들을 고용하여 맹위를 떨친다면 거의 뜻을 이룰 수 있을 것입니다. 그리고 병사를 고용하는 절차는 먼저

재물을 얻은 뒤에 생각할 수 있는 문제입니다."

윤4월에 면암이 다시 방문하였다. 공이

"만약 재정이 없다면 가을을 기다려 거사해도 늦지 않습니다."

라고 하였다. 면암이

"그대의 말이 틀린 것은 아니나 국사가 날로 잘못되고 또 내 목숨이 얼마 남지 않았다. 뜻을 이루지 못할 것을 알았다면 지난겨울 변[12]을 들었을 때 대궐 아래로 달려가 목숨을 버려 뜻을 표명하는 것이 나았을 텐데."

라고 말하며 눈물을 흘렸다. 공도 눈물을 흘리면서

"이렇게 말씀하시니 감히 성패를 따질 것 없이 마땅히 목숨을 걸고 거사하여 대의를 함께 하겠습니다."

라고 하였다. 면암이

"그 말 참 통쾌하다. 그렇다면 망설이지 말고 하루라도 빨리 거사함이 좋겠다."

라고 하였다.

기묘일인 13일에 공이 면암과 함께 태인의 무성서원으로 가서 강회를 열고 마침내 의병을 일으키자는 의론을 꺼냈다. 그러자 따르기를 원하는 사람들 수십 명이 곧 향교로 물밀듯이 들어갔다. 정읍(井邑) 내장사(內藏寺)를 출발하여 순창(淳昌)에 이르렀을 때 채영찬(蔡永贊), 김갑술(金甲述), 양윤숙(楊允淑) 등이 포병 수십 명을 거느리고 와서 오시(午時)[13]에 일본군과 싸워 물리쳤다. 곡성(谷城)에 갔다가 다시 순창으로 돌아오니 약간의 병장기와 군수품, 그리고 전후로 모인 자가 500여 명이었으나 태반은 서생이었고 병장기를 잡은 자는 200여 명에 불과하였다.

다음날에 담양(潭陽)으로 떠나려고 하였는데 이날 새벽에 광주(光州)

의 관군이 옥과(玉果)[14]에 도착하여 군대를 해산하라는 황제의 칙서를 보내왔다. 또 전주와 남원읍(南原邑)의 관군이 앞뒤에서 함께 공격하였다. 총탄이 빗발치는 가운데 의사(義士) 정시해(鄭時海)가 중군으로 출전했다가 총탄에 맞아 죽자, 의병들이 모두 크게 놀라 흩어져 달아났다. 그중 달아나지 않고 남은 자는 13명뿐이었다. 공이 대장과 만나 생사를 함께 하기로 맹세하였다.

이때 포병 채영찬과 김갑술이 총을 소지한 채 우뚝 서 있는 것을 보았다. 공이

"공들은 어째서 가지 않았소?"

라고 물었다. 채영찬이

"전투에 임하여 대장을 돌보지 않고 제 살 길을 찾아가는 것은 의리가 아니니, 대장과 더불어 죽음을 함께 하고 싶습니다."

라고 하였다. 공이 장하게 여기면서

"공들은 참으로 의사요."

라고 하고는 진중(陣中)의 문서를 본가로 보냈다. 얼마 후 적병이 그들 13명을 체포하여 모두 서울로 압송하였다. 헌병 분대장이 신문하면서 폭도로 취조하자 공이 다음과 같이 말하였다.

"나라의 위급한 형편을 보고 내가 면암 선생과 함께 의병을 일으켰다. 네가 어찌 감히 폭도라 하느냐? 애초에 나는 일본으로 가서 네 나라 황제를 만나 동양이 서로 긴밀한 관계[15]에 있음을 말하고, 만일 내 말을 듣지 않으면 자살하여 천하에 나의 뜻을 밝히려 하였다. 그러나 이제는 그럴 수 없게 되었으니 어찌 한스럽지 않겠는가?"

6월에 최익현에게는 쓰시마 감금 3년, 임병찬에게는 감금 2년형을 선고했다. 면암이 끼니를 끊자 공도 먹지 않았다. 면암이

"생각건대 나는 늙었으니 말할 것도 없지만, 그대는 앞길이 창창하

니 반드시 쓸 데가 있을 것이다. 그러니 그렇게 하지 말기 바란다.” 라고 하였다. 공이

“오늘의 행위는 선생님을 위한 것만이 아니라 나라에 보답하기 위해서입니다.”

라고 하며 듣지 않았다. 홍주(洪州) 의사 유준근(柳濬根)과 이식(李侙) 등 아홉 명도 먹지 않았다. 며칠 뒤에 대위와 중위가 차례로 와서 식사할 것을 권했다. 이에 면암은 마지못해 식사를 하기 시작하였고 공 또한 식사를 하게 되었다. 하루는 면암이 공에게

“나는 이제 죽을 것이다. 준비한 상소문이 하나 있는데, 그대가 돌아가게 되면 나 대신 이 상소문을 임금께 바쳐라. 또 내 유골을 수습하여 고국으로 돌아가 묻어 달라.”

라고 하고는 마침내 옥에서 죽었다. 공은 시신을 수습하여 고국으로 보냈다. 다음해인 정미년(융희1, 1907)에 공 또한 귀국하였다. 부산에 도착하자 상무사 관원인 참봉 김영규(金永圭)가 담배를 끊어 국채를 보상하자고 청하였다. 공이 귀가하여 동지 유관오(劉官五), 탁정호(卓正浩) 등과 함께 담배를 끊기로 맹세하였다. 서울에 도착하여 면암의 유소(遺疏)를 임금께 올렸다.

무신년(1908) 4월에 영광 군수(靈光郡守)에 제수되었으나 부임하지 않았다. 송정용(宋楨鏞) 등이 터무니없는 사실을 꾸며 모함하자 일본 헌병이 공을 체포하여 천안(天安)에 송치하였다가 10월에 석방하였다. 경술년(1910) 8월에 합방 소식을 듣고 끼니를 끊고자 하였으나 가족들의 만류로 실행하지 못하였다. 9월에 태황이 종2품 가선대부를 제수하여 독립의군부 전라남도 순무대장으로 임명하고

“성을 지키고 관직을 지키면서 인재를 뽑아 적절히 써서 일하기 편하게 하라.”

라고 하였다. 유생 이식으로 하여금 칙서를 전달하게 하였는데, 이식이

"임금의 뜻이 이처럼 정성스럽습니다. 전라도 일대 유림의 영수는 영감(令監)이시니, 바라건대 영감께서는 이점을 헤아리시기 바랍니다."

라고 하였다. 공이 곧 북쪽을 향하여 네 번 절하고 공손히 칙명을 받으면서

"지금 임금[16]을 뵙기가 쉽지 않은데 어떻게 칙명을 받들고 왔소?"

라고 하였다. 이식이

"전 참판 김재순(金在淳), 이명구(李明九), 전 시종 전용규(田鎔奎), 유생 곽한일(郭漢一) 등 여러 공들이 비밀리에 도와주었습니다."

라고 하였다.

11월에 일본인이 이른바 은사금[17]을 주었으나 임병찬은 받지 않고 물리쳤다. 각 소장들이 와서 끊임없이 권했으나 공은 권할 때마다 물리쳤다. 일본인은 '필부의 뜻을 꺾을 수 없다.'라고 하고 더 이상 말하지 않았다. 임자년(1912)에 일본의 왕 메이지[明治][18]가 죽었는데 공이 상복을 입지 않아 경성사령부에 3개월간 수감되었다. 계축년(1913) 2월에 참판 이인순(李寅淳)이 또 비밀조칙을 받들고 왔다. 조칙의 내용은 대략 다음과 같다.

"아, 슬프다. 짐이 부덕하여 선왕들의 기업(基業)을 잃었으니 밤낮으로 근심하며 분개하였다. 내외의 신민들과 계책을 세워 국권회복을 기도하고자 경을 호남대장직에 임명하니 3품 이하의 관원으로서 명령을 어기는 자가 있으면 먼저 참수하고 뒤에 보고하라."

창덕궁[19]이 또 명하기를

"2품 가선대부 임병찬을 특별히 승진시켜 전라남북도 독립의군 순

무대장에 임명한다."
라고 하였다. 공이

"황제의 조칙이 내려졌으니 감히 명을 받들지 않겠는가. 다만 스스로 돌아보건대, 나는 어리석고 용렬하여 대사를 그르칠까 걱정이다."
라고 하더니 드디어 상소하여 사직하였다. 같은 달에 또 비밀 칙명이 있었다. 11월에 의병을 일으키는 방책을 내용으로 《관견(管見)》이라는 책을 지었다.

갑인년(1914) 2월 15일에 눈물을 흘리며 가묘(家廟)에 하직 인사를 올리고 마침내 상경하였다. 3월 23일에 조명(詔命)을 삼가 받고 이명상(李明翔), 이인순(李寅淳), 김재순(金在淳), 곽한일(郭漢一), 전용규(田瑢圭) 등과 함께 각도와 각 군의 대표를 선정하여 의병 일으킬 것을 도모하였다. 5월 3일에 또 비밀조칙을 삼가 받았다. 23일에 동지 김창식(金昌植)이 기밀을 주의하지 않아 일이 발각되었다. 공이 부득이 총독 데라우치 마사다케〔寺內正毅〕에게 편지를 보내 면회를 청했다. 데라우치가 경무총감 다치바나 고이치〔立花小一郎〕[20]를 대신 보냈다. 공이 자신의 생각을 대략 피력하였다. 윤5월에 또 총독과 총리 오쿠마 시게노부〔大畏重信〕에게 서신을 보냈다. 28일에 서대문경찰서 경시(警視) 구니도모 쇼켄〔國友尙謙〕[21]을 만났는데 힐난성 답변이 있었다. 6월에 다시 총독과 총리에게 투서하였는데 3일에 마침내 서대문경찰서에 체포되었다. 이에 공이 자결하기로 결심하고 차고 있던 칼을 뽑아 여섯 차례나 목을 찔렀지만, 포박된 상태였기 때문에 급소를 찌르지 못해 죽지 않았다. 다만 피가 흘러 땅에 흥건하였다. 순사가 크게 놀라 칼을 빼앗고 손을 펴서 상처를 막으며 큰소리로 외쳤다. 이에 일본인들이 모여들어 약을 붙여주었다. 공이

"내가 지금 죽지 못했으니 마땅히 식사를 끊어 물도 밥도 먹지 않

겠다."
라고 하더니 경부(警部)[22]가 올리는 음식을 모두 물리쳤다. 이튿날 아침 미음을 올렸으나 또한 먹지 않았다. 순사가 미음을 가져다 놓고 숨어 엿보는 것 같았다. 공이 마음속으로 비웃었다. 삼일 째 되는 날 경부와 감동(監董)[23]이 다투어 와서 권했으나 또한 먹지 않았다. 13일에 보안법 위반으로 거문도에 1년간 유배되었다. 공이 거문도에 도착하여

"내가 식사를 끊은 지 열흘이 되었으나 죽지 않았으니, 이것이 혹 천명인가?"
라고 하더니 다시 밥을 먹기 시작하였다.

을묘년(1915) 6월에 1년 유배형이 더해졌다. 다음해인 병진년(1916) 5월 23일, 거문도에서 죽었다. 집으로 운구할 때 제문을 지어 슬픔을 표하는 자들이 끊이지 않았다. 천리나 먼 길을 왔고 무더운 여름철이었는데도 집에 도착하여 관을 열어보니 얼굴이 살아 있는 듯하였다. 겨울에 회문산 해좌(亥坐) 언덕에 장례하였다.

이에 앞서 소실(小室)인 이씨가 면암의 사망 소식을 듣고 대성통곡하면서

"면암 선생의 사망 이유를 알 수 없으나 우리 영감 또한 살아 돌아오지 못할 것이니 내가 살아 있은들 무슨 소용이냐. 나는 쓰시마로 가련다."
라고 하였다. 가족이 모두 만류하자 이씨는

"그러면 내가 마땅히 남편 뒤를 따라 죽겠다."
라고 하더니 마침내 식사를 끊은 지 25일 만에 죽었다. 공이 쓰시마에서 돌아와 제문을 지어 제사하고 비를 세워준 일이 있었다.

공에게 두 아들이 있었으니 장남은 임응철(林應喆), 차남은 참봉 임

능철(林能喆)이다. 임응철은 고종 신미년(고종8, 1871)에 태어났으며 진사 합격 후 문과에 급제하였고[24] 교리와 승지에 제수되었다. 병오년(광무 10, 1906)에 아버지 임병찬이 면암과 의병을 일으키면서 일체의 상소문과 각국에 보내는 편지는 임응철에게 맡겼다. 이 때문에 임응철이 체포되어 서울감옥에서 한 달간 수감되었다. 아버지가 의병을 일으키자 임응철이 아버지의 명으로 서울에 도착하여 전 참판 이명상(李明翔), 이인순(李寅淳) 등과 함께 모의하였다. 임금이 또 비밀 칙령을 내리자 2월 5일에 칙서를 받들고 돌아왔다. 10일에 또 상경하여 북삼도[25] 선유사로 임명되어 임응철이 황해도로 가서 선유(宣諭)하였다. 다시 서울에 돌아오던 중 체포되어 3개월 간 수감되었다. 이후로 당시의 국사를 어찌할 수 없음을 깨닫고 벼슬을 그만두고 고향인 하청(河淸)의 산중으로 돌아가 지냈다. 하청은 바로 면암의 서원을 세워 제향하는 곳이다. 여기에 공을 배향하고 서원의 뜰에 비를 세워 창의기념비(倡義紀念碑)라고 명명하였다.

살피건대, 용은 그 덕이 정중(正中)하고 그 변화가 무상하다. 용은 나타나면 때로 비의 은택을 내려 만물을 적셔주기도 하지만, 잠기면 비바람을 못 만나 하잘것없는 미물에게 곤액을 당하기도 하는데 공은 그런 분이 아니겠는가?

공이 한 번 변하여 향리가 되고, 두 번 변하여 군수가 되고, 세 번 변하여 학자가 되고, 네 번 변하여 의병이 되었으니 용이 아니면 어찌 그럴 수 있겠는가. 공의 약력을 가지고 크게 《주역》〈건괘〉의 여섯 마리 용으로 비유해 본다면 공이 한 번 변한 것은 초구(初九)의 잠룡(潛龍)[26]이요, 두 번 변한 것은 구이(九二)의 현룡(見龍)[27]이요, 세 번 변한 것은 구삼(九三)의 척약(惕若)[28]이요, 네 번 변한 것은 구사(九四)의 혹약(或躍)[29]이니 공은 진짜 용일 것이다.

예전에 공이 낙안 군수에 부임 후 채 1년이 안 되어 고을의 체납세를 해결한 것이 수십여 만금이었다. 그러나 백성들에게 함부로 징수하지 않았고 마을에서는 세금을 독촉하는 아전을 볼 수 없을 정도로 낙안읍이 잘 다스려졌다. 고향으로 돌아가 두문불출하고 독서할 때는 성현의 학문에 몰두하였다. 병오년(1906)과 갑인년(1914) 간에 또 의병을 일으켜 적을 쳐 복수하고자 하였다. 그러나 뜻을 이루지 못하고 전후로 모두 패하여 다만 포로 신세가 되었다. 아, 공은 이미 잠룡의 상태에서 변하여 재전(在田)[30]의 상태였다. 비록 비의 은택을 내리는 재주는 있어도 비바람의 세력을 얻지 못한 상태인지라 그 덕의 시행이 어느 한 곳에 국한되고 널리 베풀어지지 못하였으니 안타깝기 그지없다.

조심스럽게 살피건대, 공이 일찍 조정에 들어가 공의 훌륭한 재능으로 안으로는 사문(私門)을 막고 공실(公室)을 강하게 하며, 정교(政敎)를 닦고 외적을 물리쳐서 위험하고 위급한 상황을 안정시키고 구해주었더라면, 나라는 견고한 기틀을 마련할 수 있었을 것이고 공도 쓰시마와 거문도의 치욕을 당하지 않았을 것이다. 그러나 깊숙한 궁궐에 계신 구오(九五)의 대인을 만나는 이로움은 없고[31] 단지 용이 들에서 싸워 상처를 입었다. 이것이 하찮은 미물에게 곤액을 당하는 것이 아니겠는가. 그러나 정치와 교화를 주선하는 것은 한 시대를 다스리는 공에 불과하고, 절의를 세우는 것은 만세에 중요한 윤리를 확립하는 것이다. 이렇게 본다면 쓰시마에서의 수감과 거문도의 유배는 자신에게는 고생이었지만 대의라는 명분에는 천하와 후세에 대유(大有),[32] 대축(大畜)[33]이 됨에 해롭지 않다. 그래서 사람들은 모두 공의 일을 슬퍼하지만 나는 공을 영예롭게 생각하는 것이다.

1 충정공 : 고려 말 문화시중평장사(門下侍中平章事)를 지낸 평성부원군(平城府院君) 임언수(林彦修)를 말한다. 충정(忠貞)은 그의 시호이다.

2 무신년의 난리 : 1728년 4월에 소론과 남인의 일부 세력이 영조와 노론을 제거하고 소현세자(昭顯世子)의 증손 밀풍군(密豐君) 이탄(李坦)을 추대하고자 했던 사건을 말한다. 이인좌(李麟佐)가 거병했으므로 흔히 이인좌의 난이라고도 한다.

3 조관인황(鳥官人皇) : 천자문은 4자 250구로 되어 있는데, 조관인황은 20번째 구이다.

4 본색으로……청한 : 무자년 세미를 1석에 25냥으로 계산하여 3만금에 달하는 미납세는 쌀로는 1,200석에 해당하므로 본색인 1,200석으로 받고 3만금으로 받지 말라는 말인 듯하다.

5 경강(京江) : 서울의 뚝섬에서 양화 나루에 이르는 한강 일대를 이르던 말이다. 이곳에서 서울로 오는 세곡, 물자 등이 운송되거나 거래되었다.

6 4동(同)여 필 : 동(同)은 물건을 세는 단위로 1동은 먹 10장, 붓 10자루, 생강 10접, 피륙 50필, 백지 100권, 곶감 100접, 볏짚 100단, 조기 1,000마리, 비웃 2,000마리를 이른다. 베의 경우는 50필이므로 4동여 필은 200여 필에 해당한다.

7 김개남(金開南) : 1853~1895. 본관은 도강(道康), 자는 기선(箕先), 기범(箕範)이다. 전북 태인 출신으로 동학의 태인 대접주(泰仁大接主)였다.

8 전주 감영 : 심영(沁營)은 강화도 진무영(鎭撫營)의 별칭이나, 여기서는 전주 감영으로 보는 것이 타당하다. 김개남은 청주싸움에서 패한 후 간신히 태인으로 돌아와 매부 서영기(徐永基) 집에 숨어 있다가 12월 27일 임병찬(林炳瓚)의 고발로 체포되었고, 전라 감사 이도재(李道宰)가 그를 전주에 압송하여 남원 부사 이용헌의 원수를 갚아주기 위해 임의로 처단하였기 때문이다.

9 영국과 일본의 협의 : 1902년 영국과 일본은 러시아의 남하를 저지하고 만주와 한반도의 이권을 분할하기 위해 영일동맹을 체결하였다. 이후 1904년 러일전

쟁이 일본의 승리로 끝나자, 일본은 1905년 8월 제2차 영일동맹을 체결하여 영국은 일본의 대한제국 지배권을, 일본은 영국의 인도 지배권을 교차 승인하였다.

10 두류산(頭流山) : 지리산의 별칭이다.

11 평양성 전투 : 1894년 동학농민전쟁을 계기로 조선의 지배권을 둘러싼 청일전쟁이 일어났다. 7월 25일, 일본은 선전포고도 없이 청나라를 공격하였고, 9월에는 평양성에서 청군과 전투를 벌여 대승하였다. 청군은 9월 16일 밤, 평양을 포기하고 압록강을 건너 후퇴하였다. 이 평양성 전투 승리를 계기로 일본은 조선의 내정에 적극 간섭하기 시작하였다.

12 변 : 을사조약을 말한다.

13 오시(午時) : 11시부터 13시 사이를 말한다.

14 옥과(玉果) : 전라남도 곡성의 옛 이름이다.

15 서로 긴밀한 관계 : 순치지세(脣齒之勢)란 순망치한(脣亡齒寒)의 형세라는 뜻이다. 순망치한은 《춘추좌씨전(春秋左氏傳)》 희공 5년조에 나오는 말이다. 춘추 시대 말엽(B.C.655), 진(晉)나라 헌공은 괵나라를 공격할 야심을 품고 통과국인 우나라 우공에게 그곳을 지나도록 허락해줄 것을 요청했다. 우나라의 현인 궁지기(宮之寄)는 헌공의 속셈을 알고 우왕에게 간언했다. "괵나라와 우나라는 한 몸이나 다름없는 사이이니 괵나라가 망하면 우나라도 망할 것입니다. 옛 속담에도 '수레의 짐받이 판자와 수레는 서로 의지하고, 입술이 없어지면 이가 시리다.'라고 했습니다. 이는 바로 괵나라와 우나라의 관계를 말한 것입니다. 결코 길을 빌려주어서는 안 됩니다." 그러나 뇌물에 눈이 어두워진 우왕은 "진과 우리는 동종(同宗)의 나라인데 어찌 우리를 해치겠소?"라고 하며 듣지 않았다. 궁지기는 후환이 두려워 "우리나라는 올해를 넘기지 못할 것이다."라는 말을 남기고 가족과 함께 우나라를 떠났다. 진나라는 궁지기의 예견대로 12월에 괵나라를 정벌하고 돌아오는 길에 우나라도 정복하고 우왕을 사로잡았다.

16 임금 : 여기서는 고종을 뜻한다.

17 은사금 : 1910년 8월 한국을 강제 합병한 후, 조선총독부는 동년 10월, 막대한 은사금(恩賜金)과 기로금(耆老金) 등을 주어 일제의 합병에 반대하는 민심을 회유하고자 하였다. 은사금은 당시 최고 1인당 50원에서 15원까지였고, 중앙의 명사들은 물론 각 지방 유생, 효자, 절부(節婦)들에게까지 뿌려졌다.

18 메이지 : 1852~1912. 1867년 제122대 천황으로 즉위하여 에도막부를 종식하

고 메이지유신을 통해 일본 근대화를 확립한 군주로 평가되는 인물이다.

19 창덕궁 : 1910년 한일합병조약으로 융희황제였던 순종은 왕으로 강등된 후 창덕궁에서 거처하였다. 그러나 여기서 말하는 창덕궁이란 문맥상 고종으로 보인다. 당시에 고종은 덕수궁에서 거처하고 있었다.

20 다치바나 고이치 : 1914년 4월에 아키시에 이어 제2대 헌병사령관 겸 경무총장이 되었다. 조선주차군 참모장 출신인 다치바나는 8월 중장으로 진급하고, 1916년 4월에 신설된 제19사단 사단장으로 전보될 때까지 2년간 헌병경찰제도의 주역이었다.

21 경시(警視) 구니도모 쇼켄 : 경시(警視)는 일제강점기 지금의 총경에 해당하는 경찰관 직급이다. 구니도모는 105인사건과 안명근 사건 등을 음모 조작하여 국내의 독립운동가를 발본색원한 인물이다.

22 경부(警部) : 경시 아래, 경부보 위에 있던 경찰 계급으로 오늘날의 경감에 해당한다.

23 감동(監董) : 조선시대에 궁전을 짓는 공사를 감시하고 독촉하기 위하여 임시로 임명한 벼슬이다. 대한제국 당시, 비원(秘苑)의 관리를 위하여 두었던 벼슬이기도 하였다.

24 문과에 급제하였고 : 임응철이 과거에 합격한 것은 1892년의 별시 병과였다.

25 북삼도 : 황해도, 평안도, 함경도를 말한다.

26 잠룡(潛龍) : 건괘 초구의 효사이며, 물에 잠긴 용이라는 말이다. 물에 잠긴 용이란 훌륭한 인물이 될 충분한 능력과 자질을 갖추고 있지만, 아직은 때를 못 만나 능력을 발휘할 수 없음을 말한다.

27 현룡(見龍) : 지상에 출현하여 그 덕이 이미 드러난 용을 말한다.

28 척약(惕若) : 구삼의 자리는 아직 아래를 떠나지 않았으나 높게 드러난 자리이므로 밤낮으로 게을리 하지 않고 조심하고 두려워하여야 위태로우나 허물이 없는 자리이다.

29 혹약(或躍) : 혹 뛰어오르거나 용이 편히 여기는 연못에 있기를 오직 때에 따라 편안하게 하면 허물이 없는 자리이다.

30 재전(在田) : 건괘 구이의 효사인 현룡재전을 말한다. 현룡재전이란 나타난 용이 밭에 있다는 뜻이다.

31 구오(九五)의……없고 : 구오는 임금을 상징하며 구오의 대인이란 훌륭한 임금을 말한다. 곧 임병찬이 훌륭한 임금을 만나 자신의 뜻을 펴지 못했음을 안타깝게 여겨 한 말이다.

32 대유(大有) : 괘 이름이다. 성대하고 풍성하게 소유한 것을 말하는데, 불이 높은 곳에 있어 밝음이 먼 곳까지 미쳐서 만물이 모두 비춰 보이는 상이다.

33 대축(大畜) : 괘 이름이다. 하늘보다 더 큰 것이 없는데 하늘이 산 가운데 있고, 산이 위에 있으면서 하늘을 아래에 그치게 하니, 모두 온축함이 지극히 큰 상이다. 사람에게 있어서는 학술과 도덕이 내면에 충적함이 되니 이는 쌓인 바가 큰 것이다.

양한규 梁漢奎

양한규의 자는 문찬(文贊)이다. 양씨는 남원(南原)의 이름난 가문으로서 고려 병부낭중 양능양(梁能讓)이 시조이다. 높은 벼슬을 지낸 이가 대대로 많았는데 묵재(默齋) 양우(梁祐)[1]에 이르러 판도 판서(版圖判書)[2]를 지냈다. 묵재공은 고려에 신하의 도리를 지켜[3] 이성계가 세 번 불렀어도 나아가지 않아 당시 사람들이 동국의 백이 · 숙제(伯夷叔齊)라고 일컬었다. 그 후에 서리(胥吏)로 강등되었어도 가풍이 순박하고 독실하기로 고향에서 유명하였다.

고조(高祖) 양여익(梁與益)은 장악원 정(掌樂院正), 증조(曾祖) 양산혁(梁山奕)은 호조 참의(戶曹參議), 조부(祖父) 양사준(梁思濬)은 호조 참판(戶曹參判)에 추증되었다. 임신년(순조12, 1812), 홍경래의 난[4] 때에 양사준은 의병을 일으킬 것을 모의하였다가 호응하는 사람이 없어서 그만두니 사람들이 애석하게 여겼다.

부친 양맹석(梁孟錫)은 무관으로 동지중추부사를 지냈는데 효의로 임금께 알려져 3대가 추증되었고, 후에 자신은 호조 판서(戶曹判書)에 추증되는 특별한 은혜를 받았다.

어머니 정부인(貞夫人) 파평 윤씨(坡平尹氏)는 윤종길(尹宗吉)의 딸로서 헌종 갑진년(헌종10, 1844) 10월 20일에 양한규를 낳았다. 양한규는 등에 달무늬가 있어 아기 때 이름이 월서(月瑞)였다. 체구가 크고 장대하였으며 기품이 뛰어났다. 재물을 가볍게 여겨 베풀기를 좋아하였으니, 사람들이 공을 한 번 만나면 공의 인품에 감화되어 자신의 인색하고 옹졸함이 저절로 사라졌다.

고종19년(1882) 임오년에 군란[5]이 일어난 소식을 듣고서 남원 부사 심의두(沈宜斗)에게 청하여 장정 300명을 모집하고 곧바로 서울로 가서 군란을 토벌하려고 하였으나 심의두가 막아서 실행하지 못하였다.

고종28년(1891) 신묘년에 선략장군 부사과(宣略將軍副司果)가 되고, 다음해 임진년(1892)에 통훈대부 초계군사 겸 내금위장(通訓大夫草溪郡事兼內禁衛將)으로 승진하였다. 조금 있다가 통정대부로 품계가 올랐다. 이로부터 임금의 깊은 은혜에 감격하여 조금이라도 나라의 은혜에 보답하려고 하였다.

고종31년 갑오년(1894)에 동학농민전쟁이 일어나자 공은 병사를 일으켜 동학농민군을 토벌하려 하였으나 결국 일이 누설되어 그만두었다. 다음해 을미년(1895)에 역신이 감히 임금의 머리를 깎자[6] 이때부터 임금의 병권이 이미 일제의 손아귀에 넘어갔다. 공은 피를 토하며 울음을 삼키고 마치 살고 싶은 생각이 없는 사람 같았다. 집안 재산 수만금을 털어 동지들을 규합하니 전국의 의로운 선비 수천 명이 모여들었다. 이에 활과 화살, 총, 탄환을 모아서 아무도 모르는 곳에 잘 감추어 두고 명산대천에 고하고 의병을 일으킬 것을 도모하였다.

고종 42년[7] 을사년(1905)에 일제가 5조약을 강제로 체결하고 경성에 통감부를 설치하니[8] 온 나라가 어수선하여 어찌 할 바를 몰랐다. 이때 공은 의병을 일으킬 것을 결의하고 병오년(1906) 12월 영호남의 의사 1,000여 명을 이끌었는데, 그믐날 밤 의병들이 공을 추대하여 대장으로 삼았다. 닭이 울자 남원성으로 들어갔다. 공은 칼을 잡고 앞장서서 곧바로 진위대를 습격하여 그들의 병기를 모두 빼앗고 추격하였다. 일본 경부(警部)는 총을 맞고 달아났다. 이에 의병들의 날카로운 기운은 마치 물이 솟구치는 듯했으며 승승장구하여 달아나는 무리를 쫓았다. 그러던 중 공이 갑자기 탄환을 맞고 쓰러졌다. 공은 곧 무리를 향해 영결하기를

"내가 지금 죽지만 국사가 어려운 상황에 처했으니 제공들은 힘쓰도록 하여라."

라고 하였다. 말이 끝나자 숨을 거두었다.

공은 손에 칼을 쥐고 있었으며 여전히 생기가 있는 듯했다. 때는 곧 정미년(1907) 정월 초하루 아침이었다. 왜적들이 양한규가 죽었음을 알고서 병사를 돌려 공격하니 우리가 빼앗았던 병기를 모두 빼앗겼다.

원근의 동지들이 그의 죽음을 알지 못하고 계속해서 진영으로 찾아왔다가 모두 통곡하고서 돌아갔다. 집안사람들이 장사한 지 3일 만에 적들이 그의 죽음을 의심하였다. 적들이 무덤을 파내고서 살펴보니 얼굴은 마치 살아있는 듯하고 성난 눈은 감지 않아 여전히 사람을 쏘아보는 듯한 기운이 있었다. 당시 적들이 삼엄하게 감시했는데도 여러 고을에서 제사에 참여한 이들이 많았다. 그 후에 교룡산 북쪽 기슭 계좌(癸坐)에 이장하였다.

아들 다섯이 있으니 양상렬(梁相烈)·양상준(梁相浚)은 전처 숙인 박씨가 낳았고, 양상학(梁相學)·양상목(梁相穆)·양상덕(梁相德)은 후처 숙인 박씨가 낳았다. 두 딸은 영천인(寧川人) 이원묵(李原默)과 전주인(全州人) 이계필(李桂弼)에게 시집갔다.

공의 호는 우졸헌(愚拙軒)이다. 효성스러워 부모가 편찮으실 때는 똥을 맛보며 지극정성으로 모시고 자신이 대신 죽게 해 달라고 빌었다. 부모의 상을 만났을 때는 3년 동안 시묘살이를 하였다. 여러 조상

들 묘에 표석을 세웠으며 가문 일족과 돈독하고 화목하게 지내서 모두 그를 신임하고 따랐다.

이 일에 앞서 면암 최익현이 호남에서 의병을 일으켰는데 부(府)의 관병이 순창(淳昌)에서 최익현 공을 습격하였다. 양한규는 시장으로 들어가 크게 소리를 지르며

"너희들이 감히 최 대감을 해친단 말이냐."

라고 하자 듣는 이들이 장하다고 여겼다. 최익현 공은 잡혀서 서울로 올라가는 도중에 사람을 시켜 양한규에게 편지를 보내 의병을 속히 일으키라고 권하였다.

처음에 같은 고을의 진사 박재홍(朴在洪) 역시 잡혀가게 되자 주먹을 휘두르며 큰 소리로 왜적을 토벌할 것이라고 하였다. 전주에서 서울에 이르기까지 말이 더욱 맹렬하여 적들이 감히 심문하지 못하고 혀를 내둘렀다. 얼마 후에 진도에 유배되었다가 풀려났다.

1 양우(梁祐) : 자는 구인(求仁), 호는 묵재(默齋)이다. 고려 때 대과(大科)에 급제한 후 봉익대부(奉翊大夫)에 책록되었고 판도 판서(版圖判書)로 집현전 대제학(集賢殿大提學)을 겸하였으나, 이성계(李成桂)가 조선을 개국하자 벼슬을 버리고 은거하니 세인(世人)이 동국(東國)의 백이 · 숙제(伯夷叔齊)라 하였다. 양성지(梁誠之)의 증조부이다.

2 판도 판서(版圖判書) : 고려 후기 호구(戶口), 공부(貢賦), 전량(錢糧) 등에 관한 사무를 관장하던 판도사(版圖司) 소속의 정3품 관직이다.

3 신하의 도리를 지켜 : 망복(罔僕)은 원래 망국의 신하로서 의리를 지켜 새 왕조의 신복이 되지 않으려는 절조를 말한다. 은(殷)나라가 장차 망하려 할 무렵 기자(箕子)가 "은나라가 망하더라도 나는 남의 신복이 되지 않으리라.〔商其淪喪, 我罔爲臣僕.〕"라고 말한 데서 유래하였다. 《서경(書經) 미자(微子)》

4 홍경래의 난 : 서변(西變)은 홍경래 난을 가리킨다. 1811년 난을 일으켰으나 이듬해 관군에 의해 진압되었다.

5 군란 : 임오군란을 말한다. 1882년 서울의 하급 군사들과 빈민층이 일으킨 난이다. 발단은 선혜청에서 신식 군대인 별기군에 비해 차별대우를 받던 훈련도감 군인들이 밀린 급료 14개월 치 중 먼저 한 달치를 쌀로 받았다. 그런데 선혜청에서 이 쌀에 겨와 모래를 섞어 나누어주자 분노가 폭발한 군인들이 난을 일으키면서 임오군란은 시작되었다. 이 일로 선혜청 당상 민겸호는 다음날 군인들에게 살해되었다. 민겸호는 민영환의 부친이다.

6 역신이……깎자 : 1895년 12월 30일 김홍집 내각이 성년 남자의 상투를 자르고 서양식으로 단발하라는 내용의 단발령을 내렸다. 고종은 농상공부대신 정병하에게, 태자는 유길준에게 머리를 깎였다.

7 42년 : 원문의 42년은 고종 재위 42년을 말한다. 그러나 고종은 1897년 이후 황제라 칭하고 연호를 광무라 하였으므로, 정확한 표현은 광무9년이다.

8 경성에 통감부를 설치하니 : 일제는 1905년 11월 17일 을사조약을 강제 체결하면서 대한제국의 외교권을 박탈하는 동시에 제3조에 통감을 두어 대한제국의 외교권을 지휘, 감독하게 하였다. 이 조약에 의거, 1906년 3월 이토 히로부미〔伊藤博文〕가 통감으로 부임함으로써 사실상 대한제국은 일제의 식민지로 전락하였다.

김현규 金顯奎

김현규의 본관은 김해(金海)이다. 김해에 살았는데 용맹이 매우 뛰어나 장수의 자질이 있었다.

을사년(광무9, 1905), 충의의 정신으로 선비들을 설득하여 의병을 일으켜 왜적을 토벌하려고 울진(蔚珍)의 불영사(佛影寺)에 들어갔다. 군대의 모습이 이미 갖추어져 이제 막 출전을 기약하고 있었다. 그는 군율이 엄격하고 분명하여 법을 어기는 자에게는 조금도 봐주는 것이 없었다.

당시에 주씨 성을 가진 자가 진중에 있었다. 그는 김현규의 위엄과 용맹을 꺼려하여 밤에 난폭한 병사를 거느리고 곧바로 막사에 침입하여 총을 마구 쏘아댔다. 김현규는 누워 있다가 다섯 발의 탄환을 맞았다.

천천히 일어서서 외치기를

"내가 병사를 일으켜 적을 토벌하려고 했는데, 너희들은 무슨 까닭으로 나를 죽이는가. 이 역시 하늘의 뜻일 게다."

라고 하더니 말을 마치고 죽었다. 이때에 큰 별이 지붕 모서리에 떨어졌다.

전주(全州) 류인식(柳寅植)

이국선 李國善

이국선의 자는 군직(君直), 초명은 일선(逸善)인데 후에 지금의 이름으로 고쳤다. 본관은 예안(禮安)이며 익양공(翼襄公) 이장(李藏)의 후손이다. 고종 병술년(고종23, 1886)에 안동군(安東郡) 우곡리(芋谷里)에서 태어났다. 아홉 살에 출계하여 이근명(李根明)의 양자가 되었다. 호서의 보은군(報恩郡) 구인교(求仁橋)에서 살았는데 사람됨이 뛰어나고 절개가 있었다. 집이 가난하여 공부를 하지 못하고 마침내는 농사를 지었다. 홀어머니를 효성으로 섬겼다.

광무11년(1907)에 일본인이 임금을 협박하여 양위하게 하니[1] 이국선은 분함을 이기지 못하였다. 이때에 김운로(金雲路)가 속리산(俗離山)에서 의병을 일으킨다는 소식을 듣고, 마침내 창을 들고서 찾아갔다. 김운로는 이국선의 용맹스러움을 보고 매우 좋게 여겨 군중의 여러 일들을 그와 함께 의논해 처리하였다. 당시에 적병이 삼산(三山)의 읍에 내려와 진을 치고 있었는데, 김운로가 공격하려고 군사를 이끌고 장내(帳內)에 이르렀다.

이국선의 집안사람들은 전장은 죽을 곳이라고 여겨 이국선에게 변이 있을 것을 두려워하여 밤에 찾아가 집으로 돌아가자고 하였다. 이국선은 그 말을 따르지 않고

"내가 이미 함께 하기로 허락하였는데 의리상 돌아갈 수 없다."

라고 하였다. 집안사람들이 마침내 타일러서 이국선을 끌고 집으로 데리고 와서 방에 가두고 빗장을 잠가 버렸다. 다음날 살펴보니 이국선은 그 문을 부수고 가버렸다.

노고성(老姑城) 전투에서 적병들이 점차 가까이 다가오자 여러 군사들은 모두들 앞으로 나아가지 못하였다. 이국선이 총으로 바닥을 치면서

"적병이 앞에 있는데 싸워 보지도 않고 앞으로 나가길 두려워하니 이를 어찌하는가."

라고 하고 스스로 먼저 달려가 앞장서서 싸움을 독려하였다. 당시 주민 중에 술을 가져온 자가 있었는데, 가서 술을 마시기를 권하니 이국선은

"적진과 대적해 싸우는데, 술을 마시면 싸움에 질지도 모른다."

라고 하고 사양하고 가지 않았다. 사람들이 간절히 권하니 이국선은 이에 가서 큰 사발로 몇 잔 마시고 성에 올라가 싸우다가 총을 맞고 죽었다. 정미년(융희1, 1907) 7월의 일이었고 당시 나이 22세였다.

친척들이 돈 약간을 거둬 장례비를 도와주었다. 자식이 없어 다시 고향 우곡리(芋谷里)의 일가에서 양자를 구했다고 한다.

1 임금을……하니 : 1907년 6월 고종은 만국평화회의에 이상설 등 3인과 헐버트를 밀사로 임명하여 파견하였는데, 이 일로 곤욕을 치른 일제는 고종을 강제로 퇴위시키고, 순종에게 왕위를 잇게 하였다.

이상설 李相卨

보재(溥齋)[1]는 한말 의정부 참찬(議政府參贊) 이상설(李相卨)의 호이며 자는 순오(舜五)이다. 명문가의 이름난 자제로서 어려서부터 뛰어났고 장성해서는 기개가 있었으며 박학하고 수양을 부지런히 하였다. 또 타고난 성품이 순수하고 충성스러웠다. 여러 대에 공경을 지낸 혁혁한 가문에서 태어나 어려서부터 재상이 될 만한 그릇으로 칭찬과 명망이 많았다. 검소하고 소박한 생활을 했으며 마음가짐이 평탄하여 조금도 사치스러운 태도가 없었다. 선비들을 좋아하고 남들에게 자신을 낮추었다. 음악과 여색, 기호 등을 따르는 것이 없었고 술을 마시면 담론을 잘 하였다. 풍채가 빼어났으며 타고난 성품이 후덕하고 재주와 사려가 넘쳐났다. 이치를 깊이 탐구하고 끝까지 찾아내서 조금도 교만하지 않았다.

8, 9세에 공부가 제법 깊어서 세상 사람들이 신동이라 불렀다. 유교 경전의 이치를 깊이 깨달았고 불교의 경전에도 조예가 깊었으며 또 수학을 익혀 심오한 경지에 이르러 당시의 권위자가 되었다.[2] 아울러 영어와 러시아어를 할 줄 알았고, 법률을 연구하고 익혔으니 이 모두가 스승 없이 스스로 익힌 것이다. 그 기품과 학문이 뛰어나서 사우들에게 본보기가 되었다.

24세에 문과에 급제하여 청요직을 지냈다. 35세가 되던 갑진년(광무

8, 1904)에 일본인이 우리나라의 산천과 못, 황무지 등의 이용권을 요구하자[3] 공은 상소하여 간쟁하였고 마침내 파기되었다. 세상 사람들이 이를 칭찬하였고 고종이 가상하게 여겨 법부 협판(法部協辦)[4]으로 임명하였다.

36세이던 을사년(광무9, 1905)에 의정부 참찬(議政府參贊)이 되었다. 그해 겨울 이토 히로부미[伊藤博文]가 병사를 거느리고 입궐하여 조약 체결을 요구하였는데, 일본군이 공을 막아서 공은 그 자리에 참석하지 못하였다. 마침내 상소하여 이 조약을 인준하지 말라고 요청하였다. 국제법에 의거하여 진술한 내용이 절실하고 마땅하였다. 그 가운데 다음과 같은 경계의 말이 있었다.

"인준을 허락하지 않아도 망하고 허락해도 망합니다. 똑같이 망할 바에는 나라를 위해 목숨을 바쳐 선대왕들께서 폐하께 부탁하여 물려주신 중임을 저버리지 않는 것이 낫지 않겠습니까."

을사조약이 강제 체결되었다는 소식을 듣고 공은 분통함에 가슴이 찢어질 듯하였고 뜨거운 마음이 끓는 듯 애가 탔다. 나라를 구할 방법은 거국적으로 항쟁하는 것 이외에는 없다고 여겼다. 먼저 조정 신하들부터 여론을 격동시키기로 하고 마침내 조병세(趙秉世), 민영환(閔泳煥)과 함께 상의하였다.

조병세 공은 고향에서 올라와 곧바로 궁에 들어가 소청을 설치하고 을사조약 폐기와 을사오적을 벨 것을 요청하는 소장을 올렸다. 당시 소장을 올리는 일은 공이 주관하였다.

조병세 공이 일본 병사에게 쫓겨나고 민영환 공 또한 체포 명령이 내려지자, 소장 올리는 일에 참여한 사람들은 모두 궁 밖으로 나와 임금의 명을 기다렸다. 평리원의 판결이 공의 기대에 어긋나자 대부분 실망하였다.

공이 평리원에서 명을 기다릴 때에 통곡하고 부르짖으며 죽고 싶은 마음이었으나 동료들이 억지로 끌고 사제로 돌아왔다. 공은 술과 눈물로 밤새도록 통음하고 곡을 하여 몸을 생각하지 않았는데 집안사람들이 주위에서 말려도 듣지 않았다.

다음날 새벽, 민영환 공의 순국 소식을 듣고 마침내 종로 한가운데로 달려가 통곡하면서 연설하였다. 나랏일을 제대로 못해 이 지경에 이르렀으니 나라와 백성에 대한 죄는 만 번 죽어도 마땅하다고 하였다. 또 나라가 망하면 백성이 사라진다는 진리를 힘주어 부르짖다가 머리로 땅을 치고 피를 흘리며 정신을 잃고 쓰러졌다. 온 성안의 인심이 민영환 공의 순국 때문에 비분강개함으로 들끓었는데, 또 지금 이상설의 이 같은 행동을 보고 모두가 통곡하며 부르짖었다.

그를 어깨에 들춰 메고 표훈원[5]에 이르렀을 때 소장을 올리는데 참여했던 여러 사람들이 민영환 공과 모이기로 한 약속에 따라 표훈원에 집결하여 소장을 작성하였다. 민영환 공의 유서를 읽자 이들의 정신이 더 고양되었다. 이어 공 또한 죽을 것 같다는 소식을 듣고 사람들은 모두 피눈물을 흘렸다.

시민들이 공을 메고 문 밖에 이르렀는데 이 당시 일본 헌병이 지켜 나오는 것만 허락하고 들어가는 것은 허락하지 않았다. 시민들이 한 목소리로 꾸짖으며 소리를 지르고 파도처럼 부딪치며 앞으로 나아가니 일본 병사가 흩어졌다. 공을 들고 어느 방으로 들어갔는데 공의 얼굴과 눈은 모두 부서져 상하고 사지가 경직되어 거의 죽은 듯 보였다. 가슴에는 겨우 온기만 남아있었다. 사람들이 물을 먹여 소생할 수 있었다. 동료들이 이상설에게

"목숨을 가벼이 하지 말라. 책임이 중하니 죽는 것은 나중 일이다."

라고 간절히 권하니, 공이 울며 아무 말도 못하였다. 여러 사람들이 호송하여 사가에 이르니 공은 이때부터 문 밖으로 나오지 않고 집에서 보양하였다.

다음해인 병오년(광무10, 1906) 봄, 이동녕(李東寧)과 정순만(鄭淳萬) 등 여러 동지들과 몰래 조국을 떠나 상해를 향해 가다가 블라디보스토크로 행선지를 변경하였다. 얀치헤[6]를 지날 때 이범윤(李範允)을 만났다. 이범윤은 일찍 의병장이 되었다. 연길(延吉) 육도구(六道溝) 용정촌(龍井村)에 도착하였는데, 당시 한인 거주인들이 적지 않았다. 공은 마침내 이곳에 머물기로 하고 학교 하나를 설립하여 서전의숙(瑞甸義塾)이라 하였다.

공은 날마다 자제들을 가르쳤는데 촌사람들은 옛것만 생각하고 신교육에 대해 알지 못해 조금 불평하는 말들이 있었다. 공이 자비를 출연하고 서책을 공급하여 깨우쳐 읽게 하니 마을 사람들이 비로소 마음으로 받아들였다. 연변(延邊) 한인 자제들의 교육은 이것이 효시가 된다.

다음해 정미년(1907) 봄, 헤이그 평화회의가 열렸는데, 광무제[7]는 공에게 밀명을 내려 국서(國書)를 가지고 헤이그로 가 일본이 약조를 어긴 것을 지적해 드러내고 아울러 을사늑약의 무효를 선포하게 했다. 공은 명령을 받고 이준(李儁)과 함께 여정에 올랐다. 러시아의 수도에서 이위종(李瑋鍾)도 합류했다. 주러시아 공사 이범진의 아들이다. 이범진은 고국으로 돌아가지 않고 그곳에 머무르고 있었다.

헤이그에 도착하자 여러 나라들이 회의에 참석하는 것을 허락하지 않았다. 그러자 공이 그 부당성을 통론하고

"어디에 이른바 공리가 있느냐."

라고 말하였지만 또한 어찌할 수 없었다. 다만 회의장 밖에서 강연하는 것으로 많은 동정심을 받긴 하였으나 그 뿐이었으니 길이 탄식할

따름이었다. 이준은 분함으로 인해 병이 생겨 죽었다. 공은 마침내 런던을 돌아보고 대서양을 건너갔다.[8]

다음해인 무신년(융희2, 1908)에 블라디보스토크로 돌아와 머물렀다. 대개 그 곳에는 교민들이 적지 않았고 당시 러시아는 전쟁에 패배한 후라서 보복할 생각이 있었기 때문에 적극적으로 전쟁 준비를 하였다. 따라서 공은 후일에 반드시 한 번의 기회가 있을 것이라 생각하여 이곳에서 힘을 다한 것이다.

그 후 경술년(1910), 조국이 완전히 국권을 상실하여 일본에 강제로 병탄되었다. 공은 마침내 동지들을 규합하여 한 모임을 조직하여[9] 일본의 악행을 성토하고 우리의 원통함을 부르짖었는데, 몇몇 부끄러움도 없는 자들이 방해하여 결국 결성되지 못하였다. 게다가 일본인들은 이상설에게 앙갚음을 하려고 러시아에 강력히 이상설을 인도할 것을 요구했다. 공이 이전 헤이그 사건 때문에 궐석재판으로 사형선고를 받았기 때문이다. 러시아 당국은 마침내 공과 이범윤(李範允), 김좌두(金佐斗), 이규풍(李圭豐) 등 7인을 잡아 호송하였다. 당시 형세가 대단히 어려웠는데 공은 옥중에서 〈옥중십이읍(獄中十二泣)〉이라는 시를 지어 이때의 마음을 읊었다.

러시아 정부는 치안을 어지럽혔다는 것을 명분으로 삼아 공을 니코리스크로 추방하였다. 니코리스크는 곧 소무가 양을 키우던 북해 물가이다. 다음해 신해년(1911) 풀려났다.

날마다 동지들과 함께 시사를 연구하고 토론하여 무언가를 도모하였으나 매번 자본이 부족하여 그만두었다. 공의 집은 평소 넉넉하였으나 나라를 떠날 때 재산을 모두 팔아 와 다 썼으므로 자본이 곤궁한지 이미 오래되었다.

현지의 인사들이 사방에서 모였는데 그 사이에 지역 출신에 따른

견해가 달라 암투가 적지 않았다. 공은 주야로 항상 화합하려고 노력했으나 뜻대로 되지 않는 일들이 많았다.[10]

이동휘(李東輝) 등과 함께 권업회(勸業會)를 조직하고 권업신문[11]을 간행하였다. 이것을 바탕으로 역량을 더 모으려 했으나 3년이 되지 않아 제1차 세계대전이 일어나는 바람에 러시아 정부가 각 단체를 해산시켜 권업회도 해산되었다.

공은 과로로 피를 토하는 병이 생겼다. 병진년(1916) 여름에 이르러 병이 매우 심각해졌고, 다음해 정사년(1917) 봄에 이르러 세상을 떠났으니 당시 48세였다.

공은 매번 평상시의 바람을 이루지 못한 것을 애통해 하였고 항상 허물로 여겨 스스로 되뇌곤 했다. 스스로 빛나고자 하지 않았을 뿐 아니라 자신의 발자취를 남기고자 하지도 않았다.

공은 죽는 날이 언제쯤인지를 알고 손수 평일 저작한 것을 모두 불에 태워버렸다. 또 죽은 후에 화장을 하되 유골이 타지 않은 것은 부숴 작은 가루로 공중에 뿌려 한줌의 재도 남기고자 하지 않았다. 죽은 후에 동지 이동녕 등이 그의 유언을 애통하게 따랐다. 공의 문장은 굳세고 훌륭하였으나 한 편도 세상에 전하는 것이 없다.

풍성(豐城) 조완구(趙琬九)

1 보재(溥齋) : '溥'의 본래 음은 '보'이다. 따라서 이상설의 호를 간혹 '부재'로 읽는 경우가 있는데, '보재'로 읽는 것이 맞다.

2 수학을……되었다 : 이상설은 30세인 1900년 일본에서 인기 있던 우에노 기요시〔上野淸, 1854~1924〕의 《근세산술(近世算術)》을 번역, 편집하여 《산술신서(算術新書)》를 편찬하였다.

3 일본인이……요구하자 : 1904년 2월 러일전쟁을 일으킨 일제는 하야시 곤스케〔林權助〕 공사를 통해 한국 외부에 황무지개척권을 강력하게 요구했으며, 나가모리〔長森藤吉郎〕를 앞세워 50년 동안 전국의 황무지개척권을 그에게 위임할 것을 요구했다.

4 법부 협판(法部協辦) : 오늘날의 법무부 차관을 말한다.

5 표훈원 : 대한제국 당시 훈장이나 기장(記章), 포상에 관한 일을 맡아보던 관청으로 오늘날의 국가보훈처에 해당한다.

6 얀치헤 : 연해주 포시에트지구에 위치해 있다.

7 광무제 : 고종의 연호는 광무이다. 따라서 고종 또는 광무황제가 바른 호칭이다. 고종황제라는 호칭은 잘못된 표현이다. 고종은 1919년 승하한 뒤 붙여진 시호이다.

8 대서양을 건너갔다 : 이때 이상설은 미국으로 건너가 당시 재미한인의 민족운동단체인 공립협회(共立協會) 등을 방문하고 독립군기지 개척에 관해 논의하였다.

9 한 모임을 조직하여 : 이때 조직된 단체는 민족운동단체인 성명회(聲鳴會)이다.

10 지역……많았다 : 이상설의 고향은 충청북도 진천으로 기호 출신이었다. 당시 러시아 한인사회에는 평안도〔西派〕, 함경도〔北派〕, 기호〔京派〕 출신이 지역감정으로 인해 자주 반목하였다. 1910년 1월 발생한 양성춘(楊成春) 살해사건, 1911년 6월 그에 대한 보복으로 일어난 정순만 살해사건은 민족운동 세력들의 지역 간 알력이 얼마나 격화되었는가를 잘 말해준다.

11 권업신문 : 러시아 한인사회의 민족운동 기관지로 1912년 4월 22일부터 1914년 8월 30일까지 2년 반 동안 총 126호가 간행되었다.

이준 李儁

이준은 함경남도 북청에서 태어났다. 그는 강경한 성품을 지녀서 험난한 일을 잘 헤쳐나갔으며 아무리 꺾으려 해도 빼앗을 수 없는 기상을 지니고 있었다. 다른 사람들과 대화할 때 격이 다른[1] 말로 곧바로 대꾸하여 종종 위태로운 말들을 많이 하였다. 그렇기 때문에 사람들이 그를 두려워하여 사귀려 하지 않았다.

을미년(고종32, 1895)에 법부 주사(法部主事)에 임명되었다. 그해 겨울 12월에 임금이 러시아 공사관으로 파천(播遷)하여 여러 적들을 몰래 죽이게 하였다.[2] 이때 김홍집과 정병하(鄭秉夏)[3] 등이 다 죽었다. 당시에 장박(張博)이 법부 대신이었다. 재앙이 닥칠 것을 예측한 이준은 장박과 함께 궁궐의 담을 넘어 탈출하여 일본으로 달아났다가 4년 뒤에 귀국하였다. 이준은 일찍이 이승만(李承晩), 정순만(鄭順萬) 등 여러 사람과 청년회를 조직하고 목숨 바쳐 나라의 은혜에 보답하기로 맹세하였다.[4] 을사년(광무9, 1905)에 이르러 독립협회(獨立協會)와 협력하여 정부를 바로잡고 일본인들의 내정간섭을 막고자 하였다.[5] 독립협회에서 추진한 일이 실패하고 을사늑약이 체결되자 이준 등이 하늘을 우러러 탄식하며

"나라가 이미 망하였으니 장차 어찌한단 말인가."

라고 하였다. 여러 사람들이 말하기를

"일이 이러한 지경에 이르렀으니 살아서 할 수 있는 일이 없다." 라고 하고 모두들 죽음으로 절의를 지키고자 하였다. 독약과 칼을 자신들 앞에 준비해 두고 나이에 따라 죽기로 하였다. 당시 이준이 가장 연장자였으나 끝내 칼로 찌르지도 못하고 독약을 마실 수도 없었으므로 밖으로 나와 자리를 떠나 돌아오지 않았다. 이에 이준이 달아난 것을 알아차린 여러 사람들이 모두 그에게 욕을 퍼붓고는 흩어졌다.

얼마 뒤에 이준은 평리원(平理院) 검사(檢事)가 되었다. 그 사실을 알게 된 여러 사람들이 의리정신이 없는 이준을 헐뜯었다. 그러자 이준이 다음과 같이 말하였다.

"내가 어찌 목숨이 아까워 죽지 않았겠는가. 다만 부질없이 죽는 것은 나라에 아무런 도움도 되지 못할까 걱정한 것이다. 우리들이 다 죽는다면 누가 그 일을 한단 말인가. 나는 이런 생각 때문에 죽지 않은 것이다. 살아서 일을 하다가 일이 뜻대로 되지 않은 다음에 죽어도 늦지 않을 것이다."

이때[6]에 이르러 세계의 열강(列强)들이 네덜란드 헤이그에 모여 평화회의를 개최한다는 소식을 들은 임금께서 을사늑약이 체결된 것을 가슴 아프게 생각하여 참찬(參贊) 이상설(李相卨)을 상사(上使)로, 이준을 부사(副使)로 삼아 몰래 헤이그에 보내 원통함을 알리게 하였다. 병오년(광무10, 1906) 4월 20일에 이상설과 이준은 서울을 출발하여 함경도를 거쳐 블라디보스토크에 도착하였다. 그곳에서 시베리아 기차를 타고 러시아 수도인 상트페테르부르크에 도착하였다. 러시아 공사 이범진(李範晉)[7]의 아들 이위종(李瑋鍾)[8]과 함께 길을 나서서 헤이그에 도착하였다.

당시에 러시아의 위원인 알렉산드로 이바노비치 넬리도프 백작이 평화회의 의장이었는데 이상설 등 세 명은 그를 방문하였다. 이보다 앞서 러시아 정부는 우리나라에서 밀사를 보낸 사실을 의장에게 전보로 알린 바 있었으므로 다행히 넬리도프를 만날 수는 있었으나 회의에 참석하는 것은 의장의 힘으로 어찌할 수 있는 일이 아니었다. 그러므로 이상설 등은 영국과 미국, 프랑스 등 각국의 위원들을 차례로 방문하여 회의에 참석할 수 있도록 도와 달라고 간절히 요구하였다. 그와 동시에 네덜란드 정부를 상대로

"을사조약에 우리나라 황제의 허락이 없었으니 우리의 외교권을 일본이 박탈할 수 있는 이치가 없는데도 왜놈들이 마음대로 정한 것이다. 그러므로 우리나라 황제가 특별히 우리 사절단을 파견하여 우리의 억울한 사정을 알리게 하였다."

라고 설명하였다.

또 러시아의 신문기자 어이리(於伊利)와 투마사(透馬斯)[9] 등이 각국의 신문기자단을 연합하여 국제협회를 여는 것을 알게 되었다. 이에 이위종이 단상에 올라 연설을 통해 일본 사람들이 우리나라를 강제로 압박하고 일을 방해하는 실상에 대해 여러 차례 통렬히 논박하였다. 당시 연설한 이위종이 주체할 수 없을 정도로 눈물을 흘렸으므로 연설을 듣는 사람마다 슬퍼하였다.

7월 5일에 이상설이 평화회의가 열리는 장소에 나가 3개 조목으로 된 탄원서를 제출하였다. 그것은 첫째, 일본인들이 대한제국 황제의 승인을 기다리지 않고 정치를 제멋대로 시행하고 있으며, 둘째, 일본인들이 육군과 해군의 군사력에 의지하여 대한제국을 압박하고 있으며, 셋째, 대한제국의 법률과 풍속이 다 파괴되었다는 내용이었다. 그리고는 다음과 같이 말하였다.

"처음에 대한제국의 자주독립에 대해서는 각국이 모두 공인하여 우호적으로 지내기로 했던 것이 아닙니까. 그런데 1905년 11월 17일

이후로 일본인들이 군사력을 동원, 우리나라를 핍박하여 각국과의 국제교섭권을 강탈하였습니다. 또 우리의 법률과 정권을 남김없이 없애 버렸습니다. 따라서 지금 각국은 마땅히 공의(公義)에 의거하여 일본을 처단해야만 합니다. 그런데 무슨 이유로 일본인이 국제공법(國際公法)을 저버리고 우리나라의 국제교섭권을 강탈하여 황제의 전권을 위임받은 우리 사절단이 회의에 참석조차 못하게 한단 말입니까. 그러므로 우리들은 황제의 명령을 받들어 총통 대표들에게 울며 고하니 약한 나라를 돕고 위기에 처한 나라를 구제하는 은혜를 베풀어 저희 사절단이 회의에 참석하여 국제사회에 하소연할 수 있도록 해 주십시오."

각국의 위원들이 이 탄원서를 보고 우리나라의 고충(苦衷)을 알아주기는 했으나 우리의 요구를 받아들이지 않고 서로 얼굴만 바라보다 말없이 회의장을 빠져나갔다. 이에 이준이 대단히 분노하여 칼로 배를 갈라 피를 뿌리고 죽었다.[10] 그러자 그 자리에 있던 사람들이 모두 놀라 탄식하였으나 회의에 참석하는 것은 여전히 허락하지 않았다. 이상설과 이위종은 모두 미국으로 갔다.

이상설의 본관은 경주, 호는 보재(溥齋)이다. 충북 진천군 초평리에 거주하였으며 판서를 지낸 이규팽(李圭祊)의 증손이다. 그는 됨됨이가 방정하고 어려서부터 독서를 좋아하였다. 집에 10,000권이나 되는 책을 쌓아두고 고금의 책들을 두루 익혔으며 외국어에도 능통하여 재주와 인망이 한 시대에 으뜸가는 인물이었다. 효성스런 성품을 지녀 부모를 잘 섬겼고 상을 치를 때는 수질(首絰)과 요대(腰帶)를 풀지 않았다. 고종 때에 과거에 급제하여 청요직(淸要職)을 두루 거쳐 벼슬이 참찬에 이르렀다. 얼마 뒤에 을사늑약(1905)이 체결되는 변고를 만나게 되자 참정(參政) 한규설(韓圭卨)과 함께 항의하였다. 그러나 이상설은 관직이 낮아 어전회의에 참석할 권한이 없었으므로 뒤에서 한규설을 몰래 도와 위법한 조약에 대해 항의하는 것을 응원하였다. 위법한 을사늑약이 체결되자 이상설은 통곡하고 부서에서 빠져나와 이 일을 만회할 길이 없음을 한탄하며 죽음을 통해 자신의 절의를 지키고자 하였다. 그런데 마침 그 조약이 아직 황제의 인준을 받지 않았다는 사실을 들었다. 이상설은 대단히 다행스러운 일이라 판단하고 나라를 위해 아직은 할 일이 있다고 생각하였다. 그리고는 곧바로 소장을 올렸는데 그 내용은 다음과 같다.

"이 조약은 전하께서 인준하셔도 나라가 망하고 인준하지 않으셔도 나라가 망합니다. 어차피 망한다면 차라리 나라를 위해 죽기를 각오하고 강력히 거부하여 선대의 왕들께서 폐하께 남긴 무거운 책임을 저버리지 말아야 합니다. 서둘러 참정 한규설이 올린 말에 따라 조약에 찬성했던 여러 대신들을 모두 징계하여 나라의 법을 바르게 하십시오. 그렇지 않으면 비록 죽음을 당하더라도 나라를 팔아먹은 도적놈들과 한 조정에 나란히 서고 싶지 않습니다. 폐하께서 저의 말을 옳지 않다고 생각하신다면 반드시 저의 목을 베어 여러 적들의 바람에 부응하시고, 저의 말을 옳다고 생각하신다면 여러 도적놈들의 목을 베어 국민들의 바람에 부응하십시오."

이때에 이르러 보국 민영환(閔泳煥)과 대소 신료들이 모두 소장을 올려 도적들을 처벌해야 한다고 요청하니 이상설도 거기에 참여하였다. 민영환이 죽자 이상설은 종각의 대로에 가서 국민들을 향해 다음과 같이 연설하였다.

"지금부터 우리 동포들은 장차 모두 죽을 것이다. 오늘 애도하는 것은 민씨를 위해서가 아니라 사실상 우리 동포들을 위해서이다."

그리고는 마침내 통곡하며 돌아왔다. 이 일이 있고 나서 이듬해에 헤이그 사건이 있었다.

살피건대, 사신으로 간 신하가 자신에게 맡겨진 일에 최선을 다하는 것은 임금의 명을 욕되게 하지 않으려는 것이다. 그렇다면 이준 등이 헤이그에 사절단으로 파견되어 회의에 참석하지도 못하고 죽었으니 이것도 사신의 임무를 잘 수행했다고 할 수 있겠는가.

아아, 처음 왜놈들이 여러 도적놈들과 함께 우리나라의 외교권을 강탈하고 우리를 보호해 주겠다는 조약을 멋대로 체결하였다. 그리고는 자기들 마음대로 공포하여

"이것은 모두 대한제국이 양보한 것이며 대한제국이 인준한 것이다."

라고 하여 천하의 사람들을 속였다. 우리 황제폐하를 마치 어린아이 다루듯이 조종하여 온갖 흉악하고 못된 짓을 다 하였다. 이것은 우리나라 모든 백성들이 절치부심하며 치욕스럽게 여겼던 일이다. 그러나 누구도 그 부당함을 성토하고 알려 분노를 쏟아내는 사람이 없었다. 오직 이준은 멀리 헤이그에 사신으로 가 자신의 배를 갈라 피를 뿌려 세계 각국이 우리의 원통한 사정을 알게 했으며 왜놈들이 멋대로 조약을 체결한 사실을 알게 하였다. 이준이야말로 진정 만고의 충신이니 그가 회의에 참석하지 못했다고 해서 어찌 임금의 명을 욕되게 했다고 하겠는가.

그러나 법무 대신 장박은 나라의 도적놈이다. 처음에 이준이 장박과 함께 일본으로 도망치지 않았다면 장박도 김홍집, 정병하 등과 함께 처형되었을 것이다. 게다가 당시 이준은 사법 주사(司法主事)의 신분으로 도적인 장박을 죽이지 않았을 뿐만 아니라 도리어 도적을 보

호하여 장박을 처벌하려던 사람들이 그를 죽이지 못하게 하였다. 헤이그에서 자결한 것은 비록 훌륭한 일이었지만 이전에 도적을 보호했던 사람이라는 비난을 면할 수 있겠는가.

옛사람이 말하기를

"사람을 평가할 때는 만년의 절의가 어떠하였는가를 살펴보아야 한다."

라고 하였다. 이준이 장박과 함께 일본으로 도망친 것은 처음의 절의였고 사신으로 파견되어 목숨을 바친 것은 만년의 절의였다. 처음한 일 때문에 마지막의 절의를 인정하지 않을 수 있겠는가. 또 밀사로 파견되는 일은 얼마나 위태롭고 두려운 일이며, 그가 담당한 비밀 임무는 또 얼마나 중요한 일이었던가. 그런데도 임금께서 이준을 사신으로 임명할 때 적을 보호했던 인물이라고 그를 의심하지 않았다. 이준도 사신이 되어 일을 망치지 않고 절의를 지켜 죽었다. 이것은 한 때의 옅은 구름이 태양을 가리지 못하는 것과도 같은 경우라고 하겠다.

1 격이 다른 : 경정(徑庭)은 오솔길과 마당이라는 뜻으로 둘 사이에 차이가 많은 것을 의미한다. 여기서는 다른 사람들이 하지 않는 말을 하였다는 의미이다.

2 그해……하였다 : 1896년 2월부터 1897년 2월까지 고종이 러시아 공사관에 머문 일을 말한다.

3 정병하(鄭秉夏) : 1849～1896. 본관은 온양(溫陽), 자는 자화(子華), 호는 남고(南皐)이다. 1895년 11월 유길준(俞吉濬)과 조희연(趙羲淵) 등이 고종에게 단발령 반포를 요구하며 먼저 시범으로 머리를 깎을 것을 주장하자 농상공부대신으로

있던 그가 고종의 머리를 깎았다. 1896년 2월 1일 아관파천이 일어나자 김홍집, 유길준 등과 함께 역적으로 규정되어 포살(捕殺) 명령이 내려졌다. 시호는 충희(忠僖)이다.

4 이준은……맹세하였다 : 이준의 한말 행적에 관해서는 그의 사위 유자후가 쓴 〈이준선생전〉이 많이 인용되곤 한다. 〈이준선생전〉에 의하면, 1895년 협성회에 참가하여 이승만, 이상재와 함께 배재학당을 중심으로 협성회 활동을 하였으며, 이후 1898년 귀국하여 독립협회 활동에 다시 참여하였다고 하였다. 그러나 협성회는 이준이 망명한 이후인 1896년 5월 조직되었으며, 협성회 참여자 명단에도 이준의 이름은 보이지 않는다. 또한 귀국 시점으로 볼 때, 독립협회에서 활동했는지의 여부에 대해서도 불분명하므로 주의를 요한다.

5 을사년에……하였다 : 독립협회는 1896년 해산되었으므로 1905년 당시 존재하지 않았다. 다만, 1904년 공진회와 국민교육회, 1905년 헌정연구회 등에 가입하여 활동하였는데, 이들 단체는 기본적으로 이준을 비롯한 독립협회 출신으로 구성되어 있었으므로 독립협회로 표현한 것으로 보인다. 그리고 을사늑약 반대시위는 상동교회를 중심으로 전개되었으므로, 이는 상동청년회와 밀접한 관련이 있을 것이다.

6 이때 : 1907년 6월의 일이다.

7 이범진(李範晉) : 1852~1910. 본관은 전주(全州), 자는 성삼(聖三)이다. 1900년 주러시아공사 겸 주독일, 오스트리아, 프랑스공사를 지냈다. 1910년 일제가 한국의 국권을 박탈하자 이에 통분하여 권총으로 자결하였다.

8 이위종(李瑋鍾) : 1887~? 본관은 전주(全州), 아버지는 이범진(李範晉)이다. 7세 때부터 아버지를 따라 영국, 프랑스, 러시아 등 유럽 각국을 순회하여 영어, 프랑스어, 러시아어 등 외국어에 능통하였다. 러시아의 수도 페테르부르크 주재 한국공사관의 참사관으로 있다가, 1905년 을사조약이 체결되어 외교권이 박탈되고 공사관이 폐쇄되자 이에 응하지 않고 페테르부르크에 체류하면서 비공식 외교활동을 벌였다. 1907년 6월 네덜란드의 헤이그에서 만국평화회의가 열리게 되자 이상설(李相卨), 이준(李儁)과 함께 고종의 특사로 임명되었다. 이후 1908년 러시아에서 이범윤, 안중근과 함께 동의회를 조직하여 일본군과의 전투에서 많은 공을 세웠다. 1914년 1차세계대전이 일어나자 자원입대하여 1916년 러시아육군사관학교 수료 후 전쟁에 파견되었는데, 이후 행적은 불분명하다.

9 어이리(於伊利)와 투마사(透馬斯) : 사람의 이름을 음역한 것인데 누구의 이름

인지 알 수 없으므로 한자음을 그대로 사용하였다.

10 이준……죽었다 : 흔히 이준이 할복자살한 것으로 알려져 있다. 그러나 이준은 수술로 얼굴의 종기를 절단한 결과, 급성 화농성 전염병에 걸려 중태에 빠져 7월 14일 호텔에서 사망하였다. 그런데 7월 18일 황성신문과 대한매일신보가 호외를 발간하여 배를 가르고 분사하였다는 기사를 냄으로써 이준의 순국이 병사(病死)가 아닌 할복자살로 알려지게 되었다.

박성환 朴星煥

박성환은 서울 반촌(泮村)[1] 사람이다. 박성환은 을미사변[2] 이후로 일찍이 복수하려는 뜻을 품었다. 일본의 압박이 날로 심해지고 국가의 운명이 점차 위급해지자 박성환은 분노의 눈물을 흘리면서 죽음으로 보답하고자 하였다.

정미년(융희1, 1907)에 광무황제가 폐위되자,[3] 박성환은 궁중에서 거사하려 하였으나 임금에게 화가 미칠까 염려하여 중단하였다. 8월 1일, 하세가와 요시미치〔長谷川好道〕[4]가 부대장들을 소집하자 박성환은 병을 핑계로 가지 않고 중대장을 대신 보냈다.[5] 이에 앞서 이토 히로부미〔伊藤博文〕와 하세가와 요시미치가 이완용과 군대를 해산하기로 의논하고 군부(軍部)로 하여금 기마병을 보내 급히 부대장들을 대관정(大觀亭)[6]으로 모이게 하였다.

이때 여단장 양성환(梁性煥)과 시위연대장, 각 부대 단장들이 하세가와 요시미치 관저인 대관정으로 모였다. 군부대신 이병무(李秉武)가 군대 해산에 대한 황제의 조서를 읽고

"오전 중에 훈련원으로 가서 군대를 해산하라."

라고 하였다. 양성환은 크게 놀라 안색이 변하였다. 그러나 일본군이 사방에서 포위하고 있어 저항하면 곧바로 화가 미칠 것 같았다. 하는 수 없이 얼굴이 흙빛이 된 채 군영으로 돌아갔다.

이때 대한제국군의 각 부대가 모두 훈련원으로 갔으나 시위연대 2대대만은 불참하였다. 일본 무관이 우리 군인들이 차고 있던 칼과 견장을 반납하게 하였다. 그리고 보수(報酬) 명목으로 7,8천 원을 차례로 나눠주고[7] 해산 명령을 내렸다. 대한제국 군인들은 울분을 참을 수 없었다. 어떤 이는 눈물을 훔치며 소리 내어 울었고 어떤 이는 큰 소리로 목 놓아 울었다. 받은 돈을 찢어 땅에 팽개치는 사람도 있었다.

그들이 돌아갈 때 길가의 구경꾼들이 성난 목소리로 그들을 꾸짖었다.

"너희들은 군인으로서 국록만 받아먹고 조금도 은혜에 보답하지 않은 채 돈 몇 푼에 팔려 기꺼이 남의 노예가 되려는가."

이 말을 들은 군인들은 더욱 분노하였다.

이때 박성환은 군대해산 명령이 내려졌다는 소식을 듣고 몹시 분노하여 책상을 걷어차고 의자를 내리치며 대성통곡하였다. 그리고 품은 뜻을 이루지 못했음을 개탄하면서 권총으로 자살하니, 그가 바로 시위대 제1연대 제1대대장이다. 애초에 박성환이 분개하면서

"나라에 군대를 두는 것은 바로 나라를 경비하기 위해서이다. 지금 외적이 침략하여 갑자기 군대를 해산하니, 이는 임금의 뜻이 아니라 적신(賊臣)들이 임금의 명을 위조한 것이 분명하다. 나는 죽을지언정 그 명을 받을 수 없다."

라고 하고 곧바로 죽은 것이다.

살피건대, 사람들은 죽음이 두려워 거사를 하지 못한다. 만일 죽음이 두렵지 않다면 다시 무엇을 꺼리겠는가. 지금 박성환이 의연히 순

국하여 죽음을 집으로 돌아가듯 편안히 여겼으니 이는 죽음을 두려워하지 않는 자세이다. 진실로 장렬하기는 하나 이미 죽음을 각오하였다면 큰 군대를 장악하고 있었으니 어찌 군사를 일으켜 공격하여 남상덕(南相悳)처럼 용감하게 죽기로 싸우지 않은 것인가. 박성환의 전(傳)을 읽을 때마다 그를 위하여 탄식하지 않은 적이 없다.

1 반촌(泮村) : 조선 시대 성균관을 중심으로 형성된 마을이다. 주로 성균관 노비로 알려진 반민(泮民)이 살며, 조선 후기에 한양의 도살 면허를 독점하였다. 반촌이라 한 것은 중국에서 제후국에 세운 교육기관을 반궁(泮宮)이라 불렀기 때문에 생긴 이름이다.

2 을미사변 : 1895년 일본군 수비대와 낭인들이 명성황후를 시해한 사건을 말한다.

3 광무황제가 폐위되자 : 1907년 6월 고종은 만국평화회의가 개최된다는 소식을 듣고 이상설 등 3인과 헐버트를 밀사로 임명하여 파견하였다. 이 일로 곤욕을 치른 일제는 7월 20일 헤이그밀사사건을 주도한 고종을 강제로 퇴위시키고 순종에게 왕위를 잇게 하였다.

4 하세가와 요시미치 : 1850~1924. 제2대 조선 총독을 역임한 인물이다.

5 중대장을 대신 보냈다 : 중대장은 시위대 제1연대 1대대 최고참 중대장인 보병 정위 김재흡(金在洽)이었다.

6 대관정(大觀亭) : 일본군 사령관 하세가와 요시미치의 관저를 말한다.

7 보수(報酬)……나눠주고 : 해산 당시 일제는 하사는 80원, 1년 이상 복무한 병졸은 50원, 1년 미만 복무한 병졸은 25원을 소위 은금(恩金)이란 명목으로 지급하였다.

남상덕 南相悳

남상덕의 본관은 의령(宜寧)이다. 아버지는 남철희(南哲熙)이다. 태황(太皇) 신사년(고종18, 1881)에 태어났다. 일찍이 군부 참위(軍部參尉)로 임관하여 시위영(侍衛營)을 통솔하였다. 정미년(융희1, 1907)의 변[1]에, 군부대신 이병무(李秉武)가 역적들의 뜻을 받들어 군대를 해산하자 참령(參領) 박성환(朴星煥)이 자살하였다. 남상덕이 비분을 참지 못하고 군중에 명하기를

"상장(上將) 박성환이 나라를 위해 의리를 지켜 죽었으니, 내 어찌 홀로 살겠는가. 마땅히 적과 죽기로 싸워 나라의 원수를 갚자."

라고 하였다.

이때 부하 1,000여 명이 각각 총과 칼을 들고 군영을 출발하여 공격하려 하였다. 잠시 후 일본군이 남문으로 올라가 벽에 의지하여 사격하였다. 남상덕이 그들을 맞아 싸웠는데 일본군 사망자는 300여 명이었고 적장 가지와라[梶原][2] 또한 아군에 의해 피살되었다. 가지와라는 적의 명장으로서 일찍이 청일전쟁[3] 때 여러 차례 승리를 거둔 자였다.

이때에 이르러 일본군 1,000여 명이 군영으로 쳐들어왔다. 남상덕이 칼을 빼어들고 호령하면서 급히 사격을 명하였으나 아군은 총탄이 떨어졌고 남상덕은 적탄에 맞아 사망하였다. 남은 군사들은 뿔뿔이 흩어졌다. 정미년(1907)에 전국에서 의병이 다시 일어난 것은 바로 이

때문이었다. 남상덕의 나이는 27세였다.

당시 아군은 사망 45명, 부상 30명, 포로 50여 명이었다. 부상자들은 모두 제중원(濟衆院)으로 이송되어 치료를 받았다. 연지동(蓮池洞) 여자중학교 학생들이 모여

"저 동포들이 나라를 위해 죽었으니 우리들이 비록 여자이지만 의리상 저들을 돕지 않을 수 없다."

라고 하고, 그날 밤 병원으로 가 열심히 간호하였다. 또 당일, 영어와 일어에 능통한 반양장 차림의 어떤 여자가 빗발치는 총탄을 무릅쓰고 찾아와 사람들에게

"우리 동포를 우리가 돕지 않는다면 누가 돕겠습니까?"

라고 하고, 몸소 달려가 부상병들을 찾아 병원으로 이송하였다. 또한 한 간호부는 친히 싸움터로 가 부상병을 구호하느라 온몸이 피범벅이 되었다. 이를 보는 이들이 감격하여 울지 않는 이가 없었다.

1 정미년의 변 : 1907년 6월 고종이 일제에 의해 강제 퇴위되고, 순종이 왕위를 이은 것을 말한다.

2 가지와라 : 일본군 중대장이다.

3 청일전쟁 : 만주역(滿洲役)은 청일전쟁을 지칭한다.

민긍호 閔肯鎬

민긍호의 본관은 여흥으로 서울에 살았다. 그는 원주 진위대(鎭衛隊)의 정교(正校)[1]였다. 사람됨이 올바르고 굳센 기개가 있었다. 그는 이토 히로부미〔伊藤博文〕가 마음대로 자신이 속한 부대를 해산[2]하였다는 소식을 듣고 울분을 토하면서

"국가에 군대가 없다면 어찌 국가라 할 수 있겠는가. 지금 어떻게 행동하느냐에 따라 충신과 역적으로 나뉜다. 나는 그 명령에 따라 무기를 바칠 수 없다."

라고 하였다. 8월 6일, 자신의 군대를 지휘하여 의병을 일으켰다. 그는 제천의 의병대장 이강년(李康年)과 합세한 다음, 자신은 충주의 오른쪽을 맡고 이강년은 왼쪽을 맡아 공격하기로 약속하였다. 그러나 공격하러 가는 도중에 왜놈의 습격을 받아 패하여 약속을 지키지 못하였다. 그의 군대가 죽령(竹嶺)을 넘어 풍기(豊基)에 이르렀을 때 다시 왜놈을 만나 크게 싸웠다. 이 전투에서 왜놈 몇 명을 죽였다. 군대를 이동하여 봉화의 각화사(覺華寺)로 들어갔는데 병이 나서 거의 죽을 뻔했다가 살아났다.

민긍호는 호남과 영남을 돌아다니며 전투를 벌여 많은 왜놈을 죽였다. 군대가 이동할 때 기강이 엄숙하였기 때문에 백성들의 마음을 얻었다. 왜놈 또한 민긍호의 사람됨을 존경하였다. 군대의 병사 가운

데 간혹 기강을 무너뜨리는 자가 있으면 항상 의리를 들어 깨우쳐 다시 기강을 무너뜨리지 않게 하였다. 이동하는 곳곳에서 사람을 모아 연설하였는데 말투가 비장한데다 자신의 울분을 참지 못하였기 때문에 매번 비 오듯 눈물을 흘렸다. 듣는 사람들도 이런 모습을 보고 모두 감동하여 눈물을 흘렸다.

강원도 관찰사 황철(黃鐵)은 왜놈의 앞잡이였다. 민긍호에게 복과 재앙을 거론하면서 그의 군대를 해산하고 귀순할 것을 권하였다. 이에 민긍호는 다음과 같이 대답하였다.

"지금 광무황제께서 자신의 자리를 물려줬는데 이것이 폐하의 본마음이겠는가. 아버지 같은 임금이 협박을 받아 자리를 물려주고 동포들은 모욕을 받으며 왜놈들의 어육이 되고 3천리 강토는 왜놈에게 빼앗겼는데, 신하된 도리로 죽는 것을 두려워하랴. 만약 외국이 더할 나위 없이 강력하여 저항할 수 없다면 장자방(張子房)이 자신의 조국인 한(韓)을 위해 복수할 필요가 없으며 문천상이 송(宋)을 위해 복수할 필요가 없는 것이다. 이것이 어찌 이치이겠는가. 사람이 원통한 일을 당하여 의기를 드러낼 때에는 다만 의리를 들어 말해야지 힘의 강약을 들어 따지는 것은 옳지 못하다. 이것이 내가 의병을 일으킨 까닭이다. 어찌 군대를 일으킬 명분이 없다고 말하는가.

지금 마을이 불에 타 잿더미가 되고 백성들은 뿔뿔이 흩어졌는데 그것을 의병의 죄라고 한다면 매우 틀린 말이다. 이렇게 대단히 악독한 행위는 왜놈이 한 것인가, 아니면 의병이 한 것인가. 또한 의병이 해산되면 국가가 망하지 않겠는가. 그리고 우리 백성이 곤욕을 받지 않고 태평시대를 누릴 수 있겠는가.

한편 그대가 조정의 뜻을 알리려고 한다면 마땅히 혼자 말을 타고 와서 조칙을 전하는 것이 옳다. 그런데 그렇게 하지 않고 병사를 이끌고 왔으니 이것은 우리를 꾀어 죽이려는 계책이 아닌가."

민긍호는 원주 지역은 자신이 오랫동안 다스려 왔기 때문에 그 지역 백성들의 마음을 얻었다고 생각하여 병사를 이끌고 치악산 아래에 있는 강림촌(講林村)으로 갔다. 그는 이 지역에서 오랫동안 머물며 병사들을 쉬게 하면서 군대를 정비하려 하였다. 그런데 뜻밖에도 왜놈들이 매우 빠른 시간에 공격해왔다. 민긍호는 전투를 벌였으나 상황이 불리해졌다. 마침내 왜놈에게 죽임을 당하였다.[3] 어떤 일본 사람이 그의 죽음을 애석하게 여겨 민긍호의 묘비에 '조선의사민긍호지묘(朝鮮義士閔肯鎬之墓)'라고 썼다.

강화진위대의 병사 가운데 자강회(自强會)의 회원인 자가 있었는데[4] 이 소식을 듣고 군대를 해산하고 500여 명의 백성을 모아 일본 순사의 주재소(駐在所)를 습격하여 일본 순사를 죽였다. 그리고 군수 정경수(鄭景洙)를 죽였는데 그가 일본 놈 앞잡이인 일진회(一進會)라는 이유에서였다. 이때 일본군 대위 고쿠라[小倉]가 보병 두 개 부대를 이끌고 월곶으로 상륙하였다. 우리나라 병사들은 해안에서 기다리다 습격하여 다섯 명의 왜병을 죽이고 다섯 명에게 부상을 입혔다. 그러나 많은 왜놈을 적은 숫자로 상대할 수 없다고 여겨 퇴각하였다. 그 다음날 미국 교회당 앞에서 전투를 벌였다. 왜병은 한 개 부대를 증파하여 공격하였는데 적은 숫자의 우리 군대는 전투에 패하여 뿔뿔이 흩어졌다.

1 진위대(鎭衛隊)의 정교(正校) : 의병장 민긍호는 1900년 정교로 진급되었고, 1901년 특무정교로 승진되었다.

2 이토 히로부미[伊藤博文]가……해산 : 헤이그 밀사사건을 계기로 이토 히로부미는 1907년 7월 14일 정미조약을 체결하여 대한제국에 대한 내정간섭을 한층 강화하는 한편, 7월 20일 고종을 강제 퇴위시켰다. 이어 1907년 8월 1일에는 대한제국 군대를 해산시켜 대한제국의 국방력을 무력화하였으나, 군대 해산을 계기로 전국적으로 의병전쟁에 돌입하였다.

3 죽임을 당하였다 : 민긍호는 1908년 2월 28일 치악산 궐덕리에서 일본군의 포위 공격으로 체포되었다. 다음날, 휘하 의병들이 민긍호 구출작전을 전개하자 다급해진 일본군은 그 자리에서 민긍호를 사살하였다.

4 강화진위대의……있었는데 : 자강회(自强會)는 대한자강회를 말한다. 1907년 8월 9일 강화분견소 진위대를 의병투쟁으로 이끈 인물은 진위대 정교를 역임한 유명규(劉明奎)와 부교(副校) 지홍윤(池弘允)이었다. 유명규는 9월 6일 강원도 통진에서 일본군에 체포되어 항거하다가 총살되었고, 지홍윤은 황해도지역으로 들어가 의병을 모집하여 재기를 꾀하다가 밀고로 인해 체포되어 순국하였다.

이강년李康年

이강년의 자는 낙인(樂仁), 호는 운강(雲岡)이다. 본관은 전주(全州)이며 효령대군(孝寧大君) 이보(李補)의 후손이다. 그는 경북 문경의 대문(大門)에 거주하였다. 고종 당시에 무과에 급제하여 벼슬이 선전관에 이르렀다. 활달한 기상과 강개한 성품을 지니고 있었으며 담력도 남달랐다. 젊어서부터 문장도 잘 지었다.

을미사변[1]이 발생하자 이강년은 가산을 털어 지역의 군사를 일으켜 안동관찰사 김석중(金奭中) 등 세 명을 참살하였다.[2] 유인석(柳麟錫)이 충북 지역에서 의병을 일으켜 의로운 명성이 자자하다는 소식을 듣고 이강년은 자신의 병사들을 이끌고 가 유인석의 부대에 합류, 유격장(遊擊將)이 되었다. 매번 출전할 때마다 어떠한 어려움도 회피하지 않고 화살과 돌이 빗발치는 곳에도 직접 달려가 많은 적들을 죽였다.

병신년(건양1, 1896), 유인석이 싸움에서 패배하고 국경을 넘어 망명하자 이강년은 칼로 땅을 치며 통곡하였다. 그 일이 있고 일곱 달 뒤에 그도 의병을 해산시켰다. 그리고 마침내 유인석에게 폐백을 올리고 그를 스승으로 섬겼다. 3년 동안 요동에 머물다가 집으로 돌아와서는 문을 닫고 세상과 발걸음을 끊은 채 《심경(心經)》과 《근사록(近思錄)》을 읽으며 뜻을 구하였다.

병오년(광무10, 1906), 나라에 피해를 입힌 여러 적신(賊臣)들이 또다시 왕위를 물려주도록 임금을 협박하였다.[3] 정미년(1907) 3월에 이강년은 다시 의병을 일으켜 영춘현(永春縣)의 보발(寶發)[4]에 도착하였다. 그곳에서 갑자기 적병을 만나게 되었는데 병사들이 모두 흩어져 도망치고 말았다. 분노가 치밀어 오른 이강년은 칼을 뽑아들고 적진으로 달려갔다. 그러자 당황한 적들이 서둘러 총을 쏘았으나 모두 발사되지 않았다. 이처럼 세 번이나 불발탄이 나오자 적들이 자신의 총을 때려 부수며 말하기를

"이것은 신이 저 사람을 돕는 것이다."

라고 하고는 포위망을 풀고 떠났다. 이강년이 또 몇 리를 행군하자 적의 복병(伏兵)이 갑자기 나타났다. 이강년이 칼을 쥐고 적을 맞이하여 싸웠으나 적의 칼에 맞아 볼 살이 손바닥만큼이나 떨어져 나갔다. 이 일이 있고 나서 이강년의 얼굴에는 움푹 파인 상처가 있었으므로 비록 평소 모르던 사람도 한 번 보면 곧바로 이강년임을 알아보았다.

당시에 많은 적신(賊臣)들이 임금의 조서를 사칭하여 전국의 군대를 해산시켰다. 원주 중대의 민긍호는 이에 반발하여 부하 김상태(金尙台), 주현삼(朱鉉三) 등과 함께 모집한 군대를 이끌고 이강년이 있는 곳으로 왔다. 이에 이강년이 다시 충북 제천으로 전진하여 주둔하였다. 적병이 다시 쳐들어오자 맞서 싸워 크게 격파하고 10여 명의 적군을 죽였다. 그리고는 민긍호와 충주를 공격하기로 약속하였다. 민긍호는 오른쪽으로 공격해 가고 이강년은 왼쪽으로 공격해 갔는데 중간에서 민긍호가 적병을 만나 패배하였으므로 이강년이 홀로 공격하여도 이길 수가 없었다. 이에 군사를 문경까지 후퇴시켰다. 그곳에서 적병이 노야(蘆野)에 있다는 소식을 듣고 그들을 습격하여 전멸시켰다. 다음날 당포(唐浦)[5]로 가 적장 한 명을 참살하였다.

8월, 영춘현에 들어가 이토 히로부미[伊藤博文]에게 격문을 보내고

영월로 진격하여 일본군의 역참을 빼앗았다. 9월에 선유원(宣諭員) 홍우석(洪祐錫)이 수비병 100여 명을 이끌고 왔다. 이강년이 우선봉(右先鋒) 백남규(白南奎)로 하여금 사리치(寺里峙)에 매복하게 하여 홍우석이 이끌고 온 군대를 크게 격파하였다. 단양에 이르러 다시 적들과 큰 싸움을 벌였다. 이때 경기와 호남, 호서, 영남에 있던 적병들이 함께 공격해 왔으므로 그 숫자가 수천이나 되었다. 이강년은 13일간 맞서 싸웠으나 힘이 다해 많은 군사를 잃고 말았다. 이강년은 좌선봉(左先鋒) 하한소(河漢紹)와 함께 남은 군사를 이끌고 가평에 있는 광악산으로 후퇴하였다. 적병이 또 공격해 오자 맞서 싸워 크게 격파하여 군대의 세력을 다시 진작시킬 수 있었다.

무신년(융희2, 1908) 2월에 도성에 있던 왜병이 갑자기 공격해 오자 이강년의 군대는 곤경에 처하게 되었다. 이로부터 세력이 꺾여 청풍에 있는 금수산으로 진영을 옮기려고 사막치(寺幕峙)에 이르렀을 때 매복한 적병들에게 사로잡히고 말았다. 당시 이강년은 다음과 같은 시를 지었다.

탄환이 무정도 하여	彈子太無情
복사뼈 위에 맞아 갈 수가 없구나	踝上止不行
가슴이나 배에 맞았더라면	若中心腹裏
치욕 당하지 않고 저승에 갔을 것을	無辱到瑤京

제천에 도착하자 적들이 이강년의 총상을 치료해 주려고 하였다. 그러나 이강년은 적들을 꾸짖으며 치료를 거부하였고, 한 가지 음식이라도 적들이 가져오면 그때마다 꾸짖으며 입에 대지 않았다. 다음날 충주에 도착하였다. 이강년이 관리들과 주민들을 불러 다음과 같

이 말하였다.

"너희들은 나를 아는가. 내가 이런 일을 한 것은 적을 죽이고 원수를 갚으려는 것이었다. 하지만 불행하게도 이런 처지가 되고 말았다. 나는 반드시 죽음을 면치 못할 것이다. 그러나 뒷날 의병을 일으키는 사람 가운데 반드시 나보다 뛰어난 사람이 있을 것이다. 성인께서 말씀하시기를 '사람이 살아가는 이치는 곧음이니, 곧지 못하고도 살아 있는 것은 요행히 죽음을 면한 것이다.'라고 하셨다. 이 말씀을 어찌 믿지 않겠는가. 너희들이 곧은 마음으로 살아간다면 머지않아 좋은 시절을 함께 맞이할 것이다."

이 말을 듣고 사람들마다 땅에 엎드려 통곡하였다. 이강년이 자신보다 뛰어난 사람이 있을 것이라고 한 것은 아마도 김상태를 가리켜 한 말일 것이다.

도성에 도착하자 이강년은 며칠 동안 사령부에 갇혀 있었다. 평리원(平理院)[6]에 들어가자 이강년이

"여기가 어디인가?"

라고 하였다. 검사가 대답하였다.

"이곳은 조선의 의금부인데 지금은 명칭을 평리원으로 고쳤습니다."

"의금부는 본래 우리나라의 관부(官府)인데 어째서 왜놈이 이곳에 있는가?"

"나도 대한제국의 사람이고 왜인이 아닙니다."

"네가 과연 대한제국의 사람이라면 어찌하여 머리를 깎고 검은 옷을 입었는가?"

검사가 아무 말도 하지 못하자, 이강년이 매서운 소리로 말하였다.

"내가 뵙고자 하는 분은 임금님이고, 보고 싶은 것은 이토 히로부

미[伊藤博文]이다. 어찌 너 따위와 말을 하겠느냐."

"나도 전하의 의중을 파악하고 전지(傳旨)을 기다린 뒤에 공의 처리 문제를 결정하겠습니다. 원컨대 공께서는 사실대로 말씀해 주십시오."

"더러운 입을 가진 너와 말하고 싶지 않다."

그리고는 종이와 붓을 가져다가 글로 써서

"내가 의병을 일으킨 것은 먼저 오적[7]과 칠적[8]을 죽이고, 이어 왜적을 섬멸하여 위로는 국가의 깊은 원수를 갚고 아래로는 도탄에 빠진 백성들을 구하려는 목적이었다. 그러나 불행하게도 사로잡히고 말았다."

라고 하였다. 검사가 말하기를

"오적과 칠적은 누구를 가리키는 것입니까?"

라고 하니 이강년이 꾸짖어 말하기를

"오적과 칠적이 누구인지는 어리석은 백성들도 다 안다. 그런데 벼슬아치란 자가 그것도 모른단 말인가. 그렇다면 개돼지만도 못하구나."

라고 하였다. 그러자 검사는 얼굴이 발갛게 달아올라 아무 글도 쓰지 못하였다. 이강년이

"어찌하여 빨리 너의 의사를 쓰지 않는가?"

라고 하며 눈을 부릅뜨고 바라보니 분기에 찬 머리카락이 갓을 치받을 듯하였고 눈빛이 마치 횃불처럼 빛났다. 이런 모습을 본 사람들이 모두 혀를 내두르며

"일찍이 이강년의 위용과 용맹함에 대해 들은 적이 있는데, 이제 보니 과연 소문대로구나."

라고 하였다.

두 번째 심의가 열렸을 때 재판장이 검사에게

"내가 양복을 입으면 이강년에게 책망을 들을 것이다. 그렇게 되면 부끄러움을 면치 못하리라."

라고 하였다. 결국 재판장은 사모관대를 갖춰 입고 법정에서 이강년에게 물어 말하기를

"그대가 의병을 일으켰는데, 의병들이 먹을 식량은 어떻게 마련했으며 필요한 경비는 어떻게 마련하여 사용하였는가?"

라고 하였다. 이강년이 말하기를

"백성들이 싸주는 밥을 받아먹었고, 국가에 세금으로 낼 돈을 거두어 사용하였다."

라고 하였다. 검사가 말하기를

"향곡에 사는 백성이 의병이라 자칭하며 나라의 재물을 훔쳐 먹었으니 이는 역적의 무리가 아닌가."

라고 하였다. 이강년이 발끈하여 크게 꾸짖으며 다음과 같이 말하였다.

"네놈들은 나라의 녹을 받아먹는 무리이다. 나라가 오늘날과 같은 처지에 놓였으니 마땅히 목숨 바쳐 나라의 어려움을 극복하기 위해 노력해서 혹시라도 뜻을 이루지 못할까 염려해야 한다. 그런데 도리어 원수인 도적놈들에게 빌붙어 선왕의 강토를 다 빼앗아 가도록 하고, 예의와 전형(典型)을 모두 없애게 하였으며 임금을 협박해서 나라 안에 호령할 수 없도록 하였으니 이것이 누구의 죄란 말이냐?

국모가 시해되고[9] 임금께서 모욕을 당하시던 때에 성스럽고 명철하신 전하께서 '전국 300개의 고을에 어찌 의로운 선비가 한 사람도 없겠는가.'라고 생각하지 않았겠느냐? 또, '누가 종묘사직을 지탱해 줄 것이며, 누가 나를 위해 원수를 갚아 줄 것인가.'라고 생각하지 않았

겠느냐? 임금께서 이런 생각을 하고 계실 때 너희처럼 녹을 받아먹는 놈들은 모두 편안히 앉아 바라보기만 했다. 그리고는 오직 외척들과 인연을 맺으면 뜻대로 되었다고 생각하였다. 그런 네놈들의 행위를 감안할 때 지금 비록 네놈들의 관직을 빼앗고 네놈들의 살을 도려낸들 그 죄를 다 씻을 수가 있겠느냐? 나는 시골에서 나고 자라 비록 관리로서의 직책은 없지만 이처럼 간절하게 임금의 마음을 미루어 짐작하고 의병을 일으켜 원수를 갚고 치욕을 씻으려 노력하였다. 지금 임금과 나라를 팔아먹고 국록(國祿)과 지위를 도둑질한 놈들이 역적이냐? 아니면 임금의 마음을 헤아려 원수를 갚고 치욕을 씻으려 노력한 사람이 역적이냐?"

이 말을 들은 검사는 부끄러운 마음에 얼굴이 달아올라 감히 말을 하지 못하였다. 9월 19일에 사형되었다. 유인석이 춘천을 벗어나 이강년이 다시 거병했다는 소식을 듣고 탄식하며 말하기를

"이 사람이 반드시 죽겠구나."

라고 하였는데 이때에 이르러 과연 죽고 말았다.

이강년은 의병을 일으킨 뒤로 총 30여 차례에 걸쳐 큰 전투를 벌였으며 50여 명의 적을 죽였다. 이강년이 죽기 12일 전에 동지들에게 다음과 같이 영원한 이별을 고하였다.

"내가 많은 사람을 죽이고 백성들의 재물을 약탈했다는 이유로 법원에서 나를 교수형에 처하게 하였다. 그러나 내가 어찌 많은 사람을 죽였겠는가. 죽인 놈들은 모두 왜놈의 무리였다. 어찌 백성들의 재물을 약탈하였겠는가. 빼앗은 것은 모두 왜놈의 군수품(軍需品)이었다. 내가 이렇게 한 것을 가지고 '많은 사람을 죽이고 백성들의 재물을 약탈하였다.'라고 하니 간사한 오랑캐들이 충성스럽고 어진 사람을 거짓말로 꾸며 해치려면 어찌 이와 같이 하지 않겠는가."

11월에 이강년을 제천에 장사하였다. 장사하던 날 차가운 겨울비가 주룩주룩 내리고 우레가 치는 기이한 현상이 있었다. 이강년이 죽으면서 지은 시는 다음과 같다.

오십 평생 죽기를 작정하였으니 　五十年來辦死心
난리에 임해 진실한 마음 있었네 　臨難已有區區心
맹세하고 두 번 출전해 복수하지 못했으니 　盟師再出終難復
저승에서도 칼날 무릅쓰는 마음 있으리 　地下有餘冒劍心

선봉이었던 하한소와 백남규도 이강년에 이어 체포되었는데 하한소는 적들을 꾸짖다가 죽었고, 백남규는 끝내 굴복하지 않았지만 적들이 죽이지는 않고 징역 10년에 처했다고 한다.

1 을미사변 : 일제가 명성황후를 시해한 사건을 말한다.

2 안동 관찰사……참살하였다 : 1896년 1월 11일 문경의 의병장 이강년은 양민을 토색질하던 안동 관찰사 김석중, 순검 이호윤, 김인담을 생포하여 농암장터에서 효수하였다.

3 나라에……협박하였다 : 적신(賊臣)이란 정미칠적을 말하는 것으로 보인다. 1907년 7월 체결된 한일신협약 체결을 찬성한 내각총리대신 이완용을 비롯하여 농상공부대신 송병준, 군부대신 이병무, 탁지부대신 고영희, 법부대신 조중응, 학부대신 이재곤, 내부대신 임선준을 말한다. 이들은 1907년 고종이 네덜란드 헤이그에서 열리는 만국평화회의에 밀사를 파견한 것을 계기로 동년 7월 이토 히로부미와 함께 고종을 협박하여 강제 퇴위시키고 왕위를 순종에게 양위하도록 하였다.

4 영춘현(永春縣)의 보발(寶發) : 영춘현은 지금의 충청북도 단양군 영춘면 일대이며, 보발은 단양군 가곡면에 있다.

5 당포(唐浦) : 경상북도 문경의 지명이다.

6 평리원(平理院) : 대한제국 당시 재판을 맡은 관청이다.

7 오적 : 을사오적을 뜻한다. 1905년 일제가 강제로 체결한 을사조약에 찬성한 다섯 명의 대신인 이완용, 이지용, 박제순, 이근택, 권중현이 그들이다.

8 칠적 : 정미칠적을 뜻한다. 1907년 7월 체결된 한일신협약에 찬성한 내각대신 일곱 명을 가리킨다. 이완용, 송병준, 이병무, 고영희, 조중응, 이재곤, 임선준이 그들이다.

9 국모가 시해되고 : 1895년 명성황후가 시해된 사건인 을미사변을 가리킨다.

김상태 金尚台

김상태의 자는 경륙(景六), 호는 백우(白愚), 본관은 삼척(三陟)이다. 삼한벽상공신 김위옹(金渭翁)의 후손으로, 태황(太皇) 갑자년(고종1, 1864)에 태어났다. 인물이 크고 건장하였으며 지조와 절개가 있었다.

병신년(1896)에 이강년(李康年)이 문경(聞慶)에서 의병을 일으켰다는 소식을 듣고 검을 들고 찾아갔다. 이강년이 김상태를 한 번 보더니 의형제를 맺고 중군으로 임명하였는데 출전할 때마다 많은 전공(戰功)을 세웠다. 당시에 호좌수(湖左帥)[1] 유인석(柳麟錫)이 영월(寧越)에서 군사를 일으켜 의로운 명성을 크게 떨치자 김상태는 이강년과 함께 유인석에게 가 합류하였다. 전투에 패하여 유인석이 국경을 넘자 김상태는 유인석을 따라 요계(遼薊)[2]로 들어가 3년간 그를 스승으로 섬기다가 집으로 돌아왔다.

정미년(융희1, 1907)에 이강년과 함께 제천(堤川)에서 다시 의병을 일으켰다. 무신년(1908)에 이강년이 체포되어 충주(忠州)에 이르자

"내가 죽더라도 너희들을 멸망시킬 사람이 있다."

라고 선언하며 적을 꾸짖었다. 이는 아마 김상태를 염두에 둔 말이다. 김상태가 홀로 군사를 이끌고 태백산(太白山)으로 들어가 자리 잡았으나 적의 기세가 맹렬하여 일을 이룰 수 없음을 알고 마침내 군대를 해산한 뒤 문경으로 가 어느 산골에 은거하였다.

일본인이 김상태를 잡는 자에게 500금을 주겠다는 방(榜)을 붙였다. 종사관 우중수(禹中守)가 자수하여

"500금을 주고 죄를 면해주면 김상태를 잡아오겠다."

라고 하였다. 김상태를 찾아온 우중수는

"모은 군사도 많고 비축한 식량도 많아 다시 군사를 일으킬 수 있으니 돌아갑시다."

라고 하였다. 우중수는 평소 김상태의 심복인지라 김상태는 그를 믿고 순흥(順興) 남목리(南木里)[3]로 돌아갔다. 그로 인하여 체포되었으니 신해년(1911) 5월 어느 날의 일이었다. 김상태를 체포한 일본인이 우중수에게 500금을 주지 않자 김상태는 빨리 돈을 주라면서 일본인을 꾸짖었고 우중수를 원망하는 기색은 조금도 없었다.

얼마 후 대구(大邱) 경찰서 감옥에 수감되어 다음해인 임자년(1912)까지 세 번 신문을 받았으나 김상태는 두려워하지 않고 홀로 서서 한결같은 말로 대항하였다. 김상태의 뜻을 굽힐 수 없음을 안 일본인은 그에게 징역 3년을 선고하였다. 김상태는 사나운 목소리로

"내가 무슨 죄를 지었느냐?"

라고 하면서 순사장이 차고 있던 칼을 빼앗아 그를 공격하려 할 때 머리카락이 곤두서 관을 찌를 듯 노기가 등등하고 기세가 늠름하였다.

일본인이 감옥에 가두자 김상태는

"나는 틀림없이 살지 못할 것이다. 어차피 죽을 바에는 일찍 자결하여 원수의 손에 욕을 당하지 않는 편이 낫다."

라고 하더니 입을 다물고 먹지 않아 목숨이 거의 끊어지게 되었다. 일본인이 기계를 사용하여 억지로 먹여, 며칠은 연명하였다. 그러나 7월 28일, 마침내 옥중에서 굶어 죽으니 식사를 끊은 지 13일 만이었다.

김상태는 아들이 없어 친족의 자식인 김원기(金源基)를 데려다 양자

로 삼았다. 김원기는 김상태의 관을 고향으로 옮겨와 이강년의 유언에 따라 이강년의 무덤 곁에 장사지냈다.

1 호좌수(湖左帥) : 호좌(湖左)는 충청북도 제천의 의림지를 기준으로 동쪽 지방인 영월과 태백 등지를 말한다. 당시 유인석은 영월지역에서 의병대장으로 활동하고 있었으므로 호좌수라고 하였다.

2 요계(遼薊) : 요지역과 계지역을 말하는데 요지역은 요녕성(遼寧省)이며 계지역은 북경과 하북성(河北省) 북동 지역이다. 유인석은 1895년 말에 호좌의병총대장으로 의병전쟁을 이끌었으나, 1896년 5월 관군들에게 패퇴한 이후 다시 의병을 일으키기 위해 중국 요동(遼東)지방으로 망명하였다.

3 남목리(南木里) : 원문에는 안남리(安南里)로 되어 있으나 권상익의 교정을 반영하여 남목리로 수정하였다.

이인영 李麟榮

이인영은 경기도(京畿道) 여주군(驪州郡) 북면(北面) 교곡리(橋谷里)에 살았다. 공부를 시작하자마자 재주가 뛰어나 번거롭게 가르치고 독려하지 않아도 일찍 문장을 성취하였다. 학문이 일가를 이루자 각지에서 배우려고 그를 찾아오는 자들이 많았다. 그 후 경북(慶北) 문경(聞慶)으로 이주하였다.

을미년(고종32, 1895)에 일본인이 황후 민씨를 시해하였다. 이인영은 원수를 갚고자 유인석(柳麟錫), 이강년(李康年)과 함께 의병을 일으킬 것을 모의하였다. 병신년(1896) 여름에 군대를 해산하고 돌연 전원으로 돌아가 농업에 종사하였다.[1] 을사년(광무9, 1905)에 일본인이 위협하여 5조약을 체결하니[2] 4,000년 역사를 가진 조국이 하루아침에 남의 보호 하에 들어갔다. 이 때문에 사람들이 분개하여 전국 각지에서 의병이 봉기하였다. 이은찬(李殷瓚)과 이구재(李求載) 두 사람이 관동(關東)에서 군사를 일으키니 군사가 수천 명이었다. 두 사람은 이인영을 찾아와 분개하여 시국을 논하더니 이인영을 총대장으로 추대하려 하였다.[3] 이때 이인영이 부친의 병을 핑계로 사양하자 이은찬이

"국가가 존망의 위기에 처한 지금 공적인 일은 급하고 사적인 은혜는 가볍습니다. 선비로 이 세상에 태어나 어찌 사적인 은혜를 먼저하고 공적인 일을 뒤로 하십니까?"

라고 하였다. 또 임금의 비밀 칙서를 가지고 여러 날 계속하여 간곡히 권하니, 이인영이 마침내 서슴없이 허락하였다.

원주(原州)로 가니 군사들이 모두 젊은 선비들이었고 식량이 없어 남의 식량을 침탈하려는 사람도 있었다. 이인영이 이를 반대하며

"백성의 재물을 약탈하는 것은 의병이 할 짓이 아니다. 어찌 차마 그런 짓을 하는가? 마땅히 적을 토벌하고 그들의 가산(家産)을 몰수하여 식량과 무기를 마련하여야 한다."

라고 하였다. 이에 원주는 교통이 불편하여 대사를 도모할 수 없다고 생각한 이인영은 양주(楊州)로 나아가 거점을 마련하였다. 부서를 정할 때 사람들이 이인영을 원수부 삼도총대장(元帥府三道總大將)으로 추대하고 허위(許蔿)를 군사(軍師)로 삼았다. 각도의 의병장을 정하였는데 민긍호(閔肯鎬)를 관동(關東) 대장, 이강년(李康年)을 호서(湖西) 대장, 박정빈(朴正斌)을 교남(嶠南) 대장, 권의희(權義熙)[4]를 경기황해(京畿黃海) 진동대장, 방인관(方仁寬)을 관서(關西) 대장, 정봉준(鄭鳳俊)·문태수(文泰洙)를 관북(關北) 대장과 호남(湖南) 대장으로 삼아 서로 연락하며 돕게 하였다. 각 도에 격문을 보내 떨쳐 일어나도록 고무(鼓舞)하자 각지에서 응모자들이 밤낮을 가리지 않고 모여들어 만여 명에 이르렀다.

이에 서울로 진군하여 통감부를 격파하고 일제가 강제로 체결한 조약을 파기하여 국권을 회복하고자 하였다. 먼저 심복을 보내 서울에 잠입시켜 각국 영사들을 방문하여 이유를 자세히 진술하고 도움을 청하게 하였다. 군사(軍師) 허위는 군대를 정돈하여 출병을 준비하였다. 이에 이인영은 각도 의병에게 명하여 일제히 진군할 것을 촉구하고 몸소 300명을 인솔하여 먼저 동문 밖 30리 지점에 이르렀다. 그러나 각도의 군사들이 도착하기 전에 일본군이 먼저 들이닥쳤다. 분전하였지만 적수가 되지 못하여 하는 수 없이 후퇴하였다. 각간(角干) 김

유신(金庾信)이 깊고 좁은 중악(中嶽)에 들어가 정성을 다하여 기도하였고[5], 한산대첩에서 왜놈들을 격퇴했을 때 충무공(忠武公) 이순신(李舜臣)의 집에 갑자기 흉사가 있었듯이[6] 대군이 여주에서 패배했을 때 이인영의 부친이 급작스럽게 병들어 별세했다는 소식을 접하였다. 아, 사나이의 궁한 이치가 예나 지금이나 다름이 없는 것인가.

이에 이인영이 전군을 허위에게 부탁하고 통곡하며 돌아갔다. 후에 삼도의 의병들 가운데 이인영을 찾아와서 다시 일어날 것을 권하는 이들이 많았다. 이인영은

"나라에 충성을 다하지 않는 사람이 부모에게 효도할 리 없고 부모에게 효도를 다하지 않는 사람이 나라에 충성할 리 없다. 내가 3년 뒤에 다시 의병을 일으켜 일본을 소탕하고 우리 대한을 회복한다면 이것이 순수한 효요, 온전한 충이 아니겠는가."

라고 하고 마침내 일어나지 않았다. 그러나 삼도 의병이 간혹 격문을 보낼 때는 반드시 이인영(李麟榮)이란 세 글자를 썼으니 듣는 자들이 모두 그가 전날 의병 총대장이었음을 알기 때문이었다.

이때 일본군과 헌병 순사 등이 천지에 그물을 쳐 놓은 듯 깔려 있어 발붙일 곳이 없었다. 피할 수 없음을 안 이인영은 이름을 이시영(李時榮)으로 바꾸고 노모와 함께 상주(尙州)의 산속으로 숨었다. 또 불의의 사태를 염려하여 다시 황간(黃澗)으로 이주하였다. 걸비우(乞比羽)[7]의 육신을 당나라 군대가 씹어 먹으려 했고, 사첩산(謝疊山)[8]의 족적(足跡)을 원나라 사람이 끝까지 추적하여 잡으려 했던 것처럼 이인영은 그의 집에 들이닥친 일본군에게 체포되어 대전(大田)에서 서울로 압송, 수감되었다. 취조할 때 이인영의 어조는 강개(慷慨)하였고 조금도 굽히는 기색이 없었다. 그리고 일본 사람의 신의 없음을 들어 끊임없이 꾸짖으니 일본 사람이 이인영을 의사라 하여 매우 예우(禮遇)하였

다. 이인영은 옥중에서 다음과 같은 시를 읊었다.

해와 달은 분명 세상을 환히 비추는데	分明日月懸中州
세상의 풍조는 ○流로 넘쳐나네	四海風潮濫○流
조개와 도요새는 어찌 서로 오래 버티는가	蚌鷸緣何相持久
서양이 마땅히 어부지리를 얻으리	西洲應見漁人收

기유년(융희3, 1909) 7월 23일에 마침내 굴복하지 않고 죽었다.

1 군대를……종사하였다 : 이인영이 의병을 해산한 것은 고종의 선유(宣諭)가 있었기 때문이었다.

2 을사년에……체결하니 : 1905년 을사조약이 강제 체결된 것을 말한다.

3 이 때문에……하였다 : 문맥상으로 볼 때 1905년의 일로 보일 수도 있으나 실은 1907년의 일이다. 이인영은 1905년 당시 부친이 병중(病中)이었으므로 의병을 일으키지 못하였고, 이은찬 등이 이인영을 의병장으로 추대한 것도 1907년의 일이다.

4 권의희(權義熙) : 각종 자료를 종합해 볼 때, 권의희는 권중희(權重熙)의 오기로 보인다.

5 각간(角干)……기도하였고 : 김각간(金角干)은 신라 때의 최고 관위(官位)인 각간을 지낸 김유신을 말한다. 김유신이 17세인 611년에 고구려, 백제, 말갈(靺鞨)이 신라 강토를 침구(侵寇)하는 것을 보고 비분강개하여 삭평(削平)할 뜻을 품고 홀로 중악(中岳) 석굴(石窟)에 들어가 재계(齋戒)하고 하늘에 맹세하며, "적국이 무도(無道)하여 우리 국토를 침략하니 거의 편안한 해가 없습니다. 일개 미신(微臣)이 재주와 힘을 헤아리지 않고 화란을 말끔히 청소할 뜻이 있으니 오직 하늘은 이를 굽어 살피시어 저에게 힘을 주소서."라고 기도한 사실이 있다.

6 한산대첩에서……있었듯이 : 한산대첩은 명량대첩의 오류인 듯하다. 한산대

첩은 1592년(선조25) 7월 8일 한산도 앞바다에서 조선 수군이 일본 수군을 크게 무찌른 전투이다. 명량대첩은 1597년(선조30) 9월 정유재란 때 조선 수군이 명량에서 일본 수군을 무찌른 전투이다. 이순신의 어머니는 명량해전이 있기 전인 1597년 4월에 사망하였고, 셋째 아들 이면(李葂)은 명량해전 직후인 1597년 10월에 사망하였다. 이면은 충청도 아산의 본가에 머물고 있었는데, 일본군이 아산을 급습하자 다른 가족들을 피신시키고 맞서 싸우다가 전사한 것이다. 이렇게 볼 때, 명량대첩에서 충무공에게 완패한 왜군들이 그 앙갚음으로 아산에 있던 아들 이면을 살해한 일을 말하는 것으로 보는 것이 타당하다.

7 걸비우(乞比羽) : 걸사비우(乞四比羽, ?~698)는 걸사우(乞四羽) 또는 걸사북우(乞四北羽)라는 이름으로도 기록되어 있으나, 걸비우라는 기록은 보이지 않는다. 그러나 여기서 말한 걸비우는 걸사비우로 보는 것이 타당할 듯하다. 걸사비우는 7세기에 대조영의 아버지 대중상과 함께 발해의 건국을 주도한 말갈족 출신이다. 그는 고구려 멸망 후 당나라의 영주(營州)로 강제 이동되어 억류생활을 하였다. 696년, 거란의 반란으로 혼란이 일어난 틈을 타 영주에서 탈출하여 고구려 유민들을 이끌고 고구려 옛 땅으로 이동하였다. 이에 당나라는 그를 허국공(許國公)에 봉하고 회유하였으나, 이를 듣지 않자 이해고(李楷固)를 보내 고구려와 말갈인 집단을 공격하였다. 걸사비우는 이해고와의 싸움에서 전사하였다.

8 사첩산(謝疊山) : 첩산(疊山)은 송(宋)나라 사방득(謝枋得)의 호이다. 사첩산은 원(元)나라 군사와 신주(信州)에서 싸우다가 성이 함락되자 건녕(建寧)의 당석산(唐石山)으로 피신하였다. 송나라가 멸망한 뒤에는 민중(閩中)에서 원나라 대도(大都)로 잡혀 와서 출사(出仕)를 누차 권유받았으나 끝내 응하지 않고 단식, 자결하였다. 《문장궤범(文章軌範)》은 그가 편찬한 책이다.

이은찬 李殷瓚

이은찬의 본관은 전주이다. 강원도 원주(原州)에 살았고 고종 무인년(고종15, 1878)에 태어났다. 의병 원수부(義兵元帥府) 이인영(李麟榮)의 중군(中軍)이다.

정미년(광무11, 1907) 변란[1] 후에 임금께서 이인영에게 은밀히 칙서를 내려 원주에 원수부[2]를 설치하여 이인영을 원수로 삼고 이은찬은 이인영의 중군이 되었다.[3]

겨울에 이인영은

"적들의 소굴인 서울을 반드시 공격해야 한다."

라고 하였다. 이에 양주(楊州) 의병과 함께 진영을 합치니 병사가 4,000여 명이었다. 이인영이 이끈 의병은 12월 26일 동대문 밖에서 적에 맞서다가 후퇴하여[4] 강원도로 돌아가던 중 여주에 이르러 적에게 패배하였고 이인영 역시 부친상을 당하여 고향으로 돌아갔다.

이은찬은 양주에 계속 머물며 군대를 이끌었는데 양주와 포천을 왕래하면서 적병을 습격하였다. 당시 빼앗은 총포가 30자루나 되었고 죽인 적병이 100여 명이나 되었다.

기유년(융희3, 1909) 봄, 이은찬은 의병의 기세가 불리함을 알고 병사를 이끌고 간도(間道)로 들어가 병력을 양성할 계획이었다. 이때 서울에 사는 박노천(朴魯天)과 신좌균(申左均)의 무리들이 그 계획을 알고 조수연(趙壽淵)을 시켜 다음과 같은 말로 이은찬을 유인하였다.

"간도로 들어가 분명 병사를 양성할 작정일 터인데 군량을 댈 자본이 있습니까? 그 비용을 얼마든지 제가 대겠으니 은밀히 서울에 들어가 일을 의논해봅시다."

이은찬은

"지금 원수(元帥) 이인영께서 여주에서 패한 뒤로 황간(黃澗) 등지에서 피신하고 계시니, 내가 마땅히 직접 만나 의논해 본 연후에 여부를 결정하겠소."

라고 하였다. 조수연은

"그렇다면 박노천, 신좌균 두 사람을 용산역에서 만나보는 것이 가장 좋겠습니다."

라고 하자 이은찬은 그 말이 옳다고 여겼다. 이은찬이 용산역에 이르자 박노천과 신좌균은 역 광장에서 그와 잠시 이야기를 한 후 가버렸다. 조금 뒤 이은찬은 체포되었다.

심문할 때에 검사가

"당신은 무슨 까닭으로 모반을 하였는가?"

라고 하였다.

"당신들이 우리나라를 빼앗았기 때문에 내가 의병을 일으켜 국권을 회복하려 한 것인데, 어찌 모반이라 하는가."

"너희 나라는 예전에 청나라를 섬겼다. 지금 일본을 섬기는 것이 어때서 너는 의병을 일으켰는가?"

"너희는 스스로 개화한 사람이라고 말하면서 실제는 개가죽을 입은 사람들이다. 우리가 비록 청을 섬겼지만 청은 조금도 우리나라의 주권과 강토를 침범하거나 해치지 않았다. 다만 1년에 한 차례 신의를 닦는 것에 불과했을 뿐이다. 그러나 너희 일본은 우리의 국권을 빼앗고 우리 백성들을 도륙하며 우리 강토를 하나의 식민지로 만들려고 하였다. 그런 너희들이 어찌 스스로 청나라에 비유할 수 있겠는가."

검사는 그의 말에 말문이 막혀 감히 아무 말도 하지 못했다.

6월 27일에 사형을 당하였다. 이은찬은 형을 집행할 때에 얼굴색이 동요됨 없이 편안히 말하기를

"내가 맨발로 죽을 수는 없으니, 나의 버선을 가지고 와라."

라고 하였다. 간수가 가져다 준 것이 자신의 버선이 아님을 보고 물리쳤다. 간수가 다시 가져다주었는데 자기의 것이 아니라며 또 물리쳤다. 이와 같이 한 것이 서너 차례였는데 이은찬의 버선을 가져다 줄 수 없었다. 이은찬은 이에 크게 꾸짖으며

"이 일만 살펴봐도 너희 나라 놈들은 모두 너 같을 것이다. 너희 나라 놈들이 하는 일은 모두 버선 하나도 제대로 찾아오지 못할 것이다. 너희가 어떻게 남의 나라를 삼킬 수가 있겠느냐."

라고 하고는 껄껄거리며 웃었다. 우리나라 사람 간수를 불러 말하기를

"우리 동생이 반드시 문 밖에 있을 것이니 내가 죽으면 고향 산에 묻어달라고 전해주시게."

라고 하였다. 또 교도소장을 불러 말하기를

"지금 내가 의병을 일으켜 국권을 회복하여 천하에 대의를 펴려고 하였다. 그러나 지금 너희에게 죽임을 당하니 어찌 하늘의 뜻이 아니겠는가. 그러나 너희 나라는 천하 대세를 알지 못하고 우리나라를 병탄하였으니 반드시 천하의 시기를 받아 얼마 못가 망할 것이다. 내가 죽어도 내 눈은 마땅히 썩지 않아 너희가 망하는 꼴을 볼 것이다."

라고 하고는 마침내 웃음을 머금고 죽음에 임했다.

간수가 다른 사람에게 말하기를

"이제까지 내가 사형을 당하는 사람을 많이 보았지만 이은찬처럼 담담한 이는 없었네."

라고 하였다. 장사지낼 때에 정동(鄭童)이라는 자가 장례에 참석하였는데 장례를 마치고 그의 병사에게 말하기를

"내가 대장을 위해 원수를 갚을 것이다."

라고 하고 병사를 이끌고 광주(廣州)로 갔다. 신좌균은 집에 없고 다만 열 살 된 그의 아들이 집에 있었다. 정동은

"이 원수의 자식을 만약 살려둔다면 훗날에 또 적이 되어 우리 의병을 해칠 것이다."

라고 하고 마침내 죽이니, 당시 모든 사람들이 통쾌하게 여기고 그의 의로움을 칭찬하였다. 후에 정동 역시 적의 탄환을 맞고 죽었으니 그 소식을 들은 이들이 모두 비통해 하였다.

1 정미년 변란 : 헤이그밀사사건을 계기로 이토 히로부미는 고종을 강제 퇴위시킨 데 이어 7월 14일 정미조약을 체결하여 대한제국에 대한 내정간섭을 한층 강화하였다. 이어 1907년 8월 1일에는 대한제국 군대를 해산시켜 대한제국의 국방력을 무력화하는 등 사실상 대한제국의 강제 병합절차에 들어갔다.

2 원수부 : 관동창의대진소(關東倡義大陣所)를 말한다.

3 중군이 되었다 : 1907년 구한국군 해산 등을 계기로 의병전쟁이 일어나자 이은찬은 고향 원주에서 기의하여 의병을 모집한 뒤 8월말, 의병장 이구채와 함께 경상북도 문경에 은둔하고 있던 이인영을 방문하여 창의를 권유하고 승낙을 얻어냈다. 9월 초순, 이은찬은 원주에서 이인영을 대장으로 하는 관동창의대진소를 창설하고 전국 각지에 통문을 보내 연합의병 결성을 제의하여 관동창의대진소 부서를 확정하였다. 이때 이은찬은 중군장으로 선임되었다.

4 이인영이……후퇴하여 : 이은찬은 관동창의대진소를 결성한 이후 전국의 의병을 연합하여 13도 창의대진소라는 전국 연합 의병 부대를 결성하고, 총대장 이인영의 중군장으로 재차 임명되었다. 그 후 1908년 1월 13도 창의대진소는 서울 진공 작전을 전개하였으나 실패하고 말았다. 지금 동대문 신설동로터리에서 시작하는 왕산로(旺山路)가 바로 13도 창의대진소 의병들이 서울 진공 작전을 펼치며 진격하던 곳이다. 왕산은 의병장 허위(許蔿)의 호이다. 허위의 호를 부친 것은 아마도 이인영이 부친상으로 귀향하자 허위가 총대장이 되어 서울 진공 작전을 지휘하였기 때문으로 보인다.

노병대盧炳大

노병대의 초명은 병직(炳稷), 자는 상요(相堯), 호는 금원(錦園)이다. 시조는 노수(盧穗)인데 당(唐)나라 덕종(德宗) 때에 아홉 명의 아들을 거느리고 신라로 나와 벼슬이 평장사(平章事)에 이르렀다. 큰아들 노해(盧垓)가 광산백(光山伯)에 봉해졌으므로 관향이 되었다.

그 뒤에 노숭(盧崇)[1]은 조선조에 우의정을 지냈고 시호는 경평(敬平)이다. 조선 중엽의 노극신(盧克愼)은 호가 후재(厚齋)이고 첨정(僉正) 벼슬을 지냈으니 소재(蘇齋) 노수신(盧守愼)의 아우이다. 노병대는 후재 노극신의 후예이다.

노병대는 철종 병진년(철종7, 1856) 생으로 재주가 영특하였다. 7세에 비로소 공부를 시작하여 조금 장성하여서는 성재(性齋) 허전(許傳)에게 수학하였다. 당시 노병대는 아직 관례를 올리지 않았고 공부에 전력할 수 없을 것 같아 장가를 가려하지 않았다. 허전은 이를 기특하게 여겨 극진히 학문을 장려하였다.

정축년(고종14, 1877)에 아버지 상을 당하여 고향으로 급히 돌아가 상으로 인해 관례를 올렸다. 애통해 한 나머지 몸이 수척해졌다. 기축년(1889)에 창릉 참봉(昌陵參奉)에 임명되었다.

을미년(1895) 10월에 향교가 철폐[2]되었다는 소식을 듣고 탄식하며

"내가 마땅히 성인을 위해 죽을 것이다."

라고 하였다. 노병대는 그 날 바로 서울로 달려가 진사(進士) 허운(許運)과 함께 상소를 올려 극진히 간언하였으나 여러 날이 지나도 임금의 비답이 없었다. 일이 성사되지 않을 것을 알고 외국의 도움을 얻고자 하였다.

무술년(광무2, 1898)에 동지 몇 사람과 함께 중국 곡부(曲阜)로 가 공자의 후손인 연성공(衍聖公) 공영이(孔令貽)를 만나려 하였으나 공영이는 만나주지 않았다. 노병대가 편지를 써서 그를 책망하며

"공자의 집안사람으로서 어찌 이리도 오만무례합니까."

라고 하니 공영이가 놀라 사과하고 노병대를 관대하게 대우하였다. 돌아올 때에 공영이는 우리 조정과 성균관에 서찰을 보냈으나 끝내 효과가 없었다. 기해년(1899) 12월에 고국으로 돌아왔다.

당시 호남 사람 중에 문묘 부근에 묘를 쓴 것이 18개 군(郡)이나 되었다. 노병대는 애통해하여 사림들에게 통문을 돌려 알리고 직접 관리들을 질책하니 범장(犯葬)했던 주인들이 무덤을 다 옮겼다. 그 일을 보고 많은 사람들이 통쾌하게 여겼다.

을사년(1905) 겨울, 5조약이 강제 체결되자 노병대는 북향하고 통곡하였다. 곧바로 서울로 가 판서(判書) 이용원(李容元)을 만나 말하기를

"지금 국사가 이미 망했습니다. 은밀히 임금의 조서를 얻는다면 무언가 할 수 있을 것입니다."

라고 하였다. 이용원이 임금께 조서를 받아왔는데

"전 참봉 창의(倡義) 신 노병대를 선조 계사년(선조26, 1593)의 예에 따라서 분충정란(奮忠靖亂) 2등을 내리고 특차 비서원 비서승(特差秘書院秘書丞)에 특별히 임명한다."

라는 내용이었다.

노병대는 그 날 바로 고향으로 돌아와 동지 몇 명과 함께 의병을

일으킬 것을 모의하였다. 그러나 다른 사람에게 저지되어 마침내 일이 이루어지지 못했다. 그 후로 나라에 대한 근심과 분함을 이기지 못하고 전국의 의로운 선비를 두루 방문하여 다시 의병을 일으킬 것을 도모하였다.

정미년(융희1, 1907) 8월, 김운로(金雲老), 송창헌(宋昌憲), 전 주사(主事) 임용헌(林容憲) 등과 함께 속리산에 들어가 의병을 일으켰다. 당시 모여든 사람이 200여 명이었고 해산된 서울의 병사 수백 명도 와서 동참하였으니 며칠 되지 않아 무리가 1,000여 명에 이르렀다. 이들은 김운로를 대장으로 추대하였다.

보은(報恩)을 공격하여 두 명의 적을 죽이고 상주(尙州)의 청계사(淸溪寺)로 진영을 옮겼다. 그때 적병이 갑자기 습격하여 패하였으니 청주(淸州) 미원(米院)으로 패주하였다. 그곳에서 다시 크게 싸워 적 다섯 명을 죽였다. 미원의 지형은 사방에서 적들의 공격을 받기 용이한 곳이기에 적을 상대할 수 없었다. 이에 병사를 나누어 각기 흩어졌다.

노병대는 호남을 지나 성주(星州)에 이르러 적과 크게 싸워 10여 명을 죽였다. 퇴각하여 거창(居昌)에 이르러 갑자기 적의 습격을 만났다. 우리 병사는 사상자가 매우 많았고 죽인 적병은 몇 사람 되지 않았다. 노병대의 의병부대는 우두령(牛頭嶺)을 지나다가 결국 크게 패하였다. 속리산에 이르렀을 때에는 살아남은 자가 겨우 50명이었다.

노병대는 무신년(1908) 보은에서 체포되었다. 적의 분대장이 캐묻기를

"너희는 무슨 일로 의병을 일으켰는가?"

라고 하였다. 노병대는

"너희는 우리의 원수이니, 너희의 종족을 다 없애고자 한 것이다."

라고 하였다.

"함께 도모한 사람이 몇 명인가?"

"내가 실제 주동자인데 다른 사람은 알 것 없다."

"어찌 목숨을 아까워하지 않는가?"

"처음 거사할 적에 나는 이미 죽기를 각오했다. 빨리 죽여라, 빨리 죽여라."

왜적은 형구를 펼쳐 놨지만 한 대도 때리지 않았다. 그리고는 그에게 먹을 것을 내왔다. 노병대는 크게 꾸짖으며 물리쳤다.

노병대가 처음 잡혔을 때 고을과 저자 사람들이 모두 눈물을 흘렸다. 공주재판소에 도착하자 적은 그의 눈 하나를 제거하였다. 노병대는 성난 소리로 꾸짖으며

"너희는 어찌도 형벌을 이리 심하게 하는가."

라고 하며 곧바로 자결하고자 마침내 음식을 끊었다. 숨이 다 끊어질 지경에 이르러 적이 매번 음식을 먹이므로 죽지 못하였다. 적은 노병대에게 징역 10년을 판결하면서

"이것은 너희 임금의 명령이니 우리는 상관없다."

라고 하였다. 노병대는 크게 꾸짖으며

"개와 양같은 놈들아, 우리 임금께서 어찌 이런 명을 하셨겠느냐."

라고 하였다. 경술년(1910)에 적이 병합을 경축하는 의미로 그를 사면했으나 노병대는 꾸짖으며

"너희들의 경사인데, 어찌 나를 석방하는가."

라고 하고 여러 날 감옥에서 저항하며 나오지 않았다. 노병대는 고향으로 돌아와 다시 의병을 일으키고자 하였으나 계축년(1913) 3월에 또 잡혔다. 대구에 이르러 강도라는 죄명으로 15년 징역형을 받았다. 노병대는

"내 나이 50에 어찌 살 수 있겠는가."

라고 하고 마침내 음식을 끊었다. 28일 만에 피를 몇 되나 토하고 죽었다. 재판장은

"강도 노병직은 법원의 판결에 승복하지 않다가 한 달 정도 음식을 끊고 피를 토하며 죽었다. 병명은 뇌일혈이다."

라고 하였다.

노병대는 평소 성품이 강직하여 기개가 있었고 시사를 말할 때마다 곧잘 눈물을 흘렸다. 그가 죽었을 때 소식을 들은 자들이 모두 탄식하며 다음과 같이 말하였다.

"노병대는 신체가 가냘프고 연약했고 말을 경솔하게 하였다. 일을 처리할 때 구애됨이 없었다. 혹 어떤 사람이 그를 직접 대놓고 나무라면 마치 감당할 수 없을 듯하였다. 이 때문에 사람들이 그를 매우 얕잡아 보았다. 그런데도 지금 이 사람이 나라를 위해 훌륭한 일을 하였으니 선비의 참모습을 알아보기는 쉽지 않은 일이다."

1 노숭(盧崇) : 1337~1414. 고려 말, 조선 전기의 문신으로 본관은 광주(光州), 시호는 경평(敬平), 자는 중보(中甫), 호는 상촌(桑村)이다. 감찰지평(監察持平) 노준경(盧俊卿)의 아들이다.

2 향교가 철폐 : 1894년 김홍집을 중심으로 한 친일내각이 수립되면서 3차에 걸쳐 개혁을 단행하였다. 이를 갑오개혁, 을미개혁이라고 한다. 이 시기 과거제도를 철폐하고 각 대신들에게 관리 임용권을 부여하였다. 과거제도의 폐지에 따라 향교 역시 이름만 남게 되면서부터 이후에는 문묘만 향사(享祀)하게 되었다.

석창문 石昌文

석창문의 자는 성국(聖國)이고, 태황 을유년(고종22, 1885)에 태어났다. 덩치가 작았으나 남달리 날래고 용맹스러웠다. 처음에는 집이 가난하여 장사를 했다.

정미년(융희1, 1907), 속리산에 의병이 있다는 소식을 듣고 장사를 접고 속리산으로 들어갔다. 매번 출전하여 죽인 왜적이 매우 많았다. 적들이 그를 잡으려 했지만 그가 출입할 때에는 항상 무기를 지니고 다녀서 잡을 수 없었다. 무신년(1908) 봄, 석창문은 일 때문에 혼자 길을 가다가 오대산에 이르렀는데, 이때 수십 명의 적들이 갑자기 습격하였다. 석창문은 혼자 대적할 수 없음을 알고 힘을 다해 달아났다.

적들은 그를 추격하여 둘러싸고 마구 때렸다. 석창문은 어찌할 바를 모르다가 주머니 속의 칼을 빼서 저항하였다. 적들의 칼 두 개와 총 두 자루를 빼앗아 모두 부러뜨렸지만 결국 힘이 다 빠져 잡혔으니 그의 날쌔고 용맹스러움이 이와 같았다. 적들은 석창문에게 심한 형벌을 가하여 의병의 소재지를 캐물었다. 석창문은

"이미 내가 잡혔으니 나는 죽을 것이다. 어찌 남을 마구 끌어들여 죽이겠는가."

라고 하고는 스스로 혀를 깨물어 자르고 말하지 않았다. 적들은 그를 잡아 군에 이르러 죽였다. 당시 나이 24세였다.

그는 보은(報恩) 웅동리(熊洞里)에 살았는데 시신을 집에 돌려보내니 온 집안사람들이 깜짝 놀라 당황하여 슬피 울었다. 그러나 그의 아내는 슬퍼하거나 애통해하는 빛이 없이 태연하게 시어머니를 위로하고 음식을 권하였다. 상례에 필요한 여러 가지 도구를 마련하는 데 정성과 예를 다해서 유감이 없게 하였다. 3일이 지난밤에 그녀는 조용히 스스로 목을 매었다. 당시 그녀의 나이는 20세였고 성산 이씨이다. 시댁에 시집온 지 몇 년 되지 않았으며 성품이 효성스럽고 우애가 있었다. 시부모를 잘 섬기고 동서들과 살면서 매우 잘 지내 부도(婦道)가 있었다고 한다. 석창문의 본관은 충주이다.

살피건대, 용맹한 병사는 자신의 목숨을 잃을 것을 잊지 않는다. 무릇 용기 있는 병사는 죽을 때에 그 직분을 따를 뿐이니 어찌 그 마음에 융숭한 기림이 있기를 생각하겠는가.

옛날 송나라가 당(唐)의 위사(衛士)[1]를 기려서 묘당을 세우고 사액을 내렸다. 이 점은 석창문과 위사가 비록 다르지만 석창문의 충렬은 위사와 같다. 석창문을 위해 송나라처럼 서둘러 묘당을 세워야 할 것 같은데 그러지 않아 그 이름이 적막한 물가의 연기처럼 헛되이 사라지게 하였다. 아, 슬프도다.

그러나 저 위사에게는 융숭한 기림이 비록 있었지만 그에게 역시 석창문 부인과 같은 짝이 있었는가. 《시경》에

"요조숙녀여, 군자의 좋은 짝이로다."

라고 하였으니 이씨는 진실로 열사 석창문의 아내가 될 만하구나.

1 당(唐)의 위사(衛士) : 금(金)나라 오랑캐를 치다가 죽었는데 이름은 전해지지 않았으나 주자(朱子)가 오히려 표장(表章)하였다.

기려수필의 정본화 및 번역 연구진

연구책임자 이향배(충남대학교 한문학과 교수)
공동연구원 김상기(충남대학교 국사학과 교수)
변주승(전주대학교 역사문화콘텐츠학과 교수)
박민영(독립기념관 한국독립운동사연구소 선임연구원)
강원모(충남대학교 한자문화연구소 선임연구원)
정만호(충남대학교 한자문화연구소 선임연구원)
전임연구원 김도훈(국민대학교 국사학과 문학박사)
이재숙(충남대학교 한문학과 강사)
연구보조원 이관성(충남대학교 한문학과 강사)
이송희(충남대학교 한문학과 강사)
안정은(성균관대학교 대학원 한문학과 박사과정)

기려수필 1

송상도 지음
강원모 김도훈 이관성 이재숙 정만호 옮김

2014년 8월 30일 초판 1쇄 발행

펴낸곳 도서출판 문진 | 등록 2002. 5. 6. 제2006-000011호
주소 대전광역시 유성구 대학로 31 한진리조트오피스텔 2004호
전화 042-933-6510 | 팩스 042-367-5510
출력 현대그래픽스 | 제본 은정제책사
표지한글제자 여산 이성배

값 30,000원

ISBN 978-89-92229-72-2 94900
978-89-92229-71-5 (세트)

이 도서의 국립중앙도서관 출판예정도서목록(CIP)은 e-CIP 홈페이지(http://seoji.nl.go.kr)와 국가자료공동목록시스템(http://www.nl.go.kr/kolisnet)에서 이용하실 수 있습니다. (CIP제어번호: CIP2014025748)